lonely planet

Maurice

et Rodrigues

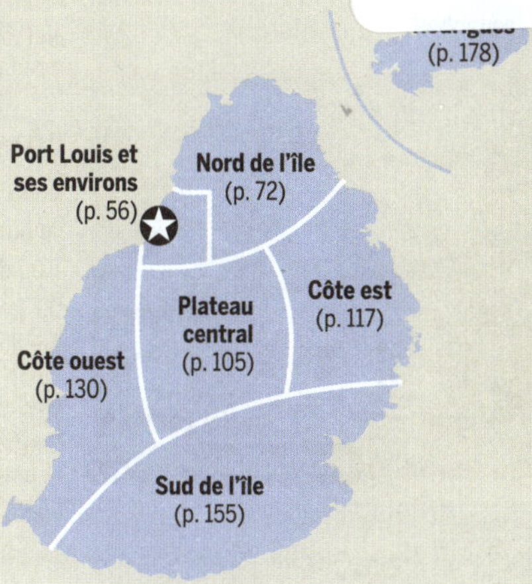

ÉDITION ÉCRITE ET ACTUALISÉE PAR

Julie Hainaut

PRÉPARER SON VOYAGE

PORT LOUIS (P. 56)

RODRIGUES (P. 178)

SUR LA ROUTE

Sommaire

MARK READ/LONELY PLANET IMAGES ©

PÉNINSULE DU MORNE (P. 152)

BALATE DORIN/SHUTTERSTOCK ©

Lagon, sable blanc et cocotiers, Blue Bay

BIENVENUE À

Maurice et Rodrigues

J'ai trouvé à Maurice de la légèreté, de la joie, de la gentillesse, une place aussi. Évidemment, Maurice séduit de prime abord par ses plages de sable fin et ses eaux turquoise. Mais l'île est bien plus que ça. C'est un patrimoine historique et culturel riche, ce sont des paysages mystérieux, c'est une cuisine savoureuse, c'est une île où des organisations et associations locales se mobilisent pour sauver la végétation endémique, les coraux, les dauphins aussi. Quant à Rodrigues, elle ne se raconte pas, elle se vit. On y laisse forcément un bout de soi, mais on repart avec l'âme un peu plus en place. C'est joyeux, sans filtre, à part. On quitte ces deux destinations avec mélancolie, tendresse, et une nouvelle famille.

Par Julie Hainaut, autrice
@julie_hainaut julie_hainaut
Pour en savoir plus sur l'autrice, voir p. 256

Maurice et Rodrigues

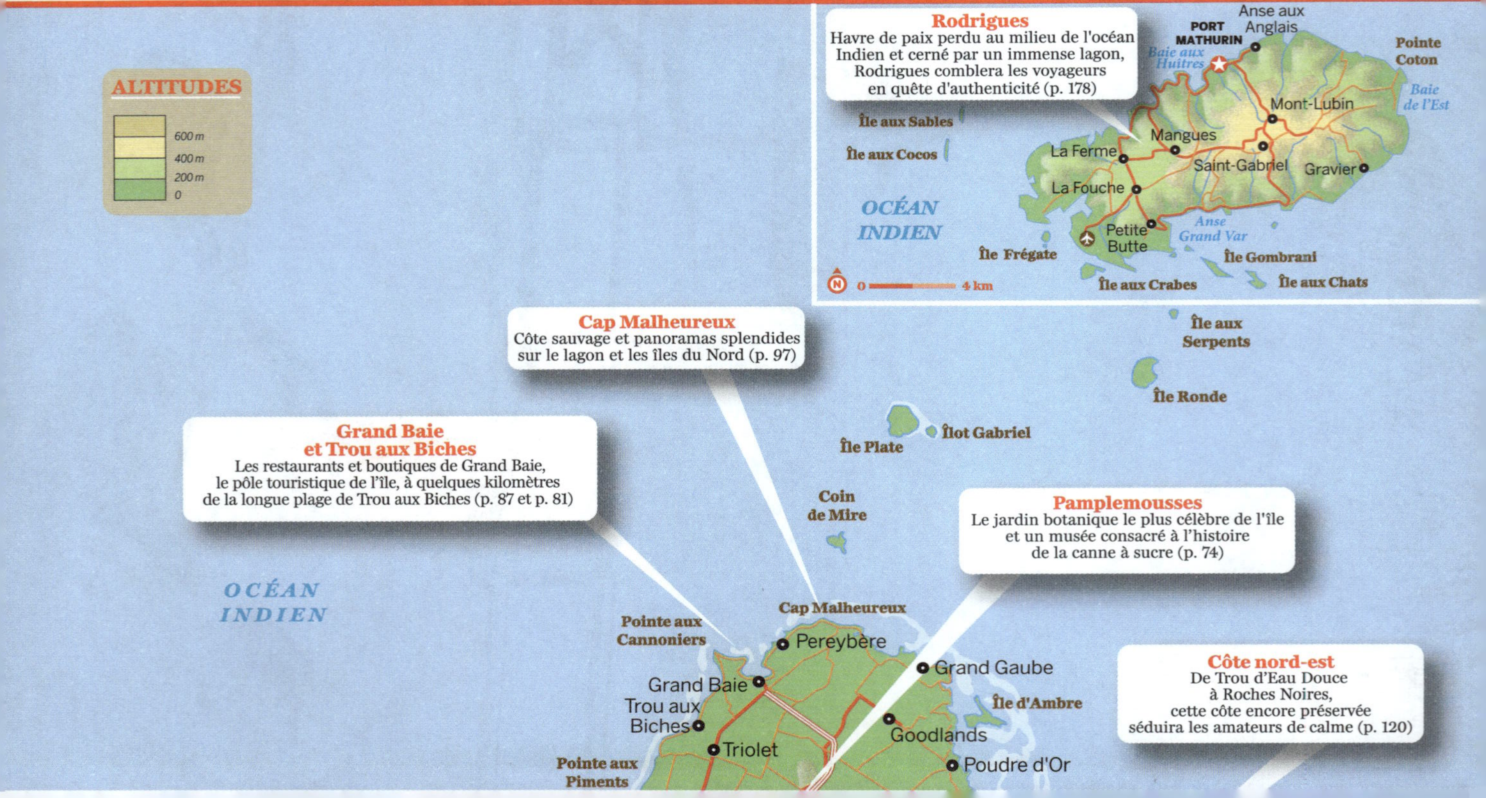

Port Louis
Son marché central haut en couleur, le Blue Penny Museum et le Caudan Waterfront, temple de la consommation (p. 56)
Moka
La visite de la maison Eurêka pour redécouvrir l'univers de J.M.G. Le Clézio, et l'ascension du Pouce (p. 114)
Tamarin
Petite ville de pêcheurs fameuse pour le surf et l'observation des dauphins (p. 136)
Le Morne Brabant
Son lagon, ses palaces et ses plages magnifiques dominées par les falaises (p. 152)
Chamarel
Son rhum, sa cascade et la terre des Sept Couleurs (p. 146)
Parc national des gorges de Rivière Noire
Un relief spectaculaire, des paysages envoûtants, une atmosphère tropicale (p. 143)
Mahébourg et la côte sud-est
L'ambiance de Mahébourg les jours de foire et le cadre magique des plages de Pointe d'Esny et de Blue Bay (p. 157)
Les Domaines du Sud-Est
La vallée de Ferney et le domaine de l'Étoile, deux sites à découvrir pour faire le plein de grand air (p. 167 et p. 119)
Baie du Tombeau
Pamplemousses
Roches Noires
Belle Vue Maurel
M2
M3
La Nicolière
Poste de Flacq
Pointe aux Sables
PORT LOUIS
Bon Acceuil
Le Pouce (812 m)
Pieter Both (823 m)
Beau Bassin
Centre de Flacq
Belle Mare
Moka
Rose Hill
Trou d'Eau Douce
Réservoir de La Ferme
Corps de Garde (719 m)
Quartier Militaire
Flic en Flac
Quatre Bornes
Île aux Cerfs
Blanche Montagne
Trois Mamelles (629 m)
Phoenix
Montagne Blanche
Vacoas
Floréal
Montagne Bambous (626 m)
Grande Rivière Sud-Est
Montagne du Rempart (777 m)
Curepipe
Réservoir de la cascade de Tamarin
Tamarin
Tourelle du Tamarin (548 m)
Montagne du Lion (480 m)
Nouvelle France
Mare aux Vacoas
Grand Rivière Noire
Vieux Grand Port
Rivière des Créoles
Piton de la Petite Rivière Noire (828 m)
Réservoir de Mare Longue
Île aux Bénitiers
Mahébourg
Grand Bassin
Rose Belle
Île aux Aigrettes
Chamarel
Parc national des gorges de Rivière Noire
Aéroport
Le Morne Brabant (556 m)
Montagne Cocotte (771 m)
Plaisance
Blue Bay
Chamouny
Rivière des Anguilles
Chemin Grenier
Baie du Cap
Bel Ombre
Surinam
Souillac

Expériences incontournables

1 SABLE, LAGONS ET FILAOS

Plages publiques, criques confidentielles, sable blanc, eaux turquoise... Les cartes postales ne mentent pas : l'île Maurice est paradisiaque. Et ce aux quatre coins de l'île : au nord du côté de Trou aux Biches et Mont Choisy, à l'ouest au sein de la station balnéaire Flic en Flac ou à l'est sur la très touristique île aux Cerfs.

MICHAL SARAUER/SHUTTERSTOCK ©

Péninsule du Morne

Le Morne Brabant (550 m) se dresse sur une péninsule qui compte 4 kilomètres de plages de sable fin, bordées par des filaos et un sublime lagon. De nombreux hôtels de luxe s'y sont installés, mais la plage publique reste ouverte à tous. Un décor paradisiaque qui orne la moitié des cartes postales vendues sur l'île. p. 152

LEOKS/SHUTTERSTOCK ©

LOBACHAD /SHUTTERSTOCK ©

Blue Bay et Pointe d'Esny

Blue Bay est avant tout connue pour son magnifique lagon et ses récifs coralliens protégés par une réserve marine ponctuée d'îlots sauvages. Alternative à la plage publique de Blue Bay où les Mauriciens viennent en nombre pique-niquer les week-ends, la plage de la pointe d'Esny, à proximité, offre de belles étendues de sable souvent désertes face au lagon. p. 163

Belle Mare

Une trilogie sable, lagon et filaos quasi parfaite. De superbes plages de sable blanc bordées de casuarinas s'étalent sur plus de 10 km entre le nord de Trou d'Eau Douce et la pointe de Flacq. La plage publique de Belle Mare, la plus longue de l'île, mérite le détour, surtout en semaine, où elle est quasi déserte. p. 123

Ci-dessus

2 GRANDEUR NATURE

Outre ses plages de rêve, Maurice offre une nature abondante, entre forêts subtropicales, cratères volcaniques (éteints), parcs naturels, cascades impressionnantes et réserves protégées. Le territoire héberge plus de 100 espèces d'oiseaux, plus de 400 espèces marines et environ 300 espèces de plantes endémiques, à observer sur de nombreux sites, de la Vallée de Ferney (p. 167) à la réserve François Leguat (p. 199) en passant, entre autres, par Chamarel et ses Terres des Sept Couleurs (p. 146). Une destination parfaite pour les adeptes de nature.

FAIMANO BENOIT ©

KKULIKOV ©

Ebony Forest

Ce parc de 50 ha ouvert en 2017 abrite plus de 100 espèces d'arbres dont le *Diospyros tessellaria*, un ébénier noir à la croissance extrêmement lente, quasiment éradiqué par les Hollandais alors qu'il était omniprésent à leur arrivée au XVIe siècle. Les sentiers de randonnée offrent chacun des points de vue superbes sur la côte ouest. p. 147

KHOROSHUNOVA OLGA ©

RICARDO STEPHAN ©

Parc national des gorges de Rivière Noire

Observatoire à nul autre pareil de la diversité de la faune et de la flore de l'île Maurice, le parc national des gorges de Rivière Noire, créé en 1994, déploie des efforts continus pour faire de ses 6 574 ha de forêts et de montagne le paradis des amateurs d'écotourisme. Reliant le Pétrin à Chamarel, la route de Plaine Champagne en donne un superbe aperçu. p. 143

Côte Est de Rodrigues

De la Pointe Coton jusqu'à l'anse Mourouk se succèdent les plus belles plages de l'île : anse Ally, Saint-François, Trou d'Argent encadrée par deux falaises abruptes, Graviers... Dans cette partie relativement isolée et sauvage de l'île, ces plages de sable fin sont surplombées par des paysages verdoyants ponctués de murets en pierre volcanique, aux faux airs d'Irlande. On y croise zébus et cabris. p. 196

3 PLAISIRS DE LA TABLE

Créole, indienne, chinoise, française... La cuisine mauricienne est un véritable melting-pot, unique en son genre. Que ce soit pour une collation dans la rue ou sur un marché, ou une assiette ultra-travaillée dans un restaurant gastronomique, vous vous régalerez et trouverez toujours des options véganes ou végétariennes.

EMMANUEL DAUTANT ©

Indien

Large choix de curry à escorter de *naans* bien croustillants, vindaloos épicés, plats au tandoor, Dahi Puri, dhals... Le choix s'annonce cornélien, mais forcément goûtu. Parmi les tables incontournables, ne manquez pas Happy Rajah (photo ci-dessous), installé à Grand Baie (p. 91), Phoenix (p. 111) et Tamarin (p. 139) ni Amari by Vineet, le restaurant du LUX* Belle Mare (p. 126).

Créole

Salmi d'ourites, rougails pour omnivores ou végétariens, mines frits, boulettes, fritures mauriciennes... Et beaucoup d'épices ! Pour tester le tout, filez à La Rougaille Créole (p. 91) et/ou à Ti Kouloir à Grand Baie (p. 91), vous ne serez pas déçu !

Asiatique

De nombreuses tables, comme Ai Kisu à Grand Baie (p. 90, photo ci-contre) et Kushi à Trou d'Eau Douce (p. 122) régalent à grand renfort de mets traditionnels et créatifs, ultra-travaillés (sushis minute, dim sum, nouilles soba...).

4 SITES REMARQUABLES

Au-delà de la carte postale balnéaire, le patrimoine architectural et de nombreux musées sont propices à une immersion dans l'histoire de l'ancienne "Isle de France". Vous pourrez admirer, entre autres, le fief de la famille de J.-M. G. Le Clézio (la Maison Eurêka – demeure coloniale, p. 114) et arpenter la Route du thé (en passant notamment par Bois Chéri, p. 176).

EMMANUEL DAUTANT ©

EMMANUEL DAUTANT ©

DR

DR

L'Aventure du Sucre

Situé à 500 mètres du jardin de Pamplemousses, ce musée (une ancienne sucrerie) souligne l'importance de la canne à sucre dans l'histoire de l'île au travers d'expositions interactives. Aujourd'hui, l'île est le premier producteur mondial de sucres bruts spéciaux. p. 76

Château de Labourdonnais

Avec sa double varangue circulaire et sa majestueuse allée d'intendance, le château de Labourdonnais, construit à l'initiative du planteur Christian Wiehe entre 1856 et 1859, est un bel exemple de demeure coloniale mauricienne liée au développement de l'industrie sucrière. Le domaine de Saint-Aubin près de Souillac vaut également le détour. p. 74

Ci-dessus, à gauche

Jardin botanique de Pamplemousse

Oasis tropicale née au XVIIIe siècle de la volonté du botaniste Pierre Poivre, le jardin de Pamplemousses offre à ses visiteurs un voyage dans le règne du végétal sur 37 ha. On y compte près de 600 espèces d'arbres et de végétaux, notamment des nénuphars géants originaires d'Amazonie. p. 74

Ci-dessus, à droite

5 FAIRE LE PLEIN D'ADRÉNALINE

Golf, kayak, surf, yoga, tyrolienne, plongée, randonnées… L'île Maurice propose une multitude d'activités à découvrir sur l'eau, sous l'eau ou sur la terre ferme. Les (nombreux) clubs accueillent aussi bien les sportifs chevronnés que les débutants ou curieux. La destination est parfaite particulièrement pour s'initier à la plongée.

Kitesurf

Faible profondeur du lagon, température de l'eau idéale, bonnes conditions de vent, paysages somptueux… Maurice est incontestablement une destination phare du kitesurf. La péninsule du Morne en est devenue l'emblème, mais on trouve aussi de très beaux spots le long des plages de la pointe d'Esny, des côtes nord et est de Maurice, ainsi qu'à Rodrigues, dont les 200 km² de lagon constituent un terrain de jeu idyllique. p. 50

BYHOLM/ADOBE STOCK ©

MARIE DUFAY ©

Plongée

Vous préférez le détendeur à la crème solaire ? Réjouissez-vous, vous êtes au bon endroit. Des dizaines de clubs et de sites s'offrent aux plongeurs sur les contours des îles Maurice et Rodrigues, toutes deux entourées d'une barrière de corail quasi continue. Leur faune aquatique abondante et un relief sous-marin spectaculaire en font deux destinations très réputées auprès des plongeurs de tous niveaux. p. 34

EMMANUEL DAUTANT ©

Randonnée

Sur ce terrain, l'île Maurice ne cherche pas à concurrencer la Réunion, mais ses reliefs offrent de belles possibilités, à commencer par les ascensions du Morne ou du Pouce, pour lesquels il est nécessaire d'être accompagné. Autre option, le parc national des gorges de Rivière Noire, les chutes de Tamarin ou les sentiers de Rodrigues. p. 222

6 VILLES ET VILLAGES AUTHENTIQUES

Destination prisée pour ses hôtels de luxe, ses emplacements idylliques face au lagon, ses spas raffinés et ses parcours de golf prestigieux, Maurice mérite aussi le détour pour sa capitale, Port-Louis, et ses villages de charme.

ASIATRAVEL/SHUTTERSTOCK ©

Port Louis

Grouillante la journée, la cosmopolite capitale se veut une vitrine de la jeune République, avec son quartier d'affaires et son temple de la consommation, le Caudan Waterfront, immense complexe en front de mer rassemblant hôtels de luxe, galeries marchandes, cinéma, casino et restaurants. Ses vieux quartiers pleins d'âme, son envoûtant marché central, son quartier chinois, sa mosquée ou l'Aapravasi Ghat révèlent son identité multiple. p. 57

À gauche, marché de Port Louis

Pereybère

Épargnée par les hôtels de luxe, Pereybère se pose comme une alternative à Grand Baie et présente de nombreux hébergements pour les budgets moyens, d'agréables plages et de somptueux panoramas sur l'île Coin de Mire. À proximité, le paisible village de Cap Malheureux (p. 97), avec sa célèbre église au toit rouge, est aussi une curiosité à ne pas manquer. p. 94

À droite

Curepipe et le plateau central

Ici, ni palaces, ni lagon ; pour autant, les raisons de se rendre sur le plateau central – où vivent la moitié des Mauriciens – sont nombreuses : shopping sur les marchés comme Rose Hill, dans les *malls* ultramodernes ou dans les boutiques de vêtements et des magasins d'usine, visite de la maison Eurêka à Moka et du domaine des Aubineaux à Curepipe… p. 107

7 LIEUX SACRÉS

PPICTURES/SHUTTERSTOCK ©

LEOKS/SHUTTERSTOCK ©

QUALITY MASTER/SHUTTERSTOCK ©

Avec leurs sculptures exubérantes et colorées, les quelque 150 temples hindous de Maurice sont le reflet de la première religion de l'île, pratiquée par plus de la moitié de la population. Les chrétiens regroupent 32,7% de la population et 17,3% des habitants se déclarent musulmans. La tolérance religieuse est de mise à Maurice, et concourt à construire "le mauricianisme". Les mosquées, églises et temples hindous sont souvent construits à deux pas les uns des autres.

Notre-Dame-Auxiliatrice

Située à Cap Malheureux, cette église est célèbre pour son toit rouge, son petit bénitier et son autel en basalte. De nombreux couples venus se marier à l'île Maurice aiment se faire photographier devant, face au lagon. p. 97

Ci-contre

Grand Bassin

Également appelé Ganga Talao, c'est un lieu sacré pour les hindous de Maurice depuis plus d'un siècle. Une demi-douzaine de temples sont dressés sur un plan d'eau, surplombé par deux immenses statues (dont Shiva). p. 177

Ci-contre

Mosquée Jummah

Édifiée en 1855 à Port Louis à la limite du quartier chinois, elle est la plus importante de l'île. Ce bel édifice blanc et vert compte quelques éléments d'influence créole. p. 61

L'essentiel

Pour plus de détails, voir *Carnet pratique* (p. 222).

Monnaie

Roupie mauricienne (Rs)
La plupart des hôtels acceptent les euros – le taux de change est alors souvent supérieur au taux officiel.

Langues

Créole, français

Heure locale

GMT+4 heures

Argent

Les CB ne sont pas acceptées partout.
DAB sur la côte et dans les localités touristiques, plus rares à l'intérieur de l'île.
À Rodrigues, services bancaires concentrés à Port Mathurin.

Visa

Aucun visa n'est requis pour les citoyens de l'UE, ni pour les Suisses et les Canadiens, pour un séjour de moins de 3 mois.
Le passeport doit être valable au moins 1 jour après la date de retour.

Téléphone portable

Des cartes SIM locales prépayées sont en vente chez les principaux opérateurs mauriciens.

Quand partir

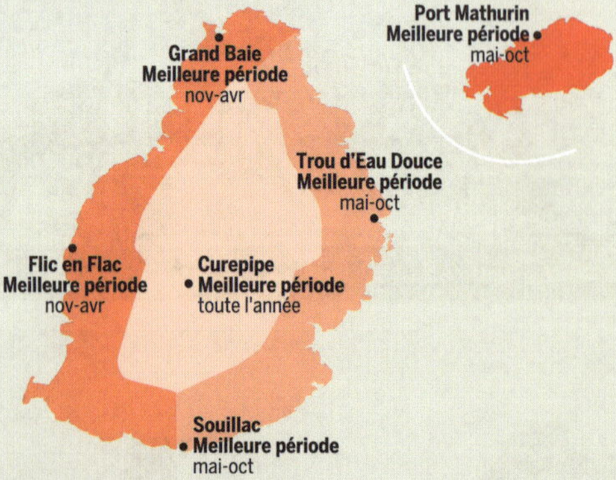

- pluies plus abondantes et températures plus faibles tout au long de l'année
- côte plus ventée avec des vents frais durant l'hiver austral
- côte protégée des vents toute l'année avec des températures plus chaudes
- climat légèrement plus sec et risque cyclonique plus important qu'à Maurice entre novembre et avril

Haute saison

(novembre-mars)

- Les tarifs des hôtels et des transports aériens grimpent, surtout pendant la période de Noël et du Jour de l'An qui coïncide avec les grandes vacances des Réunionnais.
- Début de la saison cyclonique. Les températures peuvent devenir étouffantes sur la côte jusqu'en mars, les flamboyants sont en fleur.

Mi-saison

(juillet-août)

- Affluence relative.
- Hiver austral : les températures sont les plus fraîches de l'année et les précipitations faibles.

Basse saison

(mai-juin et septembre-octobre)

- Températures modérées et faibles précipitations.
- Meilleures périodes pour la randonnée.
- De mai à septembre, les alizés soufflent fort sur les côtes est et sud : l'idéal pour la glisse. Pour le farniente sur la plage, préférez les côtes ouest et nord.

Budget quotidien

Moins de 70 €

- Nuitée en pension/hôtel/bungalow : 35-45 €
- Chambre d'hôtes : s/d à partir de 55/65 €
- Sandwichs et plats à emporter : à partir de 4 €
- Trajet en bus : à partir de 1 €

70-120 €

- Chambre d'hôtes ou d'hôtel : s/d 50-60/70-100 €
- Repas dans un restaurant de catégorie moyenne : 13-35 €
- Location de voiture : 35-50 € selon durée et type de véhicule
- Excursion en mer repas inclus : 40-60 €

Plus de 120 €

- Chambre d'hôtel "supérieure" : 125-900 €
- Repas dans un restaurant plus haut de gamme : > 40 €
- Taxi à la journée : 70-100 €

Sites Internet

- **www.lonelyplanet.fr** Informations de dernière minute, actualités en bref, forum des voyageurs et fiches pays.
- **www.tourism-mauritius.mu** et **www.mauritius.net** Sites de la Mauritius Tourism Promotion Authority (office du tourisme).
- **www.tourism-rodrigues.mu** Le site de l'office du tourisme de Rodrigues.
- **www.laislasocialclub.com** Pour tout savoir des nouvelles tendances culturelles mauriciennes.

Taux de change

Canada	1 $C	33 Rs
Suisse	1 FS	43 Rs
Zone euro	1 €	45 Rs

US ET COUTUMES

- Réservez les maillots de bain pour la plage. Les Mauriciens considèrent qu'il n'existe que trois raisons pour être torse nu en public : être fou, saoul, ou dans sa cour. Évitez donc de passer pour un "foo-soo-koor" !
- Il est interdit de se baigner nu.
- Surveillez votre tenue vestimentaire et évitez les tenues trop décontractées dans les sites religieux. Dans certains lieux de culte, notamment les mosquées et les temples hindous, il faut se déchausser avant d'entrer.

Hôtels, boutiques et restaurants affichent souvent leurs prix dans une devise ou dans une autre, sans raison apparente. Gardez donc bien le taux de change en vigueur en tête lors de vos paiements.

Pour des taux de change actualisés, consultez www.xe.com

Numéros utiles

Informations touristiques	☎152
Météo	☎302 6070
Vigilance cyclonique	☎8996, 171 depuis un portable
Police du tourisme	☎203 1212
Police	☎999 ou 112
Pompiers	☎995 ou 115 à Maurice ; 98 à Rodrigues
Samu	☎114
Ambulance	☎999 ou 115
Renseignements	☎150
Opérateur international	☎10091 ou ☎191

Pour appeler l'étranger depuis Maurice, composez le code d'accès ☎020 suivi de l'indicatif du pays (33 pour la France, 32 pour la Belgique, 41 pour la Suisse et 1 pour le Canada), puis le numéro de votre correspondant sans le 0 initial.

Pour téléphoner à Maurice depuis la France métropolitaine, la Suisse ou la Belgique, composez le code d'accès international ☎00 suivi de l'indicatif ☎230 (011 230 depuis le Canada) et du numéro à 7 chiffres de votre correspondant.

Arriver à Maurice

Depuis/vers l'aéroport Sir Seewoosagur Ramgoolam
Des bus desservent Port Louis et Mahébourg depuis l'aéroport pour un prix modique, mais la plupart des passagers préfèrent s'offrir les services d'un taxi qui prendra environ 1 000 Rs pour Mahébourg, 2 000 Rs pour Port Louis et 2500-3000 Rs pour Grand Baie ou la côte ouest.

Comment circuler

Un réseau de bus relie la plupart des localités pour un prix très modique, mais la majorité des visiteurs utilisent les transports des hôtels ou louent une voiture ou un scooter (attention à la conduite à gauche).

Pour plus de détails sur les **transports**, voir p. 234

Quoi de neuf ?

Le secteur touristique joue un rôle majeur dans l'économie mauricienne. Tout en souhaitant développer le nombre de visiteurs, les autorités souhaitent positionner leur destination sur le secteur du tourisme durable. Certains acteurs jouent le jeu, et, un peu partout, des initiatives locales commencent à poindre le bout de leur nez.

Respecter les dauphins

Depuis des années, de nombreux bateaux se réunissent à l'est de l'île au lever du soleil et invitent les touristes à se jeter à l'eau et à nager avec les dauphins. Outre la crème solaire pas toujours respectueuse des océans qui se déverse, les questions éthiques que cela pose, la reproduction des cétacés, qui se fait à ce moment-là, est fortement impactée. Un tour-opérateur écoresponsable, Lokal Adventure, propose depuis peu d'observer les dauphins de façon bien plus éthique, en kayak (voir p. 137).

Un aquarium qui questionne

En 2021, Odysseo, annoncé comme le plus grand océanarium des Mascareignes, a ouvert ses portes. Ce musée entend « émerveiller en éveillant notre conscience environnementale » : il alerte sur les récifs coralliens en danger, informe sur le cycle de vie de nos déchets… mais expose dans 45 aquariums 3 500 spécimens, dont beaucoup ont peu d'espace. On peut aisément se questionner sur l'impact écologique d'un aquarium et sur le fait d'enfermer des poissons dans un environnement éloigné de leurs besoins naturels. D'autant plus que le tarif de l'entrée est élevé (800 Rs adulte, 540 Rs enfant).

Séjours durables

L'île Maurice se lance dans l'écotourisme. De plus en plus d'hôtels affichent leur

L'ACTUALITÉ DE MAURICE

Si le pays ne paraît jamais à bout de ressources et affiche une économie parmi les plus performantes d'Afrique, il n'en connaît pas moins de profondes mutations depuis plusieurs années, qu'illustre un ralentissement de la croissance – de 6% dans les années 1990 à environ 3,8 entre 2015 et 2019 et 14,9 % en 2020 en raison de la crise sanitaire du Covid-19. Cependant, en 2022, selon le FMI, la relance du tourisme devrait pousser la croissance à 6,7% (et 4% en 2023). Première industrie de l'île, le secteur du tourisme continue sa course effrénée, avec 1 341 860 visiteurs en 2017 : une fréquentation exponentielle qui questionne. Les Mauriciens supportent de moins en moins la privatisation de l'espace public – il ne restait en 2017 que 12% de plages publiques sur l'île et les pêcheurs doivent abandonner certains lagons aux activités nautiques et aux bateaux de plaisance. De nombreuses organisations environnementales alertent sur les effets néfastes du développement touristique : impact sur la biodiversité et les réserves en eau, destruction des écosystèmes coralliens… De nouvelles initiatives permettant de découvrir l'île de manière plus éthique (MyMoris, Lokal Adventure… voir p. 63 et 137) voient heureusement le jour.

engagement dans une réelle transition écologique : plastique banni, piscines naturelles, récupération des eaux de pluie, eau filtrée, gourdes, clim sur minuteur… Comme The Goodlife Mauritius dans le nord (p. 98), Salt of Palmar à l'est (p. 124), Bubble Lodge dans le sud (p. 177) et Origin Eco Chalet à Rodrigues (p. 194), ouverts récemment.

Une ligne de métro

Le Métro express de Maurice a été inauguré en octobre 2019. Depuis mai 2022, il relie Port Louis à Vacoas-Phœnix. La ligne devrait, d'ici décembre 2022, être prolongée jusqu'à Curepipe, passant notamment par Floreal. Un trajet devrait coûter environ 40 Rs. Cette ligne a pour objectif de désengorger Port Louis et ses alentours, qui sont constamment embouteillés.

Des pépinières de corail

En raison du réchauffement climatique et de l'activité humaine, les coraux sont en danger. Or, ils jouent un rôle essentiel dans les biotopes marins. Ils protègent le lagon contre la houle, préservent les plages d'une érosion trop rapide, abritent de nombreuses espèces de la faune et la flore. À Maurice, des boutures de coraux ont été réimplantés afin de lutter contre l'érosion côtière, notamment du côté de Flic-en-Flac. Du côté de Rodrigues, pendant les deux premières années de la pandémie du Covid-19, le travail alternatif a été mis en place par l'Assemblée régionale de Rodrigues : nombre de Rodriguais, sans emploi, ont replanté des coraux contre rétribution.

Une île "à deux vitesses"

D'un côté les palaces, les golfs et les résidences défiscalisées, de l'autre les coupeurs de canne, les cases en tôle et les vendeurs ambulants. Les fruits du "miracle économique" ne sont en effet pas équitablement partagés, dénoncent certaines voix, et les créoles font souvent figure de laissés-pour-compte, les Indiens étant accusés de monopoliser les cartes. Le bref passage de Paul Bérenger au poste de Premier ministre (2003-2005), premier non-hindou à occuper cette fonction, n'a pas changé grand-chose et la situation ne fait pas mine d'évoluer.

À LIRE, VOIR, ÉCOUTER

***Le Chercheur d'or* (1985 ; Folio, Gallimard, 1988) :** Une quête éperdue à la recherche d'un trésor chimérique, dans la Rodrigues du début du XXe siècle. Par le prix Nobel de littérature J.M.G. Le Clézio.

***Paul et Virginie* (IPC, 2015) :** Belle adaptation en BD du célèbre roman de Bernardin de Saint-Pierre, par Shenaz Patel et Laval Ng.

***L'Île au poisson venimeux* (L'Olivier, 2017) :** Barlen Pyamootoo dresse un portrait de l'île loin des clichés.

***Mon père ce héros* (Gérard Lauzier, 1991) :** Une adolescente en vacances à l'île Maurice avec son père fait passer ce dernier pour un agent secret afin de séduire un garçon. Avec Marie Gillain et Gérard Depardieu.

***Île Maurice - Hommage à Ti Frère* (1991) :** Le roi du séga typique.

EN BREF

Nombre d'habitants : 1 266 000 (dont Rodrigues : 44 400)

Superficie de l'île Maurice : 1 866 km^2

Superficie de l'île Rodrigues : 109 km^2

Nombre de passagers accueillis par l'aéroport de Maurice en 2017 : 3,7 millions

Population au km²

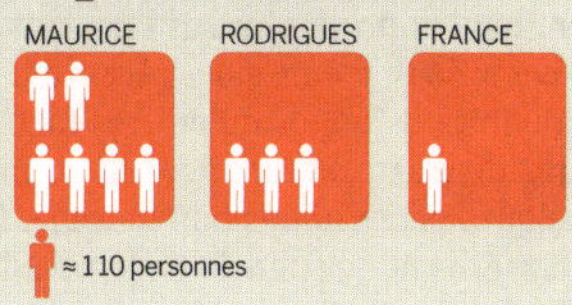

Hébergement

Vous trouverez tous les hébergements détaillés au fil des chapitres de la section *Sur la route* (p. 55).

FOURCHETTE DE PRIX

Dans ce guide, les établissements sont classés par catégorie et par ordre de préférence de l'auteur ; chacun est accompagné de l'un des symboles suivants (les prix s'entendent pour une chambre double avec sdb) :

- **€** moins de 80 € (3 700 Rs)
- **€€** 80-150 € (6 700-6 900 Rs)
- **€€€** 150-300 € (6 900-13 700 Rs)
- **€€€€** plus de 300 € (13 700 Rs)

À savoir

Contrairement à ce que sous-entendent les dépliants touristiques, les formules d'hébergement proposées sur l'île sont très diversifiées, même si les récentes réglementations imposant coffres-forts et caméras de vidéosurveillance ont eu raison de quelques petits hôtels bon marché. Les possibilités vont des pensions de famille aux hôtels cinq étoiles "plus", en passant par les appartements ou les studios à louer et les structures hôtelières de catégorie intermédiaire. En revanche, il n'existe pas de campings officiels ni d'auberges de jeunesse.

Classification des hôtels

Précision importante : il n'existe aucune classification officielle des établissements à Maurice. Les "étoiles" sont auto-attribuées par les hôteliers eux-mêmes et les tour-opérateurs qui les représentent, en fonction du niveau de confort et de service qu'ils estiment proposer. Si les cinq-étoiles et cinq-étoiles "plus" n'offrent pas de mauvaise surprise, les quatre-étoiles sont les plus inégaux par la qualité de prestations qu'ils proposent.

Répartition des hébergements

La carte des hébergements reflète la fréquentation touristique. La zone Trou aux Biches (p. 81)/Grand Baie (p. 87)/Pereybère (p. 94), Blue Bay (p. 163), Belle Mare (p. 123), Flic en Flac (p. 132) sont les stations les mieux loties, alors que Port Louis (p. 57), les villes du plateau central et la côte sud ne possèdent qu'une poignée d'hôtels.

La demi-pension (petit-déjeuner et dîner) est souvent proposée à des conditions avantageuses. Il faut savoir que certains hébergements appliquent des tarifs plus élevés avec les touristes qu'avec les résidents mauriciens.

Saisonnalité

Les prix connaissent de fortes variations suivant les saisons. Les mois de novembre, décembre, janvier, juillet et août sont les plus courus. De nombreux hôtels majorent leurs tarifs durant ces périodes, à plus forte raison à Noël et au Nouvel An. En revanche, la plupart des établissements baissent leurs tarifs de mai à mi-juillet, ainsi qu'en septembre et octobre.

Où se loger

Pensions, gîtes et chambres d'hôtes

Ce mode d'hébergement remporte un certain succès auprès de voyageurs

ERIKA CRISTINA MANNO/SHUTTERSTOCK ©

Constance Belle Mare Plage, Belle Mare (p. 127)

à petit et moyen budgets. Il existe des pensions, gîtes et chambres d'hôtes de toutes sortes : certains sont constitués de chambres avec accès indépendant, d'autres permettent davantage de partager la vie de la famille mais offrent moins d'intimité. Les premières sont les plus répandues : de nombreux propriétaires de villas en bord de mer – de la plus à la moins agréable et confortable – arrondissent leurs fins de mois en louant des chambres aux visiteurs. Les propriétaires n'habitent pas toujours sur place – certaines familles ont fait de l'hébergement de touristes un pilier de leur activité – et il est parfois possible d'y prendre ses repas. Cette option ne doit pas être négligée : non seulement elle permet de découvrir une autre facette de la vie mauricienne, mais certains logements sont vastes, agréables, dotés de terrasse et jouissent d'un excellent emplacement.

En fonction du confort, les prix peuvent varier de 800 Rs (hébergement sommaire) à 1 500 Rs et plus, pour deux personnes.

Bungalows, appartements et villas en location

La location de bungalows (souvent appelés "campements"), studios ou appartements avec kitchenette est une autre option intéressante, abordable et répandue. On peut les distinguer en deux grands types : les locations appartenant à des familles, proches dans leur esprit des hôtels mais dotés d'une cuisine ; et les options gérées par des "professionnels" de l'hôtellerie. Les premières sont plus "authentiques" mais manquent parfois de confort, les secondes plus confortables mais parfois un peu aseptisées. À Blue Bay (p. 163),

TARIFS PUBLICS ET "PACKAGES"

Les tarifs des resorts, hôtels-clubs et hôtels de luxe mentionnés dans ce guide sont les tarifs "publics". Ils ne s'appliquent qu'aux réservations de dernière minute et aux (rares !) clients se présentant sans réservation. Autant dire que personne ou presque ne paie des prix aussi élevés. Vous obtiendrez des tarifs 30 à 50% moins chers en réservant depuis votre pays d'origine, dans une agence de voyages, une formule incluant l'hébergement et le vol aller-retour.

FASTES ET PALACES

Ils s'appellent The Oberoi, Dinarobin, Prince Maurice, Shangri-La's Le Touessrok, One&Only Le Saint-Géran, Royal Palm... Ils appartiennent à des chaînes sud-africaines, indiennes ou mauriciennes. Ces cinq-étoiles qui contribuent à la renommée hôtelière de l'île déploient des fastes inouïs, et disposent des derniers attributs du luxe : golfs, restaurants gastronomiques et spas réputés, le tout sous la haute surveillance des agents de sécurité. Les chaînes déploient des trésors d'imagination et se livrent une concurrence acharnée pour rester leaders dans cette course effrénée à l'excellence. La politique du ministère du Tourisme mauricien encourage cette compétition du faste. Aux yeux des décideurs, le séjour à l'île Maurice doit ressembler à un "rêve"...

Tant mieux pour ceux qui peuvent s'offrir ces palaces. Mais une telle politique n'arrange guère les affaires des gérants des petites structures locales. Les voyageurs à petit budget cadrant mal dans ce tableau idyllique, rien n'est fait pour encourager les pensions et hébergements bon marché. Au contraire, leurs propriétaires doivent faire face à des contraintes et à des taxes de plus en plus dissuasives. Selon certains, un Mauricien souhaitant travailler dans le tourisme est dissuadé de créer sa propre structure bon marché et ne peut qu'espérer devenir employé, au bas de l'échelle, dans un palace.

Très attachés à défendre contre vents et marées l'image de luxe accolée à Maurice, les décideurs du tourisme mauricien ont vu d'un très mauvais œil la diffusion en 2010 d'un reportage télévisé montrant les lacunes d'un établissement de l'île en termes de service et de confort. Dans les semaines qui suivirent, la presse se faisait ainsi l'écho de leurs réactions, disant "non au low cost" et au "tourisme de masse"... Ce sont les mêmes, pourtant, qui ont annoncé leur volonté de doubler la fréquentation de l'île pour atteindre 2 millions de visiteurs. On peut douter qu'ils séjourneront tous dans des palaces...

À l'heure où certains hôteliers de l'île sont tentés par les propositions des tour-opérateurs étrangers, qui serrent les prix au maximum au détriment d'une certaine qualité, le tourisme mauricien est ainsi à la croisée des chemins. Dans les faits, l'offre hôtelière de l'île ressemble à celle de nombreuses autres destinations balnéaires comparables : une minorité de vrais palaces, une poignée d'établissements cassant leurs prix pour attirer des visiteurs de plus en plus attentifs aux cordons de leur bourse, et une foule de prestataires entre ces deux extrêmes. Des bons et des moins bons...

Flic en Flac (p. 132), Grand Baie (p. 87), Pereybère (p. 94) ou Trou aux Biches (p. 81), de nombreuses agences de voyages proposent des logements à tous les prix. Ailleurs, il vous faudra les chercher, car aucun organisme ni aucune agence ne les recense. La plupart sont signalés par un panneau fixé à la porte ou cloué sur un arbre indiquant "Bungalow à louer" ou "Campement à louer", et parfois un numéro de téléphone. Vous serez souvent agréablement surpris par la taille des logements proposés.

Le choix inclut de grands bungalows pouvant compter jusqu'à 4 chambres et de petits studios de 1 ou 2 chambres dotés d'une kitchenette et d'une salle de bains. Ils sont en général entièrement meublés et équipés d'un réfrigérateur. Outre une décoration plus attrayante, les plus luxueux disposent d'une TV, d'une machine à laver et parfois de la clim.

À titre indicatif, les tarifs vont d'environ 800 Rs par jour pour un studio correct à 7 000 Rs et plus pour une belle villa de 4 chambres. Les propriétaires baissent souvent leurs tarifs à partir d'une semaine de location (à négocier). Dans certains cas, une caution peut être exigée lors de la réservation. Le prix comprend parfois les prestations d'une employée de maison et/ou d'une cuisinière. Vous pouvez si ce n'est pas le cas obtenir ces services en payant un supplément. Essayez, dans la mesure du possible, de visiter les lieux avant de louer, afin d'éviter toute déconvenue.

Vérifiez les possibilités de faire vos courses dans les environs. Notez que ces hébergements n'impliquent pas nécessairement de longs séjours.

À Maurice, vous pouvez contacter l'agence **Idyllic Villas** (☎697 16 02 ; www.idyllic-villas.com) qui loue partout sur l'île des villas, de la plus simple à la plus luxueuse, présentées sur son site Internet. **Oazure** (☎411 5381 ; www.oazure.com) a également des offres intéressantes, tout comme **Evaco** (☎263 2216 ; www.evacoholidays.com).

Hôtels

Les hôtels de catégorie moyenne offrent de grandes disparités. Ceux de Port Louis et des villes de l'intérieur sont surtout fréquentés par des voyageurs de commerce et des groupes venus assister à des conférences. Sur la côte, cette catégorie d'hôtels est nettement meilleure. Si les hôtels de luxe monopolisent une partie non négligeable du littoral, un certain nombre d'adresses pratiquant des tarifs raisonnables continuent à subsister, et ce en dépit d'une politique de construction intensive d'hôtels haut de gamme. Outre l'emplacement, les principaux critères à prendre en compte sont le nombre de chambres de l'établissement (un hôtel de 30 ou 50 chambres est plus chaleureux qu'un complexe de 250) et la date de construction des installations (le climat tropical use prématurément les infrastructures...). Autant de critères que nous avons pris en compte dans nos sélections. Les établissements favorisent en général leur formule demi-pension, mais elle n'est pas toujours imposée. L'accès à une piscine ainsi que des activités sportives et nautiques font presque toujours partie des prestations offertes. On trouve encore quelques hôtels de catégorie moyenne proposant des chambres doubles à 2 000 Rs environ, voire moins dans certains cas.

Pressés par les tour-opérateurs étrangers voulant répondre aux attentes de clients de plus en plus soucieux de leur budget, un nombre croissant d'hôteliers mauriciens succombent aux offres packagées, "all-inclusive" (tout compris) et autres formules s'adressant aux groupes. Le résultat est variable, certains parvenant à maintenir de bonnes prestations dans ce cadre, et d'autres non (notamment dans le créneau des trois/quatre-étoiles).

Quoi qu'il en soit, si vous souhaitez séjourner dans un complexe de vacances, mieux vaut réserver votre séjour par l'intermédiaire d'un tour-opérateur avant votre départ afin de bénéficier de tarifs négociés incluant le billet d'avion à prix concurrentiel. Le groupe mauricien **Veranda** (www.veranda-resorts.com) se distingue par ses beaux trois-étoiles.

Hôtels de luxe

Fer de lance de l'hôtellerie mauricienne, quelques éblouissants cinq-étoiles et cinq-étoiles "plus" se partagent les plus belles portions de côte (voir l'encadré ci-contre). Outre leur situation exceptionnelle, ils proposent des chambres dotées du confort et du raffinement dernier cri, des parties communes conçues par des designers de renom, des restaurants placés entre les mains expertes de chefs internationaux et une large palette d'activités : tennis, golf, ski nautique... Ces pachas du tourisme mauricien et international, plébiscités par des célébrités du monde entier, sont constamment soucieux de trouver de nouvelles idées permettant de rivaliser de séduction avec leurs concurrents. Dernière manifestation de cette lutte sans merci : les spas. Les tarifs sont bien sûr à la hauteur des prestations offertes par cette gamme d'établissements.

La majorité de ces hôtels appartiennent à des groupes internationaux : Beachcomber, One&Only, LUX* Resorts et Sun Resorts occupent le haut de l'affiche, tandis que des nouveaux venus américains – comme le St. Regis – montrent çà et là les dents, sans oublier le groupe indien Oberoi Hotels, les groupes mauriciens Constance Hotels Experience, Attitude et VLH, et le label Mauritius Boutique Hotel. Mieux vaut réserver depuis l'étranger si vous souhaitez séjourner dans l'un de ces hôtels (voir l'encadré *Tarifs publics et "packages"*).

Mois par mois

LE TOP 5

Thaipoosam Cavadee (janvier-février)

Fête du Printemps (février)

Maha Shivaratree (février-mars)

Royal Raid (mai)

Teemeedee (décembre-janvier)

Janvier

Thaipoosam Cavadee

(férié). Fête tamoule durant laquelle les croyants, les joues et la langue percées d'aiguilles, portent une lourde arche de bois couverte de fleurs, en signe de pénitence. En janvier ou février selon l'année.

Pongal

(14 janvier). Marque la fin de la saison des récoltes. Une des rares fêtes tamoules à se dérouler à date fixe.

Février

Abolition de l'esclavage

(1er février). Des concerts et des événements commémoratifs sont organisés dans toute l'île, en particulier au Morne, lieu symbolique, refuge de nombreux esclaves en fuite.

Fête du Printemps

(férié). Le Nouvel An chinois suscite une liesse générale au sein de la communauté chinoise. Pétards, dragons et grand nettoyage sont au rendez-vous. Célébré à une date différente chaque année selon l'ajustement du jour lunaire au jour solaire, il s'achève avec la danse du lion dans les rues.

Fête des Lanternes

(15 jours après la fête du Printemps). Clôture les célébrations du Nouvel An chinois. Défilé costumé et danses de dragons animent les rues de Port Louis et des plaines Wilhems.

Mars

Maha Shivaratree

(férié). Principal pèlerinage hindou, à Grand Bassin durant 3 jours. C'est l'une des plus importantes manifestations religieuses hors du sous-continent. La date varie en fonction du calendrier lunaire.

Fête du Poisson

(1er mars). L'ouverture de la pêche à la senne donne lieu à des réjouissances.

Holi

Fête des couleurs, durant laquelle les hindous se lancent des poudres multicolores. Des feux sont allumés la nuit précédente.

Anniversaire de l'Indépendance et de la République

(férié ; 12 mars). La fête nationale est souvent l'occasion de nombreuses réjouissances à Port Louis.

Avril

Pâques

Beaucoup de catholiques pratiquent le carême et le lundi de Pâques est largement chômé. Les familles en profitent souvent pour passer la journée à la plage autour d'un pique-nique qui se termine souvent par un séga (musique et danse).

Course hippique

La saison hippique (avr-nov) attire des centaines de milliers de Mauriciens dans l'hippodrome du Champ de Mars à Port Louis.

Mai

Chinatown Food and Cultural Festival

Sur un week-end, c'est toute la communauté chinoise de Port Louis qui se rassemble dans le quartier de Chinatown pour des danses traditionnelles, des démonstrations d'arts martiaux, du chant et des dégustations de spécialités.

Royal Raid

(www.royalraid.com). Comme La Réunion, Maurice a sa course en montagne mythique. Elle se déroule chaque année autour de la région du Yémen et dans le parc national des gorges de Rivière Noire.

Tropica'Dingue

(tropicadingue.mu). Mi-trail, mi-raid multisport, un challenge sportif qui cartonne, en solo ou en équipe, avec pas moins de 20 épreuves sur un parcours nature de 10 km.

Rodrigues Kitesurfing Festival

(www.rodrigueskitesurf.com). Fin juin-début juillet, le lagon sud-est de Rodrigues se couvre de voiles et de planches.

Juillet

Marathon de l'île Maurice

(www.mauritiusmarathon.com). De Saint-Félix, 42 km à parcourir le long de la plus belle route côtière de l'île.

Dodo Trail

(www.dodo-trail.com). L'autre grand événement de course en montagne de Maurice a l'habitude de tutoyer les sommets de l'île. Le parcours Xtreme (50 km ; 3 500 m de dénivelés positifs) est à réserver aux traileurs aguerris !

Septembre

Ganesh Chaturthi

(férié). Célébration hindoue de la naissance de Ganesh, la divinité à tête d'éléphant. De nombreuses processions ont lieu en bord de mer ou sur les rivières pour immerger des répliques de Ganesh au soleil couchant. Au 4e jour du mois lunaire.

Pèlerinage du Père Jacques-Désiré Laval

(8-9 septembre). Près de Port Louis, des dizaines de milliers de pèlerins de toutes croyances se rendent sur la tombe de ce prêtre béatifié par Jean-Paul II.

Festival du rire

Pendant une dizaine de jours, les humoristes francophones se relaient à Belle Rose.

Fête de la Lune

Un événement très important pour la communauté chinoise. Aussi appelé "fête de la Mi-Automne", il commémore la victoire des Chinois sur les envahisseurs mongols. On offre des gâteaux en forme de lune aux parents et aux amis.

Octobre

Divali

(férié). La plus joyeuse fête hindoue, commémorant la victoire de Rama sur Ravana (symbole de la victoire de la lumière sur les ténèbres) avec force lampes à huile, lampions et feux d'artifice. En octobre ou novembre selon l'année.

Novembre

Indian Ocean Triathlon

(www.indianoceantriathlon.com). Une épreuve sportive qui mêle 1,8 km de natation en mer, 55 km de vélo et 12 km de course à pied autour de la péninsule du Morne.

Trail de Rodrigues

(www.trailrodrigues.com). La Cendrillon des Mascareignes a elle aussi succombé à la mode du trail avec un parcours qui traverse l'île d'est en ouest.

Festival Kaz'Out

(férié). L'Aventure du Sucre se transforme en festival de musique créole, généralement le premier samedi de novembre.

Festival Kreol

Organisé chaque année fin novembre-début décembre, ce festival vise à la promotion de la langue et de la culture créoles. Essentiellement dédié à la chanson, il attire souvent des pointures internationales de la musique afro et créole.

Décembre

Teemeedee

Après 10 jours de purification par l'abstinence, la méditation et la prière, certains croyants marchent sur un tapis de braises ardentes. Cette fête tamoule a lieu principalement en décembre et en janvier.

Itinéraires

6-8 JOURS Les grands classiques

Outre les **plages**, les grands classiques de l'île sont les cascades et les roches de couleur des **terres des Sept Couleurs de Chamarel**, le jardin botanique de **Pamplemousses** et le marché de **Port Louis**. Vous pourrez les découvrir en un ou deux jours. Visitez le marché de Port Louis le matin ; vous n'aurez ensuite que quelques kilomètres à parcourir vers le nord pour rejoindre Pamplemousses. Au passage, ne ratez pas l'intéressante exposition de **L'Aventure du Sucre**.

Vers le sud, vous pourrez longer la côte jusqu'à la très belle **péninsule du Morne**, où les palaces brillent de tous leurs feux au pied de la belle silhouette du sommet le plus célèbre de l'île. Côté est, l'**île aux Cerfs** est un autre classique des itinéraires mauriciens. Évitez ses horaires d'affluence pour en profiter pleinement. Au nord, la station balnéaire de **Grand Baie** et le littoral s'étendant jusqu'à **Cap Malheureux** et au-delà rencontrent également un franc succès.

4-6 JOURS

Hors des sentiers battus

Avec son visage plus minéral que les autres rivages de l'île, la **côte sud**, souvent délaissée, est à découvrir. Elle vous surprendra notamment entre **Souillac** et **Bambous Virieux**. Sur la **côte est**, la portion de littoral s'étendant entre **Poste Lafayette** et **Roches Noires** est également un havre apprécié des voyageurs.

Sortir des sentiers battus à Maurice revient quasiment à quitter la côte. Le centre de l'île vous réservera en effet de bonnes surprises, comme les **chutes de Tamarin** ou, plus proche du littoral, **Ebony Forest**. Les amateurs de pleine nature se réjouiront du décor verdoyant du **parc des gorges de Rivière Noire**. Tout aussi exceptionnelle est la **route de Plaine Champagne**. Également sur les hauteurs, découvrez la **vallée de Ferney** et le beau **domaine de l'Étoile**, où vous pourrez pratiquer des activités variées. Loin de l'effervescence de Maurice, la paisible **Rodrigues** séduira pour sa part les amoureux de destinations du bout du monde. Autre option pour éviter les foules : passer quelques jours dans une adresse de charme des hauteurs de l'île, de plus en plus nombreuses.

MARIE DUFAY ©

Curries

Préparer son voyage

À table !

La gastronomie de l'île Maurice est influencée par les traditions créole, française, chinoise, et surtout indienne. Le riz, le poulet, les poissons et les fruits de mer figurent parmi les ingrédients de base. Le gibier, notamment le cerf, est également de plus en plus souvent proposé. Les plats sont généralement cuisinés dans une sauce à base de tomates, d'ail, de gingembre, de graines de moutarde et d'un grand nombre d'épices.

Spécialités locales

Les préparations les plus courantes sont le vindaye, le cari, le rougail et la daube. Le vindaye – en général à base de poisson ou d'ourite (poulpe) – est une recette originaire de l'ouest de l'Inde, à base d'huile, de moutarde, d'oignon, d'ail et de gingembre. Le cari occupe une place de choix dans la cuisine mauricienne, à tel point qu'il désigne dans le langage courant tout ce qui se mange avec du riz ou du pain. C'est une préparation subtile à base d'un mélange d'épices (muscade, cannelle, clou de girofle, poivre...) et de gingembre, qui accompagne toutes les viandes (poulet, bœuf, mouton, cerf, sanglier) mais aussi le poisson et l'ourite. Le rougail est une spécialité créole plutôt d'origine réunionnaise à base de tomates (appelées "pommes d'amour" à Maurice), d'ail, d'oignons et d'épices. Il accompagne le poisson, la viande ou les saucisses. La daube désigne un plat de viande ou de poisson longuement mijoté, accompagné d'une sauce, généralement à base de tomates et d'autres légumes. On trouve également du biryani, d'origine indo-musulmane, composé de riz, d'épices, de légumes, de poisson ou de viande.

Les condiments sont également très importants dans la cuisine créole et indienne servie à Maurice. Au restaurant, on vous proposera en général des achards (mélange de légumes émincés et épicés), des chatinis ou chutneys (mélange d'épices cuisiné) et des brèdes (variété de feuilles comestibles, communes aux îles de l'océan Indien, riches en vitamines et sels

LA CUISINE RODRIGUAISE

Longtemps, les Rodriguais n'ont compté que sur la mer et sur la production locale de la terre (manioc, patate douce, maïs, haricots rouges... cuisinés en soupe, pudding, etc.) pour se nourrir ; les grandes sécheresses des années 1970 les ont obligés à se tourner vers des denrées importées. Cependant, les aliments qu'on retrouve dans la cuisine rodriguaise sont aujourd'hui encore frais et naturels, poussés sans pesticides, et offrent aux visiteurs des plats très savoureux malgré leur simplicité.

La star du patrimoine culinaire rodriguais est sans conteste le limon, dont chaque Rodriguais possède un plant dans son jardin : ce petit citron vert très parfumé et juteux pousse en effet uniquement sur l'île. Récolté en juillet et août, on le retrouve dans la citronnade bien fraîche que tout nouvel arrivant se voit offrir en guise de bienvenue, dans les achards, la vinaigrette, la purée de piments... Mais il se prête aussi à de nombreuses recettes, comme la salade d'ourites au limon confit. Dans les confitures, le limon se marie superbement avec le gingembre, les oranges locales, la citronnelle et le banzlique (variété locale de basilic).

Côté produits de la mer, il ne faut pas rater le kono-kono, un coquillage endémique gros comme un poing aux vertus aphrodisiaques, plutôt rare et pêché dans le sud de l'île en hiver : on le déguste avec une salade de papaye verte, assaisonné d'huile d'olive, de jus de limon et d'un jaune d'œuf. Le crabe "onze taches" est lui pêché dans les récifs, cuit à l'étouffée avec de l'ail et du vin blanc, puis servi avec des brèdes. Comme à Maurice, le poisson se cuisine en bouillon, en rougail ou en curry. Le calamar est mariné dans un mélange de jus de limon, de safran et de cumin puis grillé. Les ourites sont magnifiées en daube, en cari, ou parfois séchées en salade. Quant à la langouste, tout juste sortie de l'eau, elle est simplement posée sur le barbecue, et parfois accompagnée d'une sauce à la vanille. Presque chaque famille rodriguaise nourrit par ailleurs son cochon. Après le poisson et les ourites, c'est la viande la plus consommée. On le cuisine sauté, en daube, en jambon, en saucisses, ou salé. Le poulet est aussi très présent : au miel, grillé, au gingembre et curcuma...

L'île est réputée pour son miel bio (plusieurs fois primé à l'étranger), son redoutable piment et ses desserts : beignets de papaye, mousse à la banane et tourte papaye ou coco.

minéraux, souvent cuisinées en bouillon ou en fricassée).

Les poissons et les fruits de mer sont frais et délicieux. Vous savourerez du marlin, de la daurade, du capitaine, du sacréchien (vivaneau rouge), du rouget, du thon, des calamars, des ourites, des camarons (grosses crevettes d'eau douce), des coquillages (comme le tec tec ou le kono-kono à Rodrigues), du crabe et de la langouste. Les amateurs de viande se régaleront de bœuf, de cerf, de sanglier, de porc, de mouton et de poulet.

À côté de la cuisine créole et indienne, vous trouverez aussi des spécialités européennes et chinoises. Ces dernières (chop suey, bol renversé, mines frits) sont très répandues dans certaines localités. Malheureusement, certains restaurants chinois proposent encore de la soupe d'aileron de requin à leur carte…

Les amateurs de fruits tropicaux ne seront pas déçus, avec plusieurs délicieuses variétés de mangues ou de goyaves, des noix de coco, des limons, des litchis, des fruits de la Passion, des petites bananes ou des ananas... Même les légumes vous surprendront : goûtez à la pipangaille, au giraumon, à la patate douce, au pâtisson et, plus rarement, au manioc. La salade de palmiste et le palmiste braisé passent pour les plats les plus raffinés de la cuisine mauricienne. Il s'agit du cœur d'une variété de palmier, très fin (rien à voir avec les "cœurs de palmier" que l'on trouve en Europe).

Boissons

Les boissons sans alcool (jus et boissons aux fruits, sodas) sont nombreuses et consommées en grande quantité. Les préparations à base de yaourt, fabriquées sur l'île, connaissent également un franc succès. L'une des plus appréciées est le lassi, une boisson rafraîchissante d'origine indienne à base de yaourt et d'eau glacée. Vous pourrez par ailleurs goûter à l'*alouda*, mélange sirupeux et aromatisé, à base d'infusion d'agar (une variété d'algue) et de lait, vendu dans les rues ; l'alouda glacé est surmonté d'une crème glacée à la vanille. Vous trouverez des bouteilles d'eau minérale partout.

La bière et le rhum sont forts, bon marché et consommés en abondance. Côté bières, la Phoenix et la Blue Marlin sont les deux marques emblématiques locales. On trouve une grande variété de rhums. Les plus connus sont le Green Island, Chamarel et Pink Pigeon ; la Oxenham Craft Distillery surfe, elle, sur la tendance du rhum raffiné. Vous trouverez du vin dans les restaurants d'un certain standing. Le vin français est généralement cher. Les crus sud-africains et chiliens, meilleur marché et supportant mieux le voyage (et à découvrir, tant en blanc qu'en rouge), sont les plus répandus ; l'île Maurice s'est même lancée dans la production de vin de litchi (voir p. 111), au délicieux goût de gewurztraminer alsacien, qu'on retrouve sur les meilleures tables locales.

Il existe plusieurs marques de thé (Bois Chéri, Corson, Kuan Fu Tea, La Chartreuse) et du café (La Fournaise, Chamarel, Dodo Café) mauriciens, qu'un itinéraire touristique met en valeur (voir encadré p. 174).

CATÉGORIES DE PRIX

Dans ce guide, les catégories de prix s'entendent pour un plat principal classique.

- **€** moins de 15 € (700 Rs)
- **€€** 15-30 € (700-1 400 Rs)
- **€€€** plus de 30 € (1 400 Rs)

Où se restaurer

En-cas

Les Mauriciens cuisinent de merveilleux en-cas. Pour quelques dizaines de roupies, vous pourrez acheter auprès des vendeurs ambulants des *macatia coco* (brioches sucrées chaudes) au petit-déjeuner, des samoussas (beignets triangulaires au curry, farcis de légumes, de viande ou de poisson), des bouchées et boulettes de viande, des petits pâtés au curry, des nouilles chinoises ou du riz frit (mine frit et bol renversé), des soupes et toute une gamme d'autres spécialités, notamment des *dholl puri* (galette de pois cassés accompagnée d'un curry végétarien), des gâteaux piments (boulettes frites à base de farine de pois) et des fruits confits (ananas, goyave de Chine… au sel, piment et vinaigre).

La plupart des petites localités comptent quelques échoppes proposant ces produits, également vendus aux abords des plages publiques. Les fast-foods des grandes enseignes internationales sont de plus en plus présents, notamment à Port Louis et dans les localités importantes.

Restaurants

La plupart des restaurants proposent des plats créoles, chinois et européens sur la même carte. L'éventail des prix est très large : vous pourrez aussi bien manger de bons petits plats mauriciens dans une cantine locale pour à peine 100 Rs par personne que vous délecter de spécialités plus élaborées dans un restaurant gastronomique à plus de 900 Rs le menu. Certains hôtels de luxe s'enorgueillissent de restaurants gastronomiques qui ne dépareraient pas dans une grande capitale. Certains restaurants des grands hôtels sont ouverts aux non-résidents sur réservation ; il en va de même pour quelques tables d'hôtes.

Avec des enfants

Les voyageurs en herbe trouveront plein de bonnes choses saines à se mettre sous la dent entre deux bains de mer : riz, légumes, poisson, fruits frais... Vous trouverez de l'eau minérale partout et du lait dans les hôtels et les supermarchés. Seul ennemi en vue : le piment. Renseignez-vous auprès des serveurs. Les restaurateurs mauriciens sont en général ravis d'accueillir les enfants et proposent souvent des menus spécialement conçus à leur intention. Les nombreux marchands de glace ambulants garés aux abords des plages les raviront : ces camions colorés annoncent leur arrivée d'une petite musique reconnaissable entre toutes. Ils adoreront aussi les délicieux *poutou*, gâteaux de farine de riz mélangée au sucre et à la noix de coco râpée ; servis chauds, tout juste sortis des moules à vapeur avant d'être coupés en tranches.

Végétariens et végans

Si la viande ou le poisson entrent dans la composition de la majorité des plats, un certain nombre de spécialités indiennes sont adaptées au régime végétarien, comme les curries de légumes, samoussas de légumes, les chapatis, etc. Autre solution : se contenter de riz, légumes, achards et “grains” (pois, lentilles, haricots), disponibles dans presque tous les restaurants. Notons que depuis quelques années, de plus en plus d'hôtels proposent une vraie offre végane.

QUELQUES BONNES TABLES DE MAURICE

- **Happy Rajah**, à Grand Baie, Tamarin et Phoenix (p. 111)
- **La Rougaille Créole**, à Grand Baie (p. 91)
- **Le Fangourin**, à L'Aventure du Sucre (p. 78)
- **La table d'hôtes de la Demeure Saint-Antoine**, à Goodlands (p. 102)
- **Kushi**, à Bellemare (p. 122)

Faire son marché

Les marchés aux fruits et légumes les plus intéressants sont ceux de Port Louis (p. 59), de Curepipe (p. 109) et des grandes villes comme Mahébourg (p. 157) et Centre de Flacq (p. 128).

Les fruits et légumes sont saisonniers, et les prix varient en conséquence. L'île Maurice offre pratiquement le même choix que les autres îles de l'océan Indien. Vous y trouverez notamment des litchis en décembre-janvier et des longanes en février.

Si vous souhaitez acheter du poisson, rendez-vous à la criée aux poissons de chaque village de la côte, où les pêcheurs vendent directement leurs prises. Et pour les accommoder, rien de tel que *La Clef des saveurs*, de la chef mauricienne Jacqueline Dalais, best-seller des livres de cuisine mauriciens que vous trouverez dans les librairies de l'île.

Toutes les grosses agglomérations comptent des supermarchés. Ils offrent un vaste choix de produits alimentaires ou ménagers, le plus souvent importés d'Afrique du Sud.

Kitesurf

Préparer son voyage

Plongée et activités nautiques

Lorsque l'on évoque l'île Maurice ou sa voisine Rodrigues, on pense immédiatement aux lagons, aux plages de sable fin, aux eaux cristallines et autres décors idylliques qui font le bonheur de centaines de milliers de touristes chaque année... Un véritable paradis pour les amateurs de plongée, de kitesurf et d'autres activités nautiques !

Plongée sous-marine

Les Maldives et les Seychelles occupent le devant de la scène en matière de plongée sous-marine dans l'océan Indien. L'île Maurice n'a pourtant rien à leur envier. Ses principaux atouts : une barrière de corail qui entoure l'île de manière presque continue, des eaux cristallines, des températures clémentes (22-24°C en hiver, 26-28°C en été) et une faune abondante. Quant au relief, il apporte une note spectaculaire aux plongées : taillé à l'emporte-pièce, le paysage se décline en failles, arches, éboulis ou canyons. De nombreuses épaves ont par ailleurs été coulées afin de servir de récifs artificiels. Une trentaine de centres de plongée bien organisés, équipés d'infrastructures et d'un encadrement de qualité, officient sur la majeure partie du littoral.

Ce bref tour d'horizon serait incomplet sans Rodrigues, l'île magique, elle aussi généreusement dotée. L'activité est remarquablement bien structurée.

Faune sous-marine

L'océan Indien est un terrain d'observation exceptionnel pour les passionnés de faune sous-marine. Les récifs coralliens qui entourent Maurice abritent une faune exubérante, colorée et très diversifiée. Certaines espèces vivent le jour, d'autres se réfugient dans des crevasses et des grottes creusées dans les récifs coralliens et n'en sortent que la nuit. Les unes sont végétariennes, les autres carnivores. Certaines se déplacent en groupe pour assurer leur protection, tandis que les autres évoluent en solitaire. Quelques-unes sont inféodées à un territoire qu'elles défendent farouchement, alors que d'autres sont nomades.

Baleines et dauphins

Il n'est pas rare d'apercevoir des dauphins de plusieurs espèces (tursiops, à long bec…) à proximité du bateau de plongée, notamment dans le secteur de Flic en Flac et de Tamarin. Quant aux baleines à bosse, après avoir été chassées pendant des décennies jusqu'à leur quasi-extinction, elles reviennent désormais l'hiver, et mettent bas de mai à octobre, dans le nord de l'île. Dans les eaux peu profondes, autour des récifs coralliens, on peut également rencontrer le timide et amical dugong (sirénien, ou vache marine), espèce rare et protégée. À l'ouest de Maurice, on peut voir des cachalots et des globicéphales.

Parmi les différentes structures qui proposent des excursions en mer à la rencontre des cétacés et mammifères marins, nous en recommandons une, connue pour son grand sérieux et son approche respectueuse des animaux :

Dolswim (☎5422 9281 ; www.dolswim.com ; La Jetée, Rivière Noire).

DÉBUTANTS, JETEZ-VOUS À L'EAU !

Maurice réunit des conditions exceptionnelles pour s'initier à la plongée sous-marine : l'eau est chaude, limpide et le lagon ressemble à une immense piscine, très rassurante. Tous les centres de plongée emploient des moniteurs professionnels qui vous feront connaître vos premières joies subaquatiques lors du baptême.

Le déroulement d'un baptême varie selon les centres. En général, vous commencerez par une initiation dans la piscine de l'hôtel, afin de vous familiariser avec le matériel (détendeur, bouteille d'air comprimé, stab, masque) et connaître les rudiments de l'activité (communication par signes, manœuvre d'équilibration des oreilles, etc.). Ensuite, vous plongerez en mer, dans un site très sécurisant (une dizaine de mètres d'eau, sans vague et sans courant), encadré par le moniteur. Au fond, il guide vos évolutions, pendant 30 à 45 minutes. Vous n'avez qu'à respirer et à faire le plein d'images, en apesanteur !

Grisé par ces sensations nouvelles ? Vous pouvez alors envisager une formation débutant pour décrocher un brevet reconnu dans les centres de plongée du monde entier. À Maurice, vous pouvez suivre le cursus MSDA-CMAS premier niveau ou le cursus américain PADI (le premier niveau est appelé "Open Water"). Dans les deux cas, la formation dure 3 ou 4 jours et vous permet de plonger dans la zone des 20 m.

Coraux

Contrairement à leur apparence, les coraux ne sont ni des rochers ni des plantes, mais des animaux. Le récif lui-même n'est qu'un immense agrégat de ces êtres vivants. Les coraux possèdent tous la même structure. Ils sont formés d'une multitude de petits organismes, les polypes, qui forment l'unité de base de tout l'édifice. Cylindriques, de consistance molle, les polypes sont unis par une ossature calcaire. Chacun d'eux est enchâssé dans un calice calcaire et pourvu d'une couronne de 6 ou 8 tentacules rétractiles, qu'il déploie surtout la nuit pour se nourrir.

La croissance des coraux permet de comprendre la formation d'un récif. Les nouveaux polypes se développent sur les squelettes morts d'anciens polypes, à raison d'une production annuelle verticale de 1 cm. Les polypes de la colonie sont tous reliés par la même armature calcaire. À terme, on aboutit à la formation d'un récif, une "barrière de corail".

Pour que cette croissance se déroule dans de bonnes conditions, les eaux doivent être chaudes (entre 25 et 28°C), claires et à forte salinité (donc loin de l'embouchure des rivières). Par ailleurs, des micro-algues, appelées zooxanthelles, apportent de l'énergie aux polypes sous forme de produits issus de la photosynthèse et accélèrent le processus. Le rôle des coraux dans l'écosystème est capital : les récifs coralliens concentrent une faune marine diversifiée, qui trouve là un biotope idéal. À Maurice, on trouve plusieurs espèces de coraux durs, dont des Acropora, des Turbinaria et des Fungia. Font également partie de la famille des coraux les gorgones et le corail noir, appelés coraux mous. À la différence des coraux durs, ils ne possèdent pas de squelette rigide calcaire.

Très fragiles, les coraux ont subi de considérables agressions à Maurice – le sud et l'est de l'île ont cependant été plus épargnés, ainsi que la région de Cap Malheureux. Certaines sont imputables aux cyclones qui labourent tout sur leur passage, d'autres aux interventions humaines, telles l'urbanisation du littoral, le rejet de sédiments dans le lagon (qui les étouffent), les techniques de pêche, les ancres ou la surexploitation touristique du milieu marin. Les crèmes solaires chimiques, notamment, détruisent la zooxanthelle, une microalgue nécessaire au développement du corail – préférez toujours une crème naturelle aux filtres UV minéraux.

Crustacés

Les crabes à carapace dure, les crevettes grises, les crevettes roses et les langoustes forment un autre groupe, coloré et diversifié, vivant sur les récifs coralliens. Les espèces de crevettes sont nombreuses et elles entretiennent des relations symbiotiques vitales sur les récifs. Plusieurs types de crevettes font office de nettoyeurs, débarrassant les poissons des parasites, écailles mortes et autres types de déchets (voir l'encadré ci-dessous).

Échinodermes

L'étoile de mer, l'ophiure, les oursins, la comatule et le concombre de mer

PROFESSION NETTOYEUR...

Les poissons se lavent. Boutade ? Pas vraiment. Il existe des "stations de nettoyage" à proximité du récif. C'est une espèce de labre qui assure le travail. Ce petit poisson s'installe à une "station de nettoyage" et effectue une petite danse indiquant qu'il est prêt à "travailler". Il n'a alors plus qu'à attendre les "clients", de gros poissons attirés par sa danse. Lorsque ceux-ci se présentent, le labre s'agite autour d'eux, grignotant leurs champignons, leurs écailles mortes et leurs parasites. Parfois, il vient nager dans la bouche même d'un gros poisson pour lui laver les dents ! Curieusement, les poissons qui se font nettoyer ne croquent pas cette proie facile.

Les stations de nettoyage jouent un rôle important dans la vie des récifs. Certains poissons traversent de très grandes distances pour venir se laver et se purifier. Une expérience consistant à retirer les poissons nettoyeurs d'une section du récif a abouti à une augmentation des maladies et à une diminution de la population générale. Certaines espèces de crevettes jouent également ce rôle.

(holothurie) sont des représentants de cette famille. À première vue, peu de points communs les réunissent, pourtant ces espèces présentent toutes des caractéristiques anatomiques analogues.

Il est aisé de voir les étoiles de mer, car elles possèdent peu de prédateurs et ne se cachent pas durant la journée. Quant au concombre de mer, il vit posé sur le sable qu'il filtre pour se nourrir des micro-organismes.

Mollusques

Comme les échinodermes, les mollusques forment une famille dont les membres présentent, en apparence, peu de caractéristiques communes. Les mollusques regroupent une grande quantité d'espèces à coquille, ou gastéropodes, comme les huîtres, les coquilles Saint-Jacques et les palourdes, qualifiées de bivalves, ainsi que les céphalopodes, sans coquille, incluant la pieuvre et le calamar. La famille des mollusques englobe les bénitiers, qui semblent encastrés dans le corail. Leur manteau charnu offre une gamme de couleurs spectaculaire. Les nudibranches, ou limaces de mer, ressemblent à des escargots sans coquille. Ils figurent parmi les créatures les plus colorées et les plus gracieuses que l'on puisse rencontrer sur les récifs.

Quelques espèces, comme le cône, possèdent un dard venimeux qui peut être mortel.

Poissons

Impossible de présenter toutes les espèces que l'on est susceptible de rencontrer à Maurice. La faune de l'océan Indien est réputée pour sa diversité et l'on dénombre plusieurs milliers d'espèces de poissons de tous les types et de toutes les tailles. En plongée ou en faisant du snorkeling, vous croiserez de multiples poissons récifaux, que vous apprendrez à reconnaître rapidement.

La famille des murènes comprend plusieurs espèces. Tapie dans les anfractuosités du récif, elle ne fait apparaître que sa gueule entrouverte, garnie de crocs acérés. La famille des mérous est largement représentée, tout comme celle des chirurgiens. Les poissons-clowns, dotés de bandes verticales blanches liserées de noir, et les demoiselles, vivent en symbiose avec les anémones. Le poisson-trompette, très effilé, est facilement reconnaissable. Les carangues, à la tête bombée, se déplacent souvent en bancs. À Rodrigues, l'espèce *Caranx ignobilis* peut atteindre 1,50 m.

Les poissons-perroquets ont un bec avec lequel ils broutent le corail. Les nasons se distinguent à leur rostre faisant nettement saillie au-dessus de la bouche. Les rougets et cardinaux, à la robe rouge orangé, forment des bancs compacts dans les failles. Parmi les autres habitants du récif, régulièrement rencontrés en plongée, mentionnons les fusiliers, à la livrée bleutée, les saupes tropicales, les capitaines, les blennies, les labres, les poissons-oiseaux et les poissons-chats.

Le poisson-cocher, ainsi nommé en raison de la forme de ses longues nageoires dorsales, le poisson-ange, le poisson-empereur et le poisson-papillon sont sans doute les spécimens les plus chatoyants et les plus colorés. Le poisson-pierre, difficile à repérer à cause de son mimétisme, provoque une piqûre dangereuse, tout comme les représentants de la famille des pteroïs (rascasses). Le poisson-coffre et le tétrodon se gonflent comme des ballons en cas de danger.

Quant aux pélagiques (poissons du large), ils s'approchent parfois du récif pour chasser, notamment les thons et les barracudas.

Plusieurs espèces de requins fréquentent les eaux mauriciennes, notamment le requin à pointe blanche, le requin à pointe noire, le requin gris, le requin dormeur et, dans le secteur de la passe de Belle Mare (est de l'île Maurice), le requin-bouledogue.

Tortues marines

Les tortues de mer se raréfient. Parmi les espèces représentées, on trouve la tortue caouanne (*Caretta caretta*), la tortue verte (*Chelonia mydas*), la tortue-luth (*Demochelys coriacea*) et la tortue à écailles (*Eretmochelys imbricata*).

Selon la Cites (Convention on International Trade & Endangered Species), les tortues de mer figurent parmi les espèces les plus menacées, à la fois par la pollution et par l'exploitation commerciale.

Protection du milieu marin

Si les eaux mauriciennes sont poissonneuses, l'univers sous-marin n'est pas aussi riche que celui des Maldives ou des Seychelles, et certaines menaces planent sur l'environnement marin. En réaction, deux organismes, la **Mauritius Marine Conservation Society** (MMCS ; www.mmcs-ngo.org) et le **Mauritius Underwater Group** (MUG ; www.mug.diveclub@gmail.com), se sont associés pour lutter contre la pollution et la destruction de la barrière de corail autour de l'île Maurice. Grâce à leurs actions de lobbying, des mesures ont pu être prises pour sauvegarder le milieu marin.

La dégradation des massifs coralliens reste cependant préoccupante. Sur beaucoup de sites, vous devrez vous contenter de corail mort. Parmi les causes déjà identifiées, mentionnons la pêche au harpon pratiquée sans discernement, et le ramassage des coquillages. Les ancres des navires causent également des dommages au corail et le prélèvement massif de sable marin pour la construction détruit l'écosystème du lagon et entraîne l'érosion des plages.

Enfin, l'utilisation du lagon pour les loisirs et le tourisme a considérablement réduit les espaces vierges du rivage, tandis que les rejets de bateaux de pêche et les évacuations des eaux usées entraînaient une pollution croissante des eaux côtières.

Par ailleurs, la législation, qui interdit l'utilisation des explosifs, la pêche au harpon, le ramassage des coraux et des coquillages et la pêche durant certaines périodes, est difficile à faire appliquer par les autorités. Il semblerait que même les réserves de pêche ne soient pas toujours respectées.

Il est impératif que les plongeurs observent un code de bonne conduite pour préserver les coraux de Maurice. Pour soulager la pression de l'activité plongée sur les récifs, le MMCS a encouragé la création de récifs artificiels, essentiellement des épaves.

Sites de plongée

Les sites de plongée de Maurice et de Rodrigues, étonnamment variés, se comptent par dizaines. D'une côte à l'autre, les conditions sont radicalement différentes. Là, des épaves ou des tombants, ici, des arches, des failles ou des éboulis. Plutôt que de vous en tenir à un seul secteur de l'île, nous vous conseillons d'en découvrir plusieurs, afin d'en apprécier la diversité.

Il est possible de plonger toute l'année, mais la meilleure période s'étend d'octobre à mars. La température de l'eau varie de 22 °C en juillet-août à 28 °C entre décembre et février. Les conditions météo sont déterminantes. Le paramètre décisif est le vent, plus particulièrement les alizés de sud-est qui soulèvent une forte houle à certaines périodes de l'année et réduisent la visibilité.

Certains sites sont impraticables pendant l'hiver austral, notamment au sud-est et à l'est de Maurice, ainsi qu'à Rodrigues. Dans ce cas, certains centres proposent des solutions de repli au nord et à l'ouest, plus protégés.

La description ci-après, nullement exhaustive, vise à donner un aperçu représentatif de la plongée à Maurice, sur la base d'un échantillon de sites régulièrement exploités. Les espèces mentionnées sont celles qui sont les plus couramment observées, mais gardez à l'esprit que les poissons ne donnent pas de rendez-vous.

Est de l'île

Très exposé aux vents dominants, qui rendent la mer agitée, l'est de l'île, entre Pointe de Flacq (p. 126) et Trou d'Eau Douce (p. 120), n'offre qu'une poignée de sites de plongée. Leur intérêt, en revanche, est exceptionnel. Le secteur a gardé tout son caractère sauvage, tant sur terre que sous l'eau. Quant à la visibilité, elle est généralement inférieure à celle que l'on trouve sur la côte ouest. Comptez entre 20 et 25 m en moyenne, parfois moins dans les passes.

Certains sites ne sont pas accessibles en raison du vent pendant l'hiver austral.

Les sites

C'est la **passe de Belle Mare**, à hauteur de la localité éponyme, à 5 minutes de l'hôtel LUX* Belle Mare, qui offre les plongées les plus spectaculaires. Régulièrement exploitée par les centres de l'est de l'île, cette passe autorise au moins 5 explorations différentes. Bien que la zone soit sujette aux courants et aux phénomènes de marée, il existe toujours une solution de repli. La passe

Sites de plongée à Maurice

se caractérise par une topographie très tourmentée, avec de multiples langues rocheuses, des éboulis, des masses coralliennes éparses, des vallées sableuses, des canyons, des hauts-fonds, etc. La visibilité est souvent moyenne, de l'ordre d'une quinzaine de mètres au milieu du chenal, en raison de la présence de particules charriées par le courant sortant. Ces eaux riches en substances nutritives attirent une faune exceptionnelle. Toute la chaîne alimentaire est représentée. L'atmosphère de chasse est palpable ; on sent que l'on évolue dans un territoire où les prédateurs s'en donnent à cœur joie. C'est un étourdissant festival de couleurs et de formes qui attend les plongeurs. Requins (pointes blanches et bouledogues), bancs de barracudas, énormes carangues, raies, chirurgiens, girelles, thons, anthias, cardinaux, perroquets, nasons, cochers, balistes, labres, capitaines ne constituent qu'une partie des espèces couramment rencontrées. Vu la présence de courant, les plongées se font habituellement à la dérive. Le Niveau 1 suffit pour la plupart des explorations.

Les principaux sites de la passe sont Shark Point, la vallée des Gorgones, la forêt des Gorgones, Aquarium, Japanese Garden et Castle. Généralement, on commence par Aquarium (-12 m) ou Japanese Garden (de -16 à -22 m) pour se familiariser avec les conditions parfois rugueuses qui prévalent dans la passe. C'est à Japanese Garden que les coraux sont les plus impressionnants. Shark Point (-25 m environ) est un site mythique, réputé pour la présence régulière de requins à pointe blanche et de requins-bouledogues, particulièrement intimidants. Plus loin, sur le côté extérieur nord de la passe, la vallée des Gorgones et la forêt des Gorgones se distinguent par les magnifiques gorgones qui s'épanouissent sur les blocs coralliens, entre -20 et -32 m. Castle (-17 m), aux abords du côté extérieur sud, vaut également pour la qualité des coraux. Selon la météo, le courant et le niveau des plongeurs, il est possible de combiner deux sites à l'occasion d'une seule exploration.

Plus vers le sud, à hauteur de Trou d'Eau Douce, près de l'hôtel Shangri La's – Le Touessrok, la **passe de Trou d'Eau Douce** vaut également le coup d'œil, mais elle n'a pas le côté spectaculaire de son homologue du nord. Elle se pratique à la dérive, par courant sortant, à une profondeur moyenne de -20 à -25 m. Un peu plus au sud, The Wall désigne un vaste massif corallien, long de plusieurs centaines de mètres, entouré d'une zone sablonneuse, où évolue une faune abondante (de -23 à -30 m).

Sud-est de l'île

Cette zone de plongée, à proximité de Mahébourg (p. 157), est la plus exposée aux vents dominants et aux humeurs de l'océan. Les conditions ne sont donc pas toujours optimales, notamment pendant l'hiver austral (de juin à août), lorsque la mer, agitée, rend l'accès à certains sites impossible.

Au chapitre des points forts, on retiendra la féerie de l'architecture sous-marine, composée de grottes, de tunnels et d'arches géantes, ainsi qu'une forte densité de pélagiques.

Les sites

S'il fallait n'en retenir qu'un, ce serait **Colorado**. À environ 600 m du récif, ce site ravira tous les plongeurs par sa topographie exceptionnelle, entre -10 et -42 m. Son nom n'est pas usurpé : on se croirait dans un gigantesque canyon sous-marin, agrémenté d'arches, de tunnels, d'éboulis et de galeries aux proportions démesurées, peuplées de langoustes, de barracudas, de carangues, de mérous et parfois de requins à pointe noire.

Autre site grandiose, également très prisé : **Roches Zozo**, tout près de Colorado. Une énorme roche monte du fond jusqu'à -12 m. Elle est percée d'anfractuosités, de crevasses et de failles où ont élu domicile de multiples espèces. L'exploration se poursuit dans un canyon et un tunnel. Là encore, c'est le décor, exceptionnel, qui fait tout le sel de la plongée. Ces deux sites sont plutôt réservés aux plongeurs confirmés.

Grotte Langouste a aussi ses inconditionnels. Au sud de Blue Bay, au large de l'île des Deux Cocos, à une vingtaine de mètres de profondeur, vous découvrirez une voûte sous-marine conduisant à un passage étroit, suivi d'une vaste grotte. De nombreuses langoustes se rencognent dans les parois. Les plongeurs sortent par une ouverture, de l'autre côté de la grotte.

Le secteur s'enorgueillit également d'une épave, **Le Sirius**. Il s'agit d'un navire de guerre anglais, qui s'échoua en août 1810 dans la passe de Mahébourg. L'épave est disloquée en trois éléments, reposant entre -10 et -25 m. N'espérez pas voir des superstructures spectaculaires, car la vase a presque entièrement recouvert les vestiges du vaisseau. La visibilité est souvent réduite, en raison des sédiments déposés par les rivières (environ une dizaine de mètres). Parmi les éléments apparents, signalons des morceaux de canon et de bois. Cette plongée vaut surtout pour son aspect historique.

Pour les débutants, **Blue Bay**, juste devant l'hôtel Shandrani, est un site parfait. C'est le seul endroit de Maurice où les coraux sont restés en bonne santé. La zone, classée parc marin, est un régal pour les yeux. Dans moins de 10 m d'eau, on observera plusieurs espèces de coraux, parfaitement épanouis, dont du corail cerveau, du corail corne d'élan et des Acropora. La scène sous-marine est animée par de multiples espèces de petits poissons. Le site convient également pour le snorkeling.

Signalons enfin le tombant faisant face à l'hôtel Le Preskil.

Ouest de l'île

L'ouest de l'île, et plus particulièrement le secteur de Flic en Flac (p. 132), passe pour l'une des zones de plongée les plus attrayantes de Maurice. Cette partie de la côte étant protégée des vents dominants, les conditions sont pratiquement optimales toute l'année, et la visibilité souvent excellente. Autres atouts : la présence de nombreuses épaves, une faune riche et diversifiée et un relief spectaculaire. La quasi-totalité des sites sont à l'extérieur

PLONGÉE RESPONSABLE

L'impact de la plongée sur le patrimoine sous-marin n'est pas nul. Pour limiter au maximum la pression sur cet écosystème fragile, les visiteurs sous-marins s'en tiendront aux recommandations suivantes :

- Survolez les fonds et évitez les coups de palme intempestifs grâce à une bonne maîtrise de votre flottabilité et de votre stabilisation. La faune fixée, notamment les gorgones et les éponges, ainsi que les polypes coralliens, ne résistent pas à ces coups de boutoir.
- Ne jetez pas l'ancre sur les récifs, et faites pression sur les centres de plongée et les organismes officiels pour qu'ils installent des bouées d'amarrage sur chaque site.
- Évitez tout contact avec des organismes marins vivants. Un simple effleurement suffit à endommager les polypes. Ne touchez pas les coraux.
- Ne vous attardez pas dans les grottes : les bulles qui s'échappent des détendeurs restent prisonnières sous les voûtes, exposant ainsi au milieu aérien des organismes qui se nécrosent.
- Ne remontez rien du fond, pas même un coquillage.
- Emportez tous vos détritus et ramassez ceux que l'on trouve sous l'eau, notamment les sacs plastique, particulièrement dangereux pour la faune. Certaines espèces risquent en effet de les absorber et de s'étouffer.
- Résistez à la tentation de nourrir les poissons. Les aliments étrangers à leur régime habituel peuvent perturber leur métabolisme et conduire à des comportements contre nature.
- Limitez vos interactions avec les animaux. Contentez-vous d'être un observateur bienveillant et responsable. Par exemple, ne chevauchez pas des tortues, source de stress pour cette espèce, et évitez de toucher les raies pastenagues ou les raies manta, car leur peau est recouverte d'un mucus fragile.

de la barrière de corail. Celle-ci descend progressivement, en escalier.

Les sites

Impossible de faire un séjour à Flic en Flac sans plonger sur **La Cathédrale**, le site phare du secteur, que programment tous les centres de plongée de l'ouest. Caractéristique principale de l'exploration : la topographie, très accidentée. Difficile de la décrire avec précision. Il faut s'imaginer un dédale rocheux couvert de cavités, d'arches, de cheminées, de passages étroits, et agrémenté de saillies et de surplombs en tout genre, entre -15 et -27 m environ. La faune ajoute un intérêt supplémentaire : vous croiserez des rascasses, des rougets, des gaterins, des mérous, des perches, des empereurs, des langoustes, des balistes, des fusiliers, des murènes, des diodons, des poissons-anges, des poissons-empereurs et des chirurgiens, sans parler de bouquets de coraux Tubastrea sur les sommets. Bref, un joli festival de formes et de couleurs vous attend. Seul point noir : le site est un peu trop fréquenté.

Manioc réjouira les plongeurs chevronnés. Entre -33 et -45 m, vous découvrirez 2 massifs rocheux piquetés de buissons de corail noir (*Dendrophylia negrescans* et *Tubastrea*) sur les saillies, séparés par une coulée sableuse à -45 m. Gorgones, corail rose (vers -40 m), énormes raies sur le sable, cardinaux, perroquets, anthias, vivaneaux, carangues et perches animeront sans doute l'exploration. Une arche et une grotte rehaussent l'attrait du site.

Autre superbe plongée : **Couline Bambou**, entre -18 et -35 m. Là encore, des arches (l'une à -35 m, l'autre à -25 m), des failles et des cheminées taillées dans le récif vous tiendront en haleine. Côté faune, vous observerez des rougets et des langoustes tapis dans les coins et recoins, des fusiliers, des vivaneaux, des poissons-papillons, des carangues et des thons en maraude, des rascasses, des poissons-chats, des mérous, des anthias, des empereurs et des poissons-trompettes. Ici et là, des buissons de corail noir agrémentent élégamment les superstructures rocheuses.

Que dire de **Rempart Serpent**, sinon qu'il s'agit d'une plongée exceptionnelle et originale ? Les plongeurs descendent dans le bleu entre -20 et -25 m. À mesure que l'on approche du fond, une masse rocheuse en forme de serpent se détache sur le sable. Première impression : le site est peu poissonneux. Mais dès que l'on détaille les blocs rocheux, on aperçoit une concentration inhabituelle de rascasses (environ 7 espèces, dont les antennata, volitans, radiata, miles), de murènes (dont des poivrées, des tachetées à gueule jaune, des tachetées à gueule blanche, des vertes), de poissons-scorpions, d'hétérocongres, de poissons-mandarins, de blennies, de poissons-limes, sans compter les habituels anthias, cochers, vivaneaux, mérous, rougets, poissons-clowns, papillons et labres. Bon nombre de ces espèces vivant camouflées, il faudra compter sur l'expérience et le coup d'œil du moniteur pour les repérer et inspecter tous les coins et recoins (en évitant de poser les mains sur le substrat).

Au chapitre des épaves, signalons 4 sites méritant considération. Le **Kei Sei 113** gît par -37 m de fond. Coulé en 1987, ce navire d'une quarantaine de mètres de long offre une belle architecture, avec des superstructures métalliques très photogéniques. Ont pris possession des lieux des labres, des chirurgiens, des rougets barbets, des poissons-anges empereurs, des cochers, des mérous, des vivaneaux et des petites murènes, entre autres.

Conseillons aussi le **Tug II**, accessible aux débutants, à -20 m. Ce remorqueur d'une vingtaine de mètres de long, coulé en 1981, n'a rien de spectaculaire mais il a fixé une faune particulièrement riche : c'est l'occasion d'approcher de près des priacanthes, des vivaneaux, des poissons-trompettes, des rascasses volantes, des anthias, des poissons-chats, des poissons-scorpions, des poissons-pierres (sous la coque, dans le sable), des rougets, des poissons-limes, des poissons-coffres et, si le moniteur a l'œil, des poissons-feuilles. Autour, dans le sable, des hétérocongres : émergeant du substrat sableux, plantés comme des fétus de paille, ils ondulent mollement. Posez-vous sur le sable et observez leur petit manège. De retour sur le bateau, vous aurez de bonnes chances d'apercevoir des dauphins dans les parages.

Les confirmés pourront se frotter à **L'Orient**, un bateau de pêche coulé en 1993, solidement fixé avec des cordes entre -38 et -45 m sur un fond de sable et de gravier. Son envergure avoisine 25 m. On distingue le mât avec son poste de vigie, le guindeau et l'hélice. Il est possible d'accéder aux cales et à la salle des machines.

Quant au **Saint-Gabriel**, il s'agit d'un cargo reposant entre -32 et -38 m. Comme les autres, il fut coulé en 1987 pour former un récif artificiel. Le site est plus poissonneux que *L'Orient*. On peut pénétrer dans les cales.

Sud-ouest de l'île

Les centres de plongée du Morne (p. 152) exploitent la zone comprise entre la passe Saint-Jacques, au sud de la péninsule du Morne, et Rivière Noire, au nord. La topographie présente des similitudes avec celle que l'on rencontre à Flic en Flac, plus au nord. Les plongées ont lieu à l'extérieur de la barrière de corail. Celle-ci descend progressivement vers un fond sableux, parsemé de gros blocs coralliens. Pendant l'hiver austral, la zone est soumise à de fortes houles qui peuvent affecter la clarté de l'eau et empêcher le franchissement des passes.

Les sites

La **passe Saint-Jacques**, presque à hauteur de Baie du Cap, est fortement exposée à la houle du sud-est. Les plongeurs se mettent à l'eau dans la passe et se laissent dériver par courant sortant à une profondeur comprise entre -15 et -32 m. Très poissonneuse, cette passe draine aussi bien des espèces récifales que pélagiques. Thons, barracudas, raies-aigles, raies pastenagues, wahoos, requins à pointe blanche, carangues et langoustes offrent un superbe spectacle. La visibilité est souvent moyenne.

Whitetip, à l'extérieur de la passe de la Prairie, au sud de l'hôtel Beachcomber Paradis, abonde en mérous, en requins à pointe blanche, en raies pastenagues et en thons, à une profondeur maximale de -32 m. Ce site n'est praticable que si les conditions météo sont clémentes.

Casiers, dans l'axe ouest de l'hôtel Paradis, comprend un fond plat de nature corallienne, vers -25 m. La topographie présente peu d'intérêt. En revanche, des pélagiques (barracudas, thons, wahoos) maraudent régulièrement dans les parages.

Entre -15 et -24 m, **La Murène** porte bien son nom. Plusieurs murènes, apprivoisées suite aux feedings (nourrissages) pratiqués par les moniteurs, sont en effet inféodées au site. Le relief, en pente douce, n'est pas dénué d'attrait. Outre la présence régulière des murènes, la faune est relativement abondante, avec des vivaneaux, des langoustes, des chirurgiens, des perroquets, des fusiliers, des capitaines, des cochers et des papillons.

L'Aquarium convient parfaitement pour les débutants ou les plongées de réadaptation. Dans 13 m d'eau environ, on évolue dans un paysage de canyons, de couloirs et de collines, entouré de capitaines, de perroquets, de balistes, de labres et de chirurgiens, entre autres.

À côté de L'Aquarium, **La Colline** fait référence à d'imposantes collines de corail qui se dressent sur un fond sableux, vers -12 m. La zone est parcourue de multiples espèces récifales.

Plusieurs sites sont exploités dans le secteur de Rivière Noire. Ils ont l'avantage d'être facilement accessibles par le lagon. Citons **La Grande Falaise**, un tombant abrupt entre -15 et -30 m ; **La Cheminée**, un autre tombant entre -15 et -32 m, percé d'une cheminée qui remonte sur une quinzaine de mètres, avec des poissons-pierres, des poissons-scorpions, des rascasses et des fusiliers ; **La Gorgone**, un tombant entre -15 et -35 m émaillé de gorgones et d'alcyonaires et **Pointe Koenig**, un site adapté aux débutants.

Nord-ouest de l'île

Le secteur nord-ouest s'étend de la pointe aux Piments, au sud, à la pointe aux Canonniers, au nord, avec Trou aux Biches (p. 81) comme principale base de départ. Comme à Flic en Flac, les conditions sont généralement excellentes car le secteur est protégé.

Les sites

Parmi les sites les plus courus, signalons **Holt's Rock**, également appelé Stenopus. L'attrait de la plongée réside dans le relief, à savoir deux dômes rocheux, entre -30 et -37 m, prolongés par des éboulis, animés de la faune récifale habituelle, de gorgones et d'énormes coraux Tubastrea et Dendrophylia. **Lobster Rock**, entre -10 et -22 m, convient à tous les niveaux. L'exploration est plaisante, avec une faune présente en quantité, notamment des langoustes (d'où le nom du site), des vivaneaux, des saupes, des capitaines, des balistes, des demoiselles, des papillons, des mérous, des rougets, des poissons-trompettes, des labres, des murènes, des poulpes et, à l'occasion, des carangues. Entre Holt's Rock et Lobster Rock, le **tombant de la pointe aux Canonniers** se déploie entre -32 et -60 m et comblera les plongeurs chevronnés. Gorgones, coraux noirs et éventuellement quelques requins sont de la partie. La présence de 4 pinacles coralliens légèrement à l'écart du tombant, dans la zone des 25 m, ajoute un piment supplémentaire.

Ne manquez pas l'épave du **Stella Maru**, la plus belle du secteur, en face du Trou aux Biches Resort and Spa. Entre -15 et -25 m, cette épave, coulée comme récif artificiel en 1987, mesure environ 45 m de long et gît sur le flanc. Son état général de conservation est excellent. Les deux mâts sont nettement visibles. En revanche, les structures sont faiblement concrétionnées. Côté faune, rascasses, murènes, rougets, soldats, vivaneaux et beauclairs vous tiendront compagnie. Autres épaves régulièrement proposées : **Waterlily**, la plus ancienne épave artificielle de l'île, coulée en 1981, et, attenante, **Emily**. Leur état général est nettement moins bon que celui du Stella Maru. Ces deux barges reposent sur un fond sableux, à une profondeur moyenne de -20 et -25 m.

Les centres de plongée locaux exploitent aussi 3 sites adjacents, Caravelle I, Caravelle II et Caravelle III, face au Trou aux Biches Beachcomber Hôtel. **Caravelle I** est un gros éboulis, à une profondeur comprise entre -15 et -28 m ; **Caravelle II** est destinée aux plongeurs confirmés, puisque le tombant passe de -38 à -50 m ; **Caravelle III** désigne un autre tombant, de -38 à -47 m, percé d'une grotte et d'une faille, et agrémenté de gorgones et de corail noir. On peut observer du "gros" à certaines périodes.

Autres tombants réputés : **Corsaire Wall**, de -36 à -54 m, et **Kingfish**, de

-40 à -52 m, creusé d'une très belle faille et d'une grotte. Partout, on retrouve des coraux noirs et des gorgones. À hauteur de la pointe aux Canonniers, Roche Baleine fait référence à un mini-tombant, entre -14 et -25 m, que prolonge un second tombant entre -24 et -37 m. Les moniteurs locaux la qualifient de plongée à surprises avec, régulièrement, du passage de gros. Parmi les hôtes de marque des lieux, mentionnons des perroquets, des raies, des platax et des murènes. Coraux noirs, gorgones et Dendrophylia contribuent à l'agrément visuel de l'exploration.

Pour les débutants, **L'Aquarium** de Trou aux Biches est tout indiqué. Petite faune lagunaire, profusion de coraux (dont des tabulaires) et une profondeur comprise entre -8 et -21 m : les conditions sont idéales.

Nord de l'île

En raison de sa position, protégée des vents dominants, on peut plonger toute l'année dans le nord de l'île, entre la pointe aux Canonniers et Grand Gaube (p. 99). Les plongeurs auront le plaisir de découvrir quelques épaves, des tombants et des éboulis rocheux. Petit plus : c'est également une région où la présence de pélagiques est fréquente, notamment des requins, des thons et des barracudas. Le cadre vaut également son pesant d'or, puisque plusieurs plongées se déroulent à proximité immédiate des îles du Nord (Coin de Mire et île Plate et, plus rarement, île Ronde), accessibles au départ des centres de plongée du littoral nord.

Les sites

Dites "le nord de Maurice" et tous les plongeurs réclament **La Fosse aux Requins**. Ce site emblématique, sur la façade nord-ouest de l'île Plate, est effectivement une plongée à sensations, accessible à partir du Niveau 1 (avec une bonne expérience) si la mer n'est pas trop forte. Les plongeurs s'immergent puis gagnent un petit canyon, vers -12 m. La houle et le courant les propulsent brutalement dans une cuvette d'une quinzaine de mètres de diamètre, où l'on découvre un spectacle surnaturel : de 5 à 30 requins à queue noire (*Carcharinus wheeleri*) tournoient dans cet espace réduit. Leur présence est (presque) garantie. Les spécialistes estiment que ces prédateurs sont attirés par ces eaux fortement brassées par la houle, et donc très oxygénées. La profondeur ne dépasse pas une dizaine de mètres, mais la plongée n'est cependant pas de tout repos : il faut s'agripper fermement aux rochers posés sur le fond car le ressac est très fort. Ces conditions peuvent incommoder des plongeurs peu expérimentés. Toujours est-il que le spectacle de ces magnifiques squales tournoyant comme des toupies à quelques mètres de votre masque a quelque chose de magique. Le site étant relativement éloigné de la côte, les centres de plongée du secteur ne le programment pas tous les jours. Pensez à vous inscrire tôt.

L'**île Coin de Mire**, plus facilement accessible, est également très prisée des centres de plongée locaux. Au menu : de belles explorations et une épave. Les plongeurs se régaleront sur **The Wall**. Configuration du site : un tombant jusqu'à -20 m, puis de grosses dalles pelées alternant avec des éboulis imposants, et quelques surplombs garnis de coraux Tubastrea. La faune est au rendez-vous, avec des anthias, des poissons-trompettes, des demoiselles, des chirurgiens, des perroquets, des zancles, des poissons-anges, des mérous, des cardinaux, des papillons, des gobies, des anémones, quelques gorgones éparses et, avec un peu de chance, un énorme thon fréquentant une station de nettoyage.

Carpenters (Charpentiers) conviendra aux plongeurs confirmés. La profondeur ne dépasse pas -25 m, mais le site, autour de la pointe sud-est de l'île Coin de Mire, est très exposé et fréquemment balayé par un fort courant. Reste que l'exploration vaut bien ces désagréments : vous évoluerez dans un paysage sous-marin très varié, évoquant un décor de montagne, avec des tunnels, des amphithéâtres et des cavernes. Ce site est égayé de bancs de fusiliers, de cochers, de vivaneaux, de rougets, de carangues, de gorgones (dans un tunnel), de perroquets, de mérous, de labres, d'anthias, de balistes, de poissons-anges et, à l'occasion, de barracudas. Ajoutons que les massifs coralliens sont ici bien préservés, avec des Acropora épanouis et des alcyonaires.

Pour les débutants, **Confetti**, proche du précédent, est parfait. Le site est poissonneux, peu profond et sécurisant. Entre le littoral et l'île Coin de Mire, **Kingfish Castle** est une belle plongée pour confirmés. L'ambiance est plutôt sauvage : une succession de massifs rocheux remontent vers la surface, depuis -30 m, et forment un cadre spectaculaire où évoluent des murènes, des barracudas, des raies, des thons et des carangues, entre autres. Quelques gorgones et des alcyonaires embellissent le décor.

Près du site The Wall, tout proche de l'île Coin de Mire, signalons l'épave du **Djabeda**, qui gît par -30 m. Comme beaucoup d'autres, elle a été coulée pour faire office de récif artificiel. D'une belle envergure – une quarantaine de mètres –, relativement bien conservée malgré les dégâts occasionnés par un cyclone, elle héberge une faune abondante.

L'Aquarium (également appelé West Reef), à Grand Baie, est un site souvent utilisé pour les initiations.

Rodrigues

Rodrigues ? Un paradis taillé sur mesure pour les plongeurs, auquel on succombera avec délice. À 560 km au nord-est de Maurice, perdue dans les veloutés bleuissants de l'océan Indien, l'île réunit tous les ingrédients pour des plongées à grand spectacle. À disposition : un lagon somptueux, démesuré (200 km²), de largeur variable, délimité par une barrière de corail qu'ourle une écume rageuse, des massifs coralliens en parfaite santé et une faune d'une richesse exceptionnelle (on y voit des espèces rares comme le poisson-feuille ou le poisson-ange empereur juvénile). Sans parler de la quasi-absence de pollution et de l'impression suave de plonger sur des sites à l'aspect encore virginal. L'île ne comptant qu'une poignée de centres de plongée, la pression humaine sur les biotopes est très faible. Par ailleurs, les pêcheurs locaux ne s'aventurent que rarement à l'extérieur de la barrière de corail, où se déroulent la plupart des plongées.

Par rapport à Maurice, la plongée rodriguaise présente des attraits bien particuliers. Principale et importante différence : la qualité, la diversité et l'abondance des coraux (275 espèces différentes). Rodrigues est encore miraculeusement épargnée par les dégâts qui ont bouleversé l'écosystème récifal de Maurice. La situation géographique de l'île et la faible emprise humaine favorisent également le passage de pélagiques. La topographie sous-marine constitue un autre point fort, avec une pléiade de grottes, de canyons, de failles, d'arches et de ravines – un régal pour les yeux. Enfin l'eau est un peu plus chaude qu'à Maurice : 28-30°C d'octobre à janvier.

La profondeur moyenne des sites s'échelonne de -10 à -25 m, -30 m tout au plus. Autrement dit, ils sont accessibles dès le Niveau 1. Comptez de 10 à 30 minutes de trajet en bateau, selon l'éloignement des sites et l'état de la mer.

Il y a au total près de 40 sites de plongée à Rodrigues. Voici les plus connus.

Est de l'île

Le centre de plongée de l'hôtel Cotton Bay Hotel Resort & Spa et le centre Jacky Diving de l'hôtel Tekoma (ce dernier a défriché presque tous les spots de plongée en arrivant à Rodrigues il y a plus de 20 ans) exploitent les sites le long de la côte est, le Bouba Diving Center, essentiellement la côte sud. Quelque vingt sites sont régulièrement proposés. La plupart des plongées se déroulent le long du versant océanique du récif et aux abords des passes.

À l'est de l'île, à une encablure de l'hôtel Cotton Bay et face à Jacky Diving, **L'Aquarium** est un site classique pour les débutants. À l'intérieur du lagon, par -7 m, les néophytes feront connaissance avec le petit monde enchanté des espèces récifales : diodons, poissons-chats, rougets barbets, poissons-trompettes, syngnathes, nasons, saupes grises, anémones, poissons-papillons, poissons-rats, entre autres. Les coraux, en bon état, valent également le coup d'œil. Dans le prolongement de L'Aquarium, **Le Canyon** est une plongée à sensations. Les plongeurs s'immergent dans le lagon puis se laissent happer dans un canyon qui passe sous le platier corallien – en levant la tête, on voit l'écume et les brisants à travers les ouvertures de la voûte, avec des jeux de lumière absolument splendides. La faune semble avoir été convoquée en masse : capitaines, balistes, cardinaux, tapis dans les anfractuosités, diodons, tétrodons, mérous, saupes grises, rougets barbets, chirurgiens, carangues bleues étoilées et, clou du spectacle, des carangues ignobilis grosses comme des

Sites de plongée à Rodrigues

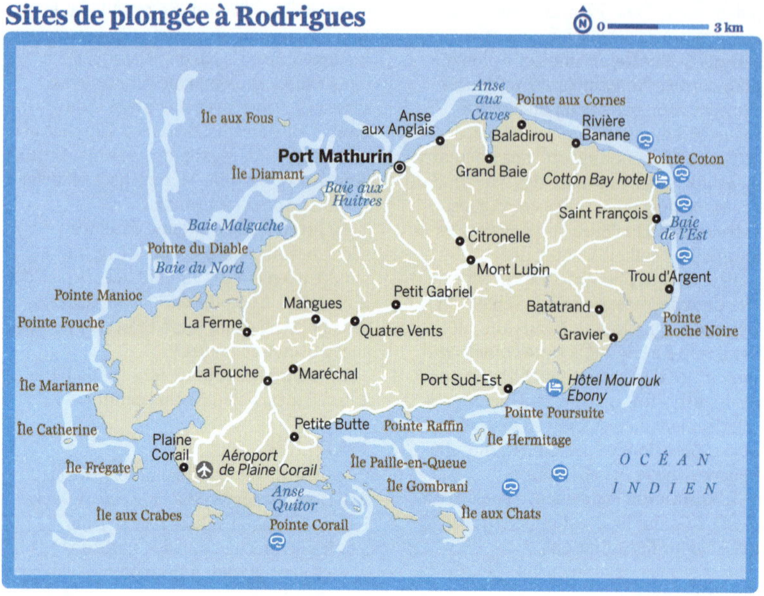

camionnettes (près de 2 m d'envergure). L'intérieur du canyon comporte lui-même diverses cavités et chambres. Si les conditions sont favorables, on débouche sur un magnifique jardin corallien. Lorsque la houle est trop forte, les plongeurs font demi-tour en s'aidant d'une corde installée à demeure par le moniteur du Cotton Dive Centre. Profondeur maximale de cette plongée : -17 m.

Autre plongée d'exception : la **passe Saint-François**. Par courant sortant, les plongeurs se laissent dériver entre -10 et -25 m. La faune est massivement présente, notamment des capitaines, des chirurgiens, des rougets barbets, des perroquets, des bancs de nasons, des thons, des tortues, des raies pastenagues, des mérous, des lutjans et de monstrueuses carangues ignobilis. La topographie de ce chenal est tourmentée, avec un sec entre -15 et -26 m près duquel gravitent des tortues, ainsi que de multiples failles taillées dans les parois, quartier général de centaines de saupes grises.

Lorsqu'on sort de la passe, on débouche sur un jardin corallien. Si les conditions météo sont défavorables, les plongeurs reviennent à leur point d'immersion.

Deux langues coralliennes qui culminent à -10 m environ, entre lesquelles s'interpose une vallée sableuse, à -18 m : voici le décor de **Karlanne**, le site réputé le plus poissonneux du secteur. On ne sait plus où donner de la tête, tant les espèces qui défilent devant le masque sont nombreuses : gaterins, perroquets, saupes grises, lutjans, papillons, chirurgiens, anthias, demoiselles, vivaneaux, mérous, balistes, capitaines, poissons-chats, cardinaux, fusiliers sont les hôtes habituels de ces récifs. Ajoutons que les coraux, notamment des Acropora et des Porites, se présentent sous leur meilleur jour et que la vallée sableuse renforce l'agrément esthétique du site.

À une profondeur moyenne de -18 m, **Camélérou**, très prisé, se caractérise par l'abondance de la faune et l'exubérance du corail. Vous pourrez admirer des gaterins, labres nettoyeurs, fusiliers, anthias, carangues, chirurgiens, vivaneaux, papillons et balistes. Un gros mérou est également inféodé au site. Le paysage se compose de petites collines de corail et de pinacles. On remarquera, entre autres, les magnifiques Acropora tabulaires.

Attenant à Camélérou, **Aurélie** désigne un dôme de corail, entre -9 et -18 m, près du récif, où prospèrent des cohortes de papillons et des mérous. D'aventure, on peut apercevoir des tortues carettes.

Dans le même périmètre, **Deux Maisons** se caractérise par sa remarquable architecture sous-marine, composée de monticules, de vallées et de pinacles coralliens, qui forment autant de refuges pour la petite faune.

Petit Brisant, entre -10 et -21 m, présente des similitudes avec Camélérou. Point fort : les structures coralliennes, parfaitement épanouies, et la belle architecture du récif, qu'interrompent des langues sableuses. Les massifs de Montipora, d'Acropora tabulaires, de Porites et de corail cerveau forment le décor d'un théâtre où se produisent poissons-limes, poissons-anges, gaterins, carangues, gros perroquets, vivaneaux, fusiliers, Lutjanus bohar, mérous, nasons et, à l'occasion, des raies pastenagues.

Les superlatifs manquent pour décrire **La Basilique**. Imaginez un château médiéval sculpté dans l'ossature même de la barrière de corail, sous le platier. Tout n'est que galeries, cheminées, passages étroits, arches, failles, chambres, etc., qui créent une ambiance fantasmagorique, renforcée par les rayons du soleil s'engouffrant par les ouvertures du récif. On s'attend à voir surgir quelque Dracula, mais il s'agit d'une carangue ignobilis, d'un nason, d'un poisson-perroquet, d'un banc de saupes grises, d'un mérou débonnaire, voire d'un requin dormeur ou d'une raie pastenague. Seuls points faibles : la visibilité, souvent très moyenne (même si l'atmosphère de mystère s'en trouve accrue), et les structures coralliennes, la plupart mortes.

Le site le plus éloigné du Jacky Diving Center est **Cathy**, au large, le préféré du moniteur. Son principal attrait est sa topographie. La zone se compose de neuf pyramides coralliennes, entre -10 et -25 m environ, autour desquelles gravitent des espèces récifales. Avec un peu de chance, on apercevra d'énormes raies-aigles et des tortues.

Sud de l'île

Ils sont proposés par le Bouba Diving Center. La zone s'étend de Trou d'Argent jusqu'à la pointe sud-ouest de l'île.
Le site le plus couramment exploité est la **Grande Passe**, dont la forme surprenante – un canyon qui serpente dans le platier corallien – est nettement visible lorsqu'on emprunte la route qui descend à l'hôtel Mourouk Ebony.

Pas moins de 6 explorations différentes peuvent être envisagées dans les parages de cette magnifique passe, dont **Couzoupa**, à l'intérieur du chenal, un site multi-niveaux, praticable quelles que soient les conditions. Dans une dizaine de mètres seulement, vous vous régalerez d'un spectacle haut en couleur qu'interprètent des poissons-scorpions, des antennaires, des poissons-pierres, des poissons-dragons, des bancs de carangues, des nasons et des thons.

Juste à l'extérieur de la passe, **Pâté la passe** (pour plongeurs confirmés) désigne un pinacle corallien à -6 m suivi d'un tombant qui dégringole à -38 m. Point fort de la plongée : la faune (thons, carangues, capitaines, nasons, poissons-soldats, raies). Le corail ne présente en revanche guère d'intérêt. Un peu plus loin, sur le plateau extérieur, **Le Platelet** est également une exploration prisée (de -13 à -17 m). Quant à la **Gorge**, légèrement à l'ouest de la passe, il s'agit d'une tranchée dans le platier, avec des arches et des passages semi-couverts, entre -12 et -18 m.

Keisan, assez loin de la barrière corallienne, fait référence à un dôme sous-marin dont le sommet est à -20 m environ. On y verra d'imposants Acropora tabulaires et une faune bariolée.

Ouest de l'île

Il arrive que Bouba Diving propose des plongées dans le secteur ouest de l'île, notamment le **Trou du Pirate**, un îlot corallien à l'extérieur de la barrière, au bord du tombant (de -5 à -30 m) et **Dom's Canyon**, une faille dans le récif, fréquentée par des barracudas, des balistes, des anthias, des mérous, des raies et quelques gorgones. Il n'est pas rare d'apercevoir des requins dans ce secteur.

Centres de plongée

L'île Maurice compte plus d'une trentaine de centres de plongée professionnels. La quasi-totalité est affiliée à la **MSDA** (Mauritius Scuba Diving Association ; ☎454 0011 ; www.msda.mu), la fédération nationale mauricienne, très soucieuse de la sécurité et de la qualité des prestations. Ces structures emploient des moniteurs qualifiés, sont équipées d'un matériel moderne et en bon état et respectent un strict cahier des charges en matière de sécurité.

Leur répartition géographique est assez large, puisque tous les secteurs de l'île disposent de structures de plongée, ainsi que Rodrigues. La plupart des centres sont installés dans les grands hôtels, mais acceptent les clients extérieurs à l'établissement (dites aux gardiens à l'entrée que vous vous rendez au centre de plongée). Le nombre de sorties quotidiennes est variable, en principe de 2 ou 3. Quelle que soit l'époque, il est conseillé de réserver ses plongées au moins un jour à l'avance. Les centres ne tiennent pas tous une permanence pendant les sorties en mer ; présentez-vous de préférence une demi-heure avant le départ, ou en fin de matinée ou d'après-midi. **À savoir :** certains centres ont un jour de fermeture hebdomadaire (généralement le dimanche).

Outre l'affiliation à la MSDA (elle-même rattachée à la CMAS, la Confédération mondiale des activités subaquatiques), bon nombre de centres battent en plus pavillon PADI (cursus américain) et SSI. Quelle que soit leur affiliation, tous les plongeurs sont acceptés. Les clubs agréés à la MSDA sont référencés sur son site Internet.

Tarifs et prestations

Les centres de plongée de Maurice offrent une gamme complète de prestations : baptême, plongée exploration, plongée de nuit et passage de brevets. Le tarif du baptême comprend le prêt du matériel, une séance d'initiation en piscine (ou sur la plage), puis une plongée en mer. Comptez environ 65 €. Pour une plongée exploration, le prix moyen s'établit autour de 50 € environ. Si vous disposez de votre propre équipement, vous bénéficierez d'une légère réduction. Les centres proposent aussi des forfaits de plusieurs plongées (généralement 5 et 10), à des tarifs plus avantageux. Pour les brevets (CMAS une-étoile ou PADI Open Water, par exemple), faites jouer la concurrence, car les tarifs varient nettement d'un centre à l'autre.

Choisir un centre

Au même titre qu'un restaurant ou un hôtel, un centre de plongée a sa personnalité, son style. Entre la petite structure familiale et décontractée et la mécanique bien huilée d'un gros centre, rien de comparable. Certains se sentiront plus en confiance dans une structure à taille humaine alors que d'autres préféreront l'effet de masse très "pro", le fonctionnement à l'américaine et l'impressionnante logistique des grosses structures.

Pour faciliter malgré tout votre choix, partez de critères objectifs, tels que la localisation, les tarifs, les horaires, les locaux et les infrastructures, l'organisation des sorties, la qualité de l'accueil, les sites et les formations proposés. Et laissez parler votre instinct. En cas de déception, tournez les talons !

Un bon conseil : s'il existe plusieurs prestataires concurrents dans un secteur, tirez parti de la situation en frappant à plusieurs portes pour "sentir" l'ambiance et comparer les tarifs et prestations jusqu'à ce que vous trouviez le centre qui vous convient.

Formalités

Pour un baptême, aucune formalité n'est requise. Seule une autorisation parentale est nécessaire pour les mineurs. Si vous êtes déjà breveté, vous devrez produire votre attestation de niveau et votre carnet de plongée.

Tous les plongeurs sont acceptés, quel que soit l'organisme qui les a formés (PADI, CMAS). Tout au plus vous demandera-t-on d'effectuer une plongée de réadaptation pour évaluer votre aisance et vérifier votre compétence technique si vous n'avez pas plongé récemment.

En matière de sécurité, une licence MSDA, obligatoire, sera délivrée au plongeur afin qu'il soit couvert par une assurance en responsabilité civile. Elle est valable deux mois dans tous les centres affiliés à la MSDA.

L'adresse d'un caisson de recompression est indiquée p. 243.

Ouest de l'île

Ti Cabo Diving Center (☎453 5209 ; www.dive-ticabo.com ; Royal Rd, Flic en Flac)

Abyss (☎5722 4990 ; Morcellement Anna, Flic en Flac)

Sea-Urchin (☎453 8825 ; diveseaurchin.com ; Royal Rd, Flic en Flac)

Sun Divers (☎5972 1504 ; www.sundiversmauritius.com ; hôtel La Pirogue, Wolmar, Flic en Flac)

Exploration sous-marine (☎453 8450, 5728 9127 ; www.exploration-sous-marine.com ; Hôtel Villas Caroline, Flic en Flac)

Tamarin Ocean Pro (☎5786 9554, 5728 2027 ; www.tamarinoceanprodiving.com ; Tamarin Bay, Tamarin)

Easy Dive (☎252 5074 ; Royal Rd, Terre Rouge)

Sud-est de l'île

Coral Diving (☎604 1084, 489 1356, 258 1356 ; www.coraldiving.com ; Blue Bay)

Nord-ouest de l'île

Atlantis Diving Center (☎265 7172 ; 422 7126 ; Royal Rd, Trou aux Biches)

Blue Water Diving (☎265 7186, 265 6700 ; www.bluewaterdivingcentre.com ; Lot. 101, Morcellement Mont Choisy, Trou aux Biches)

Divers Ocean (☎265 5889 ; Le Grand Bleu Hotel, Trou aux Biches)

Pro-Dive (☎265 6213 ; www.prodivemauritius.com ; R-Beach Club Mont Choisy, Trou aux Biches)

Dive Spirit (☎5719 7082 ; divespiritmauritius@gmail.com ; Royal Road, Trou aux Biches)

Jano Diving (☎5945 9631 ; janodives@gmail.com ; Royal Rd, Trou aux Biches)

Dive for Fun (☎5783 4748 ; Royal Rd, Grand Baie)

Diving World (☎263 1225, 5250 1093 ; hôtels Le Mauricia et Le Canonnier à Grand Baie, Le Victoria à Port Louis, Le Shandrani à Blue Bay)

Seaman Diving Center (☎603 4343 ; plage de la Cuvette, Grand Baie)

Nord de l'île

Bigorno Diving Center (☎5802 4869, 5761 2278 ; habitspy@yahoo.com ; Coastal Rd, Trou aux Biches)

Diving World (☎263 1225, 5250 1093 ; www.diving-mauritius.com ; Royal Rd, Grand Baie)

Octopus Diving Center (☎5728 9303, 5446 0543 ; www.octopusdivingcentre.com ; Max Plaza Building, Royal Rd, Pereybère)

Ocean Spirit (☎5255 2732, 263 4468 ; www.osdiving.com ; Coastal Rd, Pereybère)

Base (☎5799 8713, 263 7384 ; www.basediving.net ; Azur Beach Complex, Pereybère)

Just Diving (☎262 1578, 5834 0863 ; www.justdivingmauritius.com ; B13 Royal Rd, Bain Bœuf, Pereybère)

Dodo Divers (☎5815 1533, 710 5564 ; www.dododivers.com ; Calodyne sur mer Hotel, Calodyne)

Est de l'île

Blues Diving Center (☎5255 8373 ; bluesdiving.blogspot.com ; Constance Belle Mare plage, Poste de Flacq)

Pierre Sport Diving (☎5257 6664 ; Shangri-La's Le Touessrok Resort & Spa, Trou d'Eau Douce)

Rodrigues

Jacky Diving (☎5875 0608, 831 8028 ; www.jackydivingrodrigues.com ; Hôtel Tekoma, Anse Ally)

Bouba Diving Centre (☎5875 0573, 5920 0413 ; www.boubadiving.com ; Ebony)

Cotton Dive Center (☎5706 1474 ; www.cottondivecenter.com ; Cotton Bay Hotel, Pointe Coton)

Ecoévasion (☎875 8481, 5988 5388, 831 2368 ; www.rodrigues-eco-evasion.com ; Pointe Monier, Port Mathurin) travaille avec Mourouk Ebony.

Sports nautiques

Bien protégé par la barrière de corail et peu profond, le lagon de Maurice se révèle propice aux activités nautiques de toutes sortes. La plupart des grands hôtels mettent gratuitement à la disposition de leur clientèle des planches à voile, des kayaks, des pédalos, des Hobie Cats (petits catamarans de sport) ou des petits dériveurs (type laser) et organisent des cours d'initiation et des sorties en ski nautique. Certains louent également ces équipements aux non-résidents. Renseignez-vous auprès des hôtels.

Croisières à la voile

La plupart des hôtels de luxe organisent des croisières pour leurs clients. Les principaux points d'embarquement de ces "croisières" à la journée sont Grand Baie (p. 87), Mahébourg (p. 157) et la péninsule du Morne (p. 152). La majorité des hôtels font appel aux organisateurs ci-dessous, que vous pouvez contacter directement.

Croisières Australes (☎202 6660 ; www.croisieres-australes.com/fr ; 2 Gardens of Bagatelle Park, Moka). Cette société compte plusieurs catamarans de 60 pieds open, mouillés face à Grand Baie – dont l'un de ceux qui courut la Route du Rhum skippé par Florence Arthaud –, et plusieurs autres bateaux répartis en divers points de l'île.

Croisières Turquoise (☎631 1640 ; www.croisieres-turquoise.com ; Mahébourg, Coastal Rd, Barachois). Sorties à l'île aux Cerfs et aux cascades de Grande Rivière Sud-Est à bord de catamarans de 35 et 41 pieds.

Océane-Easterlies (☎480 27 67/5943 7300 ; www.oceane.mu/www.easterlies-cruise-mauritius.com ; Royal Rd, Trou d'Eau Douce). Sorties à l'île aux Cerfs et aux cascades de Grande Rivière Sud-Est, ainsi que dans la baie de Tamarin, à bord de catamarans de 12 à 17 m.

Johaness (☎5705 4944, 480 2972 ; www.johaness.com ; Royal Rd, Trou d'Eau Douce). Sorties à l'île aux Cerfs et aux cascades de Grande Rivière Sud-Est, à bord de grands catamarans.

Arminio Petite régate (☎5758 8676, 5904 7160 ; armino.petit.regate@gmail.com ; Mahébourg). Excursions en petit bateau à voile, visite des îles, snorkeling, pêche traditionnelle ou à la traîne. Authentique !

Kayak de mer

Peu développée, cette activité est proposée par **Yemaya Adventures** (☎752 0046 ; www.yemayaadventures.com). Outre des sorties à la journée, cette petite structure basée à Grand Gaube (p. 99) organise chaque année un tour de l'île en kayak, sur 8 jours (25 km/jour). Vous pouvez aussi vous adresser à la **Case Nautique** (☎631 5613, 5251 8271 ; https://case-nautique.business.site ; Labourdonnais Rd, Mahébourg) et à **Rent a Sup** (☎5853 3834 ; rentasup.mu ; Vanilla Village, Royal Rd, Rivière Noire).

Kitesurf

Le kitesurf connaît un formidable engouement à Maurice et à Rodrigues depuis quelques années – la **Rodrigues Kitesurfing Association** (www.rodrigueskitesurf.com) organise un festival dans l'île chaque année fin juin. Les prestataires proposant cette activité sont de plus en plus nombreux. Vous rencontrerez des kitesurfeurs à Cap Malheureux, Anse la Raie, Grand Gaube, Roches Noires, Poste Lafayette, Belle Mare, Palmar, Pointe d'Esny, Blue Bay, et le Morne bien sûr (le spot OneEye est mondialement connu). Quelques clubs mauriciens :

KiteZone (☎5250 2511 ; Grand Baie)

Ion Club (☎450 4112 ; www.ionclubmauritius.com ; Plage du Morne et Anse la Raie). Ex-Club Mistral.

Yoaneye (☎5737 8296 ; péninsule du Morne). Sur les spots du Morne.

Son of Kite (☎5972 9019, 451 6155 ; www.sonofkite.com ; La Gaulette). Sur les spots du Morne.

Airswitch Kitesurf (☎756 2627/59353400 ; www.kitesurfing-mauritius.net ; Pik Pik Surf Village, péninsule du Morne). Sur les spots du Morne.

Le Morne Kite School (☎5731 9767 ; www.lemornekiteschool.com ; 122 Morcellement Petit Morne, La Gaulette)

KiteGlobing (☎605 5334 ; 5717 5348 ; www.kiteglobing.com ; C Beach Club, Bel Ombre). Aussi cours de surf et stand up paddle.

À Rodrigues :

Andy kitesurf (☎5875 8457 ; www.trystkiteboarding.com ; plage de Mourouk). L'organisateur du festival de kitesurf. Propose aussi surf et kitesurfaris.

Osmosis (☎832 3051, 5875 4961 ; www.osmosis-rodrigues.com ; plage de Mourouk). Animé par Jérôme Branellec, le pionnier du kite à Rodrigues. Propose aussi surf et SUP

Friendly Global Kite School (☎5428 2553, 5783 0205 ; www.kitesurfrodrigues.com)

The Nest Kitesurfing (☎5724 1773, 832 3180 ; www.thenestkitesurfing.com ; plage de Mourouk)

Kitesurf Paradise (☎5785 6381, 8324 543 ; marcuskite07@gmail.com ; Graviers Beach, Graviers)

Pêche au gros

L'île Maurice revendique plusieurs records mondiaux de pêche au gros. La période de décembre à février est idéale pour prendre des marlins bleus de grande taille.
L'un des meilleurs sites de pêche du monde se situe à quelques kilomètres au large du

Morne : les fonds marins descendent à 700 m et les courants attirent des bancs de poissons poursuivis par les grands prédateurs. Maurice reste une destination très prisée par les passionnés de ce type de pêche, mais la surpêche qui sévit depuis de nombreuses années est à l'origine de la raréfaction des grosses prises. Quant à l'île Rodrigues, réputée pour ses eaux très poissonneuses, elle attire également les amateurs.

Les principaux centres de pêche sportive de Maurice, concentrés à Rivière Noire et autour de Grand Baie, sont les suivants :

Le Morne Anglers Club (☎483 5801 ; www.morneanglers.com ; Colonel Dean Avenue, Grande Rivière Noire). L'un des principaux clubs de pêche au gros de Maurice, il accueille, tous les ans en décembre, la Marlin World Cup.

La Pirogue Big Game Fishing (☎5453 8054 ; www.lapiroguebiggame.com ; La Preneuse). Le club de l'hôtel La Pirogue (p. 133), à Wolmar, opère depuis La Preneuse. Plus touristique que le premier.

Sportfisher (☎263 8358 ; www.sportfisher.mu ; Grand Baie). Plus touristique que les deux premiers ; organise aussi des excursions en bateau.

À Rodrigues, adressez-vous à :

L'Oiseau des Îles II/Défi d'ailleurs (☎832 1574, 5739 1865, 5761 8812 ; www.defidailleurs.com)

Rod Fishing Club (☎58 75 06 16 ; www.rodfishingclub.com). Le plus ancien prestataire de pêche au gros de l'île.

Si vous êtes rebuté par les tarifs des clubs, vous pouvez toujours essayer de négocier avec des pêcheurs locaux. En échange d'une modeste contribution, la plupart seront ravis de vous emmener à l'entrée des passes sur leur longue barque pour une pêche à la traîne. Avec peut-être en récompense, une prise de quelques kilos !

Planche à voile

Maurice et Rodrigues offrent de bons spots, même si l'activité y est maintenant dépassée par le kitesurf. Les secteurs les plus ventés sont à l'est et au sud-est des îles. La meilleure saison s'étend de juin à août.

Surf et SUP

Le sud-ouest de l'île, et plus particulièrement la région de Tamarin, a les faveurs des surfeurs. En tête de sa liste se trouvent les spots du Morne et de One Eye's (ainsi baptisé à cause du propriétaire borgne du domaine, au Morne), situés l'un et l'autre en face des plages bordées d'hôtels. Il existe d'autres sites propices au surf non loin de Baie du Cap, à "Lefts and Rights", plus au sud, en face de l'îlot Sancho ; et un autre en face du jardin public de Souillac. Le surf se pratique de juin à août. Adressez-vous aux hôtels de Tamarin (p. 138). De nombreux prestataires de kitesurf proposent des activités surf et stand up paddle (voir ci-contre).

Tamarin Bay Surf School (☎5257 5050, 5727 0776, 5745 6759 ; Veranda Tamarin, Tamarin). Propose aussi stand up paddle et kayak.

Rent a Sup (☎5853 3834 ; rentasup.mu ; Vanilla Village, Royal Rd, Rivière Noire). Louent kayaks et SUP, et proposent des excursions SUP.

Maurice et Rodrigues en un clin d'œil

Si l'île Maurice est née d'un volcan, son relief s'est érodé et effondré au fil des temps géologiques tout en donnant naissance à de somptueux lagons. Plages et farniente règnent en maîtres sur l'ancienne "Isle de France". À ce littoral de carte postale, l'île ajoute une cuisine savoureuse, quelques sommets aux contours majestueux, un climat tropical, de belles possibilités de kitesurf et de plongée, et une population accueillante... le séjour ici s'annonce sous les meilleurs auspices. Maurice se révèle en prime un creuset de cultures et de traditions, véritable kaléidoscope culturel et ethnique.

Port Louis et ses environs

Shopping
Culture et patrimoine
Services

Shopping

Le centre commercial du Caudan Waterfront, les boutiques du centre-ville et le marché central de Port Louis aux étals colorés combleront les amateurs de mode, d'artisanat ou de produits frais, tout en présentant au visiteur le visage multiple de la société mauricienne.

Culture et patrimoine

Une visite du Blue Penny Museum sur le Caudan Waterfront, de l'Aapravasi Ghat classé au Patrimoine mondial de l'Unesco ou une balade dans les vieux quartiers de la capitale permettent de s'immerger au cœur de l'histoire de l'île Maurice.

Services

Banques, représentations gouvernementales, supermarchés, librairies, presse... Port Louis concentre l'essentiel des services importants pour la vie économique de l'île.

p. 56

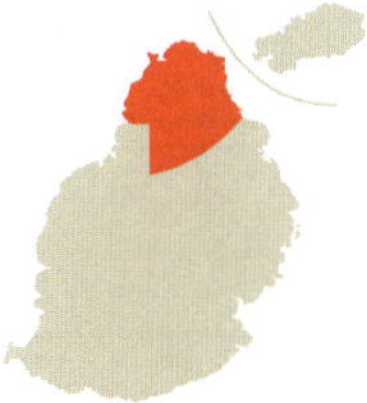

Nord de l'île

Plages
Culture et patrimoine
Gastronomie

Plages
Entre les plages populaires de Trou aux Biches et de Mont Choisy, celles situées au cœur de Peyrebère ou à Cap Malheureux, la partie nord de l'île tend les bras aux inconditionnels du farniente en bord de lagon. Les plus aventureux pourront partir à l'assaut des îles du Nord.

Culture et patrimoine
Lassé de la plage ? Le Nord possède aussi quelques joyaux : le jardin botanique de Pamplemousses, le musée L'Aventure du Sucre situé juste à côté, et de belles maisons créoles comme le château Labourdonnais à Mapou.

Gastronomie
Cuisine métropolitaine, chinoise, japonaise ou indienne, terrasses branchées ou restaurants chics, tables gastronomiques ou petites adresses de quartier… Grand Baie et ses environs proposent un large choix d'expériences culinaires et de virées nocturnes.

p. 72

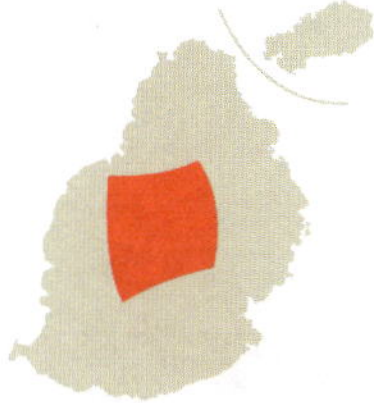

Plateau central

Shopping
Architecture
Paysages

Shopping
Les tailleries de diamants et les magasins d'usine textile de Floréal, la foire aux tissus et aux vêtements de Quatre Bornes, ou les boutiques de Curepipe et Rose Hill sont quelques hauts lieux du shopping mauricien… à des prix souvent beaucoup plus attractifs qu'en bordure du littoral.

Architecture
Les belles demeures coloniales comme le domaine des Aubineaux à la sortie de Curepipe ou la maison Eurêka sont un des points forts d'une visite sur le plateau central.

Paysages
L'imposant cratère de Trou aux Cerfs, les chutes de Tamarin et les pentes du Pouce sont des paysages surprenants au milieu d'un plateau central pourtant très urbanisé.

p. 105

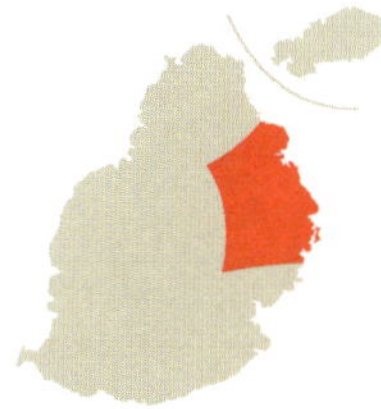

Côte est

Plages
Sports
Paysages

Plages
Les kilomètres de lagon entre Anahita et Poste de Flacq révèlent des plages parmi les plus belles de l'île, notamment autour de Belle Mare et de Pointe de Flacq. Sans parler des pourtours de l'incontournable île aux Cerfs qui peuvent offrir un peu de tranquillité si l'on se donne la peine de marcher.

Sports
De très beaux parcours de golf se succèdent le long du littoral de la côte est. La région offre aussi des plongées parmi les plus belles de l'île ainsi que des possibilités de découverte de l'arrière-pays à pied, à cheval ou en quad notamment au domaine de l'Étoile.

Paysages
Vers l'intérieur, les reliefs de la montagne Bambous et de la montagne Blanche et les étendues de canne à sucre révèlent un autre aspect de l'île. Quant à la portion de littoral préservé entre Poste Lafayette et Roche Noire, elle révèle une île intemporelle encore peu envahie par les établissements touristiques.

p. 117

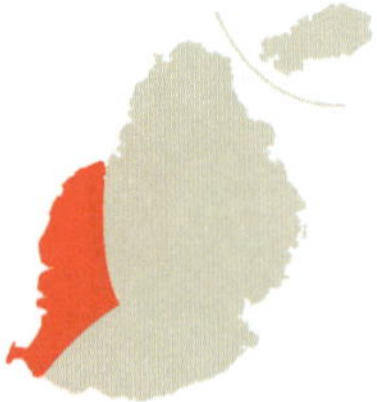

Côte ouest

Plages
Sports
Paysages

Plages
Entre les plages de Flic en Flac et celles de la presqu'île du Morne, la réputation des lieux n'est plus à faire. Avec un détail qui fait toute la différence, le coucher de soleil sur le lagon…

Sports
Le Morne est le temple du kitesurf, Tamarin celui du surf et de l'observation des dauphins, Rivière Noire est réputée pour la pêche sportive… Avec également de beaux parcours de golf, de belles randonnées comme l'ascension du Morne et de nombreuses possibilités d'activités nautiques et de plongées, la côte ouest offre un bon cocktail de (re)mise en forme.

Paysages
Le top de l'île ! Entre la montagne du Morne perchée au-dessus du lagon et de l'île aux Bénitiers, les gorges de la Rivière Noire accessibles depuis la route de Plaine Champagne et les décors luxuriants autour de Chamarel, la région offre une variété de paysages extraordinaire.

p. 130

Sud de l'île

Paysages
Plages
Culture et patrimoine

Paysages
Au programme : la vallée de Ferney, oasis tropicale surplombant le lagon ; la baie de Mahébourg et ses îles fermée par la montagne du Lion mais aussi les orgues basaltiques des Rochester Falls ou la Route du thé et ses paysages verdoyants.

Plages
Concentrée sur une faible partie du littoral, la côte sud abrite cependant un échantillon des plus belles plages de l'île autour de la pointe d'Esny et de Blue Bay, mais aussi de Bel Ombre plus à l'ouest.

Culture et patrimoine
Première région colonisée par les Hollandais en 1598, le Sud possède quelques lieux patrimoniaux emblématiques comme le Frederik Hendrik Museum à Vieux Grand Port et le National History Museum de Mahébourg. Les temples hindous de Grand Bassin et la statue géante du dieu Shiva témoignent aussi de la diversité culturelle de l'île.

p. 155

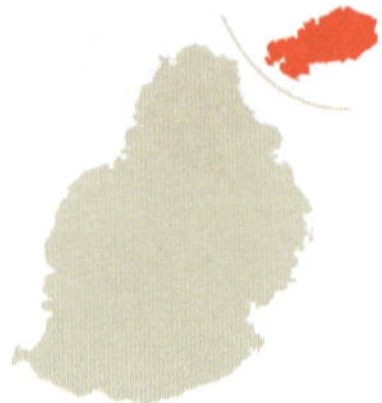

Rodrigues

Loin des foules
Sports
Plages

Loin des foules
Située à 560 km à l'est de Maurice, encore méconnue sur la carte du tourisme mondial, Rodrigues a un vrai pouvoir d'envoûtement. Ceux qui s'y rendront découvriront une île authentique, où culture locale et environnement sont encore préservés.

Sports
Cernée par un immense lagon, Rodrigues s'est naturellement tournée vers le kitesurf et la plongée. Son littoral offre aussi de belles possibilités de randonnées de plage en plage et, plus insolite, de tyrolienne au-dessus de la vallée de Mourouk.

Plages
Les plages du sud-est de l'île (Saint-François, Graviers, Trou d'Argent, Pointe Coton) comptent parmi les plus belles de Rodrigues… et beaucoup sont moins fréquentées que celles de Maurice.

p. 178

Sur la route

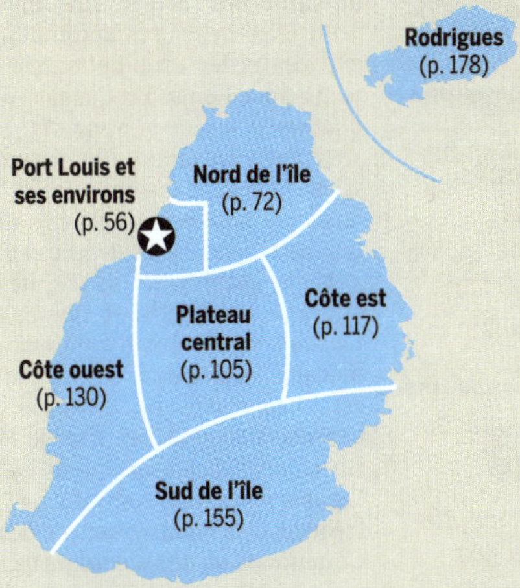
Rodrigues
(p. 178)
Port Louis et
ses environs
(p. 56)
Nord de l'île
(p. 72)
Plateau
central
(p. 105)
Côte est
(p. 117)
Côte ouest
(p. 130)
Sud de l'île
(p. 155)

Port Louis et ses environs

Dans ce chapitre ➡

Le top des hébergements

- Labourdonnais Waterfront Hotel (p. 64)
- Les Cocotiers (p. 70)
- Villa Anakao (p.71)

Le top des restaurants

- First Restaurant (p. 66)
- Banana Leaf (p. 66)
- Le Courtyard (p. 66)
- Namaste (p. 67)

Pourquoi y aller

Si l'aéroport au sud de l'île laisse Port Louis à l'écart des itinéraires touristiques, la capitale en apprend davantage sur la réalité mauricienne que nombre de localités côtières et présente des facettes moins attendues de l'île, faisant ressortir ses paradoxes. Hommes d'affaires en complet et élégantes en sari se croisent, tandis que les marchands du bazar font l'article dans une ambiance fébrile. Dans le centre, les demeures anciennes, les cocotiers de la place d'Armes et les étals de marché conservent les traces du vieux Port Louis. Le Caudan Waterfront, la marina aux boutiques de luxe où vient s'étourdir la jeunesse branchée, se transforme quant à lui en profondeur. En arpentant la ville, on réalise que le "miracle économique mauricien" a aussi ses laissés-pour-compte : ici, d'arrogantes tours de bureaux, là des cases de bric et de broc...

Nulle autre ville de l'île ne reflète mieux le creuset ethnique mauricien, et c'est ce qui fait tout son charme. La mosquée Jummah se dresse à 50 m de la pagode qui marque l'entrée dans le quartier chinois, le marché créole est au cœur des rues dessinées par les colons français, et la ville sait aussi bien fêter le Holi hindou que le Nouvel An chinois. Les événements culturels (comme Porlwi By Light www.porlwi.com) y sont également de plus en plus fréquents, et le street art s'y développe, notamment dans Chinatown, ou aux alentours de la rue Remy-Ollier.

En 2021, Odysseo, annoncé comme le plus grand océanarium des Mascareignes, a ouvert ses portes, mais on peut se questionner sur l'impact écologique d'un tel lieu.

Quand partir

Port Louis se visite en toute saison. D'avril à novembre, le Champ de Mars s'anime lors de courses de chevaux (généralement le samedi). Le pèlerinage au caveau du Père Laval (8-9 septembre) réunit des milliers de Mauriciens. La fête de l'Indépendance, le 12 mars, est l'occasion de concerts et de défilés.

À ne pas manquer

1. Le **marché central** (p. 67), dont l'animation justifie à elle seule une visite matinale à Port Louis
2. Le **Blue Penny Museum** (p. 62), l'un des plus intéressants musées de l'île
3. L'**Aapravasi Ghat** (p. 61), lieu de mémoire classé par l'Unesco
4. Du lèche-vitrines au **Caudan Waterfront** (p. 62)
5. Une **balade avec My Moris dans le vieux Port Louis** pour admirer la richesse et la variété de son architecture (p. 63)

PORT LOUIS

Histoire

Anciennement Port Nord-Ouest, l'actuelle capitale de la république de Maurice était un simple camp de garnison au début du XVIIIe siècle, installé sur un marécage insalubre. Elle doit son développement à son mouillage protégé des alizés par un rempart montagneux. Le véritable fondateur de la ville fut Mahé de La Bourdonnais, gouverneur des îles de France (Maurice) et Bourbon (La Réunion), qui la transforma en base navale pour la flotte française et en escale commerciale obligée sur la route des Indes, à partir de 1736.

Principal port de l'île, la ville a occupé une place à part dans l'histoire de l'immigration à Maurice. C'est sur l'un de ses quais, l'Aapravasi Ghat, que débarquèrent les centaines de milliers d'Indiens venus remplacer les esclaves dans les plantations sucrières.

Le développement de la ville fut par la suite fortement ralenti. Après 1865, des épidémies de paludisme et de choléra provoquèrent l'exode d'une partie de sa population vers les villages des plateaux environnants, aujourd'hui transformés en cœur résidentiel et économique de l'île. L'ouverture du canal de Suez en 1869, en détournant les navires de Port Louis, lui

Centre de Port Louis

Centre de Port Louis

Les incontournables

1	Aapravasi Ghat	B2
2	Blue Penny Museum	B3
3	Caudan Waterfront	B3
4	Marché central	C2

À voir

5	Cathédrale Saint-James	E3
6	Cathédrale Saint-Louis	D2
7	Église de l'Immaculée Conception	C4
8	Fort Adélaïde	E1
9	Government House	C3
10	Hippodrome du Champ de Mars	F2
11	ICAIO	D1
12	Jardins de la Compagnie	C3
13	Mauritius Postal Museum	B2
14	Mosquée Jummah	C1
15	Musée de la Photographie	D3
16	Natural History Museum	C3
17	Place d'Armes	C3
18	Quartier chinois	C1
19	Théâtre municipal	D2
20	Windmill Museum	B2

Où se loger

21	Labourdonnais Waterfront Hotel	B3
22	Le Suffren Hotel & Marina	A4

Où se restaurer et prendre un verre

23	Banana Leaf	D2
	Brasserie Chic	(voir 21)
24	First Restaurant	C2
	Îlot Café	(voir 2)
25	La Bonne Marmite	C2
26	Lai Min	C1
	Le Café de l'Atelier	(voir 43)
27	Le Café de la Presse	C3
28	Le Courtyard	C4
29	Namasté	B3
	Siro Piké	(voir 2)

Où sortir

30	Casino	B3
31	Star	B3

Achats

	Bookcourt	(voir 34)
	Caudan Waterfront	(voir 3)
32	L'Atelier littéraire	C4

Renseignements

33	Ambassade de France	D4
34	Air Austral (IBL House)	B3
35	Air Mauritius	C3
36	Air Seychelles	C3
	Banque des Mascareignes	(voir 17)
37	Barclays Bank	C2
38	Consulat de Belgique	C3
39	Consulat du Canada	D3
	Corsair	(voir 21)
40	Emmanuel Anquetil Building	D2
	Emtel	(voir 35)
	HSBC	(voir 17)
41	Jeetoo Hospital	D4
42	Mauritius Commercial Bank	C2
43	Office du tourisme	C4
44	Passage souterrain vers le Caudan	B2
45	Passage souterrain vers le Caudan	B3
46	Police	B4
	Poste centrale	(voir 13)
47	State Bank	C3

Transports

48	Gare routière d'Immigration Square	B2
49	Gare routière de Victoria Square	B4
50	St ation de taxis	B4

a progressivement fait perdre son importance d'escale commerciale.

À voir

Marché central MARCHÉ ALIMENTAIRE ET FORAIN
(entre Farquhar St et Queen St ; lun-sam 5h30-17h30, dim 5h30-11h30, dès 5h oct-mars). Des odeurs, des saveurs, des bruits, des couleurs... la visite du marché central est sans conteste l'un des points forts de la ville. L'atmosphère et le cadre sont réellement exubérants, et ce monument de la vie locale vous en dira plus sur l'île Maurice que toute autre expérience.

Si des travaux de modernisation ont modifié le visage du pavillon consacré aux fruits et aux légumes, l'ambiance matinale de ses étals ne s'en est pas trouvée aseptisée pour autant. Le pavillon s'est par ailleurs doublé d'un étage supplémentaire, qui abrite des boutiques d'artisanat. Si vous voulez vous plonger dans l'ambiance du "bazar" avant ces travaux, dirigez-vous vers le pavillon de la boucherie et de la poissonnerie, de l'autre côté de l'allée centrale.

L'étal le plus surprenant est le numéro 244, consacré aux plantes médicinales, à préparer en infusion ou en décoction. Chaque spécialité est assortie

"L'HISTOIRE DE L'ENGAGISME EST ENFIN RECONNUE"

Historienne à l'université de Maurice, Vijayalakshmi Teelock s'est intéressée à l'histoire de l'Aapravasi Ghat.

En quoi l'Aapravasi Ghat est-il aussi important et symbolique dans l'histoire de l'île Maurice et des Mauriciens ? En premier lieu, car c'est l'histoire de l'engagisme qui est enfin reconnue. Le gouvernement anglais a certes aboli l'esclavage dans un sursaut de bonne conscience, mais il a mis en place un autre système de recrutement de main-d'œuvre servile et bon marché, qui présentait beaucoup de similarités avec l'esclavage. L'Aapravasi Ghat, aussi, est l'endroit où ont débarqué la majorité des ancêtres des Mauriciens actuels. C'est donc un lieu très historique, en sus d'être une preuve tangible de l'arrivée des immigrants, où leurs descendants peuvent aller se ressourcer. Il est dommage que nous n'ayons pas, jusqu'à présent, de site similaire pour les esclaves. L'Aapravasi Ghat Trust Fund en est très conscient et nous faisons des recherches pour trouver au moins un lieu précis de débarquement d'esclaves.

L'engagisme était une "expérience" des Anglais. A-t-elle été jugée réussie ? Les engagés sont-ils restés à Maurice à la fin de leur contrat ? Ce fut réussi du point de vue de l'Angleterre et de la minorité qui réside aujourd'hui à Maurice. Mais un tiers sont morts et une grande partie est rentrée en Inde. Et même pour ceux qui vivent ici, c'est seulement une minorité qui a réussi.

Comment un site aussi important pour l'histoire de l'île a-t-il pu rester oublié pendant si longtemps ? Malheureusement, la conscience patrimoniale n'existe pas parmi les décideurs mauriciens. On préfère le développement commercial au développement humain. Le site était bien connu des Indo-Mauriciens dès 1960, quand le bureau de l'assistance sociale utilisait encore les documents d'immigration. On a compris la valeur de ces archives et du site, qu'on a voulu "enjoliver" en le couvrant d'un jardin et d'une fontaine. Nous avons dû tout retirer pour montrer ce qui restait du site original.

En quoi le classement du site par l'Unesco est-il important ? C'est la reconnaissance au niveau international de l'histoire de l'engagisme au XIXe siècle. Et cela force l'État mauricien à protéger ce site contre toute autre tentative de destruction – il ne reste que le tiers, ou moins, du site d'origine. Cela peut aussi favoriser le tourisme culturel.

d'une pancarte explicative sur les pathologies qu'elle est censée traiter.

Ne manquez pas la petite partie consacrée à la street-food dans laquelle déguster du dholl puri et de l'alouda à tout petit prix (voir p. 32 À table !)

Il est parfois difficile de se frayer un chemin à travers la foule, et mieux vaut prendre garde aux pickpockets.

Vieux Port Louis — VIEILLE VILLE

La ville garde quelques traces de son passé. On les découvre notamment le long de l'avenue partant de la **place d'Armes**, bordée de superbes palmiers royaux, qui fait figure de Champs-Élysées locale. Elle mène à la **Government House**, le plus ancien bâtiment de l'île, dont le rez-de-chaussée fut construit en 1738 à l'initiative de Mahé de La Bourdonnais, ancien gouverneur colonial de l'île – sa statue se dresse face au port, à l'autre bout de la place d'Armes. Siège du pouvoir, elle allie des structures en bois et en pierre, une toiture en bardeaux et une véranda soutenue par une colonnade.

Également à ne pas rater, les **jardins de la Compagnie** bordent Chaussée St, à côté du Muséum d'histoire naturelle. Ils servirent de potager à la Compagnie française des Indes orientales jusqu'en 1767. Ils étaient au début du XIXe siècle la promenade préférée des Port Louisiens, on pouvait alors y admirer de nombreuses statues. Désormais, les jardins sont devenus un lieu de retraite apprécié des flâneurs et des amoureux pendant la journée, ombragé de gigantesques banians, mais pas toujours très propre et qu'il vaut mieux éviter la nuit.

La **rue du Vieux-Conseil**, en face du théâtre municipal, complète la visite du Port Louis historique. C'est là que le Conseil supérieur de l'île de France tenait ses assises. Vous pourrez admirer le bâtiment en pierre construit en 1767 par Pierre Poivre afin d'y entreposer ses papiers et d'en faire un palais destiné à abriter la Justice et le Conseil.

♥ Aapravasi Ghat LIEU DE MÉMOIRE

(☎217 3157, 217 7770 ; www.aapravasighat.org ; Quay St, Trou Fanfaron ; ⏲lun-ven 9h-16h, sam 9h-midi). GRATUIT En face du port de pêche, le Centre d'accueil des anciens immigrants occupe une place à part dans l'histoire de l'île, et notamment de son importante communauté d'origine indienne. C'est ici que débarquèrent entre 1834 et 1920 près d'un demi-million de travailleurs sous contrat, majoritairement en provenance d'Inde (mais aussi d'Afrique de l'Est, du Yémen, de Madagascar, de Chine et d'Asie du Sud-Est), bientôt appelés *coolies*.

L'idée de cette immigration revient aux Britanniques, alors maîtres de l'île, et plus progressistes que la France sur la question de l'esclavage. En 1835, l'abolition du travail forcé à Maurice s'apprête en effet à priver de main-d'œuvre les plantations sucrières, sur lesquelles repose une large part de l'économie insulaire. Voulant "démontrer la supériorité du travail libre sur le travail forcé", les Anglais puisent dans une autre de leurs colonies les bras nécessaires et proposent à des paysans indiens de s'engager dans les plantations mauriciennes. Des travailleurs libres, certes, mais dont les conditions de vie furent si difficiles que certains historiens parlent d'"esclavage volontaire".

Les premiers *coolies*, au nombre de 36, arrivèrent à Port Louis le 2 novembre 1834. Construit pour organiser leur débarquement à partir de 1849, l'Aapravasi Ghat ("là où débarquent les immigrés" en hindi) devint la plaque tournante de ce *coolie trade* (commerce de travailleurs salariés). On estime que près de 70% des ancêtres des Mauriciens actuels transitèrent par ces bâtiments, soit environ 460 000 personnes.

Le site, superbement pensé et documenté, est un formidable lieu de mémoire. Il reste environ 30% des installations d'origine, qui couvraient aussi l'actuelle gare routière située de l'autre côté de la route – d'où son nom d'"Immigration Square". À leur sortie des bateaux, les nouveaux venus y restaient 2 jours afin d'être enregistrés et de subir un contrôle sanitaire, puis rejoignaient la plantation pour laquelle ils avaient le plus souvent signé un contrat de travail de 5 ans. Ceux qui présentaient des symptômes de choléra ou de malaria étaient envoyés en quarantaine sur l'île Plate ou vers les autres îles environnantes (un épisode romancé par J.M.G. Le Clézio dans *La Quarantaine*).

Sur place, on peut voir les 16 marches par lesquelles les immigrants arrivaient, l'infirmerie, les toilettes, les bassins où ils se lavaient et d'autres bâtiments réalisés en pierres de basalte tenues par un mortier à base de chaux, de sable et de sirop de canne. On découvre également un monument inauguré en 2005 par le Premier ministre indien, et un beau centre d'interprétation, dans lequel sont reconstitués une cale de bateau et un logement typique des plantations. Les panneaux d'explications, les maquettes, les bornes interactives, les vitrines présentant contrats de travail ou objets du quotidien, nombreux et passionnants, soulignent avec clarté les difficultés inhérentes à cet engagement volontaire. À la fin du circuit, on découvre plusieurs salles dédiées à l'histoire et la politique de l'île. Rare vestige de l'histoire de "l'engagisme", l'Aapravasi Ghat a été classé au Patrimoine de l'Unesco en juillet 2006 (voir l'interview ci-contre). Depuis 2001, le 2 novembre est un jour férié, en mémoire des engagés.

Quartier chinois PROMENADE

On atteint le Chinatown de Port Louis en remontant Royal St vers le nord ; l'entrée en est signalée par une arche jaune. Échoppes figées depuis des décennies, boutiques de bric et de broc, pharmacies traditionnelles, ferblantiers, enseignes couvertes d'idéogrammes, restaurants et marchands ambulants lui confèrent une ambiance particulière, très vivante. Musardez dans les ruelles alentour – dont les noms sont souvent bilingues – pour vous imprégner de l'atmosphère de ce quartier qui rappelle que de nombreux Chinois émigrèrent sur l'île vers 1820 en tant que travailleurs engagés. Ils représentent aujourd'hui 3% de la population locale, et la seconde puissance financière de l'île. Port Louis abrite les onze pagodes chinoises de l'île Maurice ; pour en découvrir une, profitez des visites guidées thématiques de My Moris (voir p. 63).

Mosquée Jummah LIEU DE CULTE

(☎242 1129 ; Royal St ; ⏲tlj 9h-15h30, ven 9h-12h et 14h-15h30). Cette mosquée, la plus importante de l'île, fut édifiée en 1855 à la limite du quartier chinois, où se trouvaient les échoppes des marchands musulmans – ces derniers ne pouvaient quitter leurs boutiques pour aller prier dans la seule mosquée de l'île, située à Plaine Verte. Ce bel édifice, blanc et vert, embelli de dômes, et rehaussé de portes en bois sculpté, comporte aussi quelques éléments d'influence créole. Les visiteurs sont les bienvenus, hormis aux heures de prière. À ne pas confondre avec l'autre mosquée, plus récente, sur Sir Seewoosagur Ramgoolam St.

Musée de la Photographie MUSÉE ICONO-HISTORIQUE

(☎211 1705/5970 1440 ; www.musee.photo ; rue du Vieux-Conseil ; adulte 300 Rs, gratuit -12 ans ; ⌚lun-ven 10h-15h). Ce surprenant musée (fondé en 1966) constitue, grâce au patient travail de recherche de Tristan et Marie-Noëlle Bréville, la plus importante collection de négatifs, de tirages et de films documentaires sur l'océan Indien. Si un sujet précis vous intéresse – de la marche sur le feu pratiquée par les Tamouls aux vieilles maisons coloniales –, vous pouvez demander aux propriétaires de vous montrer les photos correspondantes. Vous verrez également près d'un millier d'appareils photo, d'objectifs, de machines de projection et de daguerréotypes ou ferrotypes. L'ensemble, animé par des passionnés, prend un sens nouveau à l'ère du numérique.

Des reproductions de photos anciennes de l'île, ainsi que des cartes postales et des lithographies, sont en vente à la boutique.

Le musée est bien caché dans la pittoresque rue du Vieux-Conseil – parfois appelée Winston Churchill St. Cette dernière commence en face du théâtre municipal.

Muséum d'histoire naturelle FAUNE LOCALE

(Natural History Museum & Mauritius Institute ; ☎212 0639 ; La Chaussée St). Fondé en 1880 et bordant les jardins de la Compagnie, le Muséum présente une collection de coquillages et de spécimens naturalisés de la faune locale, ainsi que des reproductions d'oiseaux disparus, comme le solitaire de Rodrigues, le perroquet monarque ou le célèbre dodo, décimé par les Hollandais entre 1681 et 1693. Il a été rénové en 2019.

Théâtre municipal THÉÂTRE

(Sir William Newton St). Avec sa belle façade classique à colonnes de basalte et balustrades, le théâtre municipal a peu changé depuis sa construction en 1822. Plus vieux théâtre de l'océan Indien, il était autrefois fréquenté par le gotha de la société mauricienne. Fermé pour rénovation depuis plusieurs années – il devrait rouvrir dans les années à venir –, le bâtiment en lui-même vaut le détour.

ICAIO ART CONTEMPORAIN

(Institute of Contemporary Art Indian Ocean ; ☎240 8235 ; www.icaio.org ; 51 Sir Seewoosagur Ramgoolam St ; ⌚lun-ven 8h30-17h). Belle initiative que cette dynamique galerie dont le but avoué est de faire de Maurice le carrefour artistique et culturel de l'océan Indien. Fondée en mai 2015 par Salim Currimjee – peintre, architecte et collectionneur passionné – et installée dans un bâtiment historique en pierre, elle présente le travail d'artistes mauriciens mais aussi indiens et sud-africains au cours d'expositions renouvelées tous les trimestres.

Caudan Waterfront CENTRE COMMERCIAL

(www.caudan.com). Fierté des Mauriciens, qui voient en lui le symbole de la modernisation du pays, ce vaste centre commercial suscite des avis plus mitigés de la part de nombre de visiteurs, déconcertés d'y trouver ce qu'ils ont précisément voulu fuir en mettant le cap sur l'océan Indien – folie mercantile, décor aseptisé, chaînes de fast-food... D'autres, en revanche, sont ravis d'y découvrir l'animation qui manque ailleurs sur l'île.

Inauguré en 1996, à l'emplacement des anciens quais du port, il regroupe 170 commerces, des échoppes d'artisanat, des cinémas et de très nombreux restaurants et fast-foods. L'architecture, surprenante de prime abord, mêle l'ancien et le moderne avec force tourelles et arcades de béton. Le Caudan s'avère cependant agréable grâce à sa promenade et à ses larges places.

L'esplanade du Caudan a été en partie rénovée et agrandie. Lors de notre passage, une deuxième tranche de travaux devait avoir lieu.

Blue Penny Museum MUSÉE HISTORIQUE

(☎210 8176 ; www.bluepennymuseum.com ; Caudan Waterfront ; tarif plein/réduit 275/150 Rs, gratuit -7 ans ; ⌚lun-sam 10h-17h). Installé à l'extrémité du Caudan, ce musée raconte l'histoire et le patrimoine de l'île. Il doit son nom au "two pence deep blue", l'un des deux premiers timbres imprimés à Maurice, avec le "one penny orange red" (1847) : tous

PORT LOUIS HORS DES SENTIERS BATTUS

Heureuse rencontre d'une anthropologue belge et d'une historienne et sociologue mauricienne, **My Moris** (☎ 5723 1755, 5775 5516 ; www.mymoris.mu) propose des balades thématiques inédites et innovantes dans la capitale mauricienne. C'est véritablement l'âme secrète et très attachante de cette ville que vous pourrez toucher du doigt, grâce à leurs connaissances pointues de ses trésors culturels et à leurs liens patiemment noués au fil des années avec les petits artisans cachés au fond de leurs échoppes. Impossible – ou presque – pour le touriste n'accordant que quelques heures à Port Louis d'aller à la rencontre de ces vieux métiers, amenés pour certains à disparaître d'ici peu, ou de pousser les portes d'un patrimoine insoupçonné. Partout, grâce à Maya et Shakti, vous serez accueilli avec cette hospitalité toute mauricienne, qui transformera immanquablement votre vision de la capitale. À la différence des circuits traditionnels, les découvertes du patrimoine historique, culinaire, religieux, linguistique, architectural et culturel mauricien concoctées par Maya et Shakti laissent tout l'espace aux conversations impromptues et aux explications pointues.

Cette expérience immersive dans la diversité culturelle de l'île se vit également à Poudre d'Or, Rose Hill... Au total, une douzaine de circuits très bien conçus et plus intéressants les uns que les autres sont proposés. Nous avons adoré !

deux sont visibles dans la section philatélie du musée, et sont parmi les plus rares et recherchés au monde. Remarquable par la qualité de ses collections et expositions temporaires, le musée compte notamment, au 1er étage, une belle pièce ronde, toute en boiseries, consacrée à la navigation sur l'océan Indien et présentant de belles cartes marines anciennes. Vous y verrez également une touchante salle consacrée à *Paul et Virginie* et au naufrage du *Saint-Géran*, dont s'inspira Bernardin de Saint-Pierre pour écrire son roman (voir l'encadré p. 103). Trônant dans la pièce, la superbe statue en marbre des amoureux les plus célèbres de l'océan Indien est l'œuvre de Charles Adrien Prosper d'Épinay. Elle fut commandée à l'artiste en 1881 par la ville de Port Louis... qui ne parvint pas à réunir les fonds pour la payer. Elle resta donc en Europe jusqu'en 1997, lorsqu'elle fut rachetée aux enchères, à Londres.

Mauritius Postal Museum — MUSÉE POSTAL

(☎ 213 4812 ; www.mauritiuspost.mu/postal-museum ; Caudan Waterfront ; adulte/enfant 150/90 Rs, gratuit -7 ans ; ⏲ lun-ven 8h15-15h30, sam 8h15-11h30). Installé dans les locaux de la poste centrale, construits en 1868, ce musée à la scénographie agréable est dédié à l'histoire postale de Maurice. Sa visite complète celle de la section philatélie du Blue Penny Museum et propose une histoire de l'île racontée par ses timbres – Maurice fut la première colonie à en émettre. Appareils télégraphiques, vieilles boîtes aux lettres, uniformes des postiers... complètent la vaste collection. Au 1er étage, on découvre l'histoire de l'aéropostale. Timbres de collection et souvenirs en vente sur place.

Windmill Museum — MUSÉE AGRICOLE

(☎ 211 7465 ; Caudan Waterfront, derrière le Mauritius Postal Museum ; ⏲ mar-sam 10h-17h). GRATUIT Rebâti à la fin des années 1990 et restauré, ce moulin à vent construit en 1736 sous l'influence de Mahé de Labourdonnais servait à approvisionner la colonie en farine. On peut y voir la meule, quelques objets agricoles et des photos anciennes.

Fort Adélaïde — ARCHITECTURE MILITAIRE

(☎ 5787 8893 ; ⏲ lun-ven 7h-16h). GRATUIT Ce fort de basalte, qui doit son nom à l'épouse du roi Guillaume (William) IV, fut construit par les Britanniques en 1834... et ne fut jamais utilisé. L'accès est gratuit (visite guidée sur demande) mais le fort en lui-même ne se visite pas : son principal attrait réside donc dans la vue imprenable – et romantique au coucher du soleil – qu'il ménage sur Port Louis et sa rade. Vous trouverez sur place des boutiques d'artisanat dont une bijouterie, et pourrez parfois assister à un concert ou un spectacle. Il est préférable de s'y rendre en taxi.

Temple Kaylasson (Shri Sockalingum Meenatchee Ammen) — TEMPLE TAMOUL

(carte p. 57). Cette merveille architecturale de style dravidien, richement décorée, est le plus ancien temple tamoul de l'île Maurice. Il fut construit entre 1854 et 1868 par des négociants et riches commerçants au nord de Port Louis, à Sainte-Croix, en l'honneur du dieu Shiva. Ses plans respectent la configuration d'un corps humain étendu à terre avec la tête, le cœur... Six stations représentent autant d'organes humains, avec le lotus aux mille pétales symbolisant le sommet de la tête. Autour du temple, des sanctuaires sont dédiés à une divinité hindoue vénérée au Tamil Nadou ou aux neuf planètes du système cosmologique indien.

Églises et cathédrales — LIEUX DE CULTE

Si le caveau du Père Laval (voir p. 70) est le site religieux le plus célèbre de l'île, Port Louis compte également plusieurs lieux de culte. Citons la **cathédrale Saint-Louis** (1932), en haut de Sir William Newton St, la **cathédrale Saint-James** (1828), en haut de Poudrière St, et la **chapelle Marie-Reine-de-la-Paix**, à l'extrémité sud-ouest de Mère Barthélemy St. Mentionnons également l'**église de l'Immaculée Conception**, qui domine Saint Georges St de sa haute façade grise. L'**église du Saint Sacrement** (1872), située à Cassis, au sud de Port Louis, se distingue par son architecture néogothique de pierre volcanique.

Champ de Mars — HIPPODROME

Entre avril et novembre, cet hippodrome situé au pied d'un cirque montagneux attire des milliers de Mauriciens venus assister aux courses dans une ambiance fébrile où se mêlent passion hippique et amour du jeu. Le club hippique, créé en 1812, est le deuxième plus vieux du monde.

La saison est marquée par plusieurs courses majeures, notamment la Maiden Cup, début septembre.

Où se loger

La ville n'ayant pas de visées réellement touristiques, le parc hôtelier est très limité et les nouvelles réglementations imposant l'installation de coffres-forts et de caméras de surveillance ont eu raison des petits hôtels bon marché. Restent des établissements qui s'adressent avant tout à la clientèle d'affaires, chers et internationaux. Mieux vaut loger sur la côte dans un hôtel agréable et visiter la capitale dans la journée, lorsque l'animation bat son plein, ou choisir l'une des deux adresses que nous vous conseillons dans les alentours de Port Louis, à Pointe aux Sables (p. 71) ou Baie du Tombeau (p. 70).

Le Suffren Hotel & Marina — QUATRE-ÉTOILES €€€

(☎202 4900 ; www.lesuffrenhotel.com ; Caudan Waterfront ; s/d avec petit-déj à partir de 190 € ; P ❄ 📶 🏊). Le Suffren est bâti en face du Labourdonnais, de l'autre côté de la marina. Classé quatre-étoiles, il décline une esthétique de yacht-club chic et sobre, dans les tons beiges, contemporaine et aérée. Ses autres atouts sont le calme, la piscine, le spa, une salle de sport, le restaurant-bar et la plage artificielle, face au port (n'envisagez pas de vous baigner), qui a des airs de "Port Louis plage". Ses 102 chambres présentent une décoration de style continental, claire et agréable, dans les tons gris, sable, vert et taupe. L'hôtel, qui appartient au même groupe que le Labourdonnais, est moins luxueux que ce dernier mais invite plus à la détente ; le vendredi soir, des soirées after-work attirent nombre de Mauriciens. Une navette fluviale permet de traverser les 20 m de marina qui le séparent du Caudan Waterfront (il est également possible de s'y rendre en voiture). Le Suffren applique parfois un tarif "business", environ 45% moins cher. Tentez votre chance...

♥ Labourdonnais Waterfront Hotel — CINQ-ÉTOILES €€€€

(☎202 4000 ; www.labourdonnais.com ; Caudan Waterfront ; d avec petit-déj à partir de 12 740 Rs ; P ❄ 📶 🏊). Idéalement situé à l'extrémité du Caudan Waterfront, ce cinq-étoiles se révèle une bonne surprise. Tout est prévu pour que la clientèle prenne ses aises. L'hôtel compte 3 restaurants (voir p. 67), un bar lounge et un *coffee* lounge très agréables, une petite piscine et un centre de remise en forme. Les 105 chambres, vastes et aménagées autour d'un vaste patio coiffé d'un plafond de verre, respirent le luxe feutré et le raffinement étudié, avec mobilier d'inspiration asiatique, balcon privé et moquette. Les chambres Tourelle, en angle, plus onéreuses, sont du plus bel effet – on se croirait dans un bateau. Service très avenant.

Où se restaurer et prendre un verre

À l'heure du déjeuner, vous aurez le choix entre de nombreux établissements correspondant à tous les budgets, des vendeurs ambulants aux restaurants gastronomiques en passant par les adresses du quartier

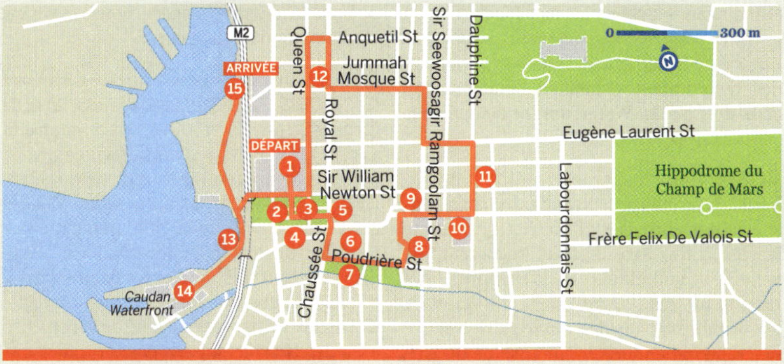

Promenade à pied
Patrimoine architectural

DÉPART MARCHÉ CENTRAL
ARRIVÉE AAPRAVASI GHAT
DISTANCE 3 KM
DURÉE 2 HEURES

La ville se parcourt aisément à pied, et ce circuit vous permettra de découvrir l'étonnant mélange des genres dans lequel la capitale mauricienne puise son caractère. Commencez dès le matin par le 1 **marché central** (p. 67), lorsque l'activité bat son plein.

Rejoignez ensuite la 2 **place d'Armes** (p. 60), élégamment bordée de palmiers royaux, quelques centaines de mètres plus au sud. Vous voici au cœur du 3 **quartier des affaires** : d'un côté trônent des gratte-ciel ostentatoires et ultramodernes ; de l'autre subsistent quelques demeures créoles, avec, en toile de fond, l'imposant immeuble blanc de la Mauritius Commercial Bank. Sur la droite, juste après la State Bank, remarquez en retrait une belle 4 **maison coloniale en pierre**, ornée d'un balcon en fer forgé, qui héberge l'Afrasia Bank. Au bout de la place se trouve la 5 **Government House** (p. 60).

Remontez la place d'Armes et prenez à droite, dans Chaussée St. Visitez le 6 **Muséum d'histoire naturelle** (p. 62) puis faites halte aux 7 **jardins de la Compagnie** (p. 60), l'ancien parc de la Compagnie des Indes, ombragé par d'imposants banians.

Sortez à l'est des jardins dans Poudrière St et empruntez la rue du Vieux-Conseil, ruelle pavée très "cinématographique". Vous déboucherez, un peu plus haut, sur le 8 **musée de la Photographie** (p. 62). La ruelle continue jusque dans Jules Koenig St, où le 9 **théâtre municipal** (p. 62) dévoile son architecture italianisante.

Tournez à droite dans Pope Hennessy St. Vous passerez devant la 10 **Cour suprême**, un édifice de style colonial, discrètement caché par des arbres au fond d'une cour d'honneur. Prenez ensuite Dauphine St sur la gauche jusqu'à la 11 **cathédrale Saint-Louis** (p. 64), pleine de charme tout basaltique. On distingue, à l'arrière-plan, la citadelle, perchée sur son contrefort. Deux pâtés de maisons plus loin, prenez à gauche Eugène Laurent St, que vous descendrez jusqu'à Ramgoolam St. Tournez à droite : vous arrivez au milieu du quartier commerçant, haut en couleur, très vivant en journée, avec ses boutiques surannées et ses bâtiments aux façades décaties ; si vous avez le temps, faites un détour par Corderie St, regorgeant de boutiques de tissus.

Deux rues plus loin, tournez à gauche dans Jummah Mosque St, qui vous amène à la 12 **mosquée Jummah** (p. 61), pourvue d'une magnifique façade blanche et verte et d'une porte en bois finement ouvragée. En prenant à droite Royal St, vous pénétrez dans le quartier chinois, l'un des plus animés de la ville.

Revenez ensuite vers le marché par Queen St puis empruntez le passage souterrain menant au 13 **Caudan Waterfront** (p. 62). Ce quartier moderne vaut le détour pour deux sites incontournables : le 14 **Blue Penny Museum** (p. 62) et l'15 **Aapravasi Ghat** (p. 61).

chinois. Sans oublier les fast-foods de plus en plus présents. Changement de décor à l'heure du dîner et le dimanche : la plupart des restaurants ferment, à l'exception de ceux du Caudan Waterfront et de quelques rares adresses du centre-ville.

Centre-ville

Vous y trouverez majoritairement des spécialités chinoises et créoles. Le marché et les rues avoisinantes regorgent de vendeurs ambulants et d'échoppes qui proposent des *farata* (sorte de galette), des samoussas ou des *dholl puri* (variété de crêpe indienne) moyennant une dizaine de roupies. Ne manquez pas de goûter l'*alouda*, une curieuse boisson sucrée à base de lait, comparable au lassi. De nombreux restaurants chinois sont rassemblés au nord de Royal St, notamment au voisinage d'Anquetil St et de Rivière St, où vous vous rassasierez pour une somme modique.

♥ Banana Leaf TAMOUL €
(☎ 5767 0506 ; dans le bâtiment Pearl House, Sir Virgile Naz St ; menu 300 Rs ; ⏲ lun-ven midi). Ce snack tenu par un couple sert de bons currys (présentés sur des feuilles de bananier), un fameux *cari vindoo* (accompagné d'un verre de *panakon* – jus de tamarin, de limon, de graine de cardamome et de sucre), et de nombreux plats végétariens, qu'on déguste sur de longues tables recouvertes de toiles cirées. L'ambiance est plutôt authentique, et vous permet de vous plonger au cœur de la vie mauricienne. Tous les vendredis, on peut se régaler d'un repas proposant 7 caris traditionnels, qui demande une longue préparation et se mange traditionnellement avec les doigts.

Le Café de la Presse CAFÉ GOURMAND €
(☎ 212 8590 ; cafedelapresse.net ; 5 La Chaussée St ; café 65-160 Rs, plats 140-575 Rs ; ⏲ lun-ven 9h30-16h30, sam 9h30-15h ; 📶). La petite adresse sympathique qui fait parler d'elle depuis son ouverture récente. On y retrouve certes une atmosphère tendance de loft à la déco industrielle revisitée : objets chinés et détournés, tabourets et chaises métalliques, ampoules apparentes, grand mur en ardoise… Malgré cette impression de déjà-vu, l'endroit séduit par son atmosphère et les gourmandises qu'il propose. Confortablement installé dans les canapés ou à de longues tables en bois, sirotez thés glacés, milk-shakes, cupcakes et autres cheesecakes. À l'heure du déjeuner, de bons sandwichs, salades, bowls et wraps viennent s'ajouter à la carte.

♥ First Restaurant CANTONAIS €
(☎ 212 0685, 211 9898 ; angle de Royal Rd et de Corderie St ; plats 150-1 500 Rs ; ⏲ lun-sam midi et soir ; ❄). Au 2e étage d'un immeuble qui ne paie pas de mine, au-dessus d'une quincaillerie, *le* restaurant de *dims sums* (délices cuits à la vapeur) de la ville, fréquenté par tous les businessmen locaux… Un poste d'observation unique d'une certaine partie de la population mauricienne, en plus d'être une valeur sûre du côté de la copieuse assiette. Ne vous laissez pas intimider par l'escalier étroit qui y mène, la salle est climatisée et très propre. Service rapide ; réservez.

Lai Min CANTONAIS €€
(☎ 242 0042 ; restaurantlaimin.com ; 58 Royal Rd ; menu à partir de 480 Rs ; ⏲ tlj midi et soir). On dit qu'il s'agit du meilleur restaurant chinois de Port Louis – c'est en tout cas le plus ancien de l'île. Dans une vaste salle à la déco un peu kitsch, on se régale de bols renversés, de *spring rolls* au poisson, de fondue chinoise, de canard à l'ananas, d'une soupe aux fruits de mer… En dessert, goûtez au célèbre *sagoo* (tapioca) au lait de coco. Aussi bien qu'à Beijing ! Dîner dansant vendredi et samedi.

Le Café de l'Atelier CAFÉ-RESTAURANT CRÉATIF €€
(☎ 208 2816 ; 18 Saint-Louis St ; plats 275-625 Rs ; ⏲ lun-ven midi ; 📶). Se nourrir le corps et l'esprit, c'est le concept de ce café installé dans un grand loft à la déco industrielle. Pour le corps, une restauration légère est proposée, des tourtes, des cakes, des crumbles salés, des risottos et surtout de copieuses salades. Mention particulière aux jus de fruits frais et aux desserts. Pour l'esprit, ses murs où sont régulièrement exposées des œuvres, sa librairie à l'étage établie à l'initiative de l'écrivain mauricien Barlen Pyamootoo, ses sets de table ornés de citations et les crayons de couleur laissés sur les tables pour que les clients laissent libre cours à leur inspiration. Petit jardin ombragé. Un lieu vraiment à part à Port Louis ; dommage que le service soit parfois assez froid.

♥ Le Courtyard GASTRONOMIQUE €€€
(☎ 210 0810 ; angle de Saint-Louis St et de Chevreau St ; plats 850-2800 Rs ; ⏲ lun-ven midi, ven soir). Impossible de ne pas être séduit par le cadre : une belle demeure ancienne

en pierre restaurée, dissimulant l'agréable patio plein de palmiers, fougères et citronniers, qui donne son nom au lieu. Bien installé dans ce dernier près de la fontaine ou dans la fraîcheur des élégantes salles à l'étage, on vient à cette adresse raffinée déguster une cuisine gastronomique inventive. Celle-ci s'appuie avant tout sur la qualité des produits et des associations de saveurs originales, avec une prédilection pour les produits de la mer. Cette vraie cuisine de chef (jusqu'aux sorbets de fruits, à tomber), aussi délicieuse que bien présentée, fait de cette table l'une des plus séduisantes de l'île Maurice. Un indéniable coup de cœur, qui mérite la dépense.

La Bonne Marmite MAURICIEN €€€
(212 2403/212 4406 ; www.bonnemarmite.com ; 18 Sir William Newton St ; menu à partir 400 Rs ; lun-ven midi). Trois salles, trois ambiances et une réputation bien affirmée : bienvenue dans cette institution de Port Louis. Au rez-de-chaussée, une petite salle voisine avec un patio au centre duquel trône une fontaine, qui crée une atmosphère reposante et conviviale. On propose ici à prix doux un buffet qui présente un goûteux éventail de la cuisine mauricienne, idéal pour le déjeuner. Changement de décor à l'étage, où l'ambiance feutrée et chic se prête aux repas d'affaires ou aux confidences amoureuses. On choisit ici à la carte parmi les spécialités gastronomiques - cari de homard, filet de poisson de pêche locale relevé à l'orange et au gingembre... Enfin le Rocking Boat, plus ancien pub de Maurice, propose chaque jour un buffet de mets variés.

Caudan Waterfront

Ses établissements de restauration en tout genre répondront aux envies culinaires les plus diverses. Les fast-foods et pizzerias, misant rarement sur la qualité, y sont légion. La plupart des adresses du Caudan sont ouvertes midi et soir.

Brasserie Chic INTERNATIONAL €€€
(Labourdonnais Waterfront Hotel ; 202 4000 ; plats 450-1800 Rs ; tlj midi et soir). Autrefois connue sous le nom de l'Escale, située dans le cadre majestueux de l'hôtel Labourdonnais Waterfront (p. 64), cette table réputée décline avec un certain talent une soixantaine de plats : bagel au saumon, salade de quinoa ou de fruits de mer, poêlée de champignons, belles pièces de bœuf, hamburgers, curry de légumes... La salle est - comme son nom l'indique - particulièrement chic, et la belle terrasse donne sur l'extrémité la plus calme du Caudan. Les tarifs restent raisonnables pour ce cadre très sélect, et on dîne certains soirs accompagné du piano.

Namaste INDIEN €€
(L'Observatoire ; 5256 3864 ; namaste.mu ; plats 250-450 Rs ; tlj midi et soir). Situé au premier étage d'un immeuble avec vue sur la baie du Caudan, ce restaurant propose une large carte de mets indiens de bonne facture : tandoori, paneer, cheese naan... Impossible de ne pas trouver son bonheur. Le tout dans un cadre élégant : tables nappées, lustres au plafond, murs en pierre... Service attentionné.

Où sortir

Le Caudan Waterfront concentre la (très modeste !) vie nocturne de Port Louis. Tous les week-ends, la jeunesse mauricienne se presse dans ses cinémas, son casino, ses restaurants et ses bars en bord de mer.

Star CINÉMA
(211 5361, 211 6866 ; Caudan Waterfront ; adulte/enfant 220/185 Rs). Sans conteste le meilleur cinéma de l'île, rénové en 2015. Les dernières nouveautés internationales, en anglais et en français, sont projetées dans ses 3 salles modernes et confortables. Les autres salles de Port Louis mettent l'accent sur les exclusivités de Bollywood.

Casino CASINO
(210 4203 ; Caudan Waterfront ; tlj 10h-2h). Repérable de loin à son entrée en forme de proue de galion de pirate, le casino occupe l'emplacement d'anciens entrepôts à l'entrée du Caudan. L'imposante salle des machines à sous, au rez-de-chaussée, est ouverte aux plus de 18 ans. La salle de jeu, à l'étage, est plus élégante mais très kitsch, avec ses fauteuils orange et son plafond étoilé.

Achats

Marché central ARTISANAT ET PRODUITS LOCAUX
(entre Farquhar St et Queen St ; lun-sam 5h30-17h30, dim 5h30-11h30, ouverture 30 min plus tôt oct-mars). Quoi que vous cherchiez, vous risquez fort de le trouver dans les allées du marché central. Ses étals proposent un vaste choix d'épices, de tisanes, d'artisanat et de vêtements. De nombreuses boutiques de tissus sont également installées dans les rues environnantes.

Caudan Waterfront CENTRE COMMERCIAL
(Marina Quay). Les boutiques à la mode du Caudan Waterfront sont l'autre pôle commercial de la ville. Le quartier moderne de Port Louis regroupe 170 commerces (mode, bijoux, souvenirs).

Bookcourt LIBRAIRIE
(☎ 211 9262 ; www.bookcourt.mu ; Caudan Waterfront ; ⏲ lun-sam 9h-17h). Dissimulée au cœur des boutiques du Caudan Waterfront, cette excellente librairie propose un vaste choix de livres en français et en anglais, des journaux et magazines français, des guides de voyage et des cartes postales. Beau rayon sur l'île Maurice.

L'Atelier Littéraire LIBRAIRIE
(☎ 208 2915 ; 18 Saint-Louis St ; ⏲ lun-ven 9h-16h). Cette librairie et café-restaurant (voir p. 66), ouverte à l'initiative de l'écrivain mauricien Barlen Pyamootoo, possède à l'étage un fonds important de littérature française et mauricienne au format poche. L'Atelier dispose aussi de quelques ouvrages en créole mauricien et organise régulièrement des expositions.

Orientation

La ville se déploie au pied d'un amphithéâtre montagneux – ce qui la rend étouffante les jours de fortes chaleurs – et a subi d'importantes transformations au cours des dernières décennies. Au point que l'on peut maintenant parler de "vieille ville" et de "nouvelle ville", de part et d'autre de la route M2, qui longe le port. La "nouvelle ville" occupe une superficie restreinte mais regroupe les principales nouveautés de la capitale et une large part de son animation.

Le Port Louis historique présente un quadrillage parfait. Sir William Newton St et la place d'Armes en constituent l'épicentre. Ses autres points de repère sont le marché, le quartier chinois et les jardins de la Compagnie, à quelques centaines de mètres les uns des autres. Hormis quelques gratte-ciels qui disputent çà et là l'azur aux cocotiers, cette partie de la ville a relativement peu changé au cours des dernières décennies. Occupée en grande partie par des bureaux, elle est quasiment déserte après 17h.

Changement de décor côté port, où le Caudan Waterfront constitue un quartier à part entière. Cet ensemble architectural récent, qui semble avoir été greffé à la ville d'origine, articule autour des bassins du port de commerce ses immeubles modernes abritant commerces, cinémas, restaurants et fast-foods. Le Caudan est relié au "vieux" Port Louis par deux passages sous la voie rapide, en travaux lors de notre passage.

Ajoutons que les rues du cœur historique peuvent désorienter. Leurs noms mélangent français et anglais (même les cartes et les textes officiels utilisent indistinctement "rues" et "streets", "routes" et "roads") et certaines changent de dénomination à mi-parcours. D'autres artères sont périodiquement rebaptisées pour des raisons historiques ou politiques.

Les gares routières de Victoria Square et d'Immigration Square sont situées de part et d'autre du centre-ville, en bordure de la route principale.

Renseignements

ACCÈS INTERNET

Connexion Wi-Fi dans de nombreux établissements (restaurants, hébergements, boutiques du Caudan Waterfront).

ARGENT

Les banques dotées de DAB acceptant les cartes Visa et Mastercard abondent dans le périmètre du centre-ville, notamment aux abords de Sir William Newton St et de la place d'Armes. Vous en trouverez également au Caudan Waterfront.

Banque des Mascareignes (☎ 213 2200 ; place d'Armes)

Barclays Bank (☎ 207 1960 ; Sir William Newton St)

HSBC (☎ 203 8333 ; place d'Armes)

Mauritius Commercial Bank (☎ 202 5000 ; Sir William Newton St). Dispose également d'une agence au Caudan Waterfront, et 75 Sir Seewoosagur Ramgoolam St.

State Bank (☎ 202 1111 ; State Bank Tower, Queen Elizabeth Avenue)

OFFICE DU TOURISME

Mauritius Tourism Promotion Authority (MTPA ; ☎ 210 1545, 203 1900 ; mymauritius.travel ; Victoria House, Saint Louis St ; ⏲ lun-ven 8h45-16h). Aux 4e et 5e étages de l'immeuble Victoria House, dans la "vieille ville". Le personnel est accueillant et désireux de répondre aux questions des visiteurs. Vous pouvez également accéder à un service téléphonique de renseignements touristiques en composant le ☎ 152.

POSTE ET TÉLÉPHONE

Vous trouverez des bureaux de poste près de la gare routière de **Victoria Square** (3 Dumas St ; ⏲ lun-ven 8h15-16h, sam 8h15-11h45) et dans l'**Emmanuel Anquetil Building** (Jules Koenig St ; ⏲ lun-ven 8h15-16h, sam 8h15-11h45).

À SAVOIR

Seules les boutiques précisant clairement "VAT Refund" sur leur devanture permettent de se faire rembourser à l'aéroport une partie des 15% de TVA en vigueur sur l'île.

N'espérez pas écumer les boutiques le dimanche ou en soirée. Port Louis est quasiment une ville morte après 17h et la grande majorité des commerces ferment le dimanche (sauf quelques boutiques du Caudan Waterfront).

Emtel L'un des principaux opérateurs de téléphonie mobile de l'île a un showroom sur John Kennedy St. Vous pourrez y acheter une puce locale pour votre mobile, ce qui permet des communications à moindre coût.

Poste centrale (Port Louis Waterfront ; ⏲ lun-ven 8h15-16h, sam 8h15-11h45). Non loin du port, elle a été rejointe depuis quelques années par le Musée postal (voir p. 63).

SÉCURITÉ

Port Louis n'échappe pas à la recrudescence des problèmes de drogue et de criminalité qui touchent l'île. Les habitants déconseillent de se promener dans les rues de la "vieille ville" après la nuit tombée, lorsqu'elle est déserte. En revanche, le Caudan Waterfront est sûr.

Pendant la journée, des pickpockets peuvent sévir dans l'enceinte des marchés, aux abords des gares routières et dans les bus. Dans ces lieux, évitez de vous promener avec un sac en évidence et mettez de préférence votre argent dans une ceinture spéciale, sous vos vêtements.

SERVICES MÉDICAUX

Reportez-vous à la rubrique *Infrastructures médicales* du chapitre *Santé*, p. 242.

URGENCES

Plusieurs commissariats sont installés en ville. Vous en trouverez notamment un au Caudan Waterfront, près du port de pêche.

Police (☎ 999 ou 112)
Pompiers (☎ 995 ou 115)
Samu (☎ 114)

Depuis/vers Port Louis

Reportez-vous au chapitre *Transports*, p. 234, pour les informations concernant l'accès par voies aérienne et maritime. Lors de notre passage, le métro était en cours de finalisation. Il devrait, d'ici fin 2022, relier Port Louis à Curepipe, en passant notamment par Rose Hill et Quatre Bornes.

BUS

Port Louis compte deux gares routières situées au nord et au sud du centre-ville.

Les bus à destination du nord et de l'est (Grand Baie, Trou aux Biches, Grand Gaube, Pamplemousses, Poudre d'Or, etc.) partent d'Immigration Square. Capharnaüm de bus, donc des effluves de diesel, cette gare routière est située au nord du centre-ville.

Les bus desservant le sud et l'ouest (Curepipe, Mahébourg, Quatre Bornes, Flic en Flac, etc.) partent du terminus de Victoria Square, au sud du centre-ville, bien plus calme et mieux organisé.

Les bus circulent généralement de 5h à 20h. L'affluence est à son comble vers 17h, à la sortie des bureaux. Lors de notre passage, il fallait compter environ 50 Rs, mais les Mauriciens craignaient une hausse des tarifs, du fait de l'augmentation considérable du prix de l'essence.

TAXI

Vous pourrez avoir recours à leurs services pour gagner d'autres points de l'île. Les tarifs demandés par les chauffeurs, à négocier, sont d'environ 1 000 Rs pour Trou aux Biches et 1 500-2 000 Rs pour Grand Baie ou l'île aux Cerfs. Comptez 3 500 Rs pour bénéficier d'une voiture la journée entière.

VOITURE

Active et souvent encombrée d'embouteillages, Port Louis n'est pas la ville idéale pour louer une voiture. Les agences implantées en ville sont rares. Mieux vaut louer au départ de la côte ou de l'aéroport, quitte à faire acheminer le véhicule jusqu'à la capitale.

Comment circuler

DEPUIS/VERS L'AÉROPORT

Aucun bus direct ne dessert l'aéroport Sir Seewoosagur Ramgoolam, mais les bus express qui relient Port Louis à Mahébourg (voir p. 157) longent le parking et peuvent vous laisser à 300 m du hall d'enregistrement. Par prudence, prévoyez 2 heures pour le trajet. La majorité des voyageurs ont recours au taxi (2 000 Rs environ).

Prévoyez large même en taxi car les embouteillages sont fréquents aux abords de la capitale.

VOITURE ET TAXI

Port Louis se découvre facilement à pied et les embouteillages sont légion aux heures de pointe (7h30-9h30 et 14h30-17h30) : rappelons que l'île Maurice compte 600 000 véhicules pour 1,2 million d'habitants... Si vous arrivez en voiture, le plus simple est de vous garer dans les parkings payants autour du Caudan Waterfront (par exemple le Dias Pier Parking, ouvert de 7h30 à 23h ; 320 Rs les 4 premières heures, 80 Rs/heure supplémentaire) facilement accessible depuis la M2. Pour des raisons similaires, les taxis sont peu utiles pour circuler en ville.

ENVIRONS DE PORT LOUIS

Dominant Port Louis, Le Pouce (812 m) doit son nom à sa silhouette caractéristique. Relativement facile à gravir compte tenu du dénivelé, il fait l'objet d'une belle randonnée qui offre de superbes panoramas sur toute l'île – à réserver toutefois aux marcheurs motivés. Si on peut l'explorer depuis Port Louis, il est toutefois plus simple de partir de Moka (voir p. 116).

Au nord de Port Louis, le caveau du Père Laval est l'objet d'un pèlerinage très fréquenté dans l'île.

Caveau du Père Laval

Véritable Lourdes de l'océan Indien, le **caveau du Père Jacques Désiré Laval** (☎242 2129 ; cplaval@intnet.mu ; ⊙tlj 6h30-18h environ) attire les 8 et 9 septembre de chaque année de 100 000 à 200 000 pèlerins. Arrivant du monde entier (en particulier de La Réunion, d'Afrique du Sud, du Royaume-Uni, de France, des Seychelles et d'Australie), ils viennent rendre hommage dans une atmosphère joyeuse à ce prêtre et missionnaire français qui s'illustra à l'île Maurice, entre 1841 et 1864 (année de sa mort), en aidant les anciens esclaves affranchis et les Mauriciens les plus pauvres. Béatifié en 1979, le Père Laval (également surnommé "l'apôtre des Noirs"), qui avait appris le créole pour exercer son apostolat, est la figure emblématique du catholicisme à Maurice.

Le site, à quelques kilomètres au nord de Port Louis en direction de Pamplemousses, est implanté au pied de la montagne Longue. Rénové en 2014, le caveau, de petite taille, se situe à l'extérieur de l'église, de style moderne. Hormis en période de pèlerinage, il ne présente pas beaucoup d'intérêt pour les non-croyants. Les visiteurs se recueillent devant la tombe et effleurent l'effigie en plâtre du Père avant de toucher le front de leurs enfants. On raconte que ce geste aurait provoqué des guérisons miraculeuses.

Si vous voulez en savoir plus sur le Père Laval et son œuvre d'évangélisation, visitez la boutique ou l'exposition permanente qui présente sa soutane, ses lettres et des photographies.

ℹ Depuis/vers le caveau du Père Laval

BUS

Prenez le bus "Père Laval" ou "Cité La Cure" à la gare routière nord de Port Louis. Après environ 4 km, vous rejoindrez directement le caveau et l'église de Sainte-Croix, via Sir Seewoosagur Ramgoolam St, Plaine Verte et Abercrombie.

TAXI

Comptez environ 500 Rs depuis Port Louis.

Baie du Tombeau

Localité littorale la plus proche de la capitale, Baie du Tombeau est devenue au fil du temps une banlieue de Port Louis. Son nom évoque les nombreux naufrages qui y ont eu lieu, dont celui du *Banda* dans lequel périt Pieter Both, premier gouverneur général des Indes néerlandaises, en 1615. Ce dernier donna son nom à l'un des sommets de l'île.

La baie, bien que tranquille, offre peu d'intérêt pour les visiteurs, qui trouveront des sites balnéaires plus agréables et propices à la baignade plus loin sur la côte. Elle abrite cependant quelques hébergements fréquentés par ceux qui recherchent la proximité de la capitale tout en préférant résider sur le littoral.

Où se loger et se restaurer

♥ **Les Cocotiers** SUR LA PLAGE €€

(☎206 86 00 ; www.cocotiers-hotel-mauritius.com ; Royal Rd, Baie du Tombeau ; s/d en demi-pension 90-160/120-210 € ; P ❄ ≋ ᯤ). Posé sur une plage fréquentée des pêcheurs – où une case nautique a été aménagée – , cet hôtel 2 étoiles propose 48 chambres, pas immenses mais cosy et bien équipées (TV satellite, mini-bar...), s'égrenant parmi les cocotiers autour d'une agréable piscine. Le restaurant (ouvert aux non-résidents) et le bar, abrités sous une charpente traditionnelle, donnent sur la mer. Service aimable. Indéniablement le meilleur choix en termes de budget lorsque l'on souhaite séjourner au plus près de Port Louis tout en bénéficiant de belles prestations. Soirées musicales 3 fois par semaine.

Depuis/vers Baie du Tombeau

Baie du Tombeau n'est pas desservie par les bus à destination directe de Grand Baie ou de Trou aux Biches. Le plus simple consiste à s'y rendre en taxi depuis Port Louis, en 20 minutes si les embouteillages ne s'en mêlent pas, ou le bus 42.

Pointe aux Sables

Banlieue résidentielle de Port Louis, Pointe aux Sables est en plein développement. Elle dispose d'une longue plage de 3 km où l'on croise davantage de pêcheurs que de touristes. La plage de la Prison est fréquentée par les Mauriciens le week-end, mais la baignade n'y est pas recommandée. Comme Baie du Tombeau, cette zone est à privilégier lorsque l'on souhaite séjourner au plus près de Port Louis, mais n'a pas vocation à accueillir les touristes.

Activités

Phare d'Albion BALADE ET PATRIMOINE

Du village, un sentier fréquenté des familles mauriciennes longe la côte pour arriver jusqu'au phare d'Albion, le dernier en activité à Maurice. Situé sur les falaises de la pointe aux Caves, ce bâtiment conique rouge et blanc, haut de 30 m, guide les navires jusqu'à Port Louis depuis 1910. Ses 2 éclats blancs émis toutes les dix secondes se voient dans un rayon de 54 km. Fonctionnant autrefois au pétrole, il est électrifié depuis 1973. Si le gardien est là, profitez-en pour visiter le phare ; un escalier en bois et fonte de 98 marches vous permet de rejoindre la coupole et d'observer de près les lentilles de Fresnel.

La balade dévoile des points de vue spectaculaires sur l'océan. À ce titre, la falaise de Montagne-Jacquot est l'un des meilleurs endroits pour observer le phare.

Où se loger et se restaurer

♥ Villa Anakao SUR LA MER €€

(☎ 4974 2113, 5981 4179 ; www.villa-anakao.com ; 154 Royal Rd ; d vue mer/vue jardin/ste/bung à partir de 97/86/118/97 par personne ; P ❄ ≋ ᯤ). Autre bonne option dans les environs immédiats de Port Louis, cette jolie villa récente de style colonial, entre hôtel et *guesthouse*, propose plusieurs chambres doubles, suites, studio et bungalows (dont un avec accès direct à l'eau), donnant sur la mer ou le jardin tropical, très agréable. On apprécie particulièrement la varangue à l'heure de l'apéro, la piscine, où il fait bon paresser sur des transats, la déco exotique (les propriétaires, un couple de Français d'Abidjan, ont su marier les objets d'influences mauricienne et africaine), et le petit bar-restaurant niché dans la végétation – le petit-déj est une bonne surprise. Service aux petits soins. Possibilité de demi-pension et de massages.

Depuis/vers Pointe aux Sables

BUS

La ligne 51 relie Port Louis à Pointe aux Sables, de 5h20 à 19h45, avec un bus toutes les 3 à 8 minutes. Le ticket, une trentaine de roupies, s'achète directement auprès du receveur.

TAXI

Comptez environ 700 Rs pour Port Louis, et 2 000 Rs pour l'aéroport.

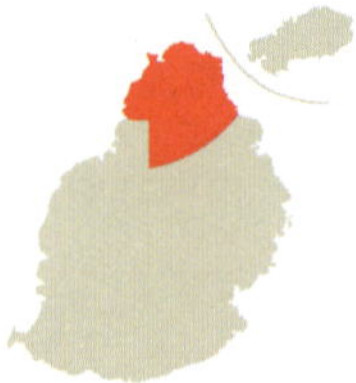

Nord de l'île

Dans ce chapitre ➡

Le top des hébergements

- The Goodlife Mauritius (p. 98)
- LUX Grand Baie (p. 89)
- 20° Sud (p. 86)
- La Demeure Saint-Antoine (p. 102)

Le top des restaurants

- Chez Tante Athalie (p. 76)
- Happy Rajah (p. 91)
- La Rougaille Créole (p. 91)
- La Table du Château (p. 103)

Pourquoi y aller

C'est au nord que la vocation touristique de Maurice s'exprime le plus nettement. Véritable "capitale touristique" de l'île, Grand Baie présente le visage attendu des villes vouées au tourisme intensif : des hôtels de toutes catégories, à l'architecture pas toujours heureuse, se succèdent en rangs serrés, mettant du même coup sous l'éteignoir ce qui pouvait subsister d'âme et de caractère dans le paysage. Cette évolution a néanmoins un mérite : le nord de l'île offre davantage de services aux voyageurs indépendants, et nombreux sont ceux qui y apprécient l'ambiance et l'animation qui font souvent défaut aux autres localités balnéaires du pays. La région possède par ailleurs, comme à Trou aux Biches, Mont Choisy et Bain Bœuf, quelques-unes des plus belles plages publiques du pays.

Le nord de Maurice ne se limite pas à ses localités touristiques. À l'intérieur des terres, le jardin de Pamplemousses compte parmi les sites les plus populaires de l'île. Au-delà de Pereybère – qui, à l'instar de Grand Baie, ne cesse de s'agrandir –, la côte livre un aspect sauvage, sans artifice, qui culmine à partir de Cap Malheureux. Le Nord n'a pas une physionomie uniforme et regroupe tout ce qui a fait le succès de l'île : d'étincelantes étendues de sable fin côtoient des rivages plus austères ; des enclaves huppées bordent des hameaux ; des adresses branchées frôlent des havres de paix absolue. Goodlands et Poudre d'Or, au cœur d'une région agricole, sont très paisibles et représentatives du mode de vie mauricien. À chacun de s'y retrouver…

Quand partir

L'affluence en haute saison (nov-mars) pourra en rebuter plus d'un, surtout autour de Noël et du Jour de l'An et dans une moindre mesure pendant les vacances de Pâques. Elle s'accompagne d'une hausse sensible des tarifs hôteliers. D'une manière générale, la côte nord est moins venteuse et moins arrosée que les autres régions et les températures y sont plus clémentes tout au long de l'année.

À ne pas manquer

1 Les plages de **Trou aux Biches** (p. 81) et de **Mont Choisy** (p. 81)

2 Une sortie en bateau (p. 88) sur les eaux turquoise du lagon jusqu'à l'**île Plate** ou l'**îlot Gabriel**

3 Une promenade au **jardin de Pamplemousses** (p. 74) doublée de la visite de **L'Aventure du Sucre** (p. 76) ou du **château de Labourdonnais** (p. 102)

4 L'animation de **Grand Baie** (p. 87)

5 L'église de **Cap Malheureux** (p. 97) et la vue sur l'**île Coin de Mire** (p. 88)

6 Les paysages, la quiétude et l'ambiance sauvage du **littoral entre Cap Malheureux et Grand Gaube** (p. 99)

Pamplemousses

À une dizaine de kilomètres au nord de Port Louis, la localité de Pamplemousses doit vraisemblablement son nom aux agrumes originaires de Java introduits sur l'île par les Hollandais, au XVIIe siècle. Pour les visiteurs, elle est surtout devenue synonyme du jardin dit "Pamplemousses", l'un des sites les plus visités de l'île. Elle abrite également un excellent musée dédié à la canne à sucre et à l'histoire de l'île.

La route de Pamplemousses à Poste de Flacq par l'intérieur des terres est l'une des plus belles de Maurice : traversant des champs de canne ponctués ici et là de maisons coloniales, elle passe devant le lac de la Nicolière qui offre de belles vues panoramiques, avant de grimper un versant de montagne où poussent pins de Chine et papyrus, puis de redescendre vers la plaine côtière.

À voir

Jardin de Pamplemousses JARDIN BOTANIQUE
(carte p. 76, plan ci-contre ; ☎243 94 01, 243 3531 ; 300 Rs ; ⏲tlj 8h30-17h). De son vrai nom Jardin botanique Sir Seewoosagur Ramgoolam, ou Royal Botanic Gardens, le jardin de Pamplemousses est, avec Chamarel (p. 146), au nombre des sites que tout visiteur inscrit sur son carnet de route. La visite de ce jardin de près de 38 ha qui constitue l'un des piliers du patrimoine de l'île est en effet agréable, tant pour les simples promeneurs que pour les férus de botanique (qui pourraient être cependant frustrés de ne pas trouver d'informations sur les espèces observées). Cependant, il faut avouer que, plus ou moins bien entretenu, il n'a plus la splendeur d'autrefois et que son attrait s'en trouve diminué. Il constitue surtout aujourd'hui un lieu de promenade.

La majorité des visiteurs accèdent au jardin par l'entrée aménagée sur le parking. Pour voir son entrée d'origine, reconnaissable à son grand portail de métal blanc, tournez à gauche en sortant du parking et remontez sur quelques centaines de mètres.

Histoire

Le gouverneur Mahé de La Bourdonnais acheta en 1735 la demeure Mon Plaisir et y créa un potager. Abandonné pendant quelques années, il fut transformé en jardin botanique en 1768 par le naturaliste et botaniste français Pierre Poivre, qui y fit venir des plantes du monde entier dans l'espoir de commercialiser des épices depuis Maurice. Négligé entre 1810 et 1849, le jardin prit un nouveau départ sous l'impulsion de l'horticulteur britannique James Duncan. Ce dernier mit de l'ordre dans les plantations et introduisit les palmiers d'essences diverses que l'on peut encore voir aujourd'hui. Pamplemousses devint par la suite un site d'expérimentation de nouvelles variétés de canne à sucre. Lorsqu'une épidémie de paludisme frappa l'île en 1866, le jardin accueillit une pépinière d'eucalyptus, utilisés afin d'assécher les marais, foyers de propagation des moustiques.

AVEC OU SANS GUIDE ?

Les guides du jardin de Pamplemousses sont en colère. Il y a une dizaine d'années, de nombreux visiteurs faisaient appel à leurs services. Normal : le prix de leur prestation est raisonnable (75 Rs environ) et leurs commentaires permettent réellement de mieux apprécier les beautés naturelles du jardin. Tout a changé depuis que l'État a rendu payante l'entrée du site. Non seulement les guides sont relégués derrière le guichet d'entrée, mais aucune publicité ne leur est faite au moment de la vente des billets (à la différence des visites en voiturette de golf, bien mises en avant). Injustice, dénoncent les guides, qui estiment qu'ils ont été les premiers acteurs de l'écotourisme à Maurice...

Les guides du jardin de Pamplemousses, qui se partagent les bénéfices à chaque fin de journée, attendent les visiteurs 10 m après le guichet d'entrée. Ils ont certainement beaucoup à vous apprendre, et ce jardin est leur gagne-pain. N'hésitez pas à demander Bawol, guide depuis presque 40 ans, et qui vous contera de multiples anecdotes.

Visite du jardin

La meilleure période pour admirer le jardin s'étend de décembre à avril. Son périmètre étant assez vaste, il vous faudra prévoir suffisamment de temps et vous munir d'un plan. Vous découvrirez tous ses secrets en

Jardin de Pamplemousses

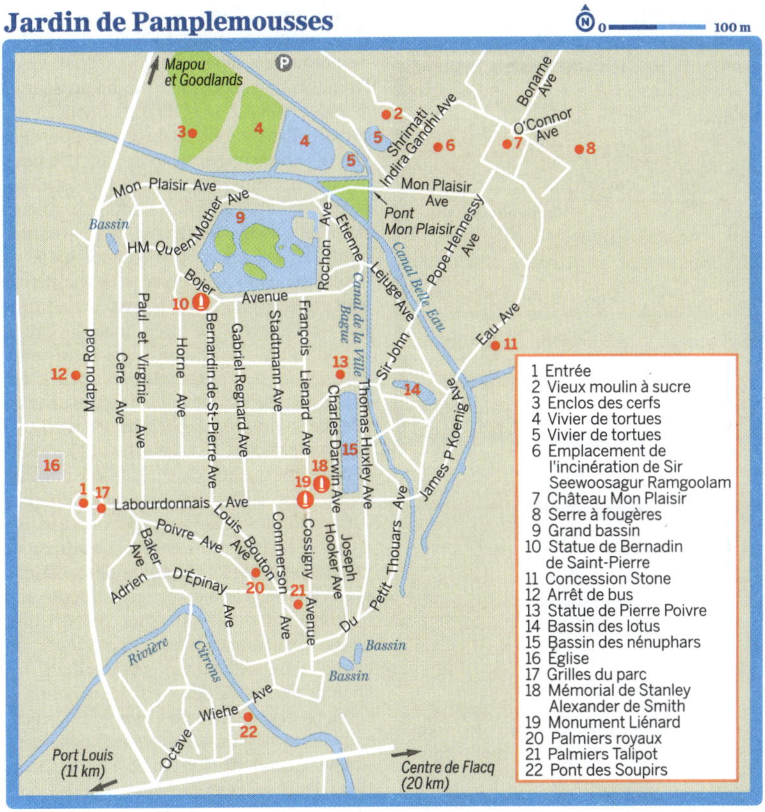

faisant appel à un guide officiel (75 Rs/pers minimum, durée 1 heure environ ; voir l'encadré ci-dessus). Des balades en voiturette de golf (300 Rs les 45 minutes avec conducteur-guide) sont également proposées.

Le jardin abrite plus de 600 espèces d'arbres et de végétaux. Outre les arbres à épices, on peut y admirer des essences rares comme l'ébène, le teck, l'acajou, ainsi que de nombreux arbres fruitiers : litchis, manguiers, ramboutaniers, mangoustaniers, dattiers. Pas moins de 80 espèces de palmiers y sont représentées. Découvrez les allées de talipots (*Corypha*), imposants palmiers qui ne fleurissent qu'une fois, vers l'âge de 100 ans, avant de mourir, et l'allée de palmiers royaux de Cuba (*Roystonea regia*). Le jardin recèle peu de fleurs, mais l'un de ses hôtes les plus remarquables est le nénuphar géant *Victoria amazonica*, représenté en nombre dans un grand bassin. En quelques heures, il peut déployer une feuille ronde pouvant atteindre 2 m de diamètre, assez solide pour supporter le poids d'un enfant. Ses fleurs, blanches à l'éclosion, deviennent rose vif au deuxième jour. Les insectes pollinisateurs distinguent ainsi les fleurs blanches, riches en nectar, des roses, déjà visitées et pollinisées. Ne manquez pas non plus les étonnants lotus et leurs tiges en forme de pommeau de douche.

Le jardin est également un plaisir pour les sens. Au hasard des allées, vous pourrez humer les senteurs du gingembre, de la cannelle, de la noix de muscade, du camphre, du citron, de l'eucalyptus et du bois de santal, pour ne citer que quelques espèces. Le guide vous aidera à vous y retrouver dans ce foisonnement de parfums.

Le **château Mon Plaisir** abrite une librairie et une bibliothèque, dotées de beaux livres de botanique et d'herbiers à

Pamplemousses et ses environs

Pamplemousses et ses environs

Les incontournables

1 Jardin de Pamplemousses B1
2 L'Aventure du Sucre B1

Où se loger

3 Le Jadis Beach Resort & Wellness Mauritius A1
4 Maritim Resort & Spa Hotel A1
5 The Oberoi A1

Où se restaurer

Le Fangourin ....(voir 2)

Renseignements

6 Sir Seewoosagur Ramgoolam Hospital B1

consulter sur place. Une salle multimédia permet de visiter le jardin sur CD-Rom.

Quelques biches et cerfs de Java, ainsi que des tortues, sont rassemblés dans des enclos dans un coin du jardin.

L'Aventure du Sucre MUSÉE HISTORIQUE

(carte ci-dessus ; 243 7900 ; www.aventure-dusucre.com ; Sugar Rd, Beau Plan ; adulte/enfant et étudiant 525/250 Rs, visite guidée sans supplément lun-jeu 10h30 et 14h30, ven 14h30 ; lun-dim 10h-17h). À 500 m du jardin de Pamplemousses, cette ancienne sucrerie convertie en musée souligne l'importance de la canne à sucre dans l'histoire de l'île au travers d'expositions interactives, ludiques et pédagogiques. De son introduction par les Hollandais dans la vallée de Ferney, en 1639, au protocole de 1975 sur les quotas de production, en passant par l'esclavage, l'immigration indienne et le boom sucrier de 1920, rien ou presque n'est oublié. Vous comprendrez au fil de la visite pourquoi 450 000 Indiens sont arrivés sur l'île pour cultiver la canne, et comment l'île est devenue le 1er producteur mondial de sucres bruts spéciaux. Retraçant une aventure humaine, mêlant épopée technologique et réalité économique (le sucre de canne est concurrencé par la betterave, les édulcorants et le sucre de maïs, mais la canne permet aussi de produire des fertilisants naturels et de l'électricité), ce musée est sans conteste l'un des plus intéressants de l'île. Les panneaux explicatifs, les reconstitutions de décors, les objets, les vidéos et les documents se succèdent de façon vivante, selon des principes muséographiques contemporains. La visite n'oublie pas les enfants, à l'intention desquels s'adressent jeux et panneaux ; un guide de questions et devinettes très bien conçu est dédié aux 8-15 ans. Et pour compléter l'expérience, testez vos compétences de coupeurs de canne : une excursion guidée dans les champs permet de découvrir le travail de la coupe, suivie d'une démonstration de cocktail réalisé avec le jus de canne fraîchement pressé (mercredi 10h30 et sur réservation). Pour ne rien gâcher, le site est très bien entretenu, et on y trouve un excellent restaurant.

Mitoyenne du musée, la belle boutique permet d'acheter des objets *made in Mauritius*, des confitures et des miels tropicaux, du rhum, et surtout d'apprécier lors de la dégustation l'étonnante variété des sucres de canne, tant en aspect qu'en goût. Vous y découvrirez toutes les différences entre un Muscovado brun, goûteux et imprégné de mélasse, et un Demerara sec, aux beaux grains ambrés.

Audioguide disponible sur Appstore et Google Play en 5 langues. À noter, le festival de musique Kaz'out qui a lieu chaque année en novembre.

Où se restaurer

Chez Tante Athalie MAURICIEN €€

(hors carte ci-dessus ; 243 9266, 261 7036, 5770 9792 ; cheztanteathalie@intnet.mu ; Mon Repos, Royal Rd ; menu 550 Rs, plats 380-700 Rs ; midi tlj sauf dim). "Ici, on veut que les clients goûtent la vraie cuisine

"LE SUCRE, POUMON DE L'ÎLE"

Edwige Gufflet est la directrice de l'Aventure du Sucre (ci-contre). Elle nous explique comment l'industrie sucrière traditionnelle a été remplacée au XXIe siècle par l'industrie cannière, un secteur innovant générateur d'emplois, qui contribue à la préservation de l'environnement.

À Maurice, la canne façonne les paysages. Depuis des siècles, le sol volcanique est travaillé pour devenir fertile. Quatre millions de tonnes de cannes sont acheminées tous les ans vers les 4 sucreries du pays qui tournent de juin à décembre pour produire plus de 400 000 tonnes, dont plus de 90% partent à l'export. Les moulins broient, écrasent et mastiquent les tiges de cannes, rejettent la fibre, appelée "bagasse", et avalent le jus qui pénètre dans le circuit digestif de l'usine. Le long des conduits, à travers une succession de cuves et de décanteurs, le jus est clarifié, traité, évaporé jusqu'à devenir une masse sirupeuse que l'on cristallise enfin pour en faire du sucre, mais pas n'importe lequel. La totalité des sucres fabriqués aujourd'hui par l'industrie sont des produits de consommation directe à plus forte valeur ajoutée tels que le sucre raffiné de grade Européen, ainsi qu'une large gamme de sucres non raffinés haut de gamme, appelés "sucres spéciaux", tels que le Demerara, le sucre mélassé, le Golden Granulated et bien d'autres aux textures uniques et saveurs inégalées.

La canne à sucre est désormais entièrement valorisée et représente une ressource autour de laquelle s'articulent plusieurs enjeux déterminants pour Maurice. Elle permet non seulement à l'île de produire des sucres à haute valeur ajoutée mais également des coproduits importants pour le pays. La bagasse est utilisée comme biomasse pour produire de l'énergie verte. Des centrales thermiques à bi-combustion – bagasse pendant la période de coupe et charbon hors coupe – sont dédiées à la production d'électricité. Ces centrales alimentent les sucreries mais également près de 25% du réseau national. La vapeur d'eau générée dans les centrales (on parle de centrale à cogénération – vapeur et électricité) est quant à elle réinjectée dans les sucreries, lesquelles travaillent en totale autonomie énergétique. À la pointe de la technologie, des centrales thermiques à bi-combustion très performantes ont permis de diminuer significativement la dépendance de l'île aux énergies fossiles. Autre aspect important, la combustion de la bagasse délivre un bilan carbone vertueux puisque les émissions sont compensées par le CO_2 absorbé par les cannes, grâce à la photosynthèse chlorophyllienne. Autre exemple de coproduit : la mélasse, ce sirop épais et visqueux issu du processus de cristallisation du sucre, est fermentée et distillée pour être transformée en éthanol. Cet alcool est notamment utilisé pour la fabrication de rhum mais aussi pour la carburation automobile où il prend le nom de bioéthanol.

créole", dit Marie-Line, la maîtresse des lieux. La mine ravie des clients semble lui donner raison. Le cadre (un grand hangar et des tables en bois qui donnent sur un jardin près d'une belle maison créole) est original, mais ici le bonheur est surtout dans l'assiette. Si l'on peut faire son choix dans la carte, ce sont surtout les menus du jour qui ont fait la réputation des lieux (beignets de fruits à pain, dorade grillée sauce anisée, tartare de crabe, fleur de calamar fondant…). L'accueil est chaleureux et les amoureux de voitures anciennes trouveront un autre attrait aux lieux. On peut en effet admirer dans le jardin l'étonnante collection de voitures anciennes que Robert, l'associé de Marie-Line, a réunie au fil du temps : Jaguar, Triumph, MG… il y a même un petit avion de tourisme. L'ensemble vous attend à 2,5 km du jardin de Pamplemousses. Pour vous y rendre depuis ce dernier, prenez à gauche en sortant du parking puis encore à gauche au carrefour. Traversez le village de Pamplemousses puis entrez dans Mongout et repérez la mosquée, à gauche. La table d'hôtes est indiquée peu après. Il est prudent de réserver.

Le Fangourin CRÉOLE ET EUROPÉEN €€€
(carte p. 76 ; plats 420-900 Rs ; tlj 9h-17h). Installé sur le site de l'Aventure du Sucre, ce restaurant – qui doit son nom au premier jus extrait de la canne – séduit en premier lieu par sa jolie salle et sa terrasse, qui s'étend sous un immense flamboyant. La cuisine, misant sur la fraîcheur et les produits, est la deuxième bonne surprise. Le Fangourin sert en effet des assiettes aussi goûteuses et originales que bien présentées : délice de poisson rôti enrobé aux épices, rougail de saucisses fumées à la créole, salade gourmande à la mode Fangourin, assiette végétarienne de dégustation, lasagnes de légumes... Les desserts mettent la canne à l'honneur et sont confectionnés avec des sucres bruts naturels (moelleux au cœur tendre de chocolat noir intense et mélasse, crème brûlée à la vanille fraîche, délicieuse mousse légère à la mangue...) et le café est servi avec un bel assortiment de sucres bruts. Une formule snack est aussi proposée au Beau Plan Express, une locomotive rénovée qui à l'époque transportait les cannes des champs à l'usine (paninis, sandwichs, gâteaux maison). De quoi ravir tous les palais et toutes les bourses. Le tout dans un cadre serein et verdoyant. Que demander de plus ?

Depuis/vers Pamplemousses

BUS

Pamplemousses se trouve à 11 km au nord-est de la capitale. Des bus y mènent depuis Port Louis (gare routière d'Immigration Square, direction Grand Gaube, Rivière du Rempart, Poudre d'Or, Goodlands, Roches Noires ou Centre de Flacq). De Pereybère ou de Grand Baie, vous devrez transiter par Port Louis.

TAXI

La solution la plus simple est bien sûr le taxi. Comptez environ 800 Rs depuis Trou aux Biches et 900 Rs au départ de Grand Baie. Les prix peuvent être (bien) plus élevés avec les taxis des hôtels.

Balaclava – Baie aux Tortues

À mi-chemin entre Port Louis et Grand Baie, toutes deux distantes d'une quinzaine de kilomètres, Baie aux Tortues a miraculeusement préservé son caractère intimiste et sauvage. Incluant le lieu-dit Balaclava, qui ferme la baie au sud, ce site paradisiaque est une enclave de luxe inaccessible aux voyageurs à petit budget. La plage de sable blond qui enserre la baie d'un superbe liseré descend doucement dans le lagon, dont les fonds marins ravissent les baigneurs.

Baie aux Tortues est aussi appelée "Baie de l'Arsenal", en référence à l'arsenal qui y fut construit par les Français vers 1740, et explosa en 1774, causant plusieurs victimes.

Où se loger

Maritim Resort & Spa Hotel CINQ-ÉTOILES €€€€
(carte p. 76 ; 204 1000 ; www.maritimresortandspa.mu ; d avec petit-déj à partir de 400 € ;). On y est accueilli par 12 palmiers dressés au-dessus d'un plan d'eau, avant de découvrir la piscine à débordement qui semble se noyer dans le lagon. Une première bonne impression qui n'est pas contredite par la suite : plus que l'architecture, l'espace, la belle plage et le superbe parc donnent à ce cinq-étoiles du groupe Maritim une vraie personnalité. Les 212 chambres (dont 18 suites supérieures), réparties dans deux longues ailes de trois niveaux chacune, bénéficient toutes d'une vue, au moins partielle, sur la mer. Elles se distinguent par le soin apporté aux couleurs, la qualité du mobilier en bois et la variété des styles (africain, indien, maritime, etc.). Rien n'a été oublié question confort et détente : une piscine, un spa, une très belle salle de fitness, 2 bars (dont un en surplomb de la piscine et de la mer), un centre équestre, un golf de 9 trous, une case nautique, un centre de plongée, des courts de tennis et 6 restaurants ouverts aux non-résidents, dont l'un, La Marée, installé directement sur la plage. Une incontestable réussite. Dans les beaux jardins de l'hôtel se dressent les ruines de Balaclava : une distillerie, une digue et un moulin à blé.

Le Jadis Beach Resort & Wellness Mauritius BOUTIQUE-HÔTEL €€€€
(carte p. 76 ; 204 1888, 5259 7024 ; d avec petit-déj à partir de 368 € ;). L'ex-Angsana Balaclava a été totalement rénové et a changé de nom en 2022. Désormais géré par Banyan Tree Hotels & Resorts, il reste un hôtel de luxe intimiste plutôt destiné aux couples en voyage de noces. Installé en bord de mer, niché dans une crique naturelle et assez isolée, il propose 54 suites de luxe et une villa

impériale décorées de façon sobre et chic, mélangeant le bois, la pierre, le rotin et des meubles contemporains, 34 piscines privées et 3 piscines communes (on entre dans l'une comme dans la mer). Trois restaurants complètent le lieu, aux inspirations asiatiques et créoles. Lors de notre passage, un quatrième était en prévision, il devait ouvrir fin 2022. En prime, un spa et centre de bien-être offrant des soins ayurvédiques de haute volée. Côté loisirs, plongée, pêche au gros, windsurf, voile et fitness sont proposés. Vélos et cours de yoga gratuits.

The Oberoi CINQ-ÉTOILES LUXE €€€€
(carte p. 76 ; ☎204 3600 ; www.oberoihotels.com ; ste avec petit-déj 720-6 320 € selon saison et confort ; P ❄ wifi piscine). Inauguré en 2001, cet établissement est l'un des plus sélects et des plus prestigieux de l'océan Indien. D'emblée, on est conquis par l'architecture et la conception générale, qui marient avec goût influences africaines et asiatiques. Pas de bâtiment massif, mais 72 villas, dont 16 avec piscine, noyées dans un parc de 8 ha, au bord de l'eau. Chaque élément s'harmonise avec le décor ; les toits sont couverts de feuilles de ravenala ; des sculptures sont disséminées dans le somptueux jardin où émergent des plans d'eau. L'ensemble crée une atmosphère raffinée et zen privilégiant les matériaux nobles et les teintes grège et ocre, tandis que certaines villas sont dotées d'une piscine et d'un jardin privatifs. Côté prestations, l'hôtel mise sur les soins du corps et la remise en forme (le spa est somptueux), sans oublier le tennis et les sports nautiques. Quant à la piscine, entourée de sculptures de pierre importées de Bali, magnifiquement mises en valeur par des jeux d'éclairage, elle est tout simplement extraordinaire. 3 restaurants complètent le lieu.

Où se restaurer

Vous n'aurez guère le choix en dehors des restaurants des hôtels. Certains, comme ceux du Maritim et du Jadis Beach Resort & Wellness (ci-contre), sont ouverts aux non-résidents sur réservation.

Depuis/vers Balaclava

TAXI

La course en taxi depuis Port Louis revient à 700 Rs environ.

VOITURE

Du sud, on atteint Balaclava par la route A41 venant de Moulin à Poudre. Du nord, une route zigzague entre Pointe aux Piments et Balaclava.

Pointe aux Piments

Ce littoral, où la communauté indienne est très implantée, a vu surgir de nombreux hôtels haut de gamme mais a réussi à préserver sa quiétude. Hormis quelques trois-étoiles, les adresses bon marché sont, ici encore, rares. Vous pourrez vous promener le long de la côte rocheuse, bordée de filaos et de plateaux herbeux, jusqu'à l'anse de Baie aux Tortues (plus de 3 km). Les plages sont peu nombreuses, excepté celles, artificielles, aménagées par les hôtels. Les amateurs de longues étendues de sable blanc devront pousser plus au nord, jusqu'à Trou aux Biches.

Où se loger

♥ **Villas Mon Plaisir** TROIS-ÉTOILES €€
(hors carte p. 80 ; ☎261 7471/261 7980 ; www.villasmonplaisir.com ; Royal Rd ; s/d/tr en demi-pension 90/130/190 € ; ❄ piscine wifi). Bon choix dans cette gamme de prix, à plus forte raison depuis qu'il a été rénové, ce petit ensemble familial de 41 chambres est installé 1 km après le croisement de la route menant à Triolet en direction de Balaclava. Ses atouts ? Un jardin fleuri, un restaurant, une piscine, une petite plage en face de l'établissement (la plage publique est proche) et des chambres typiques d'un trois-étoiles sans esbroufe, avec clim et TV à écran plat. L'utilisation de kayaks, de pédalos et d'un bateau à fond de verre est incluse dans les tarifs. Centre de plongée et animation musicale.

Voile Bleue APART'HOTEL €€€
(carte p. 80 ; ☎265 6800, restaurant 265 6805 ; www.voilebleue.mu ; Royal Rd ; standard/deluxe/studio front de mer 70-250/75-270/100-280 avec petit-déj 88-160/125-190/135-250 € selon saison, plats 350-3250 Rs ; P ❄ wifi piscine). Des studios et appartements familiaux de charme, dans une résidence neuve très bien tenue par une équipe aux petits soins. Rien d'exceptionnel côté architecture, mais les logements sont bien conçus, vastes, lumineux, fonctionnels et très bien équipés (TV plasma, bonne literie, grande kitchenette), avec terrasse. Disposés autour d'un petit jardin et d'une piscine où l'on peut paresser

Pointe aux Piments, Trou aux Biches et Mont Choisy

sur les transats, ils jouissent surtout d'un emplacement agréable sur la plage, bien que la baignade soit rendue difficile par les récifs. Les repas sont servis au restaurant **Le Skipper**, ouvert aux non-résidents, sous une véranda donnant sur la mer. Service de blanchisserie, excursions.

Le Récif Attitude

TROIS-ÉTOILES €€€

(carte ci-dessus ; ☎ 261 0444 ; hotels-attitude.com/fr/recif-attitude/ ; Royal Rd ; d en demi-pension à partir de 186 € ; P ❄ ≋ ᯤ). Une atmosphère zen et contemporaine, misant sur le blanc, la sobriété et les bois cérusés pour ce trois-étoiles agréable – réservé aux adultes – qui prend des allures de boutique-hôtel à taille humaine. Les 70 chambres sont divisées en 3 catégories : "standard jardin", "standard mer" et "supérieures". Elles ne sont pas immenses mais sont agréablement décorées dans le même esprit, clair et épuré. La plage, la petite piscine, la salle de sport, le restaurant, le bar lounge face à l'océan, les activités nautiques (kayak, plongée, stand up paddle, catamaran...) et le spa contribuent aux atouts de cette adresse, qui mériterait quand même d'être rafraîchie. Une rénovation est prévue fin 2023-début 2024.

Le Victoria

QUATRE-ÉTOILES €€€

(hors carte ci-dessus ; ☎ 204 2000 ; www.beachcomber-hotels.com ; d en demi-pension 310-1 518 € selon saison ; P ❄ ᯤ ≋). Il faut oublier la première impression : un hall d'accueil qui évoque une gigantesque cathédrale. Passé cette étape où le béton est roi, ce quatre-étoiles "plus" du groupe Beachcomber révèle son vaste parc dans lequel les 254 chambres sont réparties dans plusieurs bâtiments bas. Familial, Le Victoria fait la joie des enfants grâce à sa très belle piscine. Parmi les points forts : une longue plage, un hammam et des chambres particulièrement spacieuses et confortables, égayées de couleurs claires. Toutes disposent d'un balcon ou d'une terrasse et donnent sur la mer. Les tarifs incluent la pratique de nombreux sports (tennis, gymnastique, volley-ball, etc.) et activités nautiques (planche à voile, ski nautique, kayak, aquagym, etc.). Restaurants, spa, centre sportif.

Veranda Pointe aux Biches

QUATRE-ÉTOILES €€€

(carte ci-dessus ; ☎ 265 5901 ; www.veranda-resorts.com/hotel-ile-maurice-veranda-pointe-aux-biches ; d avec petit-déj à partir

Pointe aux Piments, Trou aux Biches et Mont Choisy

À voir et à faire

Corsaire Club Killer Sport Fishing ....(voir 15)
1 Golf de Mont Choisy C2

Où se loger

2 Be Cosy Apart Hotel B2
3 La Tonnelle B2
4 Le Palmiste B2
5 Le Récif Attitude A3
6 Le Sakoa B2
7 Résidence C'est ici B2
8 Trou aux Biches Resort & Spa B2
9 Veranda Pointe aux Biches A3
10 Villa Kissen B2
11 Villas Mont Choisy B2
12 Voile Bleue A3

Où se restaurer

1974-Da Antonio e Giulia ....(voir 6)
13 La Cabane du pêcheur B3
14 La Plage by Evaco B2
15 Le Pescatore B2
Meung Snack ....(voir 6)
16 Souvenir Restaurant B2

Renseignements

Bureau de poste .... (voir 17)
17 DAB B2
18 Station de police B2
19 Supermarché Popo B2

de 154 € ; P ❄ ≋ ≈). Dès leur arrivée, les clients sont invités à se déchausser pour sentir le sable sous leurs pieds. Le ton est donné : détente et ambiance décontractée sont la règle dans cet établissement au style épuré grâce au bois, à l'osier, et à la céramique qui jettent les bases de la déco résolument tropicale, rehaussée de blanc et d'un camaïeu de bleu. Les 115 chambres réparties en 4 catégories, jouant sur les tons bleu roi et bois clair, comportent toutes une terrasse ou un balcon donnant sur la mer ou sur un jardin tropical. Une aile privée, comprenant un restaurant, un bar et une piscine, est tout spécialement dédiée aux personnes en quête de calme. Deux piscines et une plage aménagée, deux bars-restaurants avec vue sur la baie, le centre de massage, la salle de gym, le club enfants et les activités nautiques complètent cette belle prestation.

Où se restaurer

Comme à Balaclava, en dehors des restaurants des hôtels, peu de salut. Tentez votre chance auprès de ceux ouverts aux non-résidents, comme les Villas Mon Plaisir (voir p. 79).

Trou aux Biches et Mont Choisy

Sable, lagon et filaos : la trilogie balnéaire s'affiche ici au mieux de sa forme. Orienté idéalement au nord-ouest, le fin cordon de sable blanc de la plage publique de Trou aux Biches s'étend sur près de 3 km. Dommage qu'il faille slalomer entre les bateaux d'excursions au mouillage pour nager, et entre les parasols et transats des hôtels pour marcher... Plus au nord, celle de Mont Choisy, plus sauvage, ombragée de filaos et plus proche de Grand Baie, est aussi l'une des plus belles des environs ; en fin de semaine elle devient un lieu très prisé des Mauriciens pour admirer le coucher du soleil, et à son extrémité sud on peut voir un petit temple dédié à Kali et Ganesh. Les lieux restent encore abordables et relativement tranquilles en semaine, mais les adresses pieds dans l'eau sont rapidement prises d'assaut. La vocation des lieux est clairement balnéaire, les localités offrant des services limités. À 2 km au sud-est de Trou aux Biches, sur la commune de Triolet (qui est aussi la plus longue de Maurice, s'étirant sur 7 km), se trouve le temple hindou Maheswarnath, le plus grand de l'île, qui fut construit en 1891.

Activités

Plages

C'est le principal pôle d'attraction des lieux. Trou aux Biches et Mont Choisy possèdent en effet des plages publiques qui comptent parmi les plus longues de l'île. Elles débutent au niveau du club de plongée Atlantis Diving Centre et se prolongent vers le nord jusqu'à Mont Choisy. Devant la plage de Trou aux Biches on trouve des taxis, des camions-snacks et des kiosques pour se mettre à l'ombre.

Plongée

Trou aux Biches est un secteur très réputé pour la plongée. Vous trouverez tous les détails sur les sites et les centres au chapitre *Plongée et activités nautiques*, p. 34.

Autres activités

Corsaire Club Killer Sport Fishing PÊCHE AU GROS
(carte p. 80 ; ☎265 5209 ; Royal Rd, Trou aux Biches). Les bureaux du Corsaire Club jouxtent le restaurant Le Pescatore. La flottille comprend une dizaine de bateaux de 12 à 14 m (25 000 Rs la demi-journée pour 6 personnes).

Mont Choisy GOLF
(carte p. 80 ; ☎269 6430 ; www.montchoisygolf.com ; allée des Flamboyants, Mont Choisy Park ; 9 et 18 trous adulte/enfant 35-50/35 € selon saison, cours particulier 50-85 €). L'unique parcours 18-trous au nord de l'île, flambant neuf, conçu par le célèbre golfeur Peter Matkovich, se situe dans un ensemble de villas luxueuses construites au sein d'une ancienne plantation de canne à sucre.

Où se loger

En règle générale, il est sage de réserver, à plus forte raison si vous cherchez à vous loger en bordure de plage. La gamme d'hébergements est variée, de la pension à l'hôtel de luxe. Nombre d'habitants louent un appartement – et même des villas donnant sur la plage – via les plateformes de location en ligne : une bonne option si vous êtes nombreux ou accompagné d'enfants, mais le meilleur côtoie ici le pire, les petits complexes en béton sans réel charme poussant comme des champignons. Attention également aux prix trop alléchants : les propriétaires ne sont pas forcément sur place et aucun service n'est assuré. Les cambriolages sont fréquents dans cette zone.

Villa Kissen HÔTEL-RESTAURANT €
(carte p. 80 ; ☎577 52098 ; R. Kangalee Lane, Trou aux Biches ; d/appart 1 200/1 600 Rs, petit dej environ 200 Rs ; ❄ 🏊 📶). Voilà une adresse qui a de la personnalité ! Avec ses grands bâtiments vert amande soutenus par des colonnes ventrues, la villa Kissen (du prénom de son propriétaire) semble avoir été dessinée par un auteur de contes pour enfants. Les chambres (clim, TV, cafetière et réfrigérateur) sont petites mais rutilantes et bien décorées, tandis que les appartements disposent d'une cuisine américaine très bien équipée. Tout a été rénové après la crise du Covid-19. Location de voitures et de vélos, possibilité de demi-pension. Malheureusement l'environnement proche s'est considérablement densifié en constructions ces dernières années, faisant perdre un peu de charme au lieu.

Villas Mont Choisy STUDIOS ET APPARTEMENTS €€
(carte p. 80 ; ☎265 5934 ; Royal Rd, Mont Choisy ; studio 50-90 €, appart 75-120 € selon saison ; P ❄ 🏊). Fonctionnelles et bien aménagées (cuisine, sdb, terrasse, climatisation, TV satellite, etc.), ces "villas" sont en fait des studios (28 m²) et des appartements en duplex (76 m²), agencés autour d'une piscine. Nettoyage quotidien, spa et massages font partie des points forts. Ce bon rapport qualité/prix s'obtient moyennant une localisation un peu moins idéale : il faut traverser la route pour gagner la plage.

La Tonnelle MAISON D'HÔTES €€
(carte p. 80 ; ☎5499 6855 ; www.latonnelle-ile-maurice.com ; Royal Rd, Trou aux Biches ; d/ste avec petit-déj 59-105/93-167 € selon confort et saison ; P ❄ 🏊 📶). Installée près de la mer, cette maison d'hôtes a été reprise en octobre 2021 par Valérie Marie-Jeanne, qui s'attache à rénover petit à petit le lieu, laissé à l'abandon pendant l'épidémie de Covid-19. Les 25 chambres confortables, divisées en 3 catégories, se déclinent dans des tons blanc et gris perle, rehaussés de meubles en bois et de touches de couleurs vives. Bonne literie, clim, TV, mini-bar et réfrigérateur, douche type pluie, terrasse... tout y est ! L'ambiance est décontractée, et l'on profite de la piscine (avec un bar attenant) bordée d'un deck, et d'un petit centre de remise en forme. Côté activités, plongées (un centre est installé sur place) et excursions dans l'île sont organisées à la demande. Un restaurant sur place sert un menu unique (10 €), et le repas est pris en commun. Possibilité de location de voiture.

Résidence C'est ici SUR LA PLAGE €€
(carte p. 80 ; ☎265 5231 ; www.cest-ici.com ; Royal Rd, Trou aux Biches ; studio 2 pers 120 €, duplex 150 €, bung 175 €, appart 150 €, villa pour 6 pers 450 € ; ❄ 📶). Havre de paix, cette adresse centrale vous attend au niveau de la pharmacie de Trou aux Biches. Elle propose un large choix de logements de toutes tailles, indépendants, fonctionnels,

bien tenus et équipés d'une cuisine, répartis dans un jardin planté de cocotiers donnant directement sur la plage. Préférez ceux du bâtiment le plus récent, à la belle décoration contemporaine. Diverses prestations sont proposées en supplément, notamment le ménage quotidien, la garde d'enfants, un service de blanchisserie et des excursions.

Be Cosy Apart Hotel RÉSIDENCE €€
(carte p. 80 ; ☎204 5400 ; www.beapart.com ; Royal Rd, Mont Choisy ; studio 47 € ; P ❄ ≋ ᯤ). En face du poste de police, ces bâtiments blancs contemporains qui bordent une petite piscine longée de palmiers possèdent plusieurs types d'hébergements (du studio de 50 m² jusqu'à l'appartement familial), dont les tarifs sont proportionnels au confort. L'ensemble est un peu tassé (et un peu bruyant) et situé côté route, que vous devrez traverser pour accéder à la plage, mais la propreté ne souffre aucun reproche, la déco est fraîche et de bon goût, et tout, de la plage aux commerces, est à proximité immédiate. La résidence offre de nombreux services (blanchisserie, spa, activités nautiques...). Un bon rapport qualité/prix, réservé à ceux qui ne cherchent pas un hébergement de charme intimiste.

Le Palmiste Resort & Spa TROIS-ÉTOILES €€
(carte p. 80 ; ☎265 6815 ; www.hotel-lepalmiste.mu ; Royal Rd, Trou aux Biches ; s/d avec petit-déj 119-270/143-270 selon saison ; P ❄ @ ᯤ ≋). Cet hôtel de 100 chambres avec terrasses, dont 12 chambres familiales, à la façade beige, tranquille, familial et plutôt agréable doit sa personnalité aux grandes persiennes en bambou qui donnent de l'ombre à ses terrasses. Vous devrez traverser la route pour atteindre la plage. Outre des chambres confortables et bien équipées (clim, TV, mini-bar), vous y trouverez une piscine avec pataugeoire pour enfants, un spa et des possibilités d'activités nautiques. L'ensemble ne manque pas de cachet.

Le Sakoa Boutik Hotel TROIS-ÉTOILES DE CHARME €€€
(carte p. 80 ; ☎265 5244, 483 4970 ; www.lesakoa.com ; Royal Rd, Trou aux Biches ; d avec petit-déj 250-425 € ; P ❄ ᯤ ≋). Chic sans être ostentatoire, ce trois-étoiles "plus" à taille humaine et familial brille par sa touche de raffinement et offre de beaux bungalows aux toits de chaume, disposés autour d'une petite piscine face à la plage. L'intérieur des chambres ne trahit pas cette première bonne impression : confortables, vastes et dotées d'une kitchenette ainsi que d'une terrasse, elles sont décorées avec goût et rendues chaleureuses par les boiseries. Leur faible nombre – 16 seulement – est un atout supplémentaire. Possibilité de demi-pension, et salle de sport. Rançon du succès : l'adresse affiche souvent complet et ses tarifs ont beaucoup augmenté au cours des dernières années. Accès aux activités nautiques de Blue Ocean Fun, sur la plage publique.

Trou aux Biches Golf Resort & Spa CINQ-ÉTOILES €€€€
(carte p. 80 ; ☎601 9000, 204 6800 ; www.beachcomber-hotels.com ; Trou aux Biches ; d avec petit-déj à partir de 248 € ; P ᯤ ❄ ≋). Ouvert en 2010, ce projet pharaonique du groupe Beachcomber totalise 306 suites et villas de grand luxe bordant une des plus belles plages de l'île Maurice (dont il occupe à lui seul au moins un tiers) où les cocotiers remplacent les filaos. Les villas en front de mer disposent de piscines privées, les autres se contentent de très belles piscines à débordement situées au centre d'îlots d'une quarantaine d'habitations. Pas de fausse note au milieu de ce parc tropical de 35 ha. Activités nautiques, spa Clarins, centre sportif, club pour enfants et une immense piscine centrale confèrent un réel cachet à l'établissement. Les restaurants thématiques, six au total, auxquels on accède par des pontons participent à cette belle atmosphère face au coucher du soleil. Seul bémol, ce gigantisme nécessite un bon sens de l'orientation et des dispositions pour la marche.

Où se restaurer

Vous trouverez des restaurants adaptés à toutes les bourses mais leur nombre reste limité. Si vous séjournez en location, approvisionnez-vous au supermarché de Trou aux Biches et à ceux de Grand Baie.

♥ **Meung Snack** CUISINE DE RUE €
(carte p. 80 ; ☎5924 7838 ; Royal Rd, à côté du restaurant 1974 Da Antonio e Giulia ; plats 60-125 Rs ; ⏲tlj 11h-16h30). Nous aimons beaucoup cette adresse, qui, aux dires des locaux et des touristes avisés, offre la meilleure cuisine chinoise de la côte nord ; il n'y a qu'à voir la queue devant son échoppe rouge et blanche à l'heure des repas pour être rassuré sur la qualité de ses recettes. Il faut dire que Meung connaît son affaire

en matière de bouchons, mine frit, mine bouilli, boulettes, pain fourré ou gâteau arouille : tout est goûteux, maîtrisé, et on y prend vite ses habitudes. Idéal à emporter pour déjeuner sur la plage !

La Cabane du Pêcheur MAURICIEN-BOHÈME €€
(carte p. 80 ; ☎5711 2729 ; Royal Rd ; Trou aux Biches ; plats 250-600 Rs ; ⏲tlj sauf mar). Deux ou trois tables posées sur une digue face à la mer au bord de la route, des néons accrochés aux arbres et une baraque à frites jaune qui fait office de cuisine : La Cabane du Pêcheur cultive un confort rudimentaire et une ambiance bohème tropicale. Au menu, pain fourré, mine frit, salade d'ourites, poulet grillé ou spécialités à base de poissons servies en plein air. L'addition peut paraître un peu salée vu le cadre et le service, mais on vient aussi ici pour retrouver une certaine ambiance en dégustant un ti-punch face à la mer, et en regardant les Mauriciens pêcher en famille à la tombée du jour. Au sud de Trou aux Biches, près du terrain de pétanque.

Souvenir Restaurant SNACK CENTRAL €
(carte p. 80 ; ☎291 1440 ; Royal Rd, Trou aux Biches ; plats 225-690 Rs ; ⏲tlj sauf jeu ; wifi). Idéalement situé près de la plage et de l'embranchement vers Triolet, près du poste de police, ce petit restaurant attire la clientèle des baigneurs et des automobilistes de passage. Le cadre est simplissime – une terrasse ombragée – et la carte présente un large choix de plats, des tagliatelles au marlin, au filet de bœuf en passant par tous les plats mauriciens habituels. Tous les visiteurs de passage à Trou aux Biches semblent s'y attabler au moins une fois. Possibilité de petit-déjeuner. Service rapide.

1974 - Da Antonio e Giulia MAURICIEN €€
(carte p. 80 ; ☎265 7400, 5705 4105 ; daantonioegiulia@gmail.com ; Royal Rd, Trou aux Biches ; plats 380-700 Rs ; ⏲mar-jeu soir, ven-sam midi et soir, dim midi). Dans une atmosphère conviviale, on s'installe sur l'agréable terrasse couverte de voilages de cette maison orange, bleue et rouge, en face du débarcadère pour goûter une bonne cuisine italienne, à base de produits frais et des arrivages de poisson du jour. Les aficionados de la pasta trouveront aussi leur bonheur, avec des gnocchis à la burrata ou les *taglioni al nero di sepia* (à l'encre de seiche, avec oursins et tomates cerises). En dessert, une panna cotta au coulis de cassis ou un sorbet à la fraise et au porto achèveront de vous convaincre. Cave à vins.

Le Pescatore GASTRONOMIQUE €€€
(carte p. 80 ; ☎265 6337, 265 6973 ; www.lepescatore.com ; Royal Rd, Trou aux Biches ; menus à partir de 3 000 Rs ; ⏲lun-sam midi et soir). Raffinement du décor, beauté du lieu, qualité du service... cette table gastronomique a fière allure. La terrasse ouvre sur la marina où sont ancrés les bateaux de pêche au gros. L'atmosphère générale, feutrée et intimiste, se prête aux confidences et aux déclarations romantiques. À la carte : ourite confite au combava, thon albacore au gingembre, langoustes sauce bergamote, dorade coryphène au chutney de pommes d'amour... Le cadre est superbe, la cuisine délicieuse, mais l'addition flambe si on ajoute du vin. Pensez à réserver.

♥ **La Plage by Evaco** DÉCONTRACTÉ €€
(☎265 7591, 260 7507 ; evaco-laplage.mu ; Route côtière, Trou aux Biches ; plats 490-1 860 Rs ; ⏲tlj). Situé sur la superbe plage de Trou aux Biches, ce récent Beach club est l'endroit idéal pour prendre le temps : de déjeuner de salades, burgers, pâtes et autres pizzas, de déguster un cocktail au coucher du soleil ou de dîner de plateaux de fruits de mer et de filets de poissons. En prime, une piscine, des transats, des fauteuils douillets et des événements réguliers.

ℹ Renseignements

S'il n'existe pas de centre-ville proprement dit dans cette suite de villas, d'hôtels et de petites pensions donnant sur la mer, les abords du **supermarché Popo** (Royal Rd ; ⏲lun-ven 8h-19h30, dim 8h-12h30), épicentre de Trou aux Biches, concentrent la majorité des services. Les pharmacies sont nombreuses, et ouvertes le dimanche.

Argent

Un DAB est accessible 24h/24 en face de la station de police de Trou aux Biches, à proximité de la plage publique.

ℹ Depuis/vers Trou aux Biches

BUS

Le bus à destination de Cap Malheureux part de la gare routière d'Immigration Square à Port Louis et s'arrête à Trou aux Biches (30 à 45 min). Comptez une quarantaine de roupies pour rejoindre Grand Baie depuis l'arrêt situé en face du Souvenir Restaurant.

TAXI

De Trou aux Biches, un taxi demande environ 500 Rs jusqu'à Grand Baie et 800-1 000 Rs pour Port Louis.

Pointe aux Canonniers

Dernier havre de quiétude avant Grand Baie, la presqu'île formée par la pointe aux Canonniers abrite de belles villas et plusieurs hôtels de standing, mais aussi quelques surprises à prix intéressants. Un site à privilégier si vous recherchez la tranquillité sans trop vous éloigner des principaux foyers d'animation.

Où se loger

Sous le Badamier MAISON D'HÔTES €€
(carte p. 86 ; ☎ 263 4391, 5487 9017 ; www.sousle-badamier.com ; X Club Rd, Pointe aux Canonniers ; d avec petit-déj 55-90 € ; plats à partir de 600 Rs ; ❄ 📶 @). En mars 2022, Jean-Pierre et Sarah ont repris et rénové ce petit hôtel de charme tapissé d'œuvres du peintre naïf mauricien Vaco Baissac. Au-dessus d'un petit patio bétonné à l'atmosphère paisible où trône un immense badamier, les 11 chambres intégralement refaites (béton ciré au sol, blanc au mur) déclinent une décoration reposante mais gaie. Insonorisées, elles sont toutes équipées de la clim, TV satellite et d'un mini-bar. À l'arrière de l'établissement, on trouve un petit bar où déguster des cocktails créatifs concoctés par Stéphane, et quelques tables où sont servis poissons du jour et légumes du moment, midi et soir. Située à quelques mètres de la mer, cette adresse à la personnalité attachante ne possède ni accès ni vue sur la mer, mais on peut profiter d'une petite piscine très agréable.

Esprit Libre MAISON D'HÔTES €€
(carte p. 86 ; ☎ 269 1159, 5974 3193 ; www.esprit-libremaurice.com ; rue Bourdet ; d avec petit-déj 75-180 € selon saison et confort ; ❄ 🏊 📶 P). Tenue par Jérôme, cette maison d'hôtes avec piscine à l'ambiance décontractée propose 12 chambres de charme impeccables de deux standings différents : certaines ont un lit à baldaquin de style balinais, une douche à l'italienne ou une baignoire de balnéothérapie... Bien équipées (TV, clim), elles ont toutes une petite terrasse privative qui donne sur un jardin à la végétation exotique (cocotier, figuier, papayer, bananier...). Cerise sur le gâteau : Esprit Libre est situé à seulement 700 m des plages de Mont Choisy. Possibilité de restauration sur place (déjeuner, dîner, coffee shop, et à emporter). En venant de Grand Baie, Esprit Libre se trouve en retrait de la route sur la gauche, à 500 m du rond-point de Mont Choisy.

Seapoint Boutique Hotel SUR LA PLAGE €€€
(carte p. 86 ; ☎ 209 1055, 288 2590 ; www.seapointboutiquehotel.mu ; Pointe aux Canonniers ; d avec petit-déj à partir de 240 € ; ❄ P 📶 🏊). À l'extrémité de la pointe aux Canonniers, sur un site idéal et calme, vous bénéficierez d'une vue imprenable, notamment sur l'île Coin de Mire, et d'une plage qui n'a pas grand-chose à envier à celle du Canonnier. Les studios d'antan ont laissé place à un boutique-hôtel de belle facture, combinant charme, intimité et simplicité de bon goût. Les 10 chambres (35 m²), 10 suites (43 m²) et 2 villas (90 et 220 m²), cosy et lumineuses, offrent toutes une vue sur la piscine à débordement qui surplombe le magnifique lagon, depuis leur terrasse ou balcon. Deux restaurants, deux bars, un centre de bien-être, des équipements nautiques et des vélos à disposition ainsi que le staff adorable viennent parachever cette reconversion réussie. Quelques aménagements devaient avoir lieu à notre passage (notamment en matière de déco).

Le Canonnier Resort & Spa QUATRE-ÉTOILES €€€
(carte p. 86 ; ☎ 209 7000 ; www.beachcomber-hotels.com/fr/hotel/canonnier-golf-resort-spa ; Pointe aux Canonniers ; d petit-déj à partir de 221 € ; P ❄ 📶 🏊). Installé dans un jardin tropical de 7 ha à l'extrémité de la pointe, ce bel hôtel du groupe Beachcomber est construit sur un site jalonné de vestiges historiques. Totalisant 283 chambres (dont 2 suites), Le Canonnier s'adresse avant tout à une clientèle familiale, ravie d'y trouver 3 belles plages, deux piscines dont une immense, et de nombreuses activités (tennis, tir à l'arc, planche à voile, kayak, yoga, accès au golf Mont Choisy...). Les chambres très confortables sont à la fois chaleureuses et lumineuses grâce à l'usage du lin et du rotin, et certaines peuvent accueillir de grandes familles. L'hôtel abrite par ailleurs 3 restaurants, 2 bars (dont Le Planteur, réputé) et une discothèque, ainsi qu'un spa et un centre de remise en forme, installé au-dessus de la canopée d'un immense banian centenaire. L'hôtel

Grand Baie et Pointe aux Canonniers

est engagé dans une démarche écoresponsable : bouteilles en plastique recyclées, pailles en carton, ruches, restes du buffet distribués à des ONG.

20° Sud QUATRE-ÉTOILES DE CHARME €€€€
(carte ci-dessus ; ☎263 5000 ; www.20degres-sud.net ; Pointe Malartic, Pointe aux Canonniers ; d en demi-pension 400-1 020 €/pers selon saison et confort ; P). Créé par un couple belge pour les amoureux des belles choses, ce petit quatre-étoiles "plus" est un lieu d'exception – et le seul Relais & Châteaux de l'île. Les bâtiments s'articulent autour de 2 belles piscines bordées de cocotiers. L'élégante décoration joue la carte de la blancheur, de la réception aux chambres. Les boiseries, la pierre et le rotin apportent leur chaleur à cette atmosphère zen et raffinée. Privilégiant une atmosphère intimiste, l'établissement ne compte que 29 chambres et 7 suites. Toutes sont superbement décorées, avec une mention spéciale aux suites "australes", de 80 m², avec bassin, Jacuzzi ou mini-piscine privative. Les propriétaires ont également racheté le plus vieux bateau à moteur de l'île, ancré devant la plage. Le *Lady Lisbeth*, construit à Maurice en 1929, est utilisé pour des croisières dînatoires gastronomiques de 8 personnes maximum. Les piscines, le spa et les possibilités d'excursion compensent la plage, petite et un peu rocheuse. Une adresse comme on en voit peu.

Où se restaurer

SelFish CUISINE DE LA MER €€
(carte ci-dessus ; ☎269 0125, 5793 7524 ; selfishrestaurant.com ; Royal Rd ; plats 280-690 Rs ; mar-dim midi et soir). Ambiance très marine pour cette petite adresse à l'agréable patio, où l'on mise sur la qualité et la fraîcheur. Calmar au parmesan, tartare de thon, mini-fish cakes à la mauricienne, burgers et wraps, poisson grillé coco et citron vert, ou grillé avec du tamarin, des épices et du cidre... et surtout les sushis, qui font la renommée de l'endroit. On peut aussi se régaler d'un filet de bœuf tendre ou d'une entrecôte. Sympathique bar dans le jardin arrière, avec soirées à thème et concerts. Également à emporter.

Esprit Libre MAURICIEN FUSION €€
(carte ci-dessus ; ☎269 1159, 5974 3193 ; www.espritlibremaurice.com ; rue Bourdet ; petit-déj 350 Rs, plats 350-700 Rs ; tlj midi et soir). Jérôme a repris cette bonne maison d'hôtes (voir p. 85) et y propose un succulent et copieux petit-déjeuner (8h-midi) : nems et gâteaux piments, salades, pâtes, burgers... Au déjeuner (jusqu'à 16h) et au dîner, une

Grand Baie et Pointe aux Canonniers

À voir et à faire
- Centre Sport Nautique ....(voir 34)
- Croisières Australes ....(voir 34)
- 1 Ebrahim Tours B3
- 2 Monalysa B3
- Nessee ....(voir 34)
- Solar Sea Walk ....(voir 25)
- 3 Temple tamoul B2

Où se loger
- 4 20° Sud C1
- 5 Bayview Villas C2
- 6 Esprit libre B2
- 7 Le Canonnier A1
- 8 Le Mauricia C2
- 9 LUX* Grand Baie D1
- 10 Résidence Peramal C2
- 11 Royal Palm C1
- 12 Seapoint Boutique Hotel A1
- 13 Sous le Badamier B2
- C2

Où se restaurer
- 14 Botteghita D2
- 15 Blue Lagoon Café D2
- 16 Café Müller C2
- 17 Dalon D2
- Esprit libre ....(voir 6)
- Happy Rajah ....(voir 35)
- 18 La Rougaille Créole B3
- 19 La Terrasse C3
- 20 Le Capitaine C2
- 21 Le Poivrier D1
- 22 SelFish A2
- The Beach House ....(voir 5)
- 23 Ti Kouloir D2
- 24 Pains & Moulins D2

Où prendre un verre
- 25 Banana Beach Club D2
- 26 Cocoloko B3
- 27 The Jungle D2
- 28 La Plage des Canisses D2
- 29 Cocochill B2

Où sortir
- Casino Ti Vegas .... (voir 35)
- 30 Insomnia D1
- 31 N'joy C1

Achats
- 32 Bazar de Grand Baie D2
- Coffee Crea .... (voir 17)
- 33 Grand Baie Store B3
- 34 Sunset Boulevard B3
- 35 Super U D2

Renseignements
- Banque des Mascareignes .... (voir 35)
- MCB .... (voir 35)
- Poste principale .... (voir 35)
- 36 Poste de police D2

Transports
- Ebrahim Tours .... (voir 1)
- 37 Holiscoot B2
- Monalysa .... (voir 2)

cuisine mauricienne revisitée s'invite à la carte : tartare de dorade au limon confit et son émulsion coco, filet de poisson du jour flambé au rhum et sa purée de racines, poulet farci au fromage et aux brèdes... Le cadre, avec sa piscine, son bar extérieur et ses tables sous les cocotiers à l'ombre des parasols, est très agréable, tout comme l'accueil. Concerts tous les vendredis soir.

Où prendre un verre

Le Coco Chill SWIMMING-POOL BAR

(☎ 268 3122 ; coco-chill.com ; Royal Rd ; ⏲ lun-sam 11h-23h, dim 11h-22h). Parfait à l'heure de l'apéro, dans les transats autour de la piscine (au milieu de laquelle trône le bar), ou attablé les pieds dans l'eau. Ambiance bohème, deux piscines, et des tapas, salades, pancakes et burgers à déguster pour accompagner son cocktail.

Depuis/vers Pointe aux Canonniers

Pointe aux Canonniers s'étend à seulement 3,5 km du centre de Grand Baie. Reportez-vous à *Depuis/vers Grand Baie*, p. 94.

Grand Baie

Devenue au fil du temps la "capitale" du tourisme sur l'île, Grand Baie pourrait être n'importe où pourvu qu'il y ait du soleil et une plage à proximité. Certains ne jurent que par son animation et ses commerces, d'autres voudraient l'affubler d'un bonnet d'âne et la taxer de mauvaise élève du tourisme mauricien. Il est vrai que cette station balnéaire, dénaturée par un urbanisme assez anarchique, n'a plus guère de charme. Résidences locatives, restaurants, hôtels et prestataires divers hélant le passant ont proliféré jusqu'à transformer en un immense centre commercial touristico-tropical cet ancien port de pêche.

Grand Baie n'en est pas pour autant dénuée d'atouts. La ville présente en effet un visage animé qui fait défaut aux autres localités du littoral et offre la plupart des services utiles aux voyageurs indépendants – ce qui est rare sur cette île où le tourisme est souvent synonyme de forfait tout compris. Elle propose par ailleurs de bonnes possibilités de shopping. De plus en plus de Mauriciens et expatriés choisissent pour toutes ces raisons de s'y installer.

Nombreux sont ceux qui séjournent dans les localités voisines pour profiter des plages et du cadre, bien plus agréables, et viennent de temps à autre s'immerger dans l'effervescence de Grand Baie.

À voir

Temple tamoul LIEU DE CULTE

(carte p. 86 ; Royal Rd ; lun-sam 6h-18h, dim midi-18h). Ne ratez pas la visite du grand temple tamoul qui dresse ses stucs colorés en bordure de la route Royale, au sud du centre-ville, non loin du restaurant Le Capitaine. Vous devrez vous déchausser pour approcher les grandes statues de Ganesh et d'autres divinités.

Retour de pêche SUR LA PLAGE

C'est l'une des rares réminiscences du Grand Baie d'antan... Chaque jour entre 15h et 17h, les pêcheurs se réunissent en face du restaurant Palais de Chine pour vendre leurs prises, avant de jouer aux cartes dans le soleil déclinant. Un spectacle incontournable.

Activités

De nombreux prestataires proposent excursions, sorties en mer et autres activités. Impossible d'en recommander certains plus que d'autres, car ils organisent presque tous le même programme (croisières à la journée à l'îlot Gabriel ou à l'île d'Ambre, croisière en catamaran, marche sous l'eau, bateau à fond de verre) à des tarifs sensiblement identiques. Poussez plusieurs portes, comparez, et demandez à voir le bateau. La plupart des pensions et des hôtels peuvent également servir d'intermédiaires pour ce type d'excursions.

Plages

Les bateaux au mouillage monopolisant l'espace, seule une petite portion du lagon face à la plage publique de la ville est réservée à la baignade... mais la qualité de l'eau laisse à désirer. La plage de la Cuvette, à la sortie nord de Grand Baie, est petite mais propre et agréable.

Vous trouverez de plus belles étendues de sable dans les environs de Grand Baie, notamment Mont Choisy (voir p. 81), au sud, et Bain Bœuf (voir carte p. 95), au nord.

Sorties vers les îles du Nord

Plusieurs îles sont disséminées au large de la côte nord de Maurice. Les deux plus proches, l'**île Coin de Mire** et l'**île Plate** (la plus grande), sont des sites d'excursion très prisés. De nombreux prestataires indépendants peuvent vous y emmener. Les bateaux n'accostent pas à Coin de Mire, réserve naturelle qui présente des falaises abruptes et un profil déchiqueté, ce qui en fait également un site de plongée recherché. Son nom vient de sa ressemblance avec la cale utilisée pour maintenir la visée d'un canon. En revanche, l'île Plate concentre tous les avantages : elle est dotée de plages superbes, bordées de filaos, entourée de fonds coralliens propices au snorkeling, et l'on peut effectuer une petite balade à pied jusqu'à un phare, d'où l'on bénéficie d'un panorama époustouflant. Au XIXe siècle, l'île servait de lieu de quarantaine pour les équipages suspectés de véhiculer la peste ou la variole. L'**îlot Gabriel**, à quelques encablures à l'est, était il y a peu plus tranquille, mais les bateaux y sont désormais nombreux.

Plus éloignées, à environ 24 km de la côte, l'**île Ronde** et l'**île aux Serpents** sont deux réserves naturelles, non accessibles aux visiteurs. Véritables sanctuaires ornithologiques, elles accueillent des centaines de milliers d'oiseaux de mer. L'île Ronde, surnommée "le joyau de la Couronne" par les botanistes, regroupe sur 154 ha une végétation unique, riche en espèces endémiques. Elle abrite également des boas et des lézards rarissimes.

Des prestataires installés dans de petits kiosques aux abords de la plage proposent des sorties en mer à la journée vers les îles : îlot Gabriel, île d'Ambre et île Plate, parfois l'île Bernache. Snorkeling et barbecue sur la plage sont généralement compris. Comptez environ 2 000-2500 Rs pour l'île Plate ou l'îlot Gabriel. Les prestataires proposent également des sorties vers l'île aux Cerfs, à l'est (1 000-2 000 Rs), et l'île aux Bénitiers, au sud-ouest (2 000-3 000 Rs). Ces tarifs sont négociables. Vous pourrez par exemple comparer les offres de :

Centre Sport Nautique (carte p. 86 ; ☎263 8017 ; près du Sunset Boulevard, Royal Rd). Dans l'axe de la rue menant au Super U.

Ebrahim Tours (carte p. 86 ; ☎5421 1597 ; www.ebrahimtours.mu ; Royal Rd). À côté de la banque MCB.

Monalysa (carte p. 86 ; ☎263 0991, 263 6236, 5937 7750 ; www.monalysatours.com). Sur la route du Super U. Loue également des voitures.

Croisières Australes SORTIES EN CATAMARAN
(carte p. 86 ; ☎202 6660 ; www.croisieres-australes.com/fr ; au départ de la jetée du Sunset Boulevard, Royal Rd B13). Envie de naviguer sur un catamaran de 60 pieds open ? Cette société en possède deux, mouillés face à Grand Baie – dont l'un de ceux qui coururent la Route du Rhum, skippé par Florence Arthaud –, plus d'autres bateaux moins sportifs. Les sorties ont lieu tous les jours en saison pour l'île du Coin de Mire, mouillage à l'île Plate et l'îlot Gabriel, snorkeling et barbecue à bord (à partir de 2 500 Rs/pers selon programme). Croisières Australes propose également des “mariages sur l'eau” et des sorties au coucher du soleil.

Plongée

L'île Coin de Mire offre de beaux sites. D'excellents centres de plongée sont installés dans le secteur de Grand Baie. Reportez-vous p. 44 et p. 49, pour tous renseignements sur les sites et les centres de plongée.

Autres activités

Nessee SORTIES EN SOUS-MARIN
(carte p. 86 ; ☎263 8017, Centre Sport Nautique, près du Sunset Boulevard, Royal Rd). Autre prestation inhabituelle, le *Nessee* est un semi-submersible jaune de 15 m de long à bord duquel vous pourrez vous embarquer pour une balade sous-marine de 1 heure 45 (départs à 10h, 12h30 et 14h30). Comptez 900/600 Rs par adulte/enfant.

Solar Sea Walk MARCHE SOUS L'EAU
(carte p. 86 ; ☎263 7819, 5253 6961 ; www.solar-seawalk.com ; guichet à côté du Banana Beach Club, Royal Rd ; ⏲lun-sam 9h-17h ; 2 000 Rs/pers). Toujours dans le domaine subaquatique, il s'agit ici de pratiquer la “marche sous l'eau” à quelques mètres de profondeur grâce à un scaphandre dont l'alimentation en air est assurée par énergie solaire. Durée 25 minutes.

Circuits organisés

Monalysa AGENCE DE VOYAGES
(carte p. 86 ; ☎263 0991, 263 6236, 5937 7750 ; www.monalysatours.com ; chemin de la Salette ; ⏲lun-sam 8h-17h, dim 8h-12h). Organisation d'excursions et activités (plongée, excursions en bateau...), location d'appartements et studios appartenant à l'agence, location de voitures. Une agence sérieuse.

Où se loger

Il y a quelques années, il était encore possible de trouver des adresses au confort modeste, faisant parfaitement l'affaire pour les voyageurs à petit budget. Aujourd'hui, Grand Baie ne propose plus de vrais “bons plans”. Un peu comme Port Louis, la ville n'est pas une option idéale pour se loger, et il vaut mieux se contenter de profiter en journée ou en soirée de ses restaurants, bars et boutiques – sauf si vous avez les moyens de séjourner dans ses hôtels trois-, quatre- et cinq-étoiles.

♥ **LUX* Grand Baie Resort & Residences** LUXE €€€€
(carte p. 86 ; ☎209 2200 ; luxresorts.com ; Coastal Road ; d à partir de 363 € ; P ❄ 📶 🏊). Le dernier né de LUX* Resorts & Hotel, ouvert en décembre 2021, est un pur joyau d'architecture. Réalisé par l'architecte mauricien Jean-François Adam et designé par la designer anglaise Kelly Hoppen, ce boutique-hôtel aux allures de paquebot séduit dès l'entrée : avec ses 13 mètres de hauteur sous plafond, ses colonnes, ses immenses canapés et sa superbe vue sur la mer. Le reste est tout aussi spectaculaire : les 86 Suites Junior de 65 m², les 20 résidences de 180 m² avec piscines, les 2 penthouses de 325 m² avec piscine, les 7 villas de 240 m² avec piscine et la Grand Beach villa de 420 m² avec piscine offrent le summum du luxe et du confort. S'ajoutent à cela 4 piscines, un superbe spa, un kid's club, une salle de sport en rooftop... et 3 restaurants. Le Beach Rouge propose une cuisine locale dans une ambiance chill. Le rooftop Bisou, bar et restaurant et dédié aux adultes, vaut le détour pour ses cocktails maison, ses tapas gourmandes (175-950 Rs) et son sublime cadre : piscine à débordement, larges day-beds en bois, vue sur la baie. Le restaurant asiatique Ai

Kisu offre, quant à lui, des mets asiatiques de très haut niveau, avec un feu de paille Warayaki au cœur d'une cuisine ouverte. Ils sont accessibles aux non-résidents, sur réservation. Événements régulièrement organisés : Food Lab Expérience, DJ, etc.

Résidence Peramal LOCATION DE MEUBLÉS €
(carte p. 86 ; ☎263 8109 ; www.residence-peramal.com ; Royal Rd ; studio 2 pers 40-50 €, app 3-4 pers 70 €, clim 8-16 € supp ; ❄ 📶).
Difficile de faire mieux ! Une centaine de mètres en retrait de la rue principale et un peu dissimulée derrière le restaurant Le Capitaine, cette résidence offre l'un des meilleurs rapports qualité/prix de la ville. Elle est certes un peu éloignée du centre – 10 minutes de marche – mais ce léger inconvénient est compensé par le calme, la qualité de la prestation et la plus belle vue sur mer de Grand Baie. La résidence comporte une quinzaine de studios et d'appartements de 2 ou 3 chambres, bien équipés et confortables. La décoration est sobre mais agréable et rehaussée de quelques touches de boiserie. La propreté est impeccable (le ménage est effectué tous les jours). Les studios d'angle, plus vastes et dotés d'une belle terrasse, valent bien quelques euros de plus. La résidence propose d'organiser transports, excursions et randonnées et est sensible à la protection de l'environnement (produits d'entretien, gestion des climatiseurs). L'ensemble a été rénové récemment.

Bayview Villas LOCATION DE MEUBLÉS €
(carte p. 86 ; ☎5494 1629, 233 4253 ; 12 Royal Rd ; app 3 000-3 500 Rs ; 📶 ❄ P). Plus que des "villas", l'hébergement proposé ici est constitué de 6 appartements pour 4-5 personnes, avec cuisine équipée, peints de couleurs vives. Ils n'ont rien d'exceptionnel mais proposent un confort correct. L'avantage des lieux ne réside pas ici. Bayview Villas est en effet l'une des rares adresses de Grand Baie à proposer des logements pieds dans l'eau, face à la plage, à prix réduit. Le petit jardin où l'on peut faire un barbecue et la piscine sont un atout. Seul bémol, mais de taille : la proximité de la route et du restaurant Beach House rend les lieux particulièrement bruyants. L'accueil a lieu à l'étage (suivez les panneaux "Office").

Le Mauricia QUATRE-ÉTOILES €€€
(carte p. 86 ; ☎209 1100 ; www.beachcomber-hotels.com/fr/hotel/mauricia-resort-spa ; Royal Rd ; d petit-déj à partir de 216 € ; P ❄ @ 📶). L'architecture assez massive de ce quatre-étoiles de la chaîne Beachcomber est sans surprise mais ses 238 chambres à la décoration lumineuse et contemporaine sont bien équipées. Avant tout destiné à une clientèle jeune et familiale, Le Mauricia propose de nombreuses activités : sauna, hammam, mini-club, tennis, discothèque, sports nautiques... Au chapitre des atouts, la vue sur la baie vaut son pesant d'or, la plage a des airs de paradis tropical et les 2 piscines font leur petit effet.

Royal Palm CINQ-ÉTOILES LUXE €€€€
(carte p. 86 ; ☎209 8300 ; www.beachcomber-hotels.com/fr/hotel/royal-palm-luxury ; d avec petit-déj à partir de 602 € ; P ❄ 📶). Du luxe, du luxe et encore du luxe ! Navire amiral du groupe Beachcomber, cet hôtel éblouissant attire le gotha du show-business, de la politique et du journalisme. Fleuron de l'hôtellerie de prestige dans l'océan Indien, le très sélect Royal Palm réserve une vie de pacha aux hôtes de ses 69 suites avec vue sur mer de 55 à 380 m². L'atmosphère feutrée du lieu intègre subtilement l'environnement naturel, avec un mélange de chaume, de bois précieux et de pierres apparentes. Le mobilier privilégie les matériaux nobles comme le marbre gris veiné de fils d'or, le chêne, le noyer ou le laiton. Une nouvelle piscine chauffée de 25 m surplombe la plage, s'ajoutant aux deux premières. Le *Royal Princess*, yacht de luxe, emmène en excursion à la journée ou pour une nuit à bord. Quant au service, il est, bien entendu, à l'unisson.

Où se restaurer

Grand Baie compte de nombreux restaurants, installés pour la plupart sur le front de mer. Comme dans tous les endroits très touristiques, la qualité de la cuisine et du service est très irrégulière d'un établissement à l'autre.

Plusieurs marchands de *dholl puri* sont installés face à la plage publique : idéals pour déjeuner sur le pouce. Ceux qui souhaitent faire leurs courses trouveront tout ce qu'ils peuvent espérer au centre commercial Super U (p. 93).

Café Müller BRUNCH BAVAROIS €
(carte p. 86 ; ☎263 5230 ; Royal Rd ; crêpes 90-125 Rs, jus de fruits 140 Rs, ⏱8h-17h tlj sauf dim-lun). Qualité, calme et gentillesse sont les maîtres mots de cette adresse qui n'a

rien de couleur locale mais ne manque pas d'atouts pour autant. Dans le cadre paisible et raffiné d'un petit patio verdoyant, légèrement à l'écart de la route, on sert ici un large choix de thés, chocolats et cafés (glacés ou chauds), smoothies, jus de fruits frais, crêpes, pancakes et pain perdu, omelettes, croque-monsieur… Sans oublier d'excellents petits-déjeuners et, le samedi de 10h à 14h, un superbe brunch. La salle, dans les tons bleu turquoise et blanc, est très joliment décorée et donne envie de s'attarder. Idéal pour une pause au cours de la journée.

♥Ti Kouloir MAURICIEN MINIMALISTE €

(carte p. 86 ; ☎263 5645 ; repas 200 Rs ; ⏲tlj midi et soir). Envie de manger pour trois fois rien dans une ambiance 100% mauricienne ? Ti Kouloir, qui voit peu de touristes, porte bien son nom : un couloir large d'à peine 2 m où sont installés des tabourets à des coins de tables branlantes. La patronne y sert avec le sourire des mines frits, des boulettes *saw mai* (chouchou et poulet), *tu yen* (agneau et gingembre), des bouchons poulet ou crevette, du calamar ou du poisson frit, et des plats végétariens. On peut aussi commander par téléphone. *Tipik* !

Blue Lagoon Café RESTAURANT-SNACK €

(carte p. 86 ; ☎263 3889 ; Sunset Blvd, Royal Rd ; petit-déj 150 Rs, plats 250-500 Rs ; ⏲lun et ven-sam 7h-21h30, mar-jeu 4h-16h). En bord de route face à la mer, cette adresse vaut autant pour son cadre cosy et l'accueil du patron Moënzo, que pour la fraîcheur de ses salades d'ourites, le fondant de ses pizzas ou le moelleux de son gâteau au chocolat. On peut aussi y prendre un succulent et copieux petit-déjeuner, y acheter un sandwich ou un hamburger (au poulet mariné !) avant de filer à la plage, ou s'attabler pour manger un plat plus consistant (mines frits, thon mi-cuit, gratin de fruits de mer ou même langouste). Et bien sûr, on s'y arrête quand on veut pour savourer en terrasse un café glacé, un jus de fruits frais, une bière ou une pina colada.

Dalon MAURICIEN €€

(carte p. 86 ; ☎5755 6659 ; Richmond Hill Complex ; plats 210-490 Rs ; ⏲lun-sam midi et soir). Chez Dalon ("l'ami" en créole mauricien), qui a déménagé récemment près du Super U, on se régale de recettes traditionnelles comme le bouillon de crabe, et de saveurs plus métissées à l'image du rougail de poulet aux chevrettes séchées ou de la salade de marlin fumé aux citrons confits. Les jus de fruits minute, les desserts sont excellents, les pizzas et burgers plus raffinés qu'ailleurs. Lawrence, le patron, est une mine de bons plans sur Grand Baie, et sait vous donner envie de revenir. Livraison possible.

Le Poivrier DANS UN JARDIN €€

(carte p. 86 ; ☎263 3251 ; Royal Rd ; plats 590-1190 Rs ; ⏲mar-sam midi, jeu-ven-sam soir). Dans un cadre calme et bucolique, ce café-resto propose pâtes, salades, carpaccios, tartares… Et, depuis 2022, des pizzas au feu de bois et des sushis. Cette adresse, prisée des expatriés, a longtemps été l'une de nos favorites, mais lors de notre dernier passage, les plats étaient bien moins savoureux.

♥La Rougaille Créole INDO-MAURICIEN €€

(carte p. 86 ; ☎263 8449 ; Royal Rd, B13 ; plats 350-900 Rs ; ⏲tlj midi et soir). Dans cette cantine tropicale, les plats typiques ne déçoivent pas : soupe de crabe, calamars croustillants, daube d'agneau, curry de bœuf, filet de dorade grillé et sa sauce au vin rouge, brochette de poisson sauce safranée ou rougail de vieille rouge… Les produits de la mer vous sont présentés avant de passer en cuisine, et le service est attentionné. Végétariens, laissez-vous tenter par le rougail du jardin : exquis ! Mieux vaut réserver le soir.

La Terrasse MAURICIEN €€

(carte p. 86 ; ☎263 6391 ; Royal Rd ; plats 150-575 Rs ; ⏲midi et soir tlj sauf mardi). Certes terrasse il y a, mais elle ne donne pas sur la mer, sauf dans un coin, et surplombe une route passante ; cependant les lieux restent accueillants et joliment décorés. Pour ce qui est de l'assiette, on y retrouve une cuisine mauricienne traditionnelle où crevettes, ourites, langoustes, calamars, poisson et viande sont préparés dans un large choix de sauces, et toujours accompagnés de légumes frais. L'adresse offre un très bon rapport qualité/prix à Grand Baie.

♥Happy Rajah INDIEN €€

(carte p. 86 ; ☎263 2241, 263 2867 ; www.happy-rajah.com ; Royal Rd, centre commercial Super U ; plats 120-680 Rs ; ⏲tlj midi et soir). Envie d'un *goan machli curry* (curry de poisson au lait de coco), d'un *murg bazari tikka* (suprême de poulet mariné au yaourt, herbes, purée de gingembre et noix de cajou) ou d'un *gosht rogan josh* (curry crémeux Kashmiri d'agneau relevé de tomates) ? Le "joyeux rajah" est ce qu'il vous faut ! Apprécié pour ses spécialités indiennes, ce restaurant (qu'on retrouve aussi à Vacoas-Phoenix et à Tamarin, voir p. 111 et p. 139) vous accueille dans une belle salle tamisée aux couleurs de marché aux épices, autour de spécialités indiennes bien préparées. Ne passez (surtout) pas à côté des *cheese naan*, probablement les meilleurs de l'île. À emporter également.

The Beach House SUD-AFRICAIN €€
(carte p. 86 ; ☎263 2599 ; www.thebeachhouse.mu ; Royal Rd ; plats 395-1 500 Rs ; ⌚tlj 11h-minuit). Très bel emplacement sur la plage pour cette adresse tenue par un Sud-Africain, et visitée par un grand nombre de ses compatriotes – on pourrait se croire dans l'une des adresses hype des plages du Cap, surtout à l'heure de l'apéro. À la carte, des entrées de fruits de mer, des tapas, des salades César, grecques ou thaïes, du curry de poulpe à l'aubergine, des calamars croustillants et des *onion rings*, de fameux T-Bones et ribs, et des burgers pantagruéliques. Concerts certains soirs. Les cocktails sont gigantesques.

Botteghita ITALIEN €€
(carte p. 86 ; ☎263 1635 ; botteghita.mu ; Royal Rd ; plats 230-690 Rs ; ⌚lun-sam soir). L'un des bons restaurants italiens du coin, dont les produits viennent directement de la patrie de Dante. Les amoureux des truffes, de la bonne charcuterie et des fromages devraient y trouver leur compte, sans compter que les pizzas – qui ont fait la réputation de la maison –, les *bruschette*, le carpaccio de bœuf fumé, les gnocchis, les raviolis et les salades gourmandes sont parfaitement exécutés. Pour ne rien gâcher, l'accueil est un vrai rayon de soleil.

Le Capitaine GASTRONOMIE DE LA MER €€€
(carte p. 86 ; ☎263 6867 ; www.lecapitaine.mu/fr ; Royal Rd ; plats 180-750 Rs ; ⌚tlj midi et soir). À environ 2 km de Grand Baie en direction de Pointe aux Canonniers, ce restaurant un rien chic a assis sa notoriété sur la beauté de son cadre et la qualité de sa cuisine. Mentionnons les crevettes tigres sautées au gingembre, le poisson cru mariné au jus de lime et baies roses, le gratin de camarons aux cœurs de palmiste braisés ou encore la langouste grillée et son risotto aux asperges. Mieux vaut réserver si vous souhaitez dîner sur une table bien placée en terrasse.

Où prendre un verre

The Jungle BAR À COCKTAILS
(carte p. 86 ; ☎263 1635 ; Royal Rd ; ⌚lun-sam 12h-minuit ; cocktails 400 Rs ; 📶). Un tout nouveau bar à cocktails installé près du Botteghita Café, à la déco tropicale et feutrée. Cocktails originaux. Soirées à thème les vendredis et samedis.

Banana Beach Club PUB
(carte p. 86 ; ☎263 0326 ; www.bananabeachclub.com ; Royal Rd ; ⌚lun-jeu 17h-1h, ven-sam 17h-2h). À côté de la station-service Caltex, le très tropical et chaleureux Banana Beach Club, en plein air, est le rendez-vous incontournable des noctambules de Grand Baie, qu'ils soient mauriciens ou touristes. Sur fond de musique reggae-seggae, baigné par une lumière tamisée, prenez place au comptoir ou dans la salle à l'ombre d'un immense flamboyant, et sirotez l'un des nombreux cocktails et shooters aux noms évocateurs : "liaison fatale", "banana kiss", "plaisir d'amour"... L'idéal pour commencer – voire finir ! – la soirée. Concerts tous les soirs.

Cocoloko RESTAURANT-BAR LOUNGE
(carte p. 86 ; ☎263 1241 ; www.cocoloko.net ; Royal Rd ; ⌚tlj 10h-23h ; 📶). Parmi les adresses tendance de Grand Baie, le Cocoloko se distingue en premier lieu par son cadre, récemment relooké : une belle terrasse ombragée par des palmiers et des bananiers, et agrémentée de confortables fauteuils. Le bar lounge, au-dessus du restaurant (plats environ 310-795 Rs), permet de prolonger la soirée autour d'une bière (150-1 200 Rs), d'un verre de vin (200-1 555 Rs) ou d'un cocktail (295 Rs). *Happy hour* de 16h à 20h, concerts tous les week-ends de 21h à 23h.

Pains & Moulins PETIT-DÉJ
(carte p. 86 ; ☎5800 7575 ; lescanisses.restaurant.mu.fr ; Richmond Hill Complex, Super U ; ⌚lun-sam 6h30-18h30, dim 6h30-13h ; 📶). Une boulangerie-pâtisserie de tradition française qui propose, outre de bonnes baguettes et des pâtisseries gourmandes, de bons jus pressés minute (150 Rs), des smoothies bowl, du café de qualité, un bar à salades et des sandwiches dodus. Parfait pour une pause tout au long de la journée. Terrasse.

Où sortir

Envie de faire chauffer le dance floor dans la moiteur tropicale ? Grand Baie compte plusieurs discothèques, qui s'animent les mercredis, vendredis et samedis soir.

N'joy DISCOTHÈQUE
(carte p. 86 ; ☎260 6100 ; njoy.mu ; La Cuvette ; ⌚tlj 12h-tard dans la nuit). C'est LA nouvelle adresse tendance de Grand Baie, sur la plage de la Cuvette, où Mauriciens et touristes se retrouvent pour dîner puis profiter d'une programmation musicale de qualité d'artistes locaux, régionaux et internationaux, sur le dancefloor ou assis dans un canapé douillet. Possibilité de déjeuner également.

Insomnia DISCOTHÈQUE
(carte p. 86 ; ☎5258 5859 ; Royal Rd ; ⌚ven-sam 23h-5h). L'une des discothèques les plus récentes, avec un espace lounge, 2 pistes de danse et 2 bars ; clientèle 20-25 ans.

Casino Ti Vegas CASINO
(carte p. 86 ; ☎269 1448 ; La Salette Rd ; ⌚tlj 10h-4h). Dans le centre commercial Super U.

Achats

Les centres commerciaux ne manquent pas, et le textile domine.

Coffee Crea CAFÉ-BOUTIQUE
(carte p. 86 ; ⌚lun-sam 9h30-17h30). Dans sa toute nouvelle boutique, Anne Béatrice sélectionne la crème des produits locaux et naturels : tisanes, spiruline, moringa, huiles essentielles, savons, safran... Quelques tables en bois sont disposées sur sa petite terrasse, idéale pour prendre un café, déjeuner (la carte change chaque jour, environ 400 Rs), savourer une glace artisanale. Accueil et conseils aux petits oignons. Bonus : on peut donner ses vêtements, qu'elle revend. L'argent est ensuite utilisé pour acheter des croquettes ou payer le vétérinaire pour les (bien trop) nombreux animaux de la rue.

Bazar MARCHÉ
(carte p. 86 ; ⌚lun-sam 9h-17h, dim 9h-13h). À 200 m en retrait du front de mer, le marché regroupe de très nombreux stands de vêtements, artisanat, gadgets... dont beaucoup sont fabriqués en Chine. Vous n'y trouverez rien de particulièrement original, les produits vendus visant clairement les touristes, harcelés par les vendeurs.

Sunset Boulevard CENTRE COMMERCIAL
(carte p. 86 ; Royal Rd, B13 ; ⌚lun-sam 9h-18h). Le plus ancien et le meilleur centre commercial de la ville pour trouver des articles de mode. Il regroupe 50 boutiques dans des petits pavillons en plein centre-ville, dont Cocosun, dans laquelle dénicher de jolis tee-shirts, de belles robes et chemises de très bonne qualité.

Super U et Grand Baie Cœur de Ville CENTRE COMMERCIAL
(carte p. 86 ; ☎263 0502 ; www.superu.mu ; La Salette Rd ; ⌚lun-jeu 9h-20h30, ven-sam 9h-21h30, dim 9h-16h30). Outre le supermarché, vous y trouverez près d'une trentaine de boutiques à la mode, des restaurants et plusieurs DAB (MCB, Barclays, Banque des Mascareignes...).

GBS Plaza CENTRE COMMERCIAL
(carte p. 86 ; ☎263 0502 ; Royal Rd ; ⌚lun-sam 9h-19h30, dim 9h30-13h30). Un petit centre commercial, entre les deux précédents, qui se distingue par son architecture moderne et profilée. Il compte 15 boutiques réparties sur plusieurs niveaux.

La Croisette Grand Baie CENTRE COMMERCIAL
(hors carte p. 86 ; ☎209 2000 ; www.gblc.mu ; B45 Chemin Vingt Pieds ; ⌚lun-jeu 9h30-19h30, ven-sam 9h30-20h30, dim 9h30-16h). Le plus grand centre commercial de la région nord : 80 boutiques et 24 restaurants, mais aussi des bars, un cinéma, un centre sportif...

Orientation

Difficile de se perdre à Grand Baie : presque tous les hôtels et services touristiques bordent la route côtière (Royal Rd). L'arrêt de bus principal est situé sur le carrefour faisant face à l'agence de voyages GBTT, au centre de la localité. Étendue sur plusieurs kilomètres, Grand Baie est bordée par deux autres spots balnéaires distants de quelques kilomètres : Pereybère, au nord, et Pointe aux Canonniers, au sud.

Renseignements

ARGENT

Les banques ne manquent pas. La plus utile est la grande **MCB** (carte p. 86 ; Mauritius Commercial Bank ; Royal Rd ; ⌚tlj 9h-17h) du centre-ville, qui dispose de plusieurs DAB et d'un bureau de change. Vous trouverez aussi des DAB dans le complexe Grand Baie La Croisette et du Super U (voir informations plus haut).

DÉSAGRÉMENTS ET DANGERS

Le développement du tourisme dans la région a aiguisé l'appétit des pickpockets et des cambrioleurs qui commettent des infractions dans les bungalows isolés, mais aussi de plus en plus dans les résidences hôtelières. Les délits sont en général mineurs, mais ne laissez jamais d'objets de valeur sans surveillance. Certains faits plus graves ont été constatés depuis quelques années. Les hôtels recommandent la méfiance à la nuit tombée.

OFFICE DU TOURISME

Même si nombre d'agences privées se sont autoproclamées "tourist offices", il n'existe pas d'office du tourisme officiel à Grand Baie. Vous devrez donc vous en remettre directement aux prestataires et agences de voyages.

Côte Nord, un magazine touristique bilingue (français/anglais), disponible dans certains magasins et hôtels, propose une sélection d'hébergements, de restaurants, de clubs sportifs et de sites à visiter.

POSTE

Poste principale (carte p. 86 ; Super U ; lun-ven 8h15-16h, sam 8h15-11h45). Installée dans le bâtiment à l'entrée du centre commercial Super U, sous les arcades.

Depuis/vers Grand Baie

BUS

Un bus express relie Port Louis à Grand Baie par la nouvelle autoroute, tous les jours sauf le dimanche, 2 fois par heure (trajet 30 minutes environ). Une ligne de bus relie également Grand Baie à Pamplemousses. Une troisième passe par la côte (Pointe aux Piments, Triolet, Trou aux Biches, Mont Choisy, Pointe aux Canonniers, Grand Baie, Pereybère, Cap Malheureux et Goodlands).

TAXI

Les taxis sont stationnés face à la plage, en bordure de Royal Rd. Les tarifs annoncés, à négocier, sont de 300 Rs pour rejoindre Pereybère, 400-500 Rs pour Cap Malheureux, 1 000 Rs pour Port Louis et 2 500 Rs pour l'aéroport.

Comment circuler

SCOOTER

Grand Baie compte de nombreuses sociétés de location de deux-roues. **Holiscoot** (carte p. 86 ; 5252 9668 ; www.holiscoot.net ; Royal Rd) demande environ 800 Rs par jour pour un scooter, assurance tous risques incluse) et le fait livrer sur votre lieu d'hébergement. Prix dégressifs à partir de 3 jours.

VÉLO

Beaucoup d'hôtels, de pensions et d'agences de voyages se chargeront de vous louer un vélo. Le tarif, dégressif selon la durée, est d'environ 300 Rs par jour. Vous pourrez par exemple vous adresser à Ebrahim Tours (voir ci-dessous).

VOITURE

Un moyen de locomotion n'est pas nécessaire pour circuler en ville. Vous pourrez prendre un taxi pour visiter les environs ou louer une voiture. Plusieurs agences de location sont installées à Grand Baie. Faites jouer la concurrence entre les différents prestataires et vérifiez attentivement les conditions. Adressez-vous également à votre hôtel, ou à vos hôtes dans les pensions, qui ont peut-être négocié des tarifs préférentiels avec certaines agences. Vous pouvez également contacter :

Ebrahim Tours/Contract Cars (carte p. 86 ; 421 1597 ; www.ebrahimtours.mu ; Royal Rd). À partir de 30 €/jour.

Monalysa (carte p. 86 ; 263 0991, 263 6236 ; www.monalysatours.com). Sur la route du Super U.

Pereybère

Moins touristique que Grand Baie et encore épargnée par les palaces, la petite localité de Pereybère doit à sa jolie plage d'être appréciée des familles mauriciennes (le week-end) et des voyageurs à petit budget, qui recherchent ses hôtels et ses restaurants bon marché. De nombreux retraités, principalement français, viennent y passer l'hiver au soleil. Le farniente en bord de mer et la plongée en apnée (voir chapitre *Plongée et activités nautiques* p. 34) sont les principaux atouts de cette localité indolente. Vous aurez accès à plus de 1 km de plage avec une vue magnifique sur l'île Coin de Mire en empruntant le chemin qui mène à la **pointe d'Azur**. Sur la plage, plusieurs Food Court et Food Trucks permettent de manger sur le pouce.

À voir

Galerie du Moulin Cassé — GALERIE D'ART

(carte ci-contre ; 727 0672, 263 0672 ; Old Mill Rd ; sur rendez-vous). Installée dans une ancienne sucrerie au cœur d'un superbe jardin, cette galerie à l'architecture étonnante abrite deux expositions permanentes : l'une consacrée au poète, écrivain et peintre mauricien Malcolm de Chazal (1902-1982) et l'autre dédiée aux photographies de nature de Diane Henry, propriétaire des lieux, dont on peut

Pereybère

Peyrebère

À voir

1 Pointe d'Azur B1

Activités

2 Malyra Tours C2

Où se loger

3 Dodo La Lodge B2
4 Hibiscus Beach Resort & Spa A3
5 La Perla Holidays Apartments B3
6 Le Beach Club C2
7 Ocean V B3

Où se restaurer

8 Bloom B3
9 Café Pereybère B3
10 Wang Thaï C2

Où boire un verre

The Cloud .... (voir 4)

Renseignements

11 Mauritius Commercial Bank B3
12 Supermarché Winner C2

acheter des tirages sur place. Des expositions temporaires d'artistes mauriciens et étrangers sont également organisées.

Circuits organisés

Malyra Tours AGENCE DE VOYAGES
(carte ci-dessus ; ☎263 9169 ; Royal Rd ; www.malyratours.com). Cette dynamique agence, au centre de Pereybère sur la route côtière, propose une large gamme d'activités : plongée avec le club Ocean Spirit (voir p. 49), sorties en mer vers l'île Plate en trimaran, l'îlot Gabriel en catamaran...

Où se loger

Les adresses en bordure de plage sont rares.

La Perla Holiday Apartments MEUBLÉS €
(carte ci-dessus ; ☎5250 9804 ; www.laperla.mu ; Royal Rd ; studio à partir de 40 €, appt à partir de 70 € ; ❄ P 📶). L'intérêt principal de cette résidence est la proximité de la plage publique, et ses prix. Un peu à l'écart de la route, plusieurs studios (2-3 personnes), un appartement pour 4 et une villa de 3 chambres bénéficient d'un jardin équipé d'un barbecue et de tables. L'intimité ou la décoration ne sont pas les atouts premiers des lieux, mais on y trouve la clim, la TV et

le Wi-Fi. Le ménage est fait deux fois par semaine, et l'accueil est aimable.

Dodo La Lodge HÔTEL DE CHARME €€
(carte p. 95 ; ☎ 5253 9260, 263 8140, 5929 0204 ; www.dodolalodge.com ; Royal Rd, à l'angle de Joli-cœur ; d à partir de 43 €, petit-déj 290-350 Rs ; P ❄ 📶). Ouvert en 2012, à deux pas de la plage, cet hôtel contemporain et intimiste (que l'on repère de loin avec ses murs blancs et sa toiture à l'indonésienne), est une vraie bonne surprise : de beaux murs hauts en pierre noire, de larges portes en bois, et de petits bassins bordés de plantes vous accueillent dans les espaces communs. Les chambres, dans des tons sobres et décorées de photos en noir et blanc, sont spacieuses, lumineuses et climatisées ; les salles de bains à l'italienne, avec leur carrelage en ardoise et leurs sols composés de galets, sont particulièrement réussies. Les plus grandes chambres disposent d'une kitchenette, et toutes ont une terrasse. Une cuisine commune en prime. Un endroit idéal à Pereybère pour se relaxer, avec une touche de chic, et en prime un service adorable.

Bleu de Toi CHAMBRES D'HÔTES €€
(hors carte p. 95 ; ☎ 269 1761 ; www.bleudetoi.mu ; Royal Rd ; d standard/supérieure avec petit-déj 120-150/135-180 € ; P ❄ 📶 🏊). À l'entrée sud de Pereybère, cette adresse entièrement rénovée en 2021 vous accueille dans une maison moderne qui dissimule la belle surprise d'une piscine dans un jardin très soigné, et 8 chambres impeccables et bien décorées, dans un style contemporain chaleureux et confortable. Les plus grandes font 40 m² ; elles disposent de la clim et de la TV. Les résidents profitent d'un bar, et d'un petit salon-bibliothèque cosy où ils peuvent bouquiner en se servant un café, ou emprunter un DVD pour le regarder dans leur chambre. Lors de notre passage, 4 suites étaient en construction, et un nouveau restaurant devait ouvrir en octobre 2022. L'adresse n'est pas en bord de mer mais la plage est proche. Possibilité de table d'hôtes, d'excursions, de location de voiture, scooter et vélo.

Le Beach Club LOCATION DE MEUBLÉS €€€
(carte p. 95 ; ☎ 263 5104 ; www.le-beachclub.com ; Royal Rd ; studio 2 pers/app 4 pers 90-150/105-250 € selon saison, petit-déj 12 € ; P ❄ 📶). Ce petit complexe caché dans un coin de la plage publique offre 9 studios et 7 appartements fonctionnels, agréables et bien équipés ; la plupart ont vue sur mer. Préférez les studios, plus clairs que les appartements, bâtis à l'ombre. Le petit-déjeuner est servi en plein air sur le front de mer, à l'ombre des palmiers. On trouve également un bar, une blanchisserie, et on peut vous organiser excursions ou location de voiture. Des paniers-dîner sont livrés aux clients sur demande ; barbecues certains soirs, ménage quotidien.

Hibiscus Beach Resort & Spa TROIS-ÉTOILES €€€
(carte p. 95 ; ☎ 263 8554 ; www.hibiscushotel.com ; Royal Rd ; d en demi-pension 4 500-6 500 Rs ; d en pension complète 6 500-8 500 Rs ; P ❄ 🏊). Annoncé comme l'établissement le plus chic de Pereybère, surtout depuis ses travaux récents, l'Hibiscus propose de grandes chambres avec clim, TV et minibar, confortables sans être luxueuses, bâties face à la mer et nichées dans un jardin luxuriant bien entretenu, planté de badamiers, de cocotiers et d'hibiscus. Toutes sont pourvues d'une terrasse ou d'un balcon. Elles sont décorées avec un goût plus sûr que les peintures et les bouddhas dorés de la réception ne le laissent présager. Une agréable plage artificielle, plantée de cocotiers et agrémentée d'une piscine, donne sur la mer en contrebas (le littoral est rocheux dans cette zone), à laquelle on accède par un ponton en bois. Vous pourrez, si vous préférez, vous rendre à la plage publique, toute proche. Les services incluent salle de fitness, spa, sorties plongée, activités nautiques, et un restaurant sur une agréable terrasse surplombant la mer.

Ocean V BOUTIQUE-HÔTEL €€€
(carte p. 95 ; ☎ 260 2200 ; searesortshotels.com ; Royal Rd ; d petit-déj 209-190 € selon saison ; PP ❄ 📶). Situé à 200 mètres de la plage de Pereybère, cet hôtel récent à la décoration moderne (mélange de marbre et de bois), réservé aux adultes, propose 38 chambres confortables et spacieuses, dont certaines ont vue sur la mer. En prime, un bar, un spa et un rooftop avec une petite et agréable piscine à débordement qui surplombe la baie. Bémol : le restaurant, sur le rooftop également, pas toujours à la hauteur.

Où se restaurer

Les restaurants qui retiennent l'attention sont rares. Pour les petites faims, vous trouverez des stands proposant des *dholl puri* et autres en-cas sur la plage publique.

Wang Thaï THAÏLANDAIS €
(carte p. 95 ; ✆263 4050 ; Royal Rd ; plats 170-900 Rs ; ⌚mar soir, mer-dim midi et soir ; 🅿). Un des plus anciens restaurants thaïs de Maurice. L'endroit jouit d'une décoration élégante et dépaysante (notez le plafond en nattes et bambous), le service est très professionnel, et l'assiette tient sa promesse : poulet au curry vert, roulades de crevettes, ananas rôti et perles de tapioca... Les amateurs de plats relevés ne manqueront pas le bien nommé "canard énervé", sauté aux herbes thaïes.

Café Pereybère SINO-MAURICIEN €€
(carte p. 95 ; ✆263 8700 ; Royal Rd ; plats 255-950 Rs ; ⌚tlj midi et soir). Idéalement installé au cœur du village, en face de la plage publique, ce "café" est en fait un restaurant sino-mauricien décoré dans la plus pure tradition chinoise. La cuisine, honorable, se décline en une longue carte qui va du *fooyang* de crevettes au cari de langouste, en passant par les poissons grillés.

Bloom HEALTHY €€
(carte p. 95 ; ✆268 3036 ; chem. Du Vieux Moulin Casse ; petit-déj 275-475 Rs, déj 150-695 Rs ; ⌚mer-lun 7h30-15h30). Ouvert en 2021, ce nouveau café-boutique est l'endroit idéal pour petit-déjeuner et/ou déjeuner. Le matin, on se régale de fruit bowl, avocado toasts et autres œufs pochés, à accompagner de jus pressés minute et de cafés en tout genre. Le midi, place aux burgers (dont des végétariens), *bowls healthy*, houmous et frites de patate douce. On déguste le tout sur des banquettes à l'intérieur ou sous les paillotes installées dans le jardin. Mention spéciale à la jolie déco : tapisserie aux motifs tropicaux, carreaux de ciment au sol, mobilier en rotin.

Où boire un verre

The Cloud ROOFTOP
(carte p. 95 ; ✆5498 0466 ; Hotel Hibiscus ; ⌚tlj 17h-minuit). Ce nouveau rooftop et lounge bar est parfait pour siroter un cocktail maison ou une bière locale face à la baie, dans une ambiance guinguette. À escorter de mini-burgers, tapas et autres bruschettas pour les petites faims (150-350 Rs). Soirées régulièrement organisées : blind test, Latino session, live music...

Renseignements

Les services sont limités à Pereybère. Une agence de la Mauritius Commercial Bank dotée d'un DAB accessible 24h/24 est installée à l'entrée du village en venant de Grand Baie.

Depuis/vers Pereybère

BUS

Les bus pour Cap Malheureux font halte à Pereybère.

TAXI

En taxi, comptez 300 Rs depuis Cap Malheureux ou Grand Baie et environ 2 500 Rs au départ de l'aéroport.

Cap Malheureux

Ne vous fiez pas à son nom : l'extrémité nord de Maurice, épargnée par les promoteurs, est aussi paisible qu'agréable. Jadis redouté des marins, le littoral séparant Pereybère de Grand Gaube est dépourvu de grandes plages mais compte de nombreuses criques accueillantes et désertes. Ici plus qu'ailleurs, le lagon se pare d'une palette de teintes magnifiques, appréciées des kitesurfeurs, surtout à Anse La Raie.

Le village de Cap Malheureux, fief de pêcheurs, fera la joie des amateurs de quiétude, qui pourront y passer des journées entières dans la contemplation du plus beau point de vue qui soit sur l'île Coin de Mire. C'est en effet l'un des sites les plus paisibles de la côte nord de l'île.

Le cap doit son nom au débarquement des troupes britanniques le 2 décembre 1810, qui conduisit à la capitulation des forces françaises. D'autres sources affirment qu'il fut nommé en référence aux nombreux naufrages qui ont eu lieu sur ses côtes au fil du temps.

À voir et à faire

Ne ratez pas l'**église Notre-Dame-Auxiliatrice** (carte p. 99 ; messes sam 18h et dim 9h30). Célèbre pour son toit rouge, son petit bénitier et son autel en basalte, c'est le véritable emblème du village. Les couples venus se marier à Maurice (voir p. 231) aiment se faire photographier devant. Il est souvent difficile de se garer dans les parages. À ne pas manquer également, le superbe temple hindou **Sri Draupadi Amman Kovil Pavillion**.

Yemaya Adventures KAYAK DE MER ET VTT
(752 0046 ; www.yemayaadventures.com ; Butte à l'Herbe). Cette petite structure très pro, pionnière du tourisme vert à Maurice, propose entre autres des sorties en kayak de mer vers l'île d'Ambre et l'îlot Bernache (journée 3 500 Rs), de l'initiation à l'excursion de plusieurs jours, et organise chaque année un tour de l'île en kayak, sur 8 jours. Propose également des itinéraires variés à VTT et à pied partout ailleurs dans l'île. Bivouac possible à la demande.

La Mouette - chez Martial SORTIES EN MER
(carte ci-contre ; 753 8483 ; www.lamouette-martial.net). Autour de l'église Notre-Dame-Auxiliatrice, plusieurs prestataires vous proposeront des sorties en mer, vers l'îlot Bernache, l'îlot Gabriel et l'île Plate. Nous vous conseillons de rejoindre celles proposées par Martial. Très sérieux, il organise une excursion d'une journée à l'île Plate (adulte/enfant 2 000/1 000 Rs), incluant le repas sur la plage, les boissons et des activités snorkeling.

Où se loger

Coin de Mire Attitude TROIS-ÉTOILES €€
(carte ci-contre ; 204 9900 ; hotels-attitude.com ; Royal Rd, Bain Bœuf ; d petit-déjeuner 108-390 € ;). Fauteuils en rotin, matériaux naturels et ambiance design... Cet hôtel séduit d'emblée. Les 122 chambres sont grandes, soignées, décorées sobrement et comptent un balcon. Les abords des 2 piscines manquent néanmoins un peu d'espace. Les services incluent un spa, une salle de sport, un mini-club, un court de tennis éclairé la nuit et une série d'activités nautiques. Plusieurs soirées musicales chaque semaine. Vous devrez traverser la route pour atteindre la plage. Privilégiez un séjour incluant seulement le petit-déjeuner, le buffet du soir n'étant franchement pas une réussite.

Paradise Cove CINQ-ÉTOILES €€€€
(carte ci-dessus ; 204 4000, 204 4040 ; www.paradisecovehotel.com ; Anse La Raie ; d 232-865 € selon saison ;). Idéalement situé face à l'île Ronde, où il semble seul au monde, ce boutique-hôtel est avant tout apprécié des couples, à plus forte raison durant leur lune de miel. Baigné de tous côtés par le lagon et frangé de superbes plages de sable fin, le Paradise Cove conjugue luxe, charme, quiétude et discrétion. Intimiste, l'hôtel ne compte que 67 chambres et suites, dont le luxe s'inspire avant tout de l'art de vivre indien. Outre les activités nautiques habituelles, des croisières en catamaran à destination des îles du Nord sont proposées, mais aussi des dîners aux chandelles dans des paillotes sur pilotis. L'établissement possède 4 restaurants, 2 grandes piscines, un centre de plongée, des courts de tennis et un spa 5 Mondes et propose dériveurs et VTT. Les enfants ne sont pas acceptés.

The Goodlife Mauritius ÉCOLODGE €€€
(carte ci-contre ; 5489 2663 ; thegoodlifemauritius.com ; Royal Road ; d avec petit-déj 150-250 € selon saison ;). Gros coup de cœur pour cette nouvelle adresse dédiée au tourisme vert, ouverte en décembre 2021 par Antoine et Estelle, après deux ans de travaux. Située à mi-chemin entre l'église de Cap Malheureux et la plage d'Anse la Raie, elle compte 8 chambres épurées décorées avec soin, lesquelles comportent un lit King Size, une belle salle de bains, et ont chacune une terrasse privée et un accès direct à la piscine et son jardin tropical. Des tapis de yoga sont également à disposition. Les chambres Jardin font 25 m², et les Supérieures 40 m². Les petits-déjeuners sont copieux et la carte du midi, courte et efficace, est alléchante : bowls, granolas, jus maison, salades copieuses, pancakes (295-555 Rs)... Le tout composé, autant que possible, de produits locaux. Tout a été pensé pour limiter l'impact environnemental : chauffe-eau solaire, climatisation sur minuteur, produits naturels made in Maurice dans la salle de bains, tri sélectif, eau filtrée, gourde... Bonus : le duo regorge de bons plans hors des sentiers battus pour connaître l'île. Accueil fort sympathique.

Où se restaurer

Amigo POISSON ET FRUITS DE MER €€€
(carte ci-dessus ; 262 6248, 5251 9264 ; Royal Rd, Le Pavillon ; plats 275-2 900 Rs ; mar soir, mer-sam midi et soir). Dans le quartier de Pavillon, en face de la station de bus de Cap Malheureux, ce restaurant réputé pour ses poissons et crustacés est l'une des seules options du coin : ceviche de poisson à la coriandre fraîche, gratin braisé de palmiste et de gambas, carpaccio et marinades, vieille rouge à l'émulsion safranée, langouste grillée (240 Rs les 100 g) ou assiette de fruits de mer. Avant de prendre

De Cap Malheureux à Grand Gaube

De Cap Malheureux à Grand Gaube

À voir et à faire

1 Église Notre-Dame-Auxiliatrice B2
La Mouette - chez Martial.......... (voir 1)
Sun Tropical Tours.................... (voir 7)

Où se loger

2 Coin de Mire Attitude A2
3 LUX* Grand Gaube.......................... C2
4 Paradise Cove Hotel & Spa.............. B2
5 The Goodlife Mauritius B2
6 Veranda Paul et Virginie.................. D3

Où se restaurer

7 Amigo A2
8 Di Sab D3

votre commande, on vous présente sur un plateau l'arrivage frais du jour : spectacle garanti ! Dommage que les prix soient quelque peu surévalués… mais l'accueil est très souriant.

Depuis/vers Cap Malheureux

BUS

Des bus circulent toutes les 20 minutes environ entre Port Louis, Grand Baie, Pereybère, Cap Malheureux et Grand Gaube.

TAXI

En taxi, comptez 300 Rs pour Grand Baie et environ 2 500 Rs pour l'aéroport.

Grand Gaube

Changement de décor à l'est de Cap Malheureux : en l'espace de quelques kilomètres, le littoral bordé de filaos prend des allures résolument sauvages. Seule localité un peu importante de cette côte peu fréquentée, Grand Gaube est réputée pour la construction de pirogues traditionnelles – en bois noir ou en bois de jaquier, longues de 6,30 m et lourdes de 500 kg. Ce village de pêcheurs, qui vit toujours au rythme des marées, ne présente pas un intérêt majeur pour les visiteurs mais cette portion du littoral, isolée, est très calme : on y joue aux dominos ou au karom (jeu traditionnel indien) à l'ombre des arbres, et on peut admirer un petit temple hindou posé sur l'eau. Les kitesurfeurs apprécient de plus en plus la zone, qui offre un beau plan d'eau venté. La plage publique est tout indiquée pour un pique-nique.

Circuits organisés

Sun Tropical Tours AGENCE DE VOYAGES
(carte p. 99 ; ☎ 5914 0530 ; www.suntropicaltoursltd.com ; Royal Rd, B14). Cette petite

agence sérieuse, près du restaurant Di Sab, propose une large gamme d'activités, dont des sorties en mer vers l'île Plate et l'îlot Gabriel sur un catamaran. Location de voitures.

Où se loger

Veranda Paul et Virginie QUATRE-ÉTOILES €€€
(carte p. 99 ; ☎209 2400 ; www.veranda-resorts.com ; Royal Rd ; d avec petit-déj 180-435 € selon confort et saison ; P❄📶🏊). Spécialiste des quatre-étoiles de charme visant exclusivement les couples, le groupe Veranda a réussi son coup avec cet établissement qui se hisse sans peine au rang de meilleur choix des environs dans cette gamme de prix. Au cœur du village, ses 81 chambres (38 m² pour les plus petites), meublées et décorées avec goût, évoquent des scènes du roman de Bernardin de Saint-Pierre et comportent toutes un balcon ou une terrasse avec vue imprenable sur le lagon et l'île Ronde. L'alliance subtile du chaume, de la pierre et du bois crée une ambiance à la fois rustique et intime. Piscines (dont une à débordement), restaurants et petite plage sont au rendez-vous, et l'on peut pratiquer l'éventail habituel des activités nautiques (l'hôtel a son propre catamaran de croisière), en plus de la plongée. Le spa Seven Colors figure également au nombre des atouts de cette adresse qui mérite ses quatre étoiles.

♥ **LUX* Grand Gaube** CINQ-ÉTOILES €€€
(carte p. 99 ; ☎204 9191 ; www.luxresorts.com ; pointe Réjane ; d avec petit-déj à partir de 188 € ; P❄📶🏊). Jouissant de vues imprenables sur l'océan, cet hôtel romantique attire une clientèle de couples en lune de miel. Les 198 chambres et suites, orientées vers l'océan, sont harmonieusement décorées. Luxueuses et raffinées, dans les couleurs ocre et sable rehaussées de couleurs vives, elles affichent boiseries et matériaux naturels, créant une ambiance particulièrement zen et apaisante. Au cœur d'un superbe jardin dont le clou est un immense banian sous lequel est installé un restaurant-bar, l'hôtel épouse la forme du rivage et a pour seuls horizons la mer et les îles de la baie. Trois piscines, plusieurs restaurants, dont un gastronomique, un très beau spa, une salle de cinéma de 60 sièges (et un autre aménagé sur la plage le soir une fois par semaine), et une multitude de sports et d'activités complètent l'offre. L'unique villa de l'hôtel, avec piscine et Jacuzzi, offre un point de vue exceptionnel sur le lagon.

Où se restaurer

Di Sab BAR-RESTAURANT €€
(carte p. 99 ; ☎288 1146 ; Royal Rd ; plats 375-2 200 Rs ; ⊙tlj midi et soir). À une centaine de mètres de l'hôtel Veranda Paul et Virginie, le cadre ethnique et coloré très réussi de Di Sab fait la part belle aux matériaux de récup' : coquillages, abat-jour à base de passoire, cendrier en cannette... On y mitonne une cuisine créole – salade du pêcheur, spaghettis rougail de poisson, vindaye d'ourites... – et chinoise de bonne facture bien qu'un peu chère : la clientèle visée est clairement celle des hôtels de luxe avoisinants désireux de tester de nouvelles saveurs. Agréable, la terrasse donne sur une route. Préférez la salle à l'intérieur si le bruit vous gêne.

Goodlands

Cette grosse bourgade animée attire peu les visiteurs mais elle abrite nombre de services utiles aux voyageurs indépendants : supermarchés, banques, station-service... Complètement à l'écart des circuits touristiques, elle est sans doute la plus indienne des villes mauriciennes : c'est à pied qu'il faut découvrir ses bijouteries, son bazar, ses échoppes où l'on vend *dholl puri* et *aloudas*, en vous mêlant aux centaines de collégiens en uniforme qui occupent les rues à l'heure de la sortie des classes. Vous pourrez également y voir un intéressant temple hindou et quelques maisons coloniales et créoles. La plus belle du secteur, le château Labourdonnais, se situe à 5 km de Goodlands en direction de Mapou.

À voir

Historic Marine MODÈLES RÉDUITS
(☎283 9304, 283 9405 ; www.historic-marine.com ; rte de Saint-Antoine ; ⊙lun-ven 8h30-17h, sam-dim 9h-12h). GRATUIT Implantée dans la zone industrielle Saint-Antoine, cette entreprise de construction de maquettes de bateaux créée en 1982 est l'une des plus grandes de l'île. La visite permet de découvrir l'atelier où le bois est minutieusement travaillé ainsi qu'un imposant showroom d'une cinquantaine de bateaux

"LA FABRICATION DE MAQUETTES DE BATEAUX EST L'UN DES SEULS ARTISANATS DE MAURICE"

Serge Piat dirige Historic Marine, créé par son père il y a presque 40 ans à Goodlands. Cette entreprise familiale fait travailler 37 employés et fabrique chaque année des centaines de maquettes de bateaux, réputées dans le monde entier. Il nous révèle les dessous de cet artisanat typiquement mauricien.

Comment Historic Marine est-il devenu l'atelier de maquettes de bateaux le plus connu de Maurice ? Mon père, passionné de navigation, a fait son service militaire dans la marine. Avec trois amis, il a monté cet atelier, le deuxième de Maurice à l'époque. Ils ont commencé avec 5 ou 6 plans de bateaux... alors que nous en avons des milliers aujourd'hui. L'ambassadeur de France a montré ces maquettes et celles de José Ramar – de l'atelier Comajora à Curepipe – à Paris. Dès lors, les commandes ont afflué, tant elles étaient de qualité. Dans les années 1990, elles sont devenues très à la mode : tout le monde en voulait, et il y avait près de 200 boutiques spécialisées à Maurice ! Cette période faste s'est achevée avec la crise. À l'époque j'étais skipper dans les Caraïbes ; je suis revenu donner un coup de main, et j'ai développé la construction de maquettes de voiliers modernes et de bateaux à moteur, qui a relancé la production (www.myboatreplica.com). Les propriétaires du monde entier m'envoient des plans et des photos, et nous leur faisons une réplique absolument identique, à la taille de leur choix. Mais nous continuons bien sûr à fabriquer les maquettes des bateaux les plus célèbres de l'histoire maritime : 95 modèles sont exposés dans notre musée, et 145 dans notre catalogue.

Quelles sont les étapes d'une construction de maquette ? Nous récupérons les chutes de bois précieux des chantiers de construction des grands hôtels. La première coque est en meranti, léger comme le balsa et facile à travailler. La première couche est collée et clouée, puis on enlève les clous, on ponce et on applique la deuxième couche d'acajou, de teck ou d'ébène selon la teinte que l'on souhaite donner. Le vernis est fait au tampon. Puis on pose les pièces : gréement, mât (en pin souple), voiles (trempées dans du thé pour donner un aspect vieilli), canons... Les cordages sont passés à la cire d'abeille pour leur éviter de s'effilocher en passant dans les poulies, et leur permettre de rester tendus. Les balcons sont passés dans un bain de cuivre. Faire un thonier peut demander une semaine, mais la réplique du *Boulogne* peut prendre jusqu'à un an.

En quoi Historic Marine est-il différent des autres ateliers ? Nous sommes comme une famille, solidaires. Certains sont là depuis 30 ans ; en moyenne, les employés ont 17 ans d'ancienneté. S'ils sont malades, je leur achète des médicaments, je les aide autant que possible financièrement... C'est aussi à leurs femmes que je confie la confection des voiles et des drapeaux, qu'elles peuvent faire chez elle. Je forme aussi les jeunes ; s'ils ont l'œil, la dextérité, la patience, ils restent ; sinon ils partent d'eux-mêmes au bout de 2 jours car ce métier est difficile ! Nos maquettes, même si elles ont un certain prix, sont le fruit d'un travail précis, sérieux. Vous pourrez trouver des maquettes chinoises moulées en plastique pour 50-60 € ; les nôtres valent dix fois plus cher, mais elles sont de qualité !

de toutes tailles qui illustre la diversité des maquettes réalisées ici : des caravelles de Christophe Colomb aux bolides de la Coupe de l'America, en passant par le fameux *Saint-Géran* qui inspira Bernardin de Saint-Pierre (voir ci-contre), le *Titanic* ou le *Cutty Sark*, clipper britannique du XIXe siècle qui s'illustra sur la route du thé. Côté tarifs, comptez entre 20 et 20 000 € suivant la finition, le modèle (les plus compliqués demandent jusqu'à 6 mois de travail) et les matériaux utilisés. Sur la gauche, à la sortie de Goodlands en direction de Poudre d'Or.

Château de Labourdonnais DEMEURE COLONIALE ET VERGERS (☎266 9533 ; domainedelabourdonnais.com ; Mapou ; visite libre adulte/enfant 400/250 Rs ; ⏲tlj 9h-17h, dernière entrée à 16h). On chercherait presque Scarlett O'Hara dans les jardins de cette imposante maison coloniale du XIXe siècle, même si ici ce n'est pas le coton mais la canne à sucre qui a fait les beaux jours de cet ancien domaine. Une majestueuse allée de *Ficus microcarpa*, originaires d'Inde, donne sur cette bâtisse d'inspiration néoclassique italienne. Dotée d'une double varangue circulaire supportée par d'imposantes colonnes en teck, celle-ci fut construite à l'initiative du planteur Christian Wiehe entre 1856 et 1859.

La maison est toujours la propriété de la famille Wiehe qui l'occupa pendant plus de trois générations. L'agencement des pièces est caractéristique des hôtels particuliers du XIXe siècle : un vestibule central dessert d'un côté la salle à manger et de l'autre le grand salon, doté de beaux meubles en palissandre noirci et d'un mobilier Napoléon III. On trouve aussi au rez-de-chaussée le bureau-bibliothèque en acajou du maître de maison avec ses carnets de comptes, l'accès à la cuisine et au godon (de l'anglais *go down*), nom exotique donné à la cave.

La rénovation du "château" entreprise entre 2006 et 2010 fut un vrai tour de force, le climat tropical et les insectes ayant considérablement endommagé sa structure et ses éléments décoratifs. Elle nécessita l'intervention d'artisans spécialisés notamment pour la rénovation des tapisseries, comme l'explique un film diffusé à l'étage. On trouvera aussi au premier niveau un petit musée très instructif sur l'histoire des concessions de l'île Maurice ainsi qu'un descriptif des produits fabriqués aujourd'hui sur les terres du Domaine Labourdonnais (350 ha de canne et 50 ha de verger). Ces dernières produisent chaque année 50 000 litres de rhum et 500 tonnes de fruits ; une plantation de vanille produit 450 kg de gousses séchées par an. De là, on aperçoit la cheminée de l'ancienne sucrerie du domaine, démolie en 1960. Promenez-vous dans le verger du château qui regroupe de nombreuses essences, et notamment une cinquantaine de variétés de manguiers plantés au XIXe siècle. Vous trouverez aussi dans le jardin une rhumerie récente en activité que l'on peut visiter. Enfin, pour clore cette escale champêtre, laissez-vous tenter par la dégustation des rhums du domaine Labourdonnais, près de la boutique, et faites une escale au restaurant (voir ci-contre) ; un peu plus loin, le restaurant La Terrasse sert quiches, paninis et salades, tandis qu'on peut acheter miel et pâtes de fruits à l'épicerie La Corbeille.

Le château Labourdonnais est situé entre Pamplemousses et Goodlands. De cette dernière, prenez la direction de Mapou en tournant à droite à la sortie de la ville en direction de Poudre d'Or.

Où se loger

La Demeure Saint-Antoine DEMEURE COLONIALE €€€ (☎282 1823 ; lademeuresaintantoine.com ; Royal Rd, Saint-Antoine ; d à partir de 8 750 Rs avec petit-déj ; P ❄ wifi). Voici sans aucun doute l'une des meilleures adresses de Maurice, et la garantie d'un dépaysement total. Aux portes de l'attachante ville de Goodlands, cette superbe demeure coloniale fut construite vers 1835 par la famille de Chazal, qui la dota d'une varangue en L avec colonnades et d'un magnifique parc au milieu duquel trône un gigantesque banian. D'un côté la salle à manger d'époque, de l'autre le grand salon, le fumoir, et 4 chambres avec salle de bains, très élégantes. Lits à baldaquin, parquet de bois précieux, tapis anciens, gravures du XIXe siècle et fauteuils recouverts de velours font revivre l'ambiance de la Maurice d'antan. Si la maison a une identité très forte, elle n'en est pas moins chaleureuse et reposante, grâce aussi à l'extrême gentillesse du personnel. C'est aussi l'une des meilleures tables de l'île. Les succulents petits-déjeuners sont servis dans la porcelaine d'époque. Un véritable enchantement sans aucune fausse note, et un rapport qualité/prix défiant toute concurrence. Réservez tôt !

Où se restaurer

Goodlands est le royaume de la *street food* indienne ; vous trouverez des vendeurs de rue un peu partout dans la ville. Idéal pour déjeuner sur le pouce.

La Salle à Manger GASTRONOMIE MAURICIENNE €€€ (☎282 1823 ; lademeuresaintantoine.com ; Royal Rd, Saint-Antoine ; plats 200-1 100 Rs ; ⏲mar-sam midi, sur réservation le soir ; wifi). C'est un grand moment de bonheur qui vous attend à la table de La Demeure Saint-Antoine. Si le cadre exceptionnel est déjà en soi une excellente raison de venir y dîner, les repas sont une merveilleuse surprise : tartare de marlin et papaye verte, filet de babone en papillote de banane, curry de cochon marron aux raisins secs... Explosion des saveurs en bouche, maîtrise des assaisonnements, service grande classe sous la varangue de cette magnifique maison coloniale, à la lueur des bougies et face au luxuriant jardin, ou dans la belle salle à manger avec ses meubles d'époque... L'assurance d'une soirée parfaite !

La Table du Château GASTRONOMIE MAURICIENNE €€€
(266 7172 ; www.tableduchateau.com ; Mapou ; plats 590-2 500 Rs ; tlj midi, mer-sam soir). Situé dans l'enceinte du château Labourdonnais, le restaurant du chef Fabio de Poli propose, dans un cadre contemporain ouvert sur le jardin et les vergers, de revisiter la cuisine mauricienne en accompagnant viandes et poissons d'épices et de légumes typiquement mauriciens : "poisson du jour déglacé au citron vert et beurre d'oursin, fricassée de christophine à l'ail doux, brèdes aux herbes et oignons croquants" ou encore "tortellinis à l'encre de seiche farcis au marlin fumé, sauce aux poivrons rôtis, aubergine et tomates séchées, beurre noisette à la sauge". Plats végétariens également. Les desserts comme le "cappuccino aux fraises, glace à la pistache et crème au mascarpone" sont aussi de très bonne tenue. Une belle redécouverte avec style des saveurs mauriciennes.

Achats

Muslim Budaly VÊTEMENTS INDIENS
(stand 2.2, 2.3, 2.4 du bazar de Goodlands ; mar-ven 7h-16h). Difficile de choisir parmi les milliers de vêtements indiens en vente dans le bazar de Goodlands... Nous aimons bien le stand de M. Budaly, qui vend de superbes saris, robes, tuniques et churidars de toutes les couleurs, à des prix bien plus intéressants qu'aux bazars de Port Louis ou Grand Baie (500-1 000 Rs).

Poudre d'Or

Très authentique, ce village de pêcheurs et de planteurs est situé à 5 km au sud-est de Goodlands. Complètement à l'écart des circuits touristiques et plutôt calme, il est intimement lié à l'immense succès de librairie que fut le roman de Bernardin de Saint-Pierre, *Paul et Virginie* (voir l'encadré ci-dessous). C'est en effet au large de Poudre d'Or que le *Saint-Géran*, qui apportait de France des équipements pour la première raffinerie de sucre de l'île, fit naufrage en 1744 au cours d'une tempête – un drame qui inspira l'auteur pour son récit. Le village en garde toutefois peu de souvenirs : une expédition française a bien exploré l'épave en 1966, mais les trouvailles de ces fouilles

PAUL ET VIRGINIE

Best-seller pendant tout le XIXe siècle, le roman sentimental de Bernardin de Saint-Pierre, écrit en 1788, continue de hanter l'imaginaire mauricien. En bon disciple de Rousseau, l'auteur y met en scène, dans la nature paradisiaque de l'île de France (Maurice aujourd'hui) – où il a séjourné de 1768 à 1770 –, l'amour naissant entre deux jeunes cœurs purs qui ignorent le mal. L'idylle est contrariée quand la jeune fille doit partir contre son gré étudier en France. Dans l'épilogue du roman, le navire qui ramène Virginie à l'île de France est pris dans la tempête et s'échoue sur le récif. Paul se jette à la mer pour secourir sa dulcinée. Mais Virginie, par pudeur, refuse de quitter ses vêtements pour regagner la rive et se noie. Paul ne tarde pas à mourir de chagrin.

Bernardin de Saint-Pierre s'est inspiré pour son récit du naufrage réel du *Saint-Géran*, que la tempête a échoué en 1744 sur les récifs de l'île d'Ambre. Deux femmes qui auraient refusé de se déshabiller pour rejoindre la rive à la nage auraient péri noyées, emportées par le poids de leurs vêtements. On est moins ici dans une histoire d'amour que dans une tragédie de mœurs !

Vous croiserez Paul et Virginie à peu près partout dans l'île, car ils ont largement inspiré les artistes mauriciens. La sculpture des amants par Prosper d'Épinay, conservée au Blue Penny Museum (p. 62), est sans doute la plus connue et la plus réussie.

ont été transférées au musée de Mahébourg (voir p. 157). Seul un petit **monument à la mémoire des naufragés** orne l'extrémité de la jetée de Poudre d'Or. Autre site intéressant du village, l'**église Sainte-Philomène**, à l'étonnante allure gothique, se repère à son clocher en basalte - il surgit d'un champ de cannes sur la route en venant de Goodlands.

Pour une balade culturelle passionnante dans le village, adressez-vous à My Moris (voir encadré p. 63), à Port Louis.

Entre Poudre d'Or et Roches Noires, ne manquez pas Pointe des Lascars, un village de pêcheurs calme et apaisant, qui compte un parc spirituel dans lequel des jardins et des autels surmontés de divinités hindoues sont disposés.

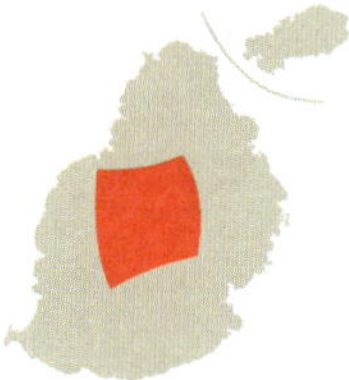

Plateau central

Dans ce chapitre ➜

Le top des hébergements

- Hello Guest House Hôtel (p. 112)
- Joubarbe Résidence (p. 115)

Le top des restaurants

- La Clé des Champs (p.111)
- Maison Eurêka (p. 114)
- L'Escale Créole (p. 115)
- Happy Rajah (p. 111)

Pourquoi y aller

Quelques centaines de mètres d'altitude suffisent à donner à cette région un visage radicalement différent de celui du littoral : vous ne trouverez ici ni palaces ni fontaines couvertes de fleurs, mais des quartiers d'habitation, des fabriques de textile, des usines, des centres commerciaux et des routes à la circulation intense. Faite d'une trame urbaine dense et continue où se rassemblent près de la moitié des habitants du pays, cette facette laborieuse de l'île Maurice ne cherche pas à séduire les visiteurs, et c'est justement ce qui fait son charme authentique. Hors des circuits balisés du tourisme balnéaire et des clichés "cocotiers-plage-lagon", il laisse entrevoir l'envers du décor et des facettes plus justes de la vie des Mauriciens. La présence de touristes étant inhabituelle, les contacts avec la population y sont souvent plus authentiques. Le centre de l'île, enfin, compte quelques sites remarquables, dont de superbes maisons créoles ouvertes au public.

Les villes du plateau central disposent d'un atout maître pour attirer les visiteurs : paradis du shopping, elles sont l'occasion de faire des emplettes. Vous trouverez ici un grand nombre de marchés, de boutiques de vêtements, de magasins d'usine... et des centres commerciaux flambant neufs.

Quand partir

Il pleut davantage sur les reliefs du plateau central que dans les autres régions de l'île, et ce tout au long de l'année. Moins touristique que le reste de Maurice, le plateau central peut se visiter en toute saison.

À ne pas manquer

1 Le cadre enchanteur et l'architecture de la **maison Eurêka** (p. 114), à Moka

2 La demeure historique du **domaine des Aubineaux** (ci-contre), à Curepipe

3 Les spectaculaires **chutes de Tamarin** (p. 110)

4 La foire de **Quatre Bornes** (p. 112)

5 Une virée **shopping** dans les *malls* du plateau central, notamment ceux de Moka, Quatre-Bornes et Floréal (p. 114)

UNE JOURNÉE SUR LE PLATEAU CENTRAL

Si vous arrivez le jeudi ou le dimanche, commencez par faire un tour par la **foire de Quatre Bornes** (p. 112) puis mettez le cap vers la **maison Eurêka** (p. 115), où vous pourrez déjeuner (pensez à réserver). Rejoignez ensuite le **domaine des Aubineaux** et **Curepipe** (ci-dessous). Arrivé un autre jour de la semaine, débutez la journée par le domaine des Aubineaux, déjeunez à La Clef des Champs (p. 111) ou à la maison Eurêka, que vous prendrez le temps de visiter avant de finir la journée par un peu de **shopping** (p. 114). Autre option, nature et sportive celle-là : une journée ou une demi-journée aux **chutes de Tamarin** (p. 110) ou sur les pentes du **Pouce** (p. 116).

Curepipe

À mi-chemin entre Port Louis et Mahébourg, la deuxième ville du pays (84 000 habitants) garde d'intéressantes traces de son passé, notamment le superbe domaine des Aubineaux et quelques bâtiments méritant le coup d'œil. Elle est également appréciée des amateurs de shopping pour ses boutiques moins onéreuses que celles des centres commerciaux de la côte. L'ancien cratère du **Trou aux Cerfs**, à environ 1 km à l'ouest du centre-ville, révèle pour sa part un large panorama sur l'est de l'île depuis la route de 1,4 km qui l'encercle.

Plusieurs hypothèses se disputent l'origine du curieux nom de la ville : l'une assure qu'il proviendrait d'une localité de Gironde ; selon une autre, ce surnom lui aurait été donné par les soldats français, qui avaient l'habitude d'y faire une halte sur la route du Sud pour fumer et curer leur pipe...

La physionomie générale de la ville n'a guère de raison de vous retenir plus de quelques heures. D'autant plus que Curepipe, à 550 m d'altitude, est particulièrement arrosée.

À voir et à faire

Domaine des Aubineaux DEMEURE COLONIALE
(☎676 3089 ; www.saintaubin.mu ; Royal Rd, Forest Side ; visite et dégustation de thé adulte/-12 ans 330/165 Rs ; ⏱tlj 9h-17h). Bâtie en 1872 dans le style épuré de l'architecture coloniale française, puis transformée en musée en 2000, cette habitation cossue de près de 750 m² et 28 pièces esquisse un portrait de la vie des familles fortunées de Maurice avant l'indépendance. Elle fut, en 1889, la première de l'île à être raccordée à l'électricité.

Au-delà de l'architecture de la maison et de la rigueur de ses jardins pleins de camphriers, les points forts de la visite sont le grenier – où vous pourrez admirer une superbe charpente en ébène, colophane et bois récupérés sur les navires ayant sombré au large des côtes mauriciennes – et les beaux exemples de meubles français, anglais et en provenance de la Compagnie des Indes. Distillerie d'huile essentielle et boutique sont installées dans les anciennes écuries où vous admirerez des photographies prises durant l'Exposition universelle de Paris, en 1900 – décalé, certes, mais intéressant ! Vous pourrez conclure la visite (environ 1 heure) en dégustant du rhum ou une tasse de thé accompagnée de biscuits sous la varangue ou dans le salon. Également possibilité de petite restauration.

Le domaine des Aubineaux fait partie de l'itinéraire touristique baptisé la "Route du thé" (voir l'encadré p. 174) : un billet combiné permet l'accès aux autres sites.

Bâtiments historiques PATRIMOINE MAURICIEN
Reconnaissable à sa varangue, à son perron de basalte surélevé et à ses bardeaux gris-bleu, l'**hôtel de ville** (qui n'est pas la mairie mais une salle de bal !) compte parmi les rares bâtiments de style colonial encore debout à Curepipe... pour le moment. Bâti en 1902, il est malheureusement dans un état de délabrement avancé, et les projets de restauration sont sans cesse repoussés.

Dans le jardin, une statue de bronze du sculpteur mauricien Prosper d'Épinay évoque le plus célèbre couple romantique de l'île, Paul et Virginie (voir l'encadré p. 103). Vous pourrez voir également les statues d'un astronome français, l'abbé La Caille, et du poète Paul-Jean Toulet.

Juste à côté de l'hôtel de ville, la bibliothèque municipale, la **Carnegie Library**, abrite une collection unique de manuscrits sur l'histoire des Mascareignes. La **salle de lecture** (☎670 6733 ; ⏱lun-sam 9h-16h45) est ouverte au public et offre un choix assez récent de mensuels et de journaux français. Un peu plus loin, dans Royal Rd, le **Royal College** (1813), avec sa façade grise

Curepipe

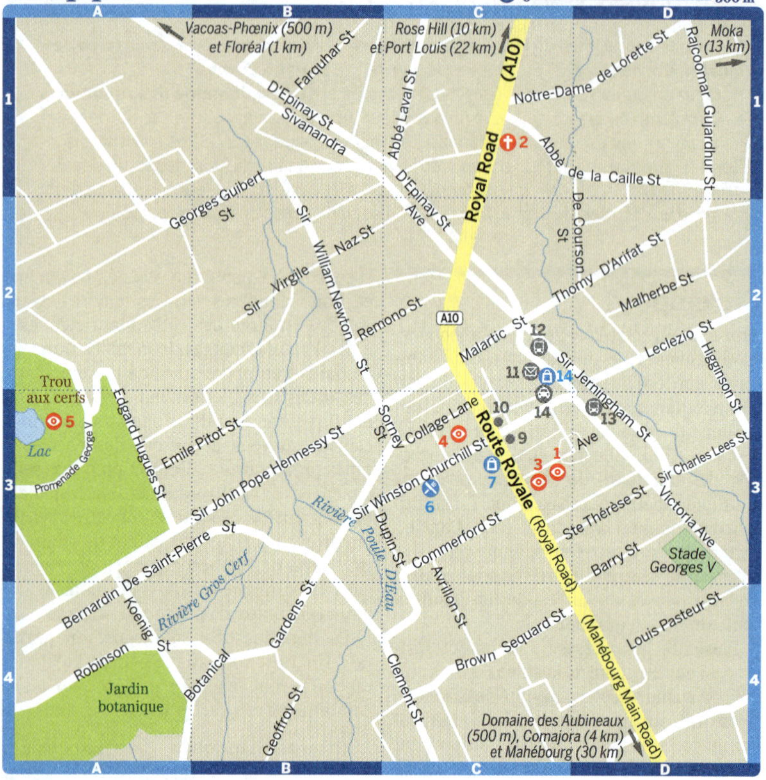

et ses colonnes, est l'un des plus anciens établissements d'enseignement secondaire anglais de l'hémisphère Sud. De l'autre côté de la route, l'**église de Sainte-Hélène** (construite de 1923 à 1927), d'inspiration néobyzantine, vaut aussi le détour pour son architecture hétéroclite empruntant aux styles byzantin, celtique et roman.

Vertical World CANYONING

(☎ 697 5430 ; www.verticalworldltd.com ; canyoning aux 7 cascades 3 000 Rs/pers, randonnée Mount Pieter Both 4 100 Rs/pers, randonnée Black River Peak 1 900 Rs/pers, escalade 23 100 Rs/pers). Cette structure ultrasérieuse, spécialisée dans les activités de plein air pratiquées dans les réserves naturelles, jouit d'une excellente réputation. Encadrées par des moniteurs passionnés et très diplômés, les sorties canyoning, notamment, garantissent des montées d'adrénaline dans les gorges étroites et sur les parois verticales des cascades de Tamarin, du domaine de l'Exil, de Chamarel, d'Alexandra, d'Eau Bleue ou de la Mare aux Joncs. Vertical World propose aussi des sorties combinées canyoning et VTT, randonnée ou varappe. Les débutants comme les casse-cou aguerris sont les bienvenus.

Où se loger

Rares sont les visiteurs qui font halte à Curepipe pour la nuit ; la ville offre de toute façon peu de possibilités d'hébergement. Préférez les établissements du littoral, le bord de mer n'étant qu'à une vingtaine de kilomètres.

Où se restaurer

La gare routière et les abords du marché comptent nombre d'étals où vous pourrez déjeuner sur le pouce à petits prix.

Chelsea Cup N Cake SALON DE THÉ €

(☎ 674 6767 ; Galerie Currimjee, Royal Rd ; plats 175-550 Rs ; ⏲ lun-sam 9h-18h). Un lieu

Curepipe

À voir

1 Carnegie Library ... C3
2 Église de Sainte-Hélène ... C1
3 Hôtel de ville ... D3
4 Royal College ... C3
5 Trou aux Cerfs ... A3

Où se restaurer

Chelsea's Cup N Cake ... (voir 7)
6 La Potinière ... C3

Achats

7 Galerie Currimjee ... C3
8 Marché ... C2

Renseignements

9 Barclays Bank ... C3
10 Mauritius Commercial Bank ... C3
11 Poste principale ... C2

Transports

12 Gare routière ... C2
13 Gare routière ... D3
14 Station de taxis ... C3

convivial et cosy, où l'on mange léger et rapidement ; les adeptes du sans-gluten et les véganes trouveront ici de quoi se rassasier avec gourmandise ! Salades, quiches, sandwichs, et surtout de délicieuses pâtisseries (tartelettes au crumble de pommes, religieuses au chocolat Lindt et à la pistache, cheesecake au fruit de la passion...) à déguster avec un thé, un café, un milk-shake ou un jus de fruits frais. Le cadre est agréable, le service adorable.

La Potinière MAURICIEN CHIC €€

(☎ 670 2648, 5942 2712 ; rue Charles-Lees ; plats 350-1 000 Rs ; ⏲ fermé dim). Changement d'adresse pour la table la plus chic de Curepipe depuis plusieurs décennies. Désormais installée à côté des champs de thé de l'usine Corson (on peut voir les cueilleuses depuis sa table), elle propose toujours d'alléchantes suggestions, à l'image du gratin de fruit à pain aux gambas, du soufflé au palmiste, du coq au vin, du civet de lièvre à la mauricienne... Salle (superbe vieux piano Pleyel) et terrasse très agréables.

Achats

Curepipe est réputée de longue date auprès des visiteurs pour ses possibilités de shopping (Royal Rd, Chasteauneuf St), meilleur marché que dans les localités de la côte, mais aussi moins axé sur les marques et les boutiques à la mode.

Marché MARCHÉ ALIMENTAIRE

(Chasteauneuf St ; ⏲ lun-ven 6h-18h, dim 6h-12h). Installé dans un édifice en forme de silo à grains, aussi étrange que laid, le marché de Curepipe propose avant tout des fruits et légumes mais est bordé d'échoppes de produits variés. Il mérite une visite pour son animation. Un autre grand marché se tient dans le faubourg de Forest Side le mercredi et le samedi.

Comajora MAQUETTES DE BATEAUX

(☎ 670 1668 ; rte de la Brasserie, Forest Side ; ⏲ lun-sam 9h-17h). Parmi les différentes entreprises de modèles réduits que recèle Curepipe, c'est à celle de José Ramar que va notre préférence. Les bateaux en bois massif sont entièrement construits à la main dans cet atelier où vous pouvez observer les artisans à l'œuvre dans leur minutieux travail, chacun étant spécialisé dans la découpe, l'assemblage, le collage ou le vernis du pont, des mâts... Les modèles, reproductions de bateaux célèbres comme le *Bounty* ou les *Pen Duick* d'Éric Tabarly, vont de 75 cm à 3 m de long. Les prix commencent à 160 €, et vont jusqu'à près de 5 000 €.

Galerie Currimjee GALERIE COMMERCIALE

(angle Royal Rd et Dr Ferrière St). Elle abrite principalement des boutiques de mode. Au premier étage, la Galerie des Îles (⏲ 9h30-17h30) propose des marques mauriciennes.

Orientation

Le modeste centre-ville se parcourt facilement à pied. Il s'étend entre Royal Road (l'axe venant de Port Louis et allant au sud vers Mahébourg et Forest Side) et Sir J.H. Jerningham St, une large route à 2 voies qui longe la gare routière et débouche au sud vers la voie rapide. Chasteauneuf St, que prolonge Sir Winston Churchill St, à l'ouest, relie les deux artères.

Renseignements

ARGENT

La plupart des banques sont implantées dans Royal Rd et Chasteauneuf St. Elles sont équipées de DAB et de bureaux de change.

Barclays Bank (Chasteauneuf St ; ⏲ lun-jeu 9h-15h30, ven 9h-16h)

Mauritius Commercial Bank (Royal Rd ; ⏲ lun-jeu 9h-15h15, ven 9h-17h).

MALARIA

À l'instar des localités voisines de Floréal et de Vacoas-Phœnix, Curepipe doit son essor à l'épidémie de malaria de 1867, qui sévissait sur la côte. Des milliers de Mauriciens quittèrent alors Port Louis et les villages du littoral pour se réfugier sur les hauteurs près du cratère de Curepipe, en quête d'un air plus sain et de températures plus fraîches – jusqu'en 1897, on pensait le paludisme causé par l'air vicié flottant au-dessus des marécages et des eaux dormantes. Par la suite, et tandis que la côte précisait année après année sa vocation touristique, les localités du plateau central devinrent des lieux de commerce et d'habitation, à l'écart des itinéraires classiques.

POSTE

Poste principale (lun-ven 8h15-16h, sam 8h15-11h45). Derrière le marché, non loin de la gare routière.

Depuis/vers Curepipe

BUS

Important carrefour de transports, Curepipe est reliée par bus à Port Louis, Mahébourg, Tamarin, Centre de Flacq, Moka et aux localités voisines, telles que Quatre Bornes ou Rose Hill. La gare routière s'étend de part et d'autre de l'intersection entre Victoria Avenue et Chasteauneuf St. Les bus à destination du nord sont garés au nord de cette intersection ; ceux pour le sud partent du sud.

TAXI

Vous trouverez une station de taxis dans Chasteauneuf St. À titre d'exemple, les tarifs à négocier demandés par les chauffeurs sont de 1 000-1 200 Rs pour Port Louis et de 2 000 Rs pour Grand Baie.

Chutes de Tamarin

Succession de sept chutes se déversant dans de belles vasques profondes et fraîches au milieu d'une gorge sauvage, les "Tamarind Falls" comptent parmi les plus spectaculaires de l'île – la plus haute fait 60 m ! Peu fréquentées, elles méritent le détour mais leur accès n'est pas des plus aisés. Une autorisation est théoriquement nécessaire pour visiter les chutes mais elle semble rarement demandée, faute de savoir qui est officiellement habilité à la délivrer. Nous conseillons d'avoir recours à un guide pour les visiter, d'autant que tous les chemins ne sont pas bien balisés.

Accès aux chutes

Les chutes sont situées au sud du village d'Henrietta, à une dizaine de kilomètres à l'ouest de Curepipe. Des bus desservent Henrietta toutes les demi-heures environ depuis Port Louis ou Curepipe. Vous devrez ensuite parcourir à pied les 2 km qui mènent au début du sentier. S'y rendre en voiture se révèle plus simple : rejoignez la route qui relie Vacoas au Pétrin puis, à l'entrée de Glen Park, suivez le panneau "Tamarind Falls" à droite, jusqu'au terminal des bus d'Henrietta. De là, un autre panneau indique "Tamarind Falls Reservoir", à gauche (le "*view point*", indiqué à droite, ne mène qu'à un panorama lointain et décevant). Vous parviendrez après 2 km au réservoir de Tamarin, où vous pourrez vous garer.

Mieux vaut laisser sa voiture au bord de l'eau qu'en face du sentier. Revenez ensuite une centaine de mètres sur vos pas, en traversant un petit pont, et suivez le chemin qui part en face d'un temple : vous verrez un premier promontoire offrant un beau point de vue sur les cascades (un second se situe près d'une centrale hydroélectrique). Vous atteindrez en 5 minutes de marche l'étroit sentier qui descend vers les chutes. Il se repère à de grosses flèches blanches peintes sur un rocher. Une dizaine de minutes de descente assez abrupte mènent à la rivière. Vous êtes alors en haut de la première chute. Un sentier, en face, permet de descendre à son pied en une dizaine de minutes de marche supplémentaires. Méfiez-vous, car la descente est escarpée et délicate par temps humide : prévoyez de bonnes chaussures. Il est possible de rejoindre la troisième chute et de revenir à son point de départ, ou de voir les sept. Vous pourrez vous baigner, voire prendre une douche, sous certaines.

La première chute, qui s'atteint en une trentaine de minutes, est équipée pour le canyoning : contactez Vertical World, à Curepipe (voir p. 108).

Guides

Il est nettement préférable d'être accompagné d'un guide, à plus forte raison si vous voulez passer la journée à descendre le cours d'eau, d'une chute à l'autre. Vous pouvez contacter **Jay Tannoo** (5764 1372, www.jay7cascades.com ; départ gare d'Henrietta à 9h, visite des chutes jusqu'à 14h ; 1 300 Rs/pers, 2 500 Rs pour 2 pers. pique-nique inclus ; sur réservation), guide depuis 25 ans, qui connaît parfaitement bien les lieux, est apprécié de tous et se montre aux petits soins avec ses clients. **Yan** (☎5982 5003,5785 6177, 5250 8004 ; www.trekkingmauritius.com) est un autre guide très pro que nous recommandons. Ses treks sont assez sportifs. **Lokal Adventure** (☎5454 4060, 5934 8828, lokaladventure.com) propose également des sorties à la journée, en trek (2 250 Rs) ou canyoning (4 000 Rs).

Floréal et Vacoas-Phoenix

À la limite nord de Curepipe, les faubourgs résidentiels mitoyens de Floréal et Vacoas-Phoenix ont les faveurs des couches aisées de la population mauricienne, des ambassadeurs et des hommes d'affaires. Les superbes villas perchées sur les collines voisines du Trou aux Biches attestent de son côté chic. L'endroit est également connu pour l'usine de textile du même nom, la plus importante de Maurice.

La (brève) visite des tailleries de diamants et le shopping sont les seuls véritables centres d'intérêt de ces localités.

À voir

Deux ateliers-boutiques de taille de diamants sont installés à Floréal. Leurs visites sont très rapides, mais instructives, et servent avant tout de prétextes pour attirer d'éventuels acheteurs. Les bijoux réalisés dans les ateliers, à partir de pierres originaires pour la plupart d'Afrique du Sud, sont proposés à la vente. Les visiteurs étrangers bénéficient de tarifs hors taxes (paiement à l'atelier, réception des pièces à l'aéroport le jour du départ). Les ateliers sont situés à courte distance l'un de l'autre, dans le quartier de Mangalkhan.

Adamas DIAMANTS

(☎696 5246 ; www.adamasltd.com ; Floréal ; ⌚lun-ven 9h-16h30, sam 9h-14h15). Adamas (qui signifie "diamant" en grec) fut la première taillerie de l'île Maurice à ouvrir, en 1970. Vous ne pourrez assister à la taille que derrière des vitres fumées, mais un petit musée donne de nombreuses informations sur les pierres précieuses, leur taille, les pays producteurs, les plus belles pièces recensées au monde... Bijoux sur-mesure livrables en 2 à 3 jours. Plusieurs boutiques dans l'île, notamment au Caudan Waterfront (voir p. 62), à Grand Baie et à Flic en Flac.

♥ **Takamaka Winery** VIGNOBLE

(☎5442 8371 ; www.takamakawinery.com ; Plaine Bonnefin, Mare aux Vacoas, Vacoas-Phoenix ; ⌚lun-ven 9h-17h, sam 9h-14h). Au sud de Vacoas-Phoenix, près du réservoir de Mare aux Vacoas, est né récemment un vignoble destiné au vin... de litchi ! À la barre de ce lieu superbe et étonnant (on trouve aussi ici une galerie d'art, un bistrot et une boutique), les tenaces Isabelle et Alexander Oxenham, qui rêvaient de créer le premier grand vin mauricien. Pari tenu pour ces cuvées de qualité, qu'on retrouve sur les meilleures tables. La visite guidée des vergers, du chai (ici on lave les cuves à l'eau de pluie), et la dégustation des délicieux blancs et rosés vous convaincront sans aucun doute !

Où se restaurer

♥ **Happy Rajah** INDIEN €€

(☎427 1400, 427 6400 ; www.happyrajah.com ; centre commercial Jumbo Phoenix, Vacoas-Phoenix ; plats 310-690 Rs ; ⌚tlj midi et soir ; wifi). Du *gosht saag wala* (curry d'agneau aux épinards) au *jhinga kadahi* (curry de crevettes au gingembre et poivre vert) en passant par les spécialités cuites au tandoor et les succulents *cheese naan*, on trouve dans ce restaurant un large éventail de spécialités indiennes, qu'on peut également emporter. Succursale du restaurant du même nom à Grand Baie (voir p. 91) et à Tamarin (voir p. 139), l'Happy Rajah est souvent plein : pensez à réserver ! Accueil sympathique.

♥ **La Clef des Champs** GASTRONOMIE €€€

(☎686 3458, 686 2509 ; www.laclefdeschamps.mu ; Queen Mary Ave, Floréal ; plats 525-4 000 Rs ; ⌚lun-ven midi et soir, sam soir sur réservation). Jacqueline Dalais, personnage connu dans toute l'île pour ses "mille idées de recettes" (comme son cœur de palmier braisé) et son accueil inimitable, a passé le relais culinaire à ses enfants. Pour beaucoup, sa cuisine représentait la quintessence de la gastronomie mauricienne : créativité, perfectionnisme et tradition se mêlaient dans son beau restaurant, où le service était toujours impeccable. La relève s'annonce du même acabit. On retrouve notamment son cappuccino d'oursins et mouillettes de manioc.

Marché aux légumes de Vacoas MARCHÉ

(⌚mar et ven). Ce marché très coloré mérite le détour pour son ambiance.

Depuis/vers Floréal et Vacoas-Phoenix

Les nombreux bus circulant entre Curepipe et Port Louis ou Flic en Flac desservent ces localités.

Quatre Bornes

Autrefois uniquement résidentielle, Quatre Bornes a connu un essor commercial considérable au cours des dernières décennies. Cette évolution s'est traduite dans son urbanisme, la rue principale séparant la ville d'origine, d'un côté, et les nouveaux quartiers d'affaires, de l'autre. L'ouverture de Cybercity (voir encadré page ci-contre), aux portes de la ville, verra sans nul doute cette vocation commerciale se poursuivre dans les années à venir. Pour les visiteurs, le marché bihebdomadaire est le principal – si ce n'est l'unique – attrait de cette localité sans grand charme et souvent embouteillée.

La plupart des commerces et services s'égrènent le long de St Jean Rd, l'artère principale. Vous y trouverez des banques dotées de DAB, le bureau de poste, le marché, les restaurants et hôtels, des chaînes de fast-food internationales.

À voir et à faire

Foire aux tissus et aux vêtements MARCHÉ

(St Jean Rd ; jeu et dim, 6h-18h). Ce marché, qui compte parmi les plus importants de l'île, se tient deux fois par semaine dans l'artère principale de Quatre Bornes. De nombreux acheteurs viennent des îles voisines de La Réunion et des Seychelles pour profiter de ses offres. Les prix sont très intéressants mais la qualité n'est pas forcément au rendez-vous. L'ambiance, en revanche, ne risque guère de vous décevoir. Au même endroit, foire aux fruits et légumes le mercredi et le samedi.

Où se loger

Rares sont les visiteurs qui passent la nuit à Quatre Bornes – Flic en Flac et sa plage ne sont en effet qu'à une dizaine de kilomètres.

♥ Hello Guest House Hôtel GUEST HOUSE €

(424 2991, 5735 3028, 5769 7725 ; hellohguesthouse.hotel@yahoo.com ; La Louise Lane ; à partir de 50 € ;). Cette adresse toute proche de la rue principale, ouverte en septembre 2017, est une bonne surprise. Un havre de tranquillité, légèrement en retrait de l'agitation de la ville, où l'on est accueilli très chaleureusement par Kavee et sa femme Véronique. Dans ce *Little India* pittoresque, où les vendeurs de rue régaleront vos papilles, vous attendent 6 chambres (4 doubles et 2 familiales) vastes et confortables, à la propreté irréprochable. Wi-Fi à la réception, possibilité de snack. Lors de notre passage, Kavee commençait des travaux sur le toit-terrasse pour l'aménager en coin lounge.

The Palm HÔTEL €€

(465 7575 ; palmshotelmauritius.com ; St Jean Rd ; s deluxe/superior/suite à partir de 2 290/3 400/4 670 Rs ;). Le seul hôtel un peu "haut de gamme" de Quatre-Bornes, essentiellement fréquenté par une clientèle d'affaires. On y retrouve les services et équipements habituels dans cette gamme de prix (spa, lits king-size, télé satellite, climatisation, restaurant et bar lounge...) ; malheureusement, le simple vitrage n'est pas suffisant pour faire oublier le bruit de la circulation, et les lieux pourraient être mieux entretenus.

Où se restaurer

Si vous êtes venu pour la foire, vous pourrez prendre un repas sur place, au fil des nombreux étals proposant *dholl puri* (variété de crêpe indienne), croquettes et samoussas qui jalonnent le marché. Les restaurants de la ville s'illustrent avant tout dans le registre culinaire chinois et indien.

Hide Away Garden Restaurant EUROPÉEN-MAURICIEN €

(466 9443 ; hideaway@intnet.mu ; Vanneron Garden Center, rte Marbella, Trianon ; petit-déj 320 Rs, plats 310-650 Rs ; tlj 9h-17h ;). Caché dans une pépinière (où près de 5 000 plantes sont en vente) à la sortie de Quatre Bornes, un jardin dense d'un calme olympien, où coule une rivière, et quelques tables pour le petit-déjeuner, ou une pause gourmande totalement dépaysante. Installé dans une oasis de verdure, vous dégustez salades (celle aux aubergines confites et marlin est excellente), omelettes, paninis et sandwichs, pâtes et plats traditionnels. Desserts appétissants, belle carte des vins et des digestifs.

♥ King Dragon CHINOIS €€

(424 7888 ; St Jean Rd, La Louise ; plats 150-1 200 Rs ; tlj sauf mar). Sans nul doute la meilleure adresse de Quatre Bornes, tant côté salle que côté fourneaux : King Dragon

CYBERCITY : QUAND LES GIGABITS SUPPLANTENT LA CANNE

L'île Maurice est pleine de ressources. Longtemps, l'île a été vantée pour son économie équilibrée reposant sur la trilogie canne/textile/tourisme. Mais les temps ont changé. Si le tourisme se porte bien, les filières sucrière et textile présentent depuis quelques années de graves signes d'essoufflement. Nombreux étaient donc ceux qui appelaient de leurs vœux l'émergence de nouveaux "piliers" pour l'économie insulaire : les services informatiques et les services financiers.

Aux portes de Quatre Bornes, Cybercity est le symbole de cette nouvelle direction. Au-dessus des champs de canne, ce quartier d'affaires high-tech abrite les entreprises de services de ce secteur en plein boom : centre financier (grandes banques, cabinets d'audit ou de comptabilité...), centres d'appels favorisés par le bilinguisme mauricien, entreprises de télécommunications et de développement informatique, mais aussi serveurs de back-up informatiques, écoles supérieures de commerce ou ministères... Au total, une quarantaine de bâtiments, et plus de 200 sociétés qui emploient plus de 20 000 salariés. L'île, isolée et stable politiquement, est en effet considérée comme une bonne base arrière pour le stockage de données informatiques.

L'**Hennessy Park Hotel** (☎ 403 7200 ; www.hennessyhotel.com ; 65 Ebene Cybercity ; d à partir de 157 € ; P ❄ @ ≈), ex-Four Points by Sheraton, situé au centre de Cybercity, est un quatre-étoiles qui attire principalement une clientèle d'hommes d'affaires. Ne cherchez donc pas de touche de raffinement dans cet établissement avant tout fonctionnel qui accueille de nombreux séminaires d'entreprise. Il a cependant l'avantage de proposer un confort inégalé sur le plateau central avec ses vastes chambres, son spa, sa piscine et son centre de remise en forme.

fait l'unanimité dans toute l'île pour sa copieuse et excellente cuisine chinoise. Le service est affairé et attentif, l'atmosphère très sympathique, et les prix corrects. Une valeur sûre !

Dragon Vert SINO-MAURICIEN €€
(☎ 424 4564 ; St Jean Rd ; plats 175-1 100 Rs ; ⏲ tlj sauf lun). Mitoyen du précédent, le Dragon Vert sert une cuisine moins savoureuse mais bénéficie également d'une salle agréable. Ce lieu se remplit notamment le mardi soir, jour de fermeture du King Dragon.

Tandoori Express INDIEN €€
(☎ 454 9596 ; Beeltah House, St Jean Rd ; plats 250-780 Rs ; ⏲ tlj sauf lun). Également situé sur la principale artère de Quatre Bornes, ce sympathique restaurant qui ne désemplit pas (il est surtout fréquenté par des Mauriciens) propose une excellente cuisine indienne : curries et masalas, pulaos et biryanis, poissons et poulets tikka... La carte propose un large choix de plats qui comblera tous les goûts – et toutes les faims tant les portions sont généreuses. N'hésitez pas à demander un doggy bag en partant !

ℹ Depuis/vers Quatre Bornes

Quatre Bornes compte deux gares routières. Les bus pour Flic en Flac, Curepipe, Floréal et Vacoas partent de Railway Square, vers la mairie. Des bus à destination de Rose Hill s'arrêtent dans St Jean Rd.

Rose Hill et Beau Bassin

Considérée comme le cœur culturel de Maurice, la localité plutôt cossue de Rose Hill fut le repaire de nombreux artistes et écrivains. Son nom anglo-saxon viendrait des couleurs du soleil couchant qui enflamment les crêtes de la montagne voisine du Corps de Garde.

Ses attraits restent limités pour le visiteur. Au centre-ville, vous pourrez jeter un œil au théâtre Le Plaza, l'un des plus réputés de l'île. Il ouvrit ses portes en 1933 avec une comédie musicale dans laquelle Maurice Chevalier tenait le haut de l'affiche.

Dans le quartier Balfour de la ville de Beau Bassin, plus au nord, s'élèvent encore quelques belles demeures créoles. Le parc municipal, Jardin Balfour, offre une vue magnifique sur les gorges luxuriantes de la rivière des plaines Wilhems.

À voir et à faire

Institut français de Maurice CENTRE CULTUREL
(☎ 467 4222 ; www.institutfrancais.mu ; av. Julius-Nyerere ; ⏲ lun-ven 9h-17h, sam

LE PARADIS DES MALLS

Le Plateau central compte de nombreux *malls*, ces immenses centres commerciaux à l'américaine. Les Mauriciens adorent y passer du temps en famille ou entre amis. Sur le Plateau, les adeptes du shopping peuvent se rendre au **Phoenix Mall** (www.phoenixmall.mu ; av. Sivananda ; lun-jeu 10h-20h30, ven-sam 10h-22h, dim 10h-15h) à Quatre Bornes, au **So'flo by Ascencia** (Georges Guibert St, Floréal ; lun-jeu 10h-20h, ven 10h-21h, sam 9h-21h, dim 9h-12h30) à Floréal, ou au tout nouveau **Valentina Mall** (lun-jeu 9h-21h, ven-dim 9h-22h) à Vacoas-Phoenix.

9h-16h30 ;). Installé dans un bâtiment très design et flambant neuf de 2 000 m², l'IFM œuvre au développement de la diversité culturelle franco-mauricienne à travers un programme riche, couvrant aussi bien la danse que les musiques actuelles, le théâtre, le cirque ou les arts visuels. Concerts, expositions, spectacles, conférences et débats, ateliers et projections de films, pour tous les âges, sont organisés tout au long de l'année (programmation sur le site Internet). La médiathèque, très fournie, propose notamment des lectures pour les petits.

Achats

Les Mauriciens sont nombreux à venir faire leurs courses à Rose Hill, notamment le samedi. Ils ont le choix entre **Arab Town** et ses commerces hétéroclites, situé au sud de la ville dans Royal Road ; le **vieux marché** qui se tient tous les jours dans le même quartier ; et les nouveaux centres commerciaux qui ont vu le jour ces dernières années dans la ville.

Depuis/vers Rose Hill

Rose Hill est reliée par bus à Port Louis et à Curepipe, ainsi qu'à Centre de Flacq, sur la côte est.

Moka et ses environs

À 10 km à peine de Port Louis, mais intimement liée au plateau central par sa topographie, Moka et ses environs révèlent un paysage de cascades, de vallées et de montagnes entre lesquelles sont installés quelques splendides domaines. La région offre ainsi un cadre naturel nettement plus attrayant que les villes du plateau central, plus au sud. Elle est par ailleurs le centre universitaire de l'île et abrite le Mahatma Gandhi Institute (voir encadré ci-contre), qui contribue à la promotion de la culture indienne, ainsi que la résidence du président de la République, au château du Réduit.

À voir

Maison Eurêka MAISON-MUSÉE

(433 8477 ; Mont Ory ; visite maison, jardin et cascades 300 Rs ; lun-sam 9h-17h). Blottie entre son superbe jardin et la haute silhouette du mont Junction Peak, cette maison créole tout juste rénovée est l'un des points forts de la visite du plateau central, dont le premier intérêt est qu'elle est restée “dans son jus”, sans restauration brutale. Demeure historique, musée, restaurant et maison d'hôtes, elle est intimement liée à l'histoire de la famille de J.M.G. Le Clézio, prix Nobel de littérature 2008 (voir l'encadré p. 215).

Construite en 1830 par un Anglais qui désirait se rapprocher de la résidence du gouverneur, située au Réduit, cette demeure coloniale entourée d'une élégante varangue soutenue par de fines colonnades fut achetée en 1856 par Eugène Le Clézio, premier président mauricien de la Cour suprême. Son lointain descendant, l'écrivain Jean-Marie Gustave Le Clézio, s'en inspira pour écrire le roman *Le Chercheur d'or*. Propriété de la famille pendant six générations, la maison fut vendue en 1975 avant d'être transformée en musée et ouverte au public en 1986.

La visite guidée de l'intérieur de la demeure retrace son histoire. Vous pourrez notamment y voir les 14 chambres, ornées de belles pièces de mobilier des XVIIIe et XIXe siècles, un piano Pleyel, un gramophone hors d'âge, de vieilles photos de Port Louis, ainsi que des cartes maritimes anciennes sur les murs de l'escalier. La cour, située derrière la maison, est bordée de maisonnettes de pierre qui abritaient autrefois les logements du personnel et la cuisine.

Ne manquez pas d'aller faire un tour aux cascades de la ravine Eurêka, où coule la rivière Moka, sur le domaine (comptez 1 heure). Si la succession de chutes n'est

LE MAHATMA GANDHI INSTITUTE

Implanté à proximité de Moka, l'**Institut Mahatma Gandhi** (Mahatma Gandhi Institute ; ☎ 403 2000 ; www.mgirti.ac.mu ; Mahatma Gandhi Ave) a été fondé en 1970 pour préserver et faire connaître l'héritage indien de l'île Maurice, où plus de la moitié de la population est historiquement originaire du sous-continent. Le **Folk's Museum of Indian Immigration** (lun-ven 8h-18h) GRATUIT, ouvert en 1991 et rénové en 2010, est partie intégrante de l'Institut. Il renferme des archives et des objets liés à la période du *coolie trade*, dont l'Aapravasi Ghat de Port Louis (voir p. 61) est devenu le lieu le plus symbolique. Consacré à l'histoire des 500 000 travailleurs indiens qui quittèrent leur pays pour Maurice dans l'espoir d'une vie meilleure, le centre garde en archives les listes des immigrants, leurs photos, leurs certificats d'immigration, leurs certificats de mariage et leurs contrats de travail, dans plus de 2 000 volumes. On peut découvrir dans le musée des bijoux portés par ces exilés volontaires, des instruments de musique traditionnels, des livres et des ustensiles de cuisine.

L'accueil des visiteurs n'est cependant pas la vocation première de l'Institut Mahatma Gandhi, qui s'adresse avant tout aux chercheurs et aux étudiants. Il comprend une école secondaire et offre un large éventail de formations sur la culture indienne : musique et danse, beaux-arts, langues et philosophie. Il se situe sur la gauche, à l'entrée de Moka en venant de l'autoroute.

pas particulièrement impressionnante, le parcours se révèle agréable et permet d'admirer de magnifiques bois d'ébènes, camphriers, bambous et tamarins. Il est théoriquement possible de se baigner dans la troisième cascade.

La maison Eurêka est située à 1 km à l'ouest de Moka. En transports en commun, prenez les bus allant vers Saint-Pierre depuis Port Louis, Curepipe ou Rose Hill et descendez à Moka. En voiture, suivez l'autoroute M2 jusqu'à la sortie Moka puis empruntez la route A7 en direction de Moka. Au rond-point situé à hauteur de la station Shell, tournez à gauche en direction de Mont Ory. Eurêka, très bien indiquée, se trouve à 1,5 km sur le côté gauche de la route.

Où se loger

Joubarbe Résidence APPARTEMENTS €€
(☎ 5735 4066, 5250 4690, 433 0005 ; joubarbe-residence@gmail.com ; Norbert Barbe Ave, Mont Ory ; d 40 €, app 2/4 pers 50/80 € ; petit-déj/dîner 5/10 € par pers sur réservation ;). Un très bon plan pour ceux qui souhaitent randonner sur le Pouce (voir p. 116) tout proche, ou tout simplement bénéficier d'un logement idéalement situé à Maurice, et au calme. Cette petite résidence, au pied du mont Ory, jouit d'une vue magnifique, et ses 10 appartements tout confort sont proposés à un prix très raisonnable. Nicole, la propriétaire, peut aussi vous trouver un guide pour gravir le Pouce et organiser baby-sittings ou transferts pour l'aéroport.

Où se restaurer

Escale Créole TABLE D'HÔTES €€
(☎ 5422 2332 ; www.escalecreole.net ; rte de Bois-Chéri ; menu 650-930 Rs ; lun-ven midi). La table que tout le monde vous recommandera dans le coin ! Dans un joli jardin au fond d'une impasse, décoré à la mode tropicale – noix de coco, instruments de musique et carillons de bambou suspendus aux branches –, Marie-Christine et sa mère Majo concoctent des repas typiquement mauriciens, servis sous la varangue. Rougail saucisse, cari de volaille, salmi de cerf sauvage à la créole ou encore vindaye de poisson sont au menu. Atmosphère des plus sympathiques.

Maison Eurêka DEMEURE COLONIALE €€€
(voir page ci-contre ; menu 650-850 Rs ; lun-sam 9h-17h, soir sur réservation pour les groupes). Il est possible de déjeuner dans le cadre superbe de la maison Eurêka. La varangue et la terrasse, transformées en restaurant, invitent à la langueur dans une ambiance tropicale chic. Le menu propose des plats familiaux créoles (curries, caris, rougails) dont certains sont rarement servis dans les restaurants. Réservation conseillée.

Flying Dodo Brewing Company BIÈRE MAURICIENNE €€
(☎ 468 8810 ; www.flyingdodo.com ; Bagatelle Mall ; bières 25 cl 120 Rs, 2 L 780 Rs ; tapas

RANDONNER SUR LE POUCE

Si l'ascension du Pouce est possible depuis Port Louis (p. 70), l'itinéraire est plus simple au départ de Moka. Vous pouvez soit faire un aller-retour, soit monter au sommet puis descendre en direction de Port Louis. Comptez 2 heures pour atteindre le sommet et 1 heure de plus pour rejoindre Port Louis.

En voiture, depuis le sud et l'autoroute, prenez la sortie Moka. Suivez la route jusqu'au rond-point situé à hauteur d'une station-service ; prenez à gauche, en direction de Mont Ory. Au bout de 1,2 km, bifurquez sur la droite, fléchée (en direction de Bois Chéri) indiquant Le Pouce. Continuez sur environ 3 km, jusqu'à un virage sec sur la droite. À hauteur de ce virage, une route part sur la gauche, vers les champs de canne à sucre et la montagne. Empruntez-la, et garez-vous 500 m plus loin, près des champs de canne à sucre.

En transport en commun, prenez depuis Port Louis le bus n°12 en direction de Sébastopol et demandez au chauffeur de vous arrêter au bon endroit.

Itinéraire

Après avoir garé votre véhicule, partez tout droit en direction de la montagne dans les champs de canne, en ignorant les chemins latéraux qui s'éloignent vers la droite. Bientôt, le sentier part à l'assaut de la forêt de jamrosats, puis de la barre rocheuse, en décrivant des lacets, au milieu d'une végétation évoquant un maquis arborescent. Au bout d'une demi-heure, le sentier caillouteux et de plus en plus pentu passe près d'un oratoire peint en bleu. On débouche alors sur un petit plateau, d'où l'on découvre une vue sur les faubourgs de Port Louis et la côte ouest, ainsi que sur les champs de canne formant un immense damier vert.

Le sentier est dès lors plus confus. Sur le petit plateau, il part à gauche vers Port Louis, et sur la droite dans les goyaviers, les longoses et les palmiers ; empruntez ce dernier, qui se perd un peu dans les broussailles, pour monter l'échine de la barre rocheuse. Environ 20 minutes plus tard, vous parviendrez à un autre belvédère herbeux d'où l'on jouit d'un panorama splendide sur le sud de l'île, la côte est et même le nord (les îles sont nettement visibles). Vers l'est, on aperçoit une autre barre montagneuse, où l'on repère le sommet caractéristique du Pieter Both. Pour arriver au sommet, vous marcherez environ 20 minutes supplémentaires. La montée finale est très escarpée et, par endroits, il faut progresser en s'aidant des mains ; ne cherchez pas à tout prix à monter au sommet si vous n'avez pas l'habitude de randonner, ou si vous êtes sujet au vertige. Au bout de l'effort, la récompense : un panorama à couper le souffle sur l'ensemble de l'île, depuis le sommet large de quelques mètres carrés seulement. Attention, le vent souffle fort là-haut !

175-450 Rs, plats 270-1800 Rs). Fondée en 2012, cette microbrasserie "nouvelle génération" est installée dans le complexe commercial de Bagatelle. Ici, on mange ou on prend un verre tout en assistant à la fabrication de la bière. Les sacs de malt, stockés dans une pièce vitrée, sont transportés jusqu'au bar et brassés dans des cuves, avant de transiter par les tuyaux pour arriver aux tireuses. À la carte de ce lieu industriel chic : tapas, salades, pâtes, fish and chips, viandes grillées, quelques plats végétariens... Le soir, une belle carte des vins, liqueurs, cocktails et whiskys vous attend. Boutique... et spa à la bière au sous-sol, sur réservation !

Le Pouce et la chaîne montagneuse de Moka

Le Pouce (812 m) porte bien son nom : ce sommet qui domine Port Louis et Moka en a véritablement la forme. Relativement facile à gravir compte tenu du dénivelé, mais à réserver toutefois aux randonneurs expérimentés (voir encadré ci-dessus), il offre de superbes panoramas sur toute l'île. Les autres montagnes des environs – Junction Peak, pic des Guibies et Snail Rock – offrent également de belles possibilités de balades.

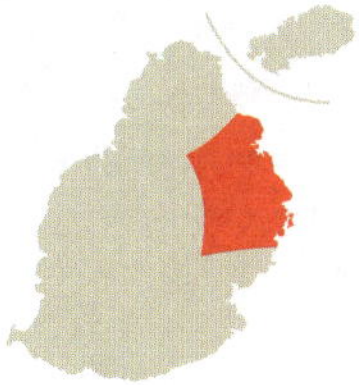

Côte est

Dans ce chapitre ➡

Le top des hébergements

- Salt of Palmar (p. 124)
- Shangri-La's Le Touessrok (p. 121)
- LUX* Belle Mare (p. 126)
- Sunrise Attitude (p. 124)

Le top des restaurants

- Chez Tino (p. 122)
- La Case Poisson (p. 122)
- Kushi (p. 122)
- Amari by Vineet (p.126)

Pourquoi y aller

La côte est illustre le mieux les paradoxes de l'île Maurice d'aujourd'hui : modestes villages créoles et hameaux de pêcheurs d'un côté, *resorts* de luxe de l'autre.

Mais ne boudons pas notre plaisir. Loin de l'activité de Grand Baie ou de Flic en Flac, la côte est respire une quiétude qui n'est pas le dernier de ses charmes. Exposée aux vents dominants, elle reste une enclave paisible que savourent des *happy few* dans la confidence. De l'île aux Cerfs à Roches Noires, le littoral déroule plages étincelantes frangées de filaos (Belle Mare est la plus grande plage de l'île), discrètes criques rocheuses, bourgades alanguies et lagons scintillants. Quant au climat de cette portion de côte, plus ventée qu'aucune autre, il procure une agréable fraîcheur en saison chaude. Totalement plate au nord, elle est protégée par les reliefs du sud mais réserve cependant des paysages sauvages.

Certes, l'île aux Cerfs a été transformée en quelques années en argument touristique surexploité. Et les discrets palaces installés sur le bord de mer, bordés de parcours de golf qui comptent parmi les plus renommés de l'île (on en compte 5 de 9 ou 18 trous dans un rayon de 20 km !), rappellent que ce qui est possible sur les côtes ouest et nord peut aussi se généraliser de ce côté-ci de l'île. N'empêche : à l'heure où nous écrivons ces lignes, le littoral oriental de Maurice possède un indéniable pouvoir de séduction. Et à côté des hôtels de luxe, certaines localités, notamment la paisible Trou d'Eau Douce, offrent de bonnes options d'hébergement à prix modérés.

Quand partir

Agréable tout au long de l'année, la côte est subit parfois des vents frais pendant l'hiver austral (de juillet à septembre). À cette époque, la température de l'eau avoisine quand même les 24 °C.

À ne pas manquer

❶ Le site de pleine nature du **domaine de l'Étoile** (page ci-contre) et ses multiples activités

❷ La plage de **Belle Mare** (p. 124), bordée de casuarinas

❸ La paisible **Trou d'Eau Douce** (p. 120) et ses hébergements bon marché

❹ Les plages de l'**île aux Cerfs** (page ci-contre), à condition d'éviter la foule

❺ Le littoral préservé entre **Poste Lafayette** et **Roches Noires** (p. 128), à l'ambiance intemporelle

Domaine de l'Étoile

Étendu sur 1 200 ha de forêts et de vallées entre le village de Montagne Blanche et Kewal Nagar Belle Rive, ce très beau **domaine** (☎5729 1050 ; lieu-dit l'Étoile, Sébastopol), fleuri et bien entretenu, qui a supplanté en quelques années l'ex-domaine du Chasseur voisin, a malheureusement été fermé suite à la pandémie. Lors de notre passage, un nouveau propriétaire devait reprendre le domaine. Implanté dans un site de pleine nature exceptionnel, ce domaine permet de découvrir l'autre profil de la majestueuse montagne du Lion ou la baie de Mahébourg, mais aussi des troupeaux de cerfs de Java ou des sangliers. Le plus grand domaine privé mauricien se distingue par l'élégance de ses installations, auxquelles les boiseries confèrent une atmosphère tropicale raffinée. Un havre de paix dans le bruissement de la rivière et le chant des oiseaux – dont des crécerelles –, idéal pour explorer la facette non balnéaire de l'île. Les nombreuses activités proposées avant sa fermeture devraient être reconduites : un petit parc aventures et un petit jardin dédié aux enfants de 3 à 12 ans afin de leur faire découvrir les espèces protégées de Maurice comme l'ébène ou le camphrier, des parcours de randonnée pédestre et équestre, une tyrolienne, des circuits de VTT… Et un restaurant, installé face à la rivière.

Depuis/vers le domaine de l'Étoile

Le domaine n'étant pas desservi par les transports en commun, une voiture (ou un taxi) est indispensable. Prenez la B27 vers Montagne Blanche depuis Bel Air, à 4 km au sud-ouest de Trou d'Eau Douce. Le domaine est indiqué sur la gauche après 12 km et se trouve après 1 km de piste carrossable entre les champs de canne.

Île aux Cerfs

Lagon turquoise et plages de carte postale d'un côté, boutiques de souvenirs, sillages de vedettes rapides et surfréquentation touristique de l'autre… À quelques encablures de Trou d'Eau Douce, cet îlot de sable transformé en produit touristique présente deux visages qui semblent se faire la grimace. Gérée par le groupe hôtelier Sun Resorts, l'île est devenue l'une des principales attractions de Maurice. On raconte qu'autrefois les cerfs y avaient été abandonnés dans une vaine tentative de contrôler leur surpopulation à Maurice, mais qu'ils avaient trouvé le moyen de revenir à la nage… À défaut de cervidés, vous y verrez pléthore de touristes et de jet-skis. S'y ajoutent quelques voiturettes de golf, depuis qu'une large partie de l'île a été transformée en 18-trous.

Bonne nouvelle toutefois : il est possible de profiter des plages paradisiaques de l'île. Il suffit de s'éloigner de quelques centaines de mètres du secteur des restaurants, où se massent nombre de touristes, pour trouver des petites criques quasi désertes. Pour éviter la forte affluence en saison, mieux vaut profiter de l'île tôt le matin et en repartir avant midi. L'île est également plus paisible entre 15h30 et 17h, heure de la dernière navette. Prévoyez des provisions, car les tarifs pratiqués sur place ne sont pas bon marché.

L'île aux Cerfs est reliée par une langue de sable à l'**îlot Mangénie** – que l'on peut rejoindre à marée basse –, bien moins fréquenté, et dont les plages sont sublimes. Le nord est réservé aux clients du Touessrok (voir p. 121), une petite partie de la côte sud aux prestataires locaux qui y ont dressé des tables pour y faire déjeuner leurs clients.

Activités

Ses plages et son lagon turquoise sont le principal attrait de l'île. Des activités nautiques et excursions, nettement plus chères qu'à Trou d'Eau Douce, y sont proposées. Vous pourrez aussi ramener quelques souvenirs du côté des échoppes (n'hésitez pas à marchander !).

Golf 18-TROUS

(☎402 7720 ; www.ileauxcerfsgolfclub.com). S'initier gratuitement au golf sur l'un des plus beaux parcours au monde et/ou travailler son swing avec un instructeur est aussi pour les non-résidents de l'hôtel (p. 121) un moyen original de visiter l'île aux Cerfs (équipement à louer à 2 250 Rs). Qui plus est, la traversée en bateau est gratuite. La tenue de golf comportant polo et chaussures de golf équipées de Soft Spikes est obligatoire, tout comme la réservation. Pas de jeans ni de vêtements de plage, y compris sur le practice.

Où se restaurer et se loger

Les 4 restaurants et snacks de l'île sont eux aussi gérés par Sun Resorts. Vous pouvez aussi prévoir votre propre repas, ou avoir recours à ceux proposés sur la plage par de nombreuses sociétés assurant la navette en bateau avec l'île.

La Chaumière Masala INDIEN €€
(plats 375-800 Rs ; jusqu'à 16h). Dans un cadre assez idyllique – les tables sont installées sur pilotis dans la végétation – on sert ici des assiettes composées, des plats indiens et des suggestions végétariennes. Certainement l'établissement le plus agréable de l'île et au meilleur rapport qualité/prix.

Bubble Lodge ÉCORESPONSABLE €€€
(5255 1494 ; bubble-lodge.com ; bulle/écolodge à partir de 439/499 €, petit-déj et dîner inclus, clim). Ces logements insolites – 3 bulles transparentes et un écolodge – sont installés au milieu du lagon. Lits king size, décoration chaleureuse, silence, construction écologique... Pas de doute, ce lieu est parfait pour les amoureux de nature et de calme. Également disponible du côté de Bois Chéri (voir p. 177) et bientôt à Ferney (voir p. 168).

Depuis/vers l'île aux Cerfs

Des bateaux assurent la navette quotidiennement depuis Trou d'Eau Douce (voir p. 123), une à deux fois par heure selon la saison, entre 9h et 16h30 environ. Inutile de réserver, les rabatteurs viendront à vous dès que vous aborderez en voiture la plage publique. La traversée dure entre 15 et 30 minutes selon l'embarcation. Des dizaines de prestataires assurant la traversée sont rassemblés au niveau du four à chaux de Trou d'Eau Douce. Comptez environ 1 000 Rs l'aller-retour.

Aucun prestataire n'est "officiel", et ceux qui se présentent comme "public ferry boat" ne sont ni plus publics ni plus ferries que les autres.

Trou d'Eau Douce

Enclavée entre les palaces, la paisible Trou d'Eau Douce garde des traces de l'époque où elle était un simple village de pêcheurs – ces derniers sont encore très actifs, et vous les verrez s'affairer sur leurs bateaux près du débarcadère au fond de la baie. Point de départ pour l'île aux Cerfs, elle vit au rythme du tourisme, mais a su préserver le caractère et la quiétude qui font son charme, tout en étant très vivante. Une des meilleures destinations balnéaires de l'île Maurice si votre budget est limité ! Le village tire son nom d'un bassin marin alimenté par un courant d'eau douce souterrain, et possède une belle plage où il est agréable de se balader ; il abrite une jolie **église** (tlj 6h-18h) de basalte.

Activités

L'île aux Cerfs (p. 119) est la principale motivation des visiteurs se rendant à Trou d'Eau Douce. Nombre d'entre eux ne viennent dans le village qu'une journée et n'y passent que le temps d'embarquer dans les vedettes et d'en débarquer. Ceux qui apprécient la tranquillité de Trou d'Eau Douce ne s'en plaignent pas...

Le littoral, exposé au vent, offre un nombre limité de sites de plongée, mais ils sont réputés (voir les prestataires p. 49).

Circuits organisés

Certains prestataires proposent des excursions incluant l'île aux Cerfs et la cascade de Grande Rivière Sud-Est ; elles sont le plus souvent proposées dans le cadre d'un forfait incluant le repas. Contactez-les dès votre arrivée à Trou d'Eau Douce, car un nombre minimal de participants, généralement quatre, est requis.

Océane-Easterlies CATAMARANS
(480 27 67/5943 7300 ; www.oceane.mu/www.easterlies-cruise-mauritius.com ; Royal Rd). Sorties à l'île aux Cerfs et à la cascade de Grande Rivière Sud-Est, ainsi que dans la baie de Tamarin, à bord de catamarans de 12 à 17 m.

Johaness CATAMARANS ET SPEED BOATS
(5705 4944, 480 2972 ; www.johaness.com ; Royal Rd). Sorties à l'île aux Cerfs et à la cascade de Grande Rivière Sud-Est (à partir de 52 € le combiné des 2), à bord de grands catamarans ou de speed boats.

Bateaux Vicky SORTIES EN MER
(5773 1331, 5724 9576, 480 1244 ; www.vvvicky-boattours.com ; aller-retour 600 Rs, 1 500 Rs avec déjeuner). Sérieux, longue expérience et départs réguliers pour l'île aux Cerfs.

Falcon Boats SORTIES EN MER
(480 0775, 5806 8788 ; www.falconboats.mu). Falcon Boats propose des excursions privatives en speed boat (à partir de 4 500 Rs/pers) à la journée pour l'île aux Cerfs, ainsi

que des sorties île aux Cerfs - Cascade de la Grande Rivière Sud-Est (à partir de 7 500 Rs/pers) avec 30 min de snorkeling inclus. Options barbecue.

Où se loger

Trou d'Eau Douce et ses environs offrent l'éventail d'hébergements le plus diversifié de la côte est. Les adresses petits budgets y sont d'un excellent rapport qualité/prix.

Appartements Le Dodo PENSION €
(480 0034 ; christa0307@hotmail.com ; Royal Rd ; studio 2 pers 35 € ;). À 200 m d'un four à chaux, légèrement en retrait de la route, cette grande bâtisse de 3 étages abrite plusieurs studios à la propreté irréprochable. Ils sont plutôt vastes et correctement équipés, et l'on s'y sent rapidement chez soi, même s'ils n'offrent aucun charme particulier. Mention spéciale à ceux de l'étage supérieur, lumineux, avec terrasse, clim, baie vitrée et vue sur mer. Difficile de faire mieux à ce prix... Climatisation en option 5 €.

Appartements Côte d'Or MEUBLÉS €€
(4800436 ; cotedor-apartments.com ; Royal Rd ; studio 45 €, app 2/4 pers 1 500/3 000 € ;). Juste à côté des appartements Le Dodo, en plein centre de Trou d'Eau Douce, ce bâtiment couleur sable reconnaissable à ses balcons en bois abrite des studios et appartements confortables, bien équipés, à la décoration sobre et fonctionnelle. Certains studios n'ont pas de terrasse, mais le grand appartement avec terrasse est particulièrement accueillant. Tous sont climatisés et étincelants de propreté. Petit-déjeuner et dîner (en option).

Au sud de Trou d'Eau Douce

Otentic ROBINSONNADE €€€
(carte p. 125 ; 5941 4888 ; www.otentic.mu ; Royal Rd, Deux Frères ; 6 000-9 000 Rs/tente selon saison avec petit-déj, tarif dégressif dès 2 nuits ; repas adulte/enfant 750/500 Rs ;). Une solution originale et très cosy, à mille lieues des complexes hôteliers qui jonchent la côte. Installées à une dizaine de kilomètres au sud de Trou d'Eau Douce, ces 12 tentes sur pilotis s'égrènent au-dessus de la plus grande rivière de Maurice, Grande Rivière Sud-Est. De type safari, très confortables avec leurs 50 m², elles comprennent outre les lits (un double + 2 ou 3 simples) une vaste terrasse, une salle de bains avec WC privatifs, un double toit protégeant du soleil et de la pluie. La déco, très soignée, utilise des matériaux de récupération. Julien, le sympathique maître des lieux, a installé panneaux et chauffe-eau solaires, citernes d'eau de pluie, et tri sélectif. Les repas traditionnels créoles (parmi les meilleurs de l'île) et les barbecues ont lieu autour de la piscine, entourée de terrasses en bois perchées dans les arbres, à pic sur la rivière. Julien vous conseillera les randonnées et les spots de kitesurf qu'il pratique assidûment dans les environs. Kayak, stand up paddles, VTT et navette vers l'île aux Cerfs sont gratuits.

Tropical Attitude BOUTIQUE-HÔTEL €€€
(carte p. 125 ; 480 1300 ; hotels-attitude.com ; Royal Rd ; d petit-déj de 89-401 € selon saison ;). Avec son architecture créole contemporaine, ce joli ensemble se fond parfaitement dans le littoral sur lequel il est installé : disséminés sous les cocotiers, les bungalows lumineux ont tous vue sur le lagon depuis leur terrasse ou leur balcon, et sont sobrement décorés dans les tons blancs et taupe. La piscine, les hamacs et les transats installés devant la mer près de vieux canons, le ponton planté dans l'eau turquoise, le spa... Tout invite au rêve, pour un bon rapport qualité/prix. Avec ses 58 chambres, cette adresse réservée aux adultes se veut décontractée, mais sa subtile touche élégante fait la différence.

Shangri-La's Le Touessrok CINQ-ÉTOILES €€€€
(carte p. 125 ; 402 7400, réservation 401 1000 ; www.shangri-la.com/mauritius/shangrila/ ; Royal Rd ; d/ste avec petit-déj 395-1 550 €/470-4 065 € selon saison et confort ;). Jeux d'eau, piscines de rêve, passerelles et belvédères avec vue sur le lagon, design et raffinement... ce cinq-étoiles de prestige, installé sur un site de 34 ha, n'usurpe pas sa réputation. Outre la somptueuse plage, on est ébloui par le délicat équilibre entre boiseries, pierres nobles, toits de chaume et architecture contemporaine, les superbes baignoires des suites les plus luxueuses, le raffinement du spa (qui propose depuis 2022 les soins pointus de la marque Biologique Recherche), l'accès au golf de l'île aux Cerfs ou à la plus belle partie de l'îlot Mangénie, dont vous pouvez profiter toute la journée confortablement installé dans des paillotes exclusives avec service de majordome. Les 4 restaurants déclinent une cuisine de haute volée. Le

Bazar propose une cuisine internationale. Le Républik, installé sur la plage, sert des plats d'inspiration méditerranéenne. Le Safran offre une cuisine indienne classique aux influences mauriciennes dans un cadre élégant avec cuisine ouverte. Le Kushi, restaurant japonais avec un maître sushi et des grills yakiniku, est probablement l'un des meilleurs restaurants de l'île, accessible aux non-résidents sur réservation. Lors de notre passage, il devait d'ailleurs être agrandi, fort de son succès. Les 200 chambres à la déco personnalisée "bohème-chic tropical", de 54 à 126 m², font face à la mer, avec accès direct à la plage. Inutile de préciser qu'aucun élément de confort n'a été laissé au hasard et que le personnel est aux petits soins... Un véritable havre de paix !

Où se restaurer

L'Assiette Longtemps SNACK MAURICIEN €
(☎ 5703 0104, 5778 8953 ; Royal Rd ; plats 95-350 Rs ; ⏲ tlj 9h-21h). Également connue sous le nom de "Lasiet lontan" (recettes traditionnelles en créole mauricien), la table de Nicoletta Fortuno ne peut que faire saliver les gourmands : rougail de poisson salé et bouillon, cari de papaye, banane massalé et poisson salé, salmis de canard... Même les assiettes émaillées fleurent bon la Maurice d'autrefois. On peut également emporter boulettes, faratas ou *dholl puri*. Côté gâteaux, on goûte les recettes familiales comme le napolitain, ou le gâteau coco, entre autres. En haut de Royal Rd, sur le rond-point près du DAB.

La Case Poisson MAURICIEN €€
(☎ 480 2681, 5755 1483 ; Royal Rd ; plats 375-1 450 Rs ; langouste 1 575 Rs les 500 g ; ⏲ tjl midi et soir ; 📶). Claudia et Moïse profitent de la coopérative de pêche toute proche pour proposer du poisson ultrafrais et des langoustes sorties du vivier, qu'on vous présente juste avant de les mettre à griller sous votre nez. Le petit jardin où sont installées les tables est exquis en soirée, la maison de famille rénovée est très belle, l'ambiance est chaleureuse et le service enjoué.

Chez Tino SINO-MAURICIEN €€
(☎ 480 2769 ; Royal Rd ; plats 350-1 100 Rs ; ⏲ tlj sauf dim soir). Apprécié des habitants de Trou d'Eau Douce car c'est l'un des lieux de rendez-vous du village, Chez Tino se décline entre une salle plutôt pimpante d'un côté et une terrasse avec jolie vue sur la mer de l'autre. La carte passe en revue tous les classiques de la cuisine créole et sino-mauricienne, vraiment excellente : cari d'ourites à la papaye verte, crevettes au beurre d'ail et *bilimbi*, chop sueys, vindayes, langouste, camarons... nous gardons un souvenir ému de l'ananas rôti en dessert ! Vous pourrez également commander des cocktails, comme le Trou d'Eau Douce : rhum, lait de coco, Malibu, jus d'ananas et de goyave.

Green Island Beach BAR-SNACK €€
(☎ 480 0735, 5251 7152 ; Royal Rd ; plats 400-1 500 Rs ; ⏲ mar-dim midi et soir). À défaut de briller par l'originalité de sa carte, qui présente les spécialités mauriciennes et asiatiques habituelles – cari poulet-crevettes, cari poisson-aubergines, ourites à la papaye verte, soupe de crabe, salade de palmiste et de marlin fumé –, cette adresse sans prétention mais très chaleureuse sert une cuisine familiale qui réunit Mauriciens, touristes et expatriés. La raison en est simple : elle est aussi bonne que celle de restaurants plus chics, mais plus copieuse et moins chère, et l'on finit souvent la soirée en dansant.

Sous le Manguier TABLE D'HÔTES €€
(☎ 480 3855, 5748 7347 ; Royal Rd ; soir table d'hôtes 1 000 Rs ; ⏲ sur réservation). Marie-Line n'a pas son pareil pour concocter de goûteuses spécialités mauriciennes, comme le vindaye de poisson, le cari d'ourites et papayes vertes ou les glaces aux mangues du jardin. Le soir, on s'attable sur la terrasse pour un repas en table d'hôtes, avec apéritif, entrée, plat, dessert et vin. Copieux et chaleureux.

Le Four à Chaud GASTRONOMIQUE €€€
(☎ 480 1036 ; Royal Rd ; plats 475-1 575 Rs ; ⏲ tlj soir, sur réservation pour le déjeuner ; 📶 P). Tenue par des enfants du pays, la table chic de Trou d'Eau Douce distille une ambiance raffinée. Les tables impeccablement dressées et la déco contemporaine témoignent de l'ambition des lieux, tandis que la carte se veut gastronomique et tournée vers la mer : camarons rafraîchis aux agrumes, langouste grillée, vindaye de poisson... La cuisine est copieuse et n'oublie pas les végétariens. Lors de notre passage, le restaurant était en rénovation.

Le Café des Arts RESTAURANT-GALERIE D'ART €€€
(☎ 480 0220 ; Victoria 1840, Old Sugar Mill ; repas 4 500 Rs ; ⏲ soir, sur réservation uniquement).

DES COCOTIERS COMME BOUCLIER FISCAL

Ouvert en 2007 au sud de Trou d'Eau Douce, le projet Anahita fait figure de symbole. Résolument élitiste, c'est en effet le premier projet d'envergure ouvert sur l'île s'appuyant sur la loi IRS (Integrated Resort Scheme). Ce texte voté en 2001 permet à des non-Mauriciens d'acquérir des villas haut de gamme sur l'île, à condition d'y mettre le prix : au moins 500 000 $US. Aujourd'hui, les villas d'Anahita sont intégrées à deux *resorts*, le **Four Seasons Resort Mauritius at Anahita** (carte p. 125 ; ☎402 3100 ; www.fourseasons.com/Mauritius ; Royal Rd, Beau Champ ; d petit-déj 640-7 500 € selon saison et villa) et **Anahita The Resort** (carte p. 125 ; ☎402 2220 ; www.anahita.mu ; d petit-déj 251-1 091 € selon saison et villa), dispersées sur une topographie qui mêle les rives du lagon de l'île aux Cerfs et un golf 18-trous.

Pour les investisseurs, l'attrait de l'opération ne s'arrête pas aux cocotiers. Pour peu qu'ils soient sur l'île plus de 183 jours par an (cumulés), ils obtiennent au passage un permis de résident permanent, et donc la possibilité de faire de Maurice leur résidence fiscale. Avantageux : l'île ne taxe ni la fortune ni les successions, et jouit d'une fiscalité bien plus favorable que celle en vigueur dans nombre de pays. Anahita et les autres projets IRS qui fleurissent sur l'île – notamment autour de Bel Ombre et de Rivière Noire – sont ainsi davantage que de simples refuges ensoleillés pour retraités fortunés : leurs noms tout en suaves nuances sont également synonymes de paradis fiscaux.

En juin 2006, les premiers lots de villas du projet Anahita ont été vendus en 6 heures seulement ! La loi IRS a été complétée en 2007 par un dispositif dont le ticket d'entrée est moins onéreux, baptisé RES (Real Estate Scheme). Le PDS (Property Development Scheme), instauré en mai 2015, remplace aujourd'hui IRS et RES mais le principe reste le même. La loi stipule néanmoins que 25% des programmes immobiliers ainsi créés doivent revenir aux investisseurs mauriciens et, depuis 2017, plusieurs amendements ont été pris pour encadrer ces projets. Ainsi, les réalisations menées dans le cadre d'un PDS doivent obligatoirement profiter à la communauté mauricienne, plus particulièrement aux habitants des environs. Les constructions doivent également être respectueuses de l'environnement dans lequel elles s'inscrivent.

Étrange adresse ! Situé à 800 m derrière l'église (suivez les panneaux), ce restaurant-galerie assume son côté très élitiste. D'ailleurs, le lieu ne reçoit que 8 convives par soir. Pierre de basalte, volets peints en jaune vif, petite piscine entre les murs en ruine… les lieux – une ancienne sucrerie – ont de la personnalité, d'autant plus qu'ils servent de cadre à une exposition permanente des peintures d'Yvette Maniglier, élève de Matisse, qui passa ses dernières années sur l'île. Son fils, créateur des lieux, aime la jet-set. Il a ainsi imaginé cette adresse où l'on sert des mets sélectionnés – foie gras de Madagascar, langouste, bourgeois des Seychelles, filet Black Angus d'Australie – dans des assiettes portant la signature de l'artiste.

Renseignements

Les services sont limités, notamment en ce qui concerne les questions d'argent. Trou d'Eau Douce abrite un bureau de change, et un DAB au rond-point à l'entrée de la ville en venant du sud. Petits supermarchés dans le bourg.

Depuis/vers Trou d'Eau Douce

De Centre de Flacq, le bus n°55 rejoint Trou d'Eau Douce toutes les 20-30 minutes, entre 7h et 18h environ. Aucun bus direct ne dessert la localité depuis Port Louis, l'aéroport ou Grand Baie.

De Trou d'Eau Douce à Belle Mare

Des superbes plages de sable blanc bordées de casuarinas s'étendent sur plus de 10 km entre le nord de Trou d'Eau Douce et la pointe de Flacq ; on y voit régulièrement des pêcheurs, et quelques temples hindous sont construits au bord de l'eau. Quant au paisible centre-ville de Belle Mare, il possède quelques boutiques (attention, il n'y a pas de DAB, pensez à retirer des espèces à Pointe de Flacq ou Trou d'Eau Douce).

Activités

Exposée au nord-est, la **plage publique de Belle Mare** est particulièrement agréable. Déserte en semaine, elle s'anime un peu le week-end, lorsque les familles mauriciennes viennent y pique-niquer. Elle est depuis quelques années prisée des amateurs de kitesurf ; les débutants trouveront ici des conditions idéales pour débuter et progresser. Vous pouvez contacter **KiteGlobing** (voir p. 50) dont les antennes locales sont installées au Maritim Crystal Beach et au Veranda Palmar Beach : appelez Steeve (5973 1147) ou Max (5717 5348). La passe de Belle Mare (voir p. 38) est un spot de plongée prisé, exploité par plusieurs clubs.

Où se loger

L'offre hôtelière consiste avant tout en hôtels de standing. Les tarifs et le luxe ont tendance à aller crescendo à mesure que l'on se rapproche de Palmar.

Veranda Palmar Beach TROIS-ÉTOILES €€
(carte page ci-contre ; 402 3500 ; www.veranda-resorts.com/hotel-ile-maurice-veranda-palmar-beach ; Royal Rd ; d all inclusive 160-401 € selon saison ;). Occupant un joli site en bordure d'une belle plage, ce trois-étoiles agréable et aux proportions modestes propose 77 chambres, claires et bien équipées, décorées dans de relaxants tons turquoise et bambou. Elles ont vue sur mer, jardin ou piscine, mais leur répartition, dans deux bâtiments se faisant face, donne à l'ensemble l'impression d'être un peu tassé. Pratiquant la formule *all-inclusive*, l'hôtel organise des activités nautiques et compte un spa, un club pour enfants, 2 restaurants et 2 bars. Des soirées ont lieu régulièrement autour de la piscine – attendez-vous à un peu de bruit !

Friday Attitude TROIS-ÉTOILES €€€
(carte ci-dessus ; 402 7070 ; hotels-attitude.com ; Royal Rd ; d petit-déj 68-388 € selon saison ;). Cet établissement met l'accent sur la décontraction cosy : vous êtes fortement invité à ne pas mettre de chaussures ! Nous avons apprécié sa capacité à taille humaine (50 chambres confortables, dont 15 de 33 m² dédiées aux familles, aux teintes très douces), sa belle plage, son bar lounge, le jardin luxuriant et la décoration très zen en pierre et bois qui donne aux lieux une belle ambiance. Les tables du restaurant, près de la piscine sous des parasols blancs, sont très accueillantes. Spa, activités nautiques ou familiales. Un bon point pour la gentillesse du personnel.

♥ **Sunrise Attitude** QUATRE-ÉTOILES €€€
(carte ci-contre ; 401 1400 ; hotels-attitude.com ; Royal Rd ; d petit-déj 105-515 € ;). Ce tout nouveau quatre-étoiles réservé aux adultes invite au lâcher-prise. Ici, pas de télé dans les 147 chambres et 8 villas, toutes très confortables et décorées sobrement. Les matériaux naturels sont privilégiés, et la plupart du mobilier a été fabriqué par des artisans locaux. En prime, 3 restaurants, avec une très belle offre vegan, 2 piscines, 2 bars et un spa. En face, une superbe plage de sable fin avec transats (il faut juste traverser la route). Accueil très sympathique.

Hôtel Ambre QUATRE-ÉTOILES €€€
(carte ci-contre ; 401 8188, 401 8199 ; www.ambremauritius.com ; Royal Rd ; s demi-pension à partir de 91 € ;). Ce quatre-étoiles compte 297 chambres et suites nichées sous les cocotiers, très confortables, chaleureuses et paisibles. Élégance contemporaine, décoration colorée, atmosphère décontractée et service impeccable : une recette qui fonctionne ! Les 3 piscines qui se succèdent en enfilade jusqu'à la plage (il y a même des lits géants dessus), les 3 restaurants, les 2 bars, la discothèque lounge, l'accès au golf de l'île aux Cerfs et le spa zen font partie des autres atouts du lieu.

♥ **Salt of Palmar** CINQ-ÉTOILES €€€
(carte p. ci-contre ; saltresorts.com ; Royal Rd ; d petit-déj à partir de 119 € ;). Gros coup de cœur pour ce boutique-hôtel réservé aux adultes ouvert en 2019. Dès l'entrée, on est séduit : tout est hypercoloré, joyeux, et ouvert sur la mer, située à quelques mètres. Les 63 chambres (dont 3 suites) sont orientées sur la mer et confortables, les matelas ont d'ailleurs été pensés par des thérapistes suédois. Nuit paisible garantie (d'autant plus qu'il n'y a pas de télé dans les chambres). Les produits des salles de bains sont naturels, du Coton-Tige au savon en passant par les peignoirs en marc de café. Le restaurant séduira toutes les panses, et notamment les véganes (35% de la carte est vegane). Tout est fait sur place, à partir de produits locaux. Le rooftop bar, qui surplombe l'océan, promet de belles soirées

De Trou d'Eau Douce à Roches Noires

0 — 2 km

(vous pourrez même tester un cours de mixologie et créer votre propre cocktail !). Bonus : une piscine, un spa aux soins efficaces, des cours de yoga, une salle de sport, de la plongée, du canoë... Et un accueil formidable.

C Mauritius CINQ-ÉTOILES €€€€

(carte ci-dessus ; 460 1000 ; www.c-resorts.com ; Royal Rd ; d all inclusive 275-655 € selon saison ;). Cette adresse bohème-chic, tout juste rénovée, décline des influences maritimes jusque dans les moindres détails : des luminaires au mobilier, on retrouve cordages de bateau, pagaies colorées, faux squelette de baleine, vraie pirogue accrochée à la charpente traditionnelle... un dépaysement enchanteur, qui donne une véritable identité à cet établissement posé sur une superbe plage. Les 52 chambres climatisées de 40 m² ont vue sur jardin ou sur mer, et possèdent terrasse ou balcon aménagé. On y trouve aussi 2 piscines, 2 restaurants, un bar, une cave avec plus de 100 références du monde entier, et un spa. Accès au golf et aux activités nautiques, formule *all-inclusive* (gratuit pour les enfants de -6 ans).

De Trou d'Eau Douce à Roches Noires

Les incontournables

1 Plage de Belle Mare B3

À voir et à faire

Golf Academy .... (voir 7)
2 Golf Legends A2
3 Golf Links B3
4 Réserve de Bras d'Eau A2
5 Temple de Sagar Shiv Mandir A2

Où se loger

6 Anahita The Resort B4
7 Constance Belle Mare Plage A2
8 Sunrise Attitude B2
9 Four Seasons Resort Mauritius B4
10 Friday Attitude B3
11 Hôtel Ambre B3
12 Hôtel C Mauritius B3
13 La Maison d'été A1
14 Salt of Palmar B3
15 Le Prince Maurice A2
16 Long Beach A2
17 LUX* Belle Mare B3
18 One & Only Le Saint-Géran A2
19 Otentic B4
20 Shangri-La's Le Touessrok B4
21 The Residence B3
22 Tropical Attitude B3
23 Veranda Palmar Beach B3

Où se restaurer

24 Symon Restaurant B2

Renseignements

25 Mauritius Commercial Bank A2

The Residence CINQ-ÉTOILES €€€€

(carte ci-dessus ; 401 8888 ; www.cenizaro.com/theresidence/mauritius ; Royal Rd ; d/ste demi-pension 420-790 €/630-1 360 € ;). Classé cinq-étoiles "plus", The Residence, rénové récemment, se démarque par son esthétique inspirée de l'architecture coloniale. Le hall majestueux présente des lignes élancées, les aménagements intérieurs allient antiquités asiatiques et camaïeux de beiges et de bois exotique. Pas de couleurs vives, mais une composition savamment étudiée de blanc, de grège, de sable, de bois clair et de jeux de lumière qui crée une atmosphère quasi virginale. Même la tenue du personnel s'intègre dans l'ensemble. Les 135 chambres (54 m² pour la plus petite !) et 28 suites, meublées avec raffinement dans le style des années 1930, comportent une grande salle de bains en marbre et déclinent elles aussi les tons clairs. Un jardin paysager de 10 ha donne sur une splendide plage de sable, blanc comme il se doit. Nombreuses activités, club enfants, spa immense (on conseille le soin Shirodhara) et 2 restaurants. Lors de notre passage, un troisième restaurant, où déguster des tapas, était sur le point d'être créé.

LUX* Belle Mare CINQ-ÉTOILES €€€€
(carte p. 125 ; 402 2000 ; www.luxresorts.com/fr/hotel-maurice/luxbellemare ; Royal Rd ; d avec petit-déj à partir de 217 €, supplément repas en formule demi-pension/pension complète 82/123 € par personne ; P). Classé cinq-étoiles "luxe" et certifié Zero Food Waste en 2022, cet établissement se place parmi les grands de Maurice pour son style et la qualité de ses prestations. L'architecture, très réussie, allie harmonie et originalité, tandis que le design joue subtilement sur les effets de matière et de couleur : toits de chaume, poutres apparentes, mobilier contemporain blanc souligné de touches de couleurs vives... La superbe piscine de 2 000 m² est la plus grande de l'île, et la plage s'étend sur une langue de sable. Les 174 chambres orientées mer – 60 m² pour les plus petites ! – et les 12 villas de très grand luxe se distinguent tant par leur atmosphère que par leur confort et leur équipement. Le magnifique spa s'étend sur 300 m². Les restaurants valent le détour, notamment le Beach Rouge, installé sur la plage, qui sert une cuisine méditerranéenne, et Amari by Vineet, une table gastronomique indienne accessible également aux non-résidents sur réservation (plats 695-3 500 Rs). Practice de golf, sports nautiques et terrestres, club ados et enfants et cours de fitness sont aussi au programme. Une réussite. Accueil aux petits oignons.

Où se restaurer

Les hôtels pratiquant exclusivement la pension complète, on ne trouve guère de restaurants ayant pignon sur rue sur cette portion de littoral. Vous pouvez cependant réserver une table dans l'un des hôtels et profiter du cadre. Autre option à prendre en compte, Symon's Restaurant (voir p. 128), au sud de la pointe de Flacq.

Comment s'y rendre et circuler

Le bus n°55 circule entre Palmar et Centre de Flacq via Trou d'Eau Douce toutes les 20-30 minutes, entre 7h et 18h environ.

Poste de Flacq et environs

Poste de Flacq abrite des hôtels de très haut standing. À moins de résider dans l'un de ces palaces ou d'être un golfeur forcené – la péninsule compte 2 parcours 18-trous –, les attraits des lieux sont limités.

Une agence de la **Mauritius Commercial Bank** (MCB ; carte p. 125 ; lun-jeu 9h-15h15, ven 9h-17h) équipée d'un DAB est implantée en face de l'hôtel Constance Belle Mare Plage.

À voir et à faire

Temple de Sagar Shiv Mandir TEMPLE HINDOU
(carte p. 125 ; tlj lever-coucher du soleil). Ce beau temple hindou se dresse sur une petite île face à la localité de Poste de Flacq, reliée à la terre par une digue. La vue est très belle depuis l'hôtel Saint-Géran, de l'autre côté de la baie. Évitez les tenues trop décontractées et déchaussez-vous si l'on vous le demande.

Golf PARCOURS ET COURS
Paradis des golfeurs, Poste de Flacq abrite deux parcours 18-trous : le **Links**, imaginé par Rodney Wright et Peter Alliss, et le **Legends**, conçu par le Sud-Africain Hugh Baiocchi. Ils sont la propriété du groupe hôtelier Constance (C Palmar, Belle Mare Plage et Le Prince Maurice ; voir ci-contre) qui les met également à la disposition des clients de l'autre palace des environs, One&Only Le Saint-Géran.

La **Golf Academy** (hôtel Belle Mare Plage ; 402 2600 ; www.constancehotels.com/fr/experiences/golf/golf-academy), en revanche, est ouverte à tous ceux qui souhaitent prendre des cours. Comptez 72 € pour 50 min de leçon individuelle et 356 € par personne pour un forfait de 3 jours avec 2 heures de cours quotidiens (dégressif si plusieurs personnes). Le parcours 9/18 trous vous reviendra à 170/300 € par personne (dégressif si plusieurs personnes). Des cours d'initiation, de perfectionnement, ou adaptés aux enfants sont également proposés.

Où se loger

La pointe de Flacq et ses environs servent de refuges dorés à des hôtels comptant parmi les plus luxueux de l'île Maurice.

Long Beach CINQ-ÉTOILES €€€€
(carte p. 125 ; ✆ 401 1919 ; www.longbeachmauritius.com ; Royal Rd ; s 143-405 € par personne en demi-pension, selon saison ; P ❄ @ ᯤ ≋). Le Coco Beach, rasé en 2010, a laissé place au Long Beach, dernier fleuron du groupe Sun Resorts. L'établissement assume pleinement son architecture contemporaine aux lignes géométriques, mélange de pierre volcanique, bois exotique et béton qui tranche avec la plupart des cinq-étoiles de l'île. Le même esprit anime les 255 chambres avec vue sur mer (dont une trentaine familiales), toutes très design, et la *piazza* centrale, où se concentre l'animation nocturne avec ses 5 restaurants thématiques et ses 2 bars. La nature n'a pas pour autant été oubliée par les architectes. Le complexe hôtelier compte une plage longue de 700 m, et les jardins rassemblent plusieurs milliers de plantes, dont 25 espèces endémiques de l'île. Spa, sports nautiques et accès au golf du Shangri-La's Le Touessrok sur l'île aux Cerfs (p. 119).

Constance Belle Mare Plage CINQ-ÉTOILES €€€€
(carte p. 125 ; ✆ 402 2600 ; www.constancehotels.com ; Royal Rd ; d demi-pension à partir de 270 € ; P ❄ ᯤ ≋). Reprenant la recette devenue la signature des hôtels du groupe Constance (matériaux naturels, teintes douces, design étudié et plans d'eau), ce cinq-étoiles doit également son succès à la proximité des deux parcours de golf. La décoration de ses 104 chambres Prestige, 149 suites Junior, 6 suites Deluxe, 18 villas avec piscine privée mêle le bois et la pierre. Le luxe des lieux se décline aussi bien dans les chambres que dans les 7 restaurants (dont l'excellent Blue Penny Cellar) et bars, ou encore dans l'enceinte tamisée du superbe pavillon dédié aux soins du corps. Inutile de dire que de nombreuses activités nautiques sont proposées : tennis, yoga, sports nautiques…

One & Only Le Saint-Géran CINQ-ÉTOILES LUXE €€€€
(carte p. 125 ; ✆ 401 1688 ; lesaintgeran.oneandonlyresorts.com ; Royal Rd ; ste d avec petit-déj à partir de 616 € ; ᯤ P ❄ ≋). Avec son luxe élégant, son intimité, l'excellence de son service et son cadre idyllique, Le Saint-Géran fait partie du cénacle des hôtels de luxe de l'océan Indien. L'emplacement, au bout de la péninsule de Belle Mare, est tout simplement exceptionnel : au milieu d'un jardin tropical, frangé d'une plage immaculée de sable blanc que lapent des eaux turquoise, il est orienté à la fois côté lagon et côté océan. La décoration, de style colonial éclectique, alterne matériaux nobles et nuances claires. Bien entendu, tout est fait pour répondre aux attentes des hôtes. Deux piscines, 3 restaurants (dont un de gastronomie indienne), un magnifique spa, 4 bars, une multitude d'activités sportives et nautiques, un court de tennis et un centre de remise en forme font de cet hôtel un éden hors du temps pour *happy few*. Les clients ont accès au 18-trous du Links.

Le Prince Maurice CINQ-ÉTOILES LUXE €€€€
(carte p. 125 ; ✆ 402 36 36 ; www.constancehotels.com ; Choisy Rd ; d demi-pension à partir de 460 € ; P ❄ ᯤ ≋). Le Prince Maurice, fleuron du groupe Constance, est placé sous le signe de l'eau, constamment présente sous forme de cascades, vasques et bassin, sans oublier la piscine à débordement. Ce cinq-étoiles "plus" est l'une des références de l'hôtellerie de luxe dans l'océan Indien. Dissimulé dans une péninsule près de Poste de Flacq, au bord du lagon et à l'abri des vents dominants, il a l'avantage de n'avoir aucun voisin. Certaines des suites sont aménagées selon les principes feng shui, dans de petits pavillons au-dessus des plans d'eau, tandis que d'autres sont disséminées dans le parc de 60 ha. Pas de couleurs criardes, mais des notes boisées, des parquets en palissandre, du mobilier de Bali et des tons chauds inspirés des épices. Les juniors suites sont aménagées en L ou en I et les villas enveloppées d'une douce lumière filtrant au travers de stores de bois précieux. Les seniors possèdent un Jacuzzi, une petite piscine privée ainsi qu'un bain extérieur. L'hôtel compte plusieurs restaurants (dont un flottant), une extraordinaire cave à vins qu'on peut visiter, ainsi qu'un centre de remise en forme ultramoderne et un spa. Toutes les activités nautiques peuvent être pratiquées, ainsi que le golf (accès au Legends et au Links).

Où se restaurer

Les grands hôtels et leurs formules demi-pension ont eu raison des initiatives individuelles : vous ne trouverez guère de restaurants sur cette portion de côte mais certaines tables des grands hôtels sont ouvertes aux non-résidents, sur réservation. Autre option à prendre en compte : le restaurant de La Maison d'Été, à Poste Lafayette (voir page ci-contre).

Symon's Restaurant MAURICIEN €
(carte p. 125 ; ☎ 415 1135, 5773 5256 ; www.symonrestaurant.com ; Royal Rd ; plats 425-1 650 Rs ; ⏲ tlj midi et soir, bar jusqu'à 1h). L'adresse qui remporte le plus de succès à l'heure du déjeuner – il faut dire que c'est aussi la plus abordable des environs. Les spécialités indiennes occupent le haut du pavé, à côté des viandes, des produits de la mer, des plats chinois et végétariens. Si la salle est plutôt sombre, la terrasse est agréable et le service, rapide.

Comment s'y rendre et circuler

Le bus n°26 circule entre Poste de Flacq et Centre de Flacq toutes les 20-30 minutes, entre 5h50 et 18h environ.

Centre de Flacq et environs

Seule localité réellement importante de la côte est, Centre de Flacq est une ville commerçante animée et peu touristique. La majorité des visiteurs ne s'y arrêtent que le temps de changer de bus pour poursuivre leur route vers Trou d'Eau Douce, Palmar et Belle Mare.

Où se restaurer

Chez Manuel SINO-MAURICIEN €€
(hors carte p. 125 ; ☎ 418 3599, 418 3888 ; khynpyng@intnet.mu ; Saint-Julien ; plats 280-1 400 Rs ; ⏲ tlj sauf dim). Appréciée des touristes comme des Mauriciens, cette adresse s'est taillé une solide réputation grâce à une cuisine qui met l'accent sur des spécialités hongkongaises, comme le poisson à la crème de maïs, mais aussi les fondues, le pot-au-feu aux fruits de mer ou encore le porc au miel. La carte satisfera tous les goûts avec des plats de poulet, crevettes (de différentes tailles !), poisson (à toutes les sauces !), canard et langouste. Portions copieuses et service rapide. Il est prudent de réserver.

Depuis/vers Centre de Flacq

Le trajet en bus de Port Louis (gare routière d'Immigration Square) à Centre de Flacq est assez long. Des bus relient Centre de Flacq à Rose Hill (via Quartier Militaire), Curepipe, Mahébourg (via la route côtière) et Grand Gaube, dans le nord, via Rivière du Rempart et Poste Lafayette.

Poste Lafayette et Roches Noires

Sauvage, rocheuse et oubliée des itinéraires touristiques, cette côte qui marque la transition entre l'est et le nord de l'île est un havre apprécié des amateurs de calme. La vie s'y écoule paisiblement dans des hameaux encore profondément marqués de culture créole, tandis que les alizés font onduler les filaos qui bordent les plages. Situés entre le luxe de la Pointe de Flacq et l'animation tapageuse de Grand Baie, les lieux conviendront aux visiteurs venus se rasséréner dans une île Maurice où le temps et l'arrivée du tourisme semblent avoir peu d'emprise.

Vu l'isolement de cette partie de côte, qui n'est pas le moindre de ses charmes, un moyen de locomotion individuel se révélera pratique.

À voir et à faire

Le farniente est la principale motivation des visiteurs qui s'arrêtent ici. La côte, balayée par des vents réguliers, réserve cependant quelques bons spots de kitesurf, notamment pour les débutants ; vous pouvez vous adresser à **KiteZone** (☎ 5250 2511, 5250 1451 ; mauritius-kitesurf-school-kitezone-ltd.business.site ; Filao Rd, Roches Noires) pour des cours.

La belle route qui traverse la **réserve de Bras d'Eau** peut être un agréable but de promenade : cette forêt de 497 ha, où l'on trouve araucarias, mahoganis, filaos ou eucalyptus, est parcourue par un sentier pédestre de 3 km. Un **centre des visiteurs** (☎ 410 5362 ; ⏲ lun-ven 7h-16h, sam-dim 9h-16h ; P) GRATUIT vous fournira quelques informations sur la faune (chauve-souris, mangoustes, poules d'eau...) et la flore (bois d'ébène, tekoma...) du parc. On trouve des kiosques où s'installer pour pique-niquer.

Pensez à prendre du répulsif à moustiques, et de bonnes chaussures de marche.

Grand Baie (voir p. 87) et ses multiples activités sont à une bonne demi-heure de voiture.

Où se loger et se restaurer

La Maison d'Été HÔTEL DE CHARME €€€
(carte p. 125 ; 410 5039 ; www.lamaisondete.com ; Royal Rd ; d/qua avec petit-déj 200-410 €/320-580 € selon confort et saison ;). C'est l'un de ces lieux dont le nom passe de bouche en bouche... Cette adresse exceptionnelle, bien connue des initiés, située à environ 4 km au sud de Roches Noires, séduit par l'accueil tout en sourire et gentillesse, les deux belles piscines autour desquelles paresser sur des transats, l'accès direct au lagon par quelques marches, l'espace massages et bien-être, et la déco chaleureuse. Lors de notre passage, le lieu, récemment racheté, devait être intégralement rénové, agrandi et restructuré dans les mois à venir. Il devait rouvrir, flambant neuf, fin 2022. Une vingtaine de chambres, toutes avec vues sur la mer, sont proposées. L'adresse se double de 2 restaurants, et propose des soirées barbecue musical le vendredi (1 500 Rs), des buffets dédiés à la cuisine mauricienne le dimanche (1 300 Rs) et des *live cooking* le mardi. Un vrai coup de cœur.

Côte ouest

Dans ce chapitre ➡

Le top des hébergements

- Lakaz Chamarel (p. 149)
- Sands Suites Resort & Spa (p. 133)
- Vanilla House (p. 141)
- LUX Le Morne (p. 153)

Le top des restaurants

- Canne à Sucre – Chez May (p. 135)
- Chez Meilee (p. 151)
- Happy Rajah (p. 139)

Pourquoi y aller

Entre les déclinaisons de turquoise du lagon et le tapis vert des champs de canne à sucre, la côte ouest est un condensé de l'île Maurice. Sans oublier ses hauteurs, auxquelles le relief donne des nuances plus sombres. Protégée par ces remparts montagneux, cette partie de l'île - l'une des moins arrosées et des plus ensoleillées - décline entre Port Louis et la péninsule du Morne des paysages où la topographie vigoureuse et la douce tournure du lagon se succèdent.

Malgré plusieurs plages superbes, la côte ouest – à l'exception de la péninsule du Morne – fut longtemps épargnée par le tourisme intensif et avait conservé une physionomie sauvage et les faveurs des initiés. Le développement rapide de Flic en Flac a sonné le glas de cette époque. Rivière Noire et Tamarin, ayant l'intérêt des expatriés, changent à toute vitesse de visage, même si ce coin de la côte garde une bonne part de sa quiétude, la vie s'écoulant toujours au rythme de la pêche et des travaux agricoles... en dépit des embouteillages de plus en plus fréquents. Seule Grande Case Noyale, La Gaulette et le paisible village de Chamarel semblent encore à l'écart d'un essor trop intensif.

Apothéose de l'Ouest mauricien, le Morne Brabant, piton rocheux posé sur le lagon, est l'un des sites les plus emblématiques de la beauté littorale de l'île.

Surplombant la côte, le parc national des gorges de Rivière Noire offre un décor de vallons boisés, de cascades et de végétation luxuriante, née des précipitations plus importantes qu'au nord.

Quand partir

La région se visite sans problème en toute saison. Les amateurs de pêche au gros préféreront se rendre dans la région d'octobre à avril ; les surfeurs qui voudront s'attaquer à la mythique "gauche" de Tamarin choisiront un séjour entre juin et septembre. Pour le kitesurf, la meilleure période sur le site du Morne s'étale de juin à novembre mais le spot fonctionne toute l'année.

À ne pas manquer

1. Les belles plages de **Flic en Flac** (p. 132)
2. Le cadre sauvage du **parc national des gorges de Rivière Noire** (p. 143) et la route de Plaine Champagne
3. Un pique-nique sur l'**île aux Bénitiers** (p. 152)
4. La spectaculaire cascade et les étonnantes nuances des terres des Sept Couleurs à **Chamarel** (p. 146)
5. Belles plages, ascension du Morne Brabant et kitesurf dans la **péninsule du Morne** (p. 152)
6. Randonnée à **Ebony Forest** (p. 147)
7. Le surf et les dauphins de **Tamarin** (p. 136)

Flic en Flac

Le curieux nom qui affuble cette station balnéaire viendrait de l'ancienne appellation hollandaise, Fried Landt Flaak, qui signifie "terre vide et plate". Vide, la plage publique de Flic en Flac l'est rarement. Les visiteurs sont en effet nombreux à apprécier ce long ruban de sable ourlé de filaos qui poussent en bordure du lagon : vendeurs de glaces et de noix de coco, adolescents en goguette, touristes, familles et joggeurs profitent de ce cadre convivial jusque dans la soirée. Principale carte de visite des lieux, elle compense le relatif manque d'attrait de la localité, qui illustre un développement touristique assez anarchique, avec force petits complexes sans âme. Prisée des familles mauriciennes en vacances, cette localité a beaucoup perdu de son charme au cours des dernières années mais offre de bons services. Hébergements et restaurants, dans toutes les gammes de prix, y attendent les voyageurs en quête de plage où poser leur serviette.

Les hôtels de luxe, pour leur part, ont pris possession du lieu-dit Wolmar, plus au sud, où l'on trouve une plage publique.

Circuits organisés

Plusieurs agences de la rue principale proposent des excursions vers nombre de sites touristiques, notamment l'île aux Bénitiers (voir p. 152), idyllique îlot situé plus au sud.

Tropical Dream Tours (☎ 453 8480, 5764 0329, 5737 0177). Recommandé pour son sérieux.

Flic en Flac Tourist Agency (☎ 453 9389, 5250 3165). En dépit de son nom, cette entreprise affiliée à l'hôtel Escale Vacances n'est pas un office du tourisme officiel, mais bien un prestataire privé. Au même endroit que **Fragawills Tours** (☎ 453 8897, 5933 2140 ; www.fragawills.com/fr/).

Activités

La plage et les activités nautiques sont les principales raisons de se rendre à Flic en Flac. Avec sa faune diversifiée et son relief spectaculaire, le secteur est l'un des plus attrayants de Maurice pour la plongée. Adressez-vous à l'un des prestataires de Flic en Flac (voir le chapitre *Plongée et activités nautiques* p. 34).

Où se loger

Flic en Flac est généreusement pourvue en hébergements pour tous les budgets, du bungalow au cinq-étoiles en passant par les lotissements de location, qui poussent comme des champignons. Les hôtels de luxe se regroupent à Wolmar, un lieu-dit situé à environ 2 km au sud de Flic en Flac et bordé d'une superbe plage se finissant en impasse face au Morne.

Flic en Flac

♥ **Sea Villa Mauritius** APPART'HÔTEL €€
(☎ 453 8880 ; app standard/2 chambres/familial avec petit-déj à partir de 2 500/3 500/3 900 Rs ;). À 2 minutes à pied de la plage, 23 appartements standards (55 m²) et familiaux (130 et 150 m², avec balcon et 2 salles de bains), agréablement décorés dans les tons taupe, bleu ultramarine et turquoise, confortables et bien équipés (clim, TV satellite, micro-ondes, frigo, coin salon...). Certains ont vue sur la mer, d'autres sur la piscine. Cette dernière, ainsi que le spa, le bar et la salle de gym sont un plus. Service en chambre. Lors de notre passage, une rénovation devait avoir lieu dans les prochains mois.

Lagon Bleu Azur RÉSIDENCE €€
(☎ 06 12 76 57 39 ; www.lagonbleuazur.com ; 476 lotissements Safeland, av. Pailles-en-Queue ; duplex 80 €, villa 6 pers à partir de 140 €, 8 pers 240-350 € ;). Une villa avec piscine et Jacuzzi pour 6 personnes, et des appartements en résidence, récents, confortables et fonctionnels. Le duplex est composé de 2 bungalows blancs assez design disposant chacun d'une piscine et d'un Jacuzzi, d'une cuisine américaine équipée, et de 2 chambres climatisées. Les appartements comportent 3 chambres et 2 salles de bains dans un ensemble créole moderne jaune assez réussi, avec piscine. Plages et arrêt de bus sont tout proches. Accueil aimable, et possibilité de table d'hôtes.

Manisa Hotel HÔTEL-RESTAURANT €€
(☎ 453 8550, 453 8558 ; www.manisahotel.com ; Royal Rd ; s/d/tr/qua en demi-pension 90/120/130/190 € ;). À 200 m de l'adresse précédente, cet établissement récemment rénové est tout aussi bien placé. Son jardin calme et fleuri entourant une piscine et ses chambres aux teintes claires – certes petites, mais confortables et dotées

d'une terrasse – en font une bonne surprise, au rapport qualité/prix honorable.

Aanari Hotel & Spa TROIS-ÉTOILES €€€
(☎453 9000 ; www.aanari.com ; Royal Rd, centre commercial Pasadena ; d en demi-pension 119-303 € selon saison ; P ❄ 📶 🏊). Adresse la plus confortable de Flic en Flac, ce trois-étoiles agréable occupe une grande partie de l'ensemble Pasadena, au sein duquel il a réussi à créer une atmosphère assez raffinée. Il se décline en 50 chambres divisées en 4 catégories. Les moins chères n'ont pas de terrasse ; les plus onéreuses, baptisées "club", incluent l'accès au spa et l'*happy hour* du bar. D'une décoration soignée et assez contemporaine, alternant teintes douces et tons plus soutenus, les chambres sont toutes équipées de la clim et de TV à écran plat. La salle de remise en forme, la petite piscine, deux restaurants dont un chinois, et un agréable spa sur la terrasse, avec hammam, sauna et salles de massage sont les autres atouts des lieux. L'ensemble est situé en plein centre-ville, face au poste de police. La plage publique est de l'autre côté de la route.

Wolmar

Pearle Beach Resort & Spa TROIS-ÉTOILES €€
(☎401 6300 ; www.pearlebeachresort.com ; d petit-déj 126-157 € selon saison ; P ❄ 📶 🏊). Spa, piscine à remous, centre de remise en forme, restaurant, activités nautiques... Ce trois-étoiles "plus" de 74 chambres est bâti en bordure d'une jolie petite plage. Les chambres, spacieuses et claires, affichent une décoration sobre et élégante, et sont dotées de belles salles de bains séparées par un claustra. Évitez cependant celles situées dans l'autre bâtiment, de l'autre côté de l'allée. Spectacles musicaux chaque soir, fort appréciés par la clientèle de groupes, de plus en plus nombreuse...

♥ Sands Suites Resort & Spa QUATRE-ÉTOILES €€€
(☎403 1200 ; www.sands.mu ; d en demi-pension à partir de 325 € selon saison ; P ❄ 🏊 📶). Les boiseries et le bleu éclatant de la belle piscine à débordement confèrent son atmosphère à cet hôtel de 91 suites donnant toutes sur l'océan. D'une surface d'au moins 52 m², elles sont équipées de la clim, de la TV, d'un petit salon et d'une terrasse. Outre de nombreuses possibilités d'activités (tennis, VTT, ski nautique, voile, plongée), les services incluent, comme il se doit, un centre de remise en forme et un spa raffiné. Avec sa vue sur le Morne et sa jolie plage, ce quatre-étoiles est une réussite.

BALADE LITTORALE

De Flic en Flac, prenez une demi-journée pour rejoindre la Preneuse à pied, en passant par la baie de Tamarin et Wolmar : 12 km de littoral, un parcours agréable à la découverte de paysages variés sur des sentiers faciles, offrant de belles possibilités de baignade.

La Pirogue QUATRE-ÉTOILES €€€
(☎403 3900 ; www.lapirogue.com ; s demi-pension 161-388 € selon saison ; P ❄ @ 🏊). La première image que l'on a de cet hôtel Sun Resorts – le toit en ogive moderne et monumental de son hall d'accueil – s'avère trompeuse. Son charme, son style et sa personnalité reposent sur ses petits pavillons de basalte aux toits de chaume, répartis dans une grande palmeraie. Installés en bordure d'une plage de sable blanc et abritant 1 ou 2 chambres seulement, sur un total de 248, ils sont décorés dans des teintes claires rehaussées de touches de couleur. Les supérieures sont 10 m² plus vastes que les standards. Classé quatre-étoiles, l'hôtel communique avec le Sugar Beach voisin, avec lequel il partage de nombreuses activités : plongée, pêche au gros (voir p. 51), sports nautiques, spa... Les points forts de ce bel hôtel sont l'intégration à l'environnement des bungalows, la superbe piscine, la non moins splendide palmeraie et la plage. Orchestre chaque soir.

Sugar Beach Resort CINQ-ÉTOILES €€€€
(☎403 3300 ; www.sugarbeachresort.com ; s demi-pension 209-478 € selon saison ; P ❄ @ 🏊). Côté cinq-étoiles, ce très bel hôtel du groupe Sun Resorts se distingue par son architecture inspirée de celle des plantations de l'époque coloniale : bâtiments blancs et bas entourés d'une galerie, parc de 12 ha. Les 258 chambres et suites ont balcon ou terrasse privée. La piscine de 2 000 m² se double d'un second bassin, et d'un très zen spa Aura. Le Sugar Beach offre de nombreuses activités (kayak, dériveur, windsurf, snorkeling, aquagym, water-polo, tennis, plongée...), un centre de remise en forme, 3 restaurants, un club

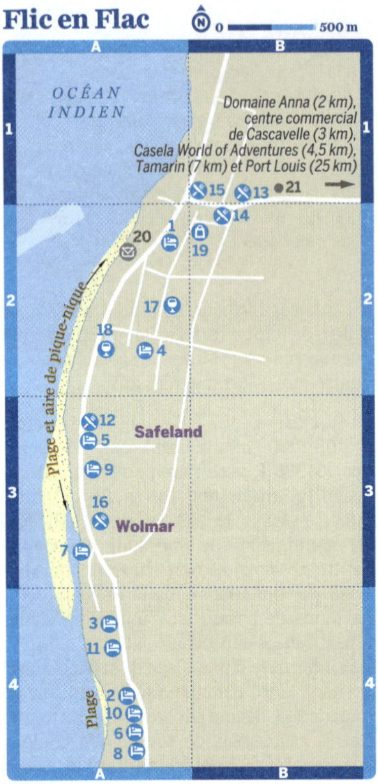

Flic en Flac

Où se loger

1 Aanari Hotel & Spa A2
2 Hilton Mauritius Resort & Spa A4
3 La Pirogue A4
4 Lagon Bleu Azur A2
5 Manisa Hotel A3
6 Maradiva A4
7 Pearle Beach A3
8 Sands Resort & Spa A4
9 Sea Villa Mauritius A3
10 Sofitel Imperial Resort & Spa A4
11 Sugar Beach Resort A4

Où se restaurer

12 Ah-Youn A3
13 Canne à sucre – chez May B1
14 Le Bois Noir – chez Joe B2
15 Sunset Garden B1
16 Zub Express A3

Où prendre un verre et sortir

17 Kenzi Bar A2
18 Shotz Club A2

Achats

19 Centre commercial Pasadena B2

Renseignements

20 Bureau de poste A2
Police .... (voir 20)

Transports

21 Easy Drive B1

pour enfants, et est apprécié des amateurs de golf, le Tamarina (p. 138) étant à environ 20 minutes en voiture. Le Sports Bar se transforme en petite discothèque le soir venu.

Hilton Mauritius Resort & Spa

CINQ-ÉTOILES €€€€

(☎ 403 1000 ; www.hiltonhotels.com ; d en demi-pension à partir de 305 € ; P ❄ 📶 ≋). Venant du géant américain, on pouvait s'attendre à un bâtiment trop grand et à l'atmosphère trop continentale… Au contraire, ce cinq-étoiles se distingue par l'épure de son décor, ses touches zen et orientales, la végétation omniprésente et la magnificence des vasques, bassins et plans d'eau. L'ensemble réussit à concilier discrétion et fonctionnalité, et se fond harmonieusement dans le paysage. L'hôtel, qui totalise 193 chambres et suites (toutes ont un balcon ou une terrasse), compte 3 bars, 3 restaurants, un club pour enfants et un spa élégant et raffiné. Outre de nombreuses activités nautiques, les clients ont accès au golf Tamarina (voir p. 138).

Sofitel Imperial Resort & Spa

CINQ-ÉTOILES €€€€

(☎ 453 8700 ; www.sofitel-imperial-mauritius.com/fr/ ; d avec petit-déj à partir de 235 € ; P ❄ 📶 ≋). Situé au bout de la route côtière de Wolmar, ce cinq-étoiles – rénové il y a peu – bénéficie d'un emplacement de rêve et d'une vue qui s'étend jusqu'au Morne. On y est accueilli par des bassins sur lesquels flottent des nénuphars, entre les reflets des jets d'eau et les ravinalas. L'architecture rappelle des éléments asiatiques, tandis que l'atmosphère des lieux cultive son image de luxe "à la française" – le bar à vins propose par exemple des dégustations accompagnées de fromages et charcuteries. Quant aux 191 chambres, spacieuses, très confortables et parquetées (rare, sous ces latitudes), elles s'ouvrent sur un jardin tropical luxuriant qui précède le lagon, agrémenté de hamacs et baldaquins. La gamme habituelle des sports nautiques est proposée et l'hôtel dispose de 5 restaurants, dont un gastronomique. Parmi les atouts de cette incontestable réussite, citons également la piscine de 1 000 m², la plage sublime et le très beau spa.

Maradiva CINQ-ÉTOILES LUXE €€€€
(☎ 4031500 ; www.maradiva.com ; d demi-pension 900-1200 € selon saison ; P ❄ 📶 🏊). Entre le Sofitel et le Sands, qui appartient au même groupe, le Maradiva loue exclusivement des villas classées cinq-étoiles "plus". Ne vous inquiétez pas si vous trouvez un peu petite la piscine de l'hôtel : chacune des 65 villas dispose de la sienne. Réparties en 4 catégories (sans compter la villa dite "présidentielle"), elles sont luxueuses. Le service, le parc de 27 ha, la galerie d'art et le spa spécialisé en ayurvéda et aromathérapie complètent la liste des prestations.

Où se restaurer

Autant le dire tout de suite, la fréquentation touristique de Flic en Flac ne pousse pas forcément les établissements culinaires à se surpasser et les prix ont une fâcheuse tendance à être plus élevés qu'ailleurs.

♥ Canne à Sucre – Chez May MAURICIEN €€
(☎ 453 9448 ; Royal Rd ; menu 1 000 Rs ; ⏲ soir, sur réservation uniquement). Une adresse authentique, connue seulement des fidèles de Flic en Flac. Dans ce petit restaurant à la façade modeste en bord de route, les copieuses assiettes séduisent autant que la bonne humeur de May, qui travaille exclusivement les produits frais qu'elle achète le matin après votre réservation. Le menu – créole forcément – est unique, mais délicieux : poulet, ourite, capitaine, en daube, rougail ou vindaye... May fait son propre piment, qu'il ne faut pas hésiter à lui demander si vous aimez les plats relevés. Elle s'adapte sans problème aux végétariens, et nous ressert si on le souhaite. On s'attarde volontiers sur la petite terrasse couverte pour bavarder avec elle, autour d'un fabuleux rhum arrangé maison. Pas de CB.

Le Bois Noir – Chez Joe MAURICIEN €€
(☎ 453 8820 ; Arcade Nénuphar ; plats 200-1 550 Rs, plat du jour 550 Rs ; ⏲ midi et soir, fermé jeu). Simplicité, bon accueil et cuisine simple bien préparée font le succès de cette véritable institution. Si la petite salle ne paie pas de mine, elle attire une clientèle d'habitués fidèles venus se régaler de spécialités créoles à prix doux : bouillon de crabe, camarons au curry, inévitable langouste... La carte, cependant, n'oublie ni le bol renversé ni la daube de bœuf. Pensez à réserver : le Bois Noir affiche rapidement complet en soirée. À l'entrée de la ville, sous les arcades.

Zub Express SINO-INDIEN €€
(☎ 5777 6655, 453 8868 ; www.zub-express.com ; 286 Royal Rd ; plats 160-1 000 Rs ; ⏲ 10h30-21h30, fermé jeu). Eshan Mohoboob et son épouse Aaicha ont su fidéliser leurs clients grâce à une cuisine halal, venue du Népal, de la Chine, de l'Inde et du Bangladesh, très honnête et copieuse : soupe *meefoon* au poulet et légumes, pains naan, riz à l'oignon frit ou aux fruits secs, curry de calamar ou de langouste, crevettes chichuan, poisson à la noix de coco... Pas de boissons alcoolisées, car Zub Express est doté d'une salle de prière ouverte tous les jours de 4h à 22h !

Ah-Youn SINO-MAURICIEN €€
(☎ 453 9099 ; Royal Rd ; plats 175-1 200 Rs ; ⏲ midi et soir, fermé lun). Installé en bord de route, Ah-Youn propose une carte à la mode sino-mauricienne, n'oubliant personne et pour toutes les bourses. La cuisine – mine frite, langouste... – est sans façon mais généreuse et bien préparée. La salle est souvent bondée ; préparez-vous à patienter aux heures d'affluence.

Sunset Garden SINO-EUROPÉEN €€
(☎ 453 8614 ; Klondike Rd ; plats 150-790 Rs ; ⏲ midi et soir tlj sauf mardi ; 📶). Un cadre agréable, dans un jardin bien entretenu, sous des parasols blancs. À la carte, un "asian corner" proposant bœuf aux poivrons, bol renversé, nouilles sautées et poisson au gingembre ; des plats créoles typiques conjuguant les habituels agneau, calamars ou camarons ; et des grillades (poisson du jour, filet de bœuf, et langouste 500 g à 1 495 Rs). Rien de très original, mais les plats sont à la hauteur, tout comme l'accueil. Bar, et concerts tous les samedis.

Domaine Anna SINO-MAURICIEN €€€
(☎ 453 9650 ; Médine ; plats 450-1 400 Rs ; ⏲ midi et soir tlj sauf lun). À environ 2,5 km au nord de Flic en Flac, le Domaine Anna est l'une des adresses les plus recommandables de la ville. On est d'emblée séduit par le cadre,

très romantique en soirée : une belle salle de pierre entourée d'une varangue située sur un vaste domaine ponctué de jardins et de plans d'eau, au milieu des champs de canne. Les tarifs restent raisonnables malgré ce cadre raffiné et la cuisine, si elle n'est pas à proprement parler exceptionnelle, laisse un bon souvenir : langouste thermidor, camarons grillés, bœuf aux oignons, carré d'agneau, poisson vapeur à la chinoise... Belle carte des vins français, sud-africains, argentins et chiliens. Une véritable institution, tant auprès des visiteurs que des Mauriciens.

Où prendre un verre et sortir

En soirée, ce sont surtout les restaurants du bord de route, face à la plage, comme Ah-Youn, ainsi que le Domaine Anna, qui concentrent l'animation de Flic en Flac.

Kenzi Bar BAR
(☎ 494 4133 ; av. Petite-Marie ; ⏲ mar-sam 18h-minuit). C'est le lieu idéal pour passer la soirée à siroter un cocktail dans un décor récup' ethnique coloré, et une ambiance (très) décontractée. On peut aussi y manger un morceau (burgers, fish & chips, 150-350 Rs) et assister à des concerts et quiz.

Shotz Club – O'Beach BAR-DISCOTHÈQUE
(☎ 453 5626 ; Oasis Complex, Royal Rd ; ⏲ mer 21h-2h, ven 22h-4h, sam 22h-5h). Un bar-discothèque prisé des jeunes Mauriciens, avec DJ, néons et écran géant ; juste à côté, un club plus lounge avec piscine et billard.

Achats

Cascavelle Shopping Village CENTRE COMMERCIAL
(☎ 452 9060/452 9000 ; www.cascavelleshoppingvillage.com ; ⏲ lun-jeu 10h-19h, ven-sam 10h-21h, dim 10h-17h). Alternative au centre de Flic en Flac pour les amateurs de shopping, ce centre commercial entièrement rénové en 2018 compte une trentaine de boutiques, mais également un supermarché, une station-service, des DAB, des restaurants, des points de vente des opérateurs Emtel et Orange. À 5 km de Flic en Flac sur la route de Tamarin.

Centre commercial Pasadena
En plein centre-ville, il rassemble un hôtel, un restaurant chinois, des boutiques, une pharmacie, un bar, un DAB, l'office du tourisme et un **supermarché Spar** (⏲ lun-sam 8h-20h, dim 8h-17h), au sous-sol.

Renseignements

La majorité des services de Flic en Flac sont rassemblés en bordure de la route principale, qui longe la plage, et dans les rues avoisinantes.

ARGENT

Vous trouverez un DAB en façade du centre commercial Pasadena. Un autre se trouve sous les arcades, à l'entrée nord de la ville.

Mauritius Commercial Bank (centre commercial de Cascavelle ; ⏲ lun-jeu 9h-15h15, ven 9h-17h). Dans le centre commercial.

POSTE

Bureau de poste (⏲ lun-ven 8h15-16h, sam 8h15-11h45). Derrière le poste de police, non loin du centre commercial Pasadena.

Comment s'y rendre et circuler

BUS

Des bus relient régulièrement Port Louis à Flic en Flac.

VOITURE ET SCOOTER

La ville se parcourt sans problème à pied. Adressez-vous aux prestataires suivants si vous souhaitez louer un véhicule. Tous sont installés entre le centre commercial Pasadena et la banque, le long de Royal Rd.

Easy Drive Rent a Car (☎ 5974 7128 ; www.easydrivemauritius.com).

Flic en Flac Tourist Office (☎ 453 9389, 5250 3165)

Fragawills Tour (☎ 453 8897, 5933 2140 ; www.fragawills.com/fr/)

Tamarin

Adossée à la magnifique montagne du Rempart, et dominée par celle de la Tourelle (548 m de haut), cette bourgade tire son nom des tamariniers introduits par les Hollandais. Encore – pour peu de temps ! – à l'écart des sentiers balisés du tourisme à grande échelle, elle attire avant tout de jeunes surfeurs et autres adeptes de vacances actives et décontractées. Tamarin, ville de pêcheurs, est également réputée pour l'observation des dauphins et ses salines créées à l'époque française, s'étendant en damier au bord de la route. Malheureusement, ces dernières ferment les unes après les autres...

Tamarin et environs

Tamarin et environs

À voir et à faire

- 1 Croisières Australes A2
- 2 Dolswim A2
- 3 Lokal Adventure A1
- Morne Anglers Club .... (voir 1)
- 4 Ocean Spa A2
- 5 Tamarin Bay Surf School .... (voir 12)
- Tour Martello A2

Où se loger

- 6 Chez Jacques B1
- 7 Mariposa Hôtel A2
- Sweet Beach Bungalow .... (voir 6)
- 8 Tamarina Boutique Hotel B1
- 9 The Bay A2
- 10 The River House B1
- 11 Vanilla House B2
- 12 Veranda Tamarin B1

Où se restaurer

- 13 Appo Rivier Nwa B2
- 14 Frenchie Café B2
- Happy Rajah .... (voir 18)
- 15 La Bonne Chute A1
- 16 La Cosa Nostra A1
- 17 Ousaporn A2
- Vanilla Café .... (voir 11)

Où prendre un verre et sortir

- Big Willy's .... (voir 20)
- 18 Roots Spirits A2

Achats

- 19 Belle et Toile A1
- 20 Le Barachois B1
- 21 Ruisseau Créole A2
- Thomas P Cochran .... (voir 20)

Activités

Surf

C'est la grande affaire de la ville. Des surfeurs, parfois venus de loin, s'y donnent rendez-vous pour se frotter à la "gauche" (appelée "la dalle") qui déferle ici entre juin et septembre ; les touristes seront plus à l'aise en bas de la vague, où il est judicieux qu'ils se présentent accompagnés de surfeurs locaux, qui n'aiment pas beaucoup voir leur spot envahi de touristes... Mieux vaut s'adresser à l'école de surf locale si vous ne connaissez personne pour vous "introduire dans le milieu".

Tamarin Bay Surf School ÉCOLE DE SURF
(☎ 5745 6759 ; 5257 5050). Cette école installée dans le Veranda Tamarin (voir p. 139) et tenue par Cyril Théveneau dispense des cours de surf (à partir de 1 500 Rs), de SUP en mer ou rivière (600 Rs/h) et de kayak, en mer ou rivière (500 Rs/h kayak simple, 700 Rs/h kayak double). Location surf 400 Rs/h, bodyboard 300 Rs/h. Le centre de plongée Tamarin Ocean Pro (voir le chapitre *Activités nautiques* p. 34) est situé au même endroit. Loue aussi des VTT (300 Rs/heure).

Observation des dauphins

Plusieurs prestataires, sur la plage ou dans les hôtels, proposent des sorties en mer à la rencontre de ces mammifères. Un panneau, sur la plage, rappelle les règles de bonne conduite que les prestataires doivent observer ; cependant, cette activité a pris une telle ampleur ces dernières années que la tranquillité des cétacés ne peut décemment être respectée. Dès 7h-7h30, ce sont des dizaines de bateaux qui emmènent les touristes – assez excités et bruyants – se mettre à l'eau là où les bancs de dauphins sont repérés. Emplis de crème solaire pas toujours respectueuse des coraux et des océans, ils dérangent les cétacés, qui se reproduisent précisément dans cette baie. Le confinement a d'ailleurs favorisé la naissance de bébés dauphins.

♥ **Lokal Adventure** SORTIES ÉTHIQUES
(☎ 5934 8828 ; lokaladventure.com ; sortie kayak observation dauphins 2 heures 1 800 Rs/pers). Anne et Élodie vous emmènent en kayak dès 6 heures du matin observer les

dauphins. Le rendez-vous se fait au Tamarin Bay Surf School (page précédente). Le soleil se lève, il n'y a que le bruit des oiseaux et du clapotis de l'océan... Il faut patienter quelques instants, contempler... puis admirer les dauphins qui croisent votre chemin, jouent. L'instant est absolument magique. Il faut en profiter avant que les dizaines de bateaux jettent les touristes à l'eau... Un petit-déjeuner sur l'eau est ensuite prévu (composé uniquement de produits locaux).

Michel Ricot - Rachelle Cruiser
SORTIES EN MER

(5735 8062, 483 8655 ; sortie dauphins 2 heures 1 200 Rs/pers, min 6 pers max 15 pers). Ce pêcheur (qui fut aussi l'un des premiers surfeurs de l'île, dans les années 1970), outre sa gentillesse confondante, est un fin connaisseur de la zone, et vous emmènera très tôt le matin (6h-8h) pour que vous ayez une chance de nager tranquillement avec les cétacés, ou un peu plus tard si vous n'aimez pas vous lever aux aurores (8h-10h). Il peut aussi vous organiser des demi-journées de pêche au gros (5/6h-midi, max 4 pers, 12 000 Rs), vous emmenant à 15 miles au large pour attraper espadon, marlin, thon et bonite. Enfin, vous avez la possibilité de combiner sortie avec les dauphins et excursion à l'île aux Bénitiers avec snorkeling sur la barrière de corail (voir p. 152, 8h-14h30, 1 800 Rs/pers).

Tamarina Golf Club
18-TROUS

(401 3006 ; www.tamarina.mu ; parcours 5 500 Rs, 30 balles de practice 150 Rs). Le golf Tamarina est implanté peu avant l'embranchement menant au parc des gorges de Rivière Noire. L'un des plus récents des parcours 18-trous de l'île, ce Par 72 s'étend sur les 43 ha d'un ancien domaine de chasse et a été conçu par Rodney Wright. Vous y trouverez un bar, une boutique, un restaurant et une école de golf.

Ocean Spa
BIEN-ÊTRE

(483 8016 ; oceanspablackriver.bunisess.site ; massage à partir de 1000 RS les 30 min). Hélène, prof de Pilates et de yoga (indie-pilates), a repris ce spa en 2022. Au menu : des soins du corps et du visage relaxants, énergisants et détoxifiants. On a particulièrement apprécié le Holodetox, qui rebooste l'organisme. Également gamme pour enfants, jolies pochettes et produits naturels à la vente (savons, crèmes). Lors de notre passage, des vêtements de yoga allaient être mis à la vente. Accueil enjoué.

Où se loger

Chez Jacques
PENSION €

(5715 5108 ; www.guesthousechezjacques.com ; Public Beach Avenue ; 1 000 Rs par pers avec petit-déj ;). À hauteur de l'église de Tamarin, dans le virage, prenez la petite rue qui descend vers la plage publique et l'hôtel Tamarin. Sur la gauche, vous apercevrez une maison bleue et son jardin luxuriant, l'un des points de chute des surfeurs à petit budget, et première guest-house construite à Maurice. Bardée d'escaliers et de terrasses, cette adresse, dont l'atmosphère évoque une auberge de jeunesse, propose 9 chambres, récemment rénovées. Colorées, équipées (frigo, bouilloire...) et confortables, elles ont toutes une salle de bains et des matelas de qualité. Le matin, confitures, brioches et gaufres maison. Le soir, possibilité de dîner local (bol renversé, langoustes... 600 Rs le dîner). Vous pouvez demander une option végétarienne. Proposition d'excursions. Si vous souhaitez louer une planche de surf ou une voiture, n'hésitez pas à demander à votre hôte.

Sweet Beach Bungalow
PENSION €

(483 8106, 5753 6721 ; www.sweetbungalow.jimdo.com ; s/d 1 500/2 500 Rs par pers). Dans une rue très calme, en face de Chez Jacques, cette grande maison jaune abrite des chambres très simples (dont une sans fenêtres mais avec ventilateur ou clim) et studios avec TV et kitchenette, à prix doux, idéale pour les backpackers. L'accueil est très aimable, et Nono, le propriétaire, organise des excursions en bateau (pêche, observation des dauphins...). Petit-déj sur demande (200 Rs).

The River House
CHAMBRES D'HÔTES €€

(483 0266, 5422 2277 ; www.riverhouse.mu ; Le Barachois ; d à partir de 160 € avec petit-déj ; P). Nichée dans un jardin tropical au bord de la rivière, sur la même plage que le Tamarina Boutique Hotel (voir ci-dessous), cette charmante maison créole moderne en bois dispose d'une belle suite avec chambre double, salon-cuisine, dressing, salle de bains et véranda privée, décorée de mobilier ancien et de matériaux contemporains qui lui donnent tout son cachet. On trouve aussi deux grandes chambres, et une plus petite avec un jardin zen et une douche extérieure. Une piscine, le barbecue à disposition, les hamacs pour

paresser près de la rivière ou les kayaks que l'on peut emprunter achèvent de parfaire ce havre de paix qu'Angela magnifie par sa gentillesse. Possibilité de manger sur place, sur réservation.

Veranda Tamarin QUATRE-ÉTOILES €€€
(☎230 266 9736 ; www.veranda-resorts.com ; d en demi-pension à partir de 97 €/adulte ; P ❄ ≋ ᯤ). Bien placé en face de la plage publique, l'unique hôtel de catégorie moyenne de Tamarin a laissé place à cet établissement fin 2018. Les 116 chambres sont confortables, climatisées, et comptent un balcon. Deux bars, deux piscines (une petite en rooftop avec vue sur la baie – et une grande), une boutique et un restaurant complètent le tout. Parmi les services proposés, on trouve un club de plongée et une école de surf (voir p. 137). Lors de notre passage, le buffet n'était pas fameux, et l'endroit assez bruyant.

Tamarina Golf & Spa Boutique Hotel QUATRE-ÉTOILES €€€
(☎404 0150 ; tamarina.mu ; d à partir de 240 € avec petit-déj ; P ❄ ᯤ ≋). Ouvert en 2011, ce bel hôtel ne donne certes pas sur le lagon mais sur l'extrémité nord de la plage publique de Tamarin – très agréable – où viennent s'écraser de belles vagues et où nagent les dauphins le matin ! S'il vise clairement une clientèle de golfeurs avec la proximité du Tamarina Golf Club, ses spacieuses chambres disposées dans des bâtiments ocre et décorées dans un style africain et ethnique conviendront à tout le monde. Ses 4 piscines en étage reliées par des ruisseaux, cascades et jardins japonais jusqu'à la mer sont une véritable invitation à la détente. Parmi les 3 restaurants sur place, **L'Escale** (ouvert aux clients extérieurs, sur réservation), situé en bord de plage sur une terrasse en teck ombragée par un immense badamier, sort du lot ; le cadre, illuminé de petites touches de lumière, est enivrant à l'heure du dîner. La taille raisonnable, l'emplacement idyllique et les services font de l'hôtel une vraie réussite. La route d'accès se situe 2 km avant le centre-ville de Tamarin sur la gauche. Mention spéciale pour l'accueil personnalisé, extrêmement raffiné.

Où se restaurer

♥ Françoise STREET FOOD €
(plage de Tamarin, devant le Veranda Tamarin ; boulette 15 Rs ; ⏲ tlj 11h30-17h, fermé lun et jeu). On dit que ses boulettes sont parmi les meilleures de l'île. Issue d'une famille de pêcheurs, Françoise sait effectivement les préparer comme personne ; à l'heure du déjeuner, on se régale à tout petit prix de ces spécialités sino-mauriciennes, au poulet, poisson, agneau, céréales ou gingembre, accompagnées de bouillon. Idéal pour un repas rapide et délicieux, assis dans le sable sous les filaos !

DÉCOUVRIR L'ÎLE DE FAÇON ÉCORESPONSABLE

Anne et Élodie ont créé Lokal Adventure (☎5934 8828 ; **lokaladventure.com**), un tour-opérateur écoresponsable qui invite à découvrir l'Île Maurice "vraie", en dehors des sentiers touristiques, souvent de façon originale. "Nous sommes de petits colibris", explique le duo, qui entend "ouvrir les yeux des gens, changer les mentalités". Aucune des sorties n'est motorisée. Les deux guides proposent des sorties en kayak pour observer les dauphins (voir page précédente), de la nage avec des chevaux à Rivière Noire, de la via ferrata à Chamarel, du canyoning du côté des 7 Cascades (88 €), un food tour ultralocal à Trou d'Eau Douce, de la pirogue à Mahébourg, du yoga sous plusieurs formes (paddle, aerial, ashtanga...). Bonus : elles sont toujours enjouées !

La Cosa Nostra PIZZERIA €€
(☎483 6169 ; www.lacosanostra.mu ; Royal Rd ; pizzas 220-530 Rs, salades 200-380 Rs, pâtes 280-460 Rs ; ⏲ midi et soir, fermé lun). Belle carte de pizzas au feu de bois, sur place ou à emporter, de salades et de pâtes fraîches, qui comblera aussi les végétariens, dans une jolie salle aux tons jaune orangé et au mobilier en fer forgé.

♥ Happy Rajah INDIEN €€
(☎484 4950 ; happyrajah.com ; Royal Rd ; plats 120-680 Rs ; ⏲ jeu-mar midi et soir). Le dernier-né du fameux restaurant indien (voir p. 91 Grand Baie et p. 111 Phoenix) est une réussite. À la carte : cheese naan, dum aloo, curries, paneer chilli, daal tarkewali, tapioca... Difficile de ne pas trouver son bonheur ! Belle salle tamisée et service affable.

SHOPPING VERSION AUTHENTIQUE

Rivière Noire et Tamarin réservent quelques bonnes surprises aux amateurs de shopping que le lèche-vitrine dans les centres commerciaux rebute. Vous y trouverez des idées de cadeaux tendance, originaux... et surtout plus authentiques !

Belle & Toile (carte p. 137 ; ☎ 483 1261 ; belleettoile.fr ; Galerie marchande de Palm Square, 1er étage, Rivière Noire ; ⏲ lun-ven 8h30-12h30 et 13h30-16h30 ; Ⓟ) est une marque de vêtements et d'accessoires créée par la Française Cat Isambourg. Tombée amoureuse de Maurice lorsqu'elle s'y est installée en 2011, elle décline son goût pour la nature mauricienne sur du coton, du lin, de la soie, agrémentés de broderies, de sequins, de coquillages... Dans son beau show-room, on peut aussi acheter des bijoux tendance inspirés par la *beach life*.

Thomas P Cochran (carte p. 137 ; ☎ 5919 4866, 483 5956 ; www.thomaspcochran.com ; 9b La Place, Cap Tamarin, Tamarin ; ⏲ lun-sam 9h30-17h30, dim 9h30-midi ; Ⓟ), tout droit venu du Zimbabwe il y a 12 ans, conçoit de superbes bijoux en or et en argent, moulés sur des coquillages locaux (1 500-5 500 Rs). On peut même passer commande pour une pièce spéciale.

I Love My Island (☎ 5254 8242) vous fait pénétrer dans l'univers de Corine Park, Mauricienne globe-trotteuse qui a imaginé, entre autres, deux bracelets-médailles en argent à l'effigie de l'île Maurice et de Rodrigues, qu'on attache avec un petit lien réglable en coton (780-1 980 Rs selon taille). Vente en ligne ou sur rendez-vous ; ses créations sont également présentées dans les boutiques des hôtels Beachcomber, LUX* et Sun, à L'Aventure du Sucre et au Château Labourdonnais. À Rodrigues, on trouve le bracelet dans le magasin du Bakwa Lodge et dans celui de la réserve François-Léguat.

Ti'piman (☎ 5255 9160 ; tipiman.com), créée par une dynamique jeune Basque installée à Tamarin, est un concept store online proposant des objets fabriqués entre la France et Maurice. Déco, accessoires, univers du bébé et de l'enfant... tout y est craquant, souvent conçus à partir de plastique, papier, bois de pirogue ou tissu recyclé, et plus original que ce qu'on peut trouver dans les boutiques de souvenirs (5-250 €). Créations personnalisables à la demande, et livraison à votre hôtel. Une bonne façon de soutenir les artisans locaux.

Où prendre un verre et sortir

Big Willy's RESTAURANT-PUB-DISCOTHÈQUE
(☎ 483 7400 ; www.bigwillys.mu ; Cap Tamarin ; ⏲ mer 11h-3h, jeu 11h-22h, ven 11h-4h, sam 18h-4h ; 📶). Dans un jardin tropical orné de cactus candélabres, des tables en bois sous des parasols pour manger des tapas, pâtes et salades (180-790 Rs), mais surtout pour boire un verre en regardant des événements sportifs sur grand écran avant de se déchaîner le week-end sur la piste de danse. Incontournable dans la région, ce restaurant-bar-discothèque accueille des DJ et groupes les vendredis et samedis soir, et propose des soirées à thème ou des cours de danse. Dress code chic et décontracté ; pas de mineurs après minuit.

Renseignements

À l'entrée nord de la ville, le centre commercial Le Barachois regroupe un supermarché, un DAB et quelques commerces.

Depuis/vers Tamarin

La ligne de bus Quatre Bornes-Baie du Cap dessert Tamarin et Rivière Noire. Vous devrez changer à Baie du Cap pour rejoindre Souillac et Mahébourg, et à Quatre Bornes pour gagner Curepipe et Port Louis. En théorie, vous atteindrez plus rapidement Port Louis en prenant un bus entre Quatre Bornes et Bambous, puis une correspondance pour la capitale.

Rivière Noire et La Preneuse

Alors que Tamarin est renommée dans le monde du surf, Rivière Noire est un lieu culte pour les amateurs de pêche au gros – plusieurs clubs sont installés aux abords du poste de police de Rivière Noire et de La Preneuse. De novembre à mai, les spécialistes viennent se mesurer aux marlins, thons et requins présents au large des côtes. Les baigneurs sont plus circonspects : la proximité de l'estuaire de la rivière rend en effet l'eau souvent trouble. Le village s'étend entre Petite Rivière Noire et Grande Rivière Noire. De nombreux projets immobiliers autour de la péninsule de Rivière Noire, autrefois connue pour ses salines, commencent à considérablement modifier la physionomie du secteur ; plusieurs projets d'hôtels de luxe sont dans les cartons et une marina grand luxe a récemment vu le jour (labalisemarina.com).

Deux kilomètres plus au nord, le lieu-dit La Preneuse jouit pour sa part d'une belle plage face au Morne et permet de découvrir la tour Martello (jetez un œil au canon sur la plage, en contrebas).

Les deux localités ne présentent pas un intérêt exceptionnel pour les visiteurs, mais séduisent par leur relief verdoyant et comptent parmi les plus proches des gorges de la Rivière Noire et des terres colorées de Chamarel, à quelques kilomètres dans l'intérieur des terres. De Grande Rivière Noire, la belle route goudronnée qui mène en 7 km aux gorges de Rivière Noire et à l'entrée du parc national (voir p. 143) mérite le détour.

À voir

Tour Martello ARCHITECTURE MILITAIRE ET MUSÉE

(carte p. 137 ; ☎5471 0178 ; La Preneuse ; adulte/enfant 100/40 Rs ; ⏲mar, mer et sam 9h30-13h, jeu et ven 9h30-17h). Bâtie par les Britanniques entre 1831 et 1834, cette fortification doit son nom à la pointe de la Mortella, en Corse. En 1794, des navires anglais furent repoussés de celle-ci par les armées génoises, protégées dans des tours rondes et basses, particulièrement résistantes aux tirs de canons. Tirant les leçons de leur défaite, les Britanniques firent ériger des édifices comparables (près de 200) en plusieurs endroits du monde, de l'Australie à la Jamaïque en passant par l'île Maurice. Cinq tours furent bâties sur l'île. L'une d'entre elles, garnie de canons rotatifs, surplombe la plage publique de La Preneuse, non loin de l'hôtel The Bay. Elle était à l'origine en alignement direct avec une deuxième, érigée en face dans la baie de l'Harmonie ; elles auraient permis aux garnisons d'effectuer des tirs croisés sur tout navire ennemi. Restaurée, la tour Martello est aujourd'hui un petit musée ludique, où des visites d'environ 30 minutes ont lieu en français, anglais et créole. Des mannequins en uniforme d'époque évoquent le quotidien d'une garnison au XIXe siècle. Des panneaux vitrés dans le parquet permettent d'apercevoir les citernes où l'eau de pluie était stockée, et les poudrières. À l'étage, on trouve le dortoir et la salle à manger, puis on accède au sommet de la tour, avec ses canons et ses boulets de 12 kg, d'où la vue sur la baie est superbe.

On peut notamment accéder à la tour par l'allée qui quitte la route côtière presque en face du centre commercial Ruisseau Créole.

Activités

Morne Anglers Club PÊCHE AU GROS

(carte p. 137 ; ☎483 5801 ; www.morneanglers.com ; Colonel Dean Avenue, Rivière Noire). L'un des principaux clubs de pêche au gros de Maurice.

Dolswim OBSERVATION DES DAUPHINS

(carte p. 137 ; ☎5422 9281 ; www.dolswim.com ; La Jetée, Rivière Noire ; sortie dauphins 2 heures 8 000 Rs/pers, sortie dauphins et baleines adulte 12 000 Rs). Les dauphins et baleines qui fréquentent la baie sont devenus au fil des années une curiosité touristique. Respectueux des règles de bonne conduite pour observer les animaux sans les déranger, ce prestataire, qui a obtenu en 2022 le « Pro-Handprint Inspiration » de la première cérémonie Sustainable Tourism Mauritius Awards, organise des sorties en mer de 2 heures environ à leur rencontre.

Croisières Australes SORTIES EN MER

(carte p. 137 ; ☎202 6660 ; croisieres-australes.com ; 2 Gardens of Bagatelle Park, Moka ; à partir de 2 200 Rs). Prestataire basé à Grand Baie, Croisières Australes organise depuis Le Morne Anglers Club (voir ci-dessus) une sortie à la journée pour voir les dauphins de Tamarin, snorkeling au Morne et l'île aux Bénitiers (voir p. 152) à bord du *Harris Wilson I* (rebaptisé *Silver Swordfish*), catamaran de 18 m sur lequel Florence Arthaud courut une Route du Rhum. Un nombre minimal de participants est requis.

Où se loger

♥ **Vanilla House** RÉSIDENCE HÔTELIÈRE €€

(carte p. 137 ; ☎483 6778 ; www.mauritius-guest-house.com ; Vanilla Village, Royal Rd, Rivière Noire ; d avec petit-déj 3450-3950 Rs selon saison ; P ❄ 📶 🏊). Située sur la route principale de Rivière Noire après la Balise Marina, cette maison d'hôtes comblera ceux qui veulent se ressourcer tout en vivant un séjour sportif en pleine nature, un brin communautaire et décontracté. Les 10 belles chambres comprenant une véranda, une salle de bains en suite, toutes équipées de téléviseur, de climatisation et d'une kitchenette, se dressent au sein du bucolique Vanilla Village, où l'on trouve un restaurant (voir ci-contre) pour prendre entre autres le petit-déjeuner, mais aussi une cuisine commune, des espaces lounge, une piscine, une bibliothèque, une boutique, un coin barbecue, un espace massages, et une "Kid's Zone". En prime, on profite d'une plage sauvage toute proche. Un état d'esprit très zen, atypique, dans un environnement préservé. Une réussite !

Mariposa Hôtel PIEDS DANS L'EAU €€

(carte p. 137 ; 483 5048, 5728 0506 ; www.lamariposa.mu ; allée des Pêcheurs, Royal Rd, La Preneuse ; d/app avec petit-déj à partir de 100-205/150-300 € selon saison et confort ; P). Au sud de la tour Martello, au bout d'une allée privée, un charmant ensemble de 35 chambres et appartements très équipés, totalement rénové en 2019, idéalement situé sur une belle plage bien entretenue et aménagée. La plupart ont vue sur une piscine, les autres ont une vue mer directe, et en particulier sur la silhouette du Morne au loin ; toutes sont confortables et cosy, avec TV et terrasse. Joli jardin fleuri, petit spa, cours de yoga, possibilité d'excursions, accueil aux petits oignons… Nous avons particulièrement apprécié les repas avec vue sur le lagon. Un sans-faute ! On peut également y passer la journée (1 500 Rs par personne).

The Bay HÔTEL-RESTAURANT €€

(carte p. 137 ; 483 7042 ; www.thebay.mu ; av. des Cocotiers, La Preneuse ; d avec petit-déj à partir de 145 € ; plats 350-660 Rs ; P). On est d'emblée séduit par la belle vue sur mer, le petit patio baigné de lumière, la déco bohème-chic aux teintes exotiques. Les chambres sont dans le même esprit, gai et paisible. L'hôtel, ça n'est pas le moindre de ses atouts, n'en compte que 16, toutes équipées de la clim et de la TV. Préférez les supérieures, qui disposent d'une terrasse, tout comme les 2 suites. L'accueil, la piscine et le petit coin de plage s'ajoutent aux charmes de cette bonne adresse qui se double d'un restaurant, à la carte sino-mauricienne alléchante. Nombreux services, activités et excursions proposés.

Où se restaurer

Ousaporn THAÏ €

(carte p. 137 ; 483 7061 ; La Preneuse Rd, La Preneuse ; plats 195-495 Rs ; mar-dim midi et soir). Une adresse d'initiés, que les touristes découvrent petit à petit. Près de la tour Martello, derrière un haut mur donnant sur la rue, se cachent quelques tables dans un mignon petit jardin zen-tropical ombragé. La cuisine thaïe (qu'on peut commander pour emporter) y est excellente, copieuse et à petit prix : salade de papaye, *kao pad* (riz frit avec poulet, porc ou crevettes, œuf, carotte, oignons), *gang kheaw varn* (crevettes ou poulet émincé au curry vert, pousses de bambou, petits pois, lait de coco et riz au jasmin), *choo chee plaa* (poisson grillé à la sauce curry rouge et riz au jasmin)… Mieux vaut réserver.

Vanilla Café CAFÉ-RESTAURANT €€

(carte p. 137 ; 483 6778 ; www.mauritius-guesthouse.com ; Vanilla Village, Royal Rd, Rivière Noire, petit-déj 220-420 Rs, plats 350-550 Rs ; tlj 8h-16h ;). Dans l'espace central du Vanilla Village (voir ci-contre), sous la varangue ou à l'ombre des arbres tropicaux et des parasols, assis sur des chaises en bois de récup', on se régale de saines et copieuses salades (avec bacon, parmesan, avocat, gorgonzola, noix, quinoa…), de wraps, pitas, quesadillas et burgers végans. Mention spéciale au petit-déjeuner à l'anglo-saxonne, avec ses pancakes à la banane, ses œufs Bénédicte, ses omelettes veggie accompagnées de cappuccino ou de jus de fruits frais.

La Bonne Chute FRANCO-CRÉOLE €€

(carte p. 137 ; 483 6552 ; labonnechuterestaurantandbar.com ; au niveau de la station-service, Royal Rd, La Preneuse ; plats 325-2 400 Rs ; lun, mer-sam midi et soir). Créé à la fin des années 1960, ce restaurant gastronomique fut l'un des tout premiers de l'île – c'était à l'époque le point de chute des chasseurs, qui y apportaient leur gibier. La carte fait montre de cet héritage et propose notamment rôti de cerf, cochon marron, magret de canard ou dry-curry de bœuf – spécialités de la maison –, mais laisse également place aux produits de la mer, avec une daube de poulpe façon créole, un tartare de thon ou du crabe mitonné à l'étouffée ou en gratin. Si la cuisine est correcte et la terrasse agréable, la musique du bar, souvent trop forte, gâche un peu l'ambiance, agréable.

Frenchie Café RESTAURANT BAR €€
(carte p. 137 ; ☎483 6125 ; www.frenchiecafe.mu ; Riverview Centre, Rivière Noire ; plats 490-1 290 Rs ; ⊙lun-sam 9h30-21h ; 📶). Une adresse récente dans un patio à la sortie de Rivière Noire, où l'on peut tout faire : prendre son petit-déjeuner, bruncher, déjeuner de salades, tartares, carry et autres carpaccios, déguster des tapas et prendre l'apéro. DJ certains soirs, et événements à thème réguliers, comme des journées bien-être avec Hélène d'Ocean Spa (voir p. 138).

Apo Rivier Nwar CHINOIS €€
(carte p. 137 ; ☎5444 8797 ; Royal Rd, Rivière Noire ; plats 275-1 700 Rs ; ⊙midi et soir, fermé mar). Ouvert fin 2017, c'est la petite adresse encore inconnue des touristes, et l'un des bons restaurants chinois de l'île ; les expatriés de la région ne s'y trompent pas, et en ont fait l'un de leurs restaurants de prédilection. Outre une déco très réussie qui dépayse totalement (mobilier métallique rouge, murs couverts de journaux chinois), on y déguste les grands classiques (sizzling, poulet cajou, crevettes sauce satay, soupe émincée de bœuf et tofu, canard laqué...), mais aussi du poisson grillé ou de la langouste. Également à emporter ; pas de vente d'alcool.

Où prendre un verre

Roots Spirits BAR-RESTAURANT €€
(carte p. 137 ; ☎5722 4373 ; roots.spirits@gmail.com ; Royal Rd, La Preneuse ; cocktail 125-225 Rs ; ⊙mar-jeu et sam 18h-minuit, ven 17h-minuit). Repérez sur la route le grand panneau vert près d'une palissade en bois, le kiosque au toit de chaume et les parasols roses. La cuisine axée thaï-fusion n'est pas exceptionnelle, mais l'endroit est surtout réputé pour son côté décontracté, ses bons cocktails, ses tapas et ses concerts du vendredi soir. Service parfois longuet.

Shopping

Ruisseau créole CENTRE COMMERCIAL
(carte p. 137 ; ☎483 8000 ; www.ruisseaucreole.com ; La Mivoie, Royal Rd, Rivière Noire ; ⊙lun-sam 9h30-18h, dim 9h30-16h ; 🅿). On peut s'étonner de l'emplacement de ce centre commercial, à l'entrée du modeste bourg de La Preneuse. Il est en fait stratégiquement placé entre les hôtels de Wolmar et de la péninsule du Morne. Dans un espace moderne au design assez réussi, l'ensemble regroupe une quarantaine de boutiques haut de gamme, mais aussi une galerie d'art, un barbier, 5 restaurants et, histoire de n'avoir aucune excuse pour ne pas dépenser son argent, une banque MCB dotée d'un DAB. Certaines boutiques ferment dès 17h les jours de faible affluence.

ℹ Depuis/vers Rivière Noire et La Preneuse

La ligne de bus Quatre Bornes-Baie du Cap dessert Rivière Noire. Vous devrez changer à Baie du Cap pour rejoindre Souillac et Mahébourg, et à Quatre Bornes pour gagner Curepipe et Port Louis.

Parc national des gorges de Rivière Noire

Créé en 1994, le Black River Gorges National Park dévoile un visage moins connu de l'île, très éloigné de la trilogie plage/lagon/filaos. Sauvage, accidenté et volcanique, il couvre en effet 6 574 ha de montagnes et de forêts – soit 3,5% de la superficie de Maurice – et constitue un observatoire naturel de choix avec ses 311 variétés de plantes et 9 espèces d'oiseaux endémiques. Avec un peu de chance, vous pourrez découvrir des bois de natte, reconnaissables à leur forme d'ombrelle, de rares exemplaires de tambalacoque – ou arbre à dodo –, des ébéniers, des bois puants, des camphriers et peut-être apercevoir le vol furtif d'une crécerelle (faucon endémique, très rare) ou d'un pigeon rose, une bande de macaques, des cerfs ou des cochons "marrons" (sauvages). Les rivières et cascades sont nombreuses : l'eau est bien entendu limpide et pure, et il est très agréable de s'y rafraîchir les pieds après une longue marche.

Le parc se découvre en effet idéalement à pied et des efforts sont entrepris depuis quelques années pour faire de cet espace naturel un point fort de l'île auprès des randonneurs. Le balisage des sentiers qui le sillonnent se généralise, mais les moins aguerris préféreront sans doute les possibilités de balades organisées au domaine de Chazal (voir p. 175) ou à celui de l'Étoile (voir p. 119). Les sentiers sont rigoureusement interdits aux vélos ; de même, la consommation d'alcool ou de cigarettes y est prohibée. Si la marche vous rebute, emprunter la route de Plaine Champagne (voir p. 144) vous donnera un superbe aperçu des paysages de la région.

La meilleure période de l'année pour visiter le parc va de septembre à janvier, durant la floraison. Pensez à prendre eau et nourriture, car vous n'en trouverez pas dans le parc. Et emportez aussi votre répulsif à moustiques !

Activités

Le parc se prête aux courtes balades, à la simple journée de détente et aux randonnées de plusieurs heures. Dans les deux premiers cas, le mieux est de se rendre au centre des visiteurs, au départ duquel plusieurs itinéraires sont indiqués. L'un d'eux permet de rejoindre, en 1,5 km, un petit kiosque agréable, en bordure de la rivière, où vous pourrez vous adonner aux joies de la baignade – les lieux sont assez fréquentés le week-end.

Pour une randonnée plus longue, il est préférable de partir du centre d'information du Pétrin (p. 146) ou de la route de Plaine Champagne pour le sentier de Parakeet (p. 146).

Contrairement aux années précédentes, le balisage est désormais très satisfaisant et des panneaux nominatifs jalonnent chaque jonction. Vous pourrez vous passer des services d'un guide : la carte vendue par le centre des visiteurs suffit.

Il existe également des possibilités de canyoning (p. 222). Les capacités du parc en matière de sports de pleine nature restent malgré tout sous-exploitées.

Route de Plaine Champagne ROUTE PANORAMIQUE

Bordée de ravinalas, la très belle route qui traverse Plaine Champagne offre un autre excellent moyen de découvrir l'environnement verdoyant du parc. Elle relie Le Pétrin à Chamarel au fil d'un itinéraire où se succèdent de splendides paysages. En chemin, il est possible d'accéder au Parakeet Trail (voir p. 146), ainsi qu'à

Parc national des gorges de Rivière Noire

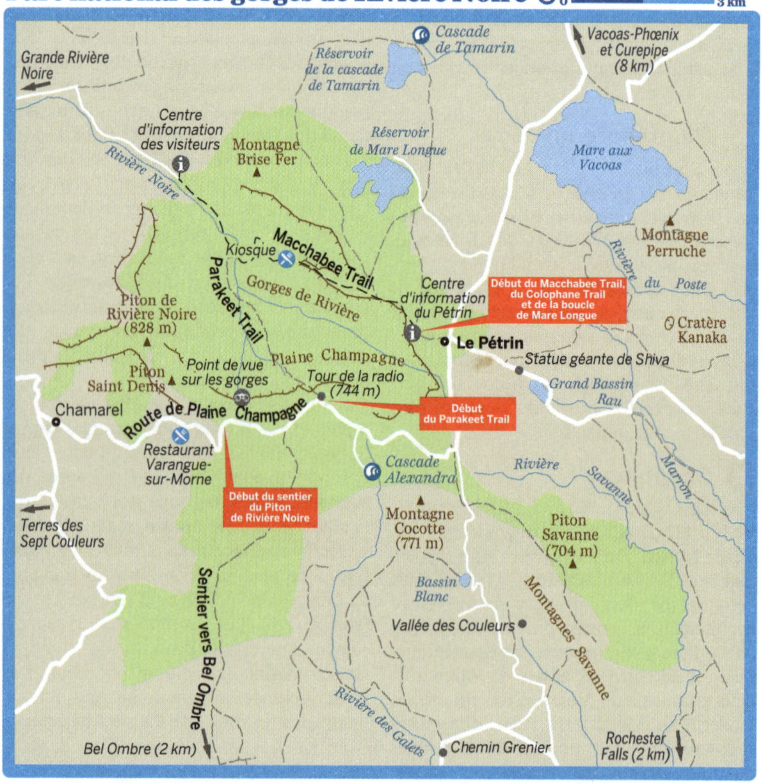

plusieurs sites, tels que la **cascade Alexandra**. Au niveau du panneau indicateur, empruntez la petite route bordée d'arbres sur 500 m pour profiter d'une magnifique vue sur la côte sud, la chaîne montagneuse de Savanne et la cascade Alexandra (appelée "cascade Cécile" sur la carte IGN).

Quelques kilomètres plus loin en direction de Chamarel, vous atteindrez un autre superbe **point de vue** (Black River Gorges Point of View). En parcourant 200 m à pied depuis la route, il révèle un panorama spectaculaire sur les gorges de la Rivière Noire et la côte ouest. À droite, on aperçoit une impressionnante chute d'eau ; à gauche, voici les 828 m d'altitude du Piton de Rivière Noire, le point le plus élevé de l'île. Avec un peu d'attention, on peut observer des pailles-en-queue et des chauves-souris planant au-dessus de la forêt.

LA CRÉCERELLE, RAPACE MAURICIEN MIRACULÉ

Condamné à disparaître suite aux dégâts provoqués par l'utilisation des insecticides dans les champs (il ne restait que 4 individus à l'état sauvage en 1974, dont une seule femelle fertile), ce rapace a fait l'objet de mesures de préservation intensives. Des efforts qui ont porté leurs fruits : leur population s'élève aujourd'hui à plus de 300 individus. Seul oiseau de proie survivant à Maurice, la crécerelle mauricienne mesure entre 20 et 26 cm de long, et se nourrit surtout de geckos. On la trouve principalement dans et autour les gorges de Rivière Noire et dans la montagne Bambous.

Macchabee Trail : du Pétrin au centre d'information

RANDONNÉE

Assez ardu, ce superbe itinéraire traverse quelques-uns des plus beaux paysages de l'île Maurice. Le trajet s'étend sur environ 10 km et peut se parcourir en 4 heures. Les moins courageux peuvent se contenter de la première partie de l'itinéraire. Le **Colophane Trail**, 1 km sur la gauche après la jonction de Maccabée, offre une alternative qui permet de descendre dans les gorges plus facilement en longeant la crête.

Le sentier débute au centre d'information du Pétrin (voir p. 146). La première partie, facile et sans dénivelé, suit vers l'ouest la large piste forestière de terre rouge qui part du centre d'information. Continuez sur environ 3,5 km dans un paysage forestier. Vous découvrirez de splendides panoramas sur la **Grande Rivière Noire** et, s'il a plu, vous profiterez d'une vue dégagée sur les cascades.

Après une demi-heure de marche environ, vous parviendrez à un carrefour doté d'un panneau d'indication ; suivez la direction indiquée et poursuivez pendant environ 40 minutes en terrain plat. Vous atteindrez alors une petite esplanade offrant un beau panorama sur les montagnes boisées et la côte. Les moins aguerris s'arrêteront là et feront le même trajet en sens inverse. Les autres poursuivront leur chemin, en sachant que l'itinéraire devient dès lors nettement plus sportif et présente un fort dénivelé négatif.

La large piste se transforme en un étroit sentier, un peu dissimulé derrière l'esplanade, qui dévale vers le sud-ouest au milieu des arbres. L'itinéraire est abrupt et assez glissant, mais ne présente pas de réelle difficulté, par temps sec, pour les randonneurs chevronnés. Il est cependant conseillé de l'éviter après de fortes pluies. Une descente d'une quinzaine de minutes permet de rejoindre un sentier herbeux, plus large et au dénivelé plus doux. Passant quelques beaux points de vue, il descend en larges boucles et mène, en moins d'un quart d'heure, à une grille en fer (ouverte).

L'itinéraire se poursuit, à ce niveau, par un sentier étroit qui descend abruptement sur la droite pour rejoindre en une quinzaine de minutes une zone boisée d'eucalyptus. On est alors environné de montagnes, au point qu'il devient difficile d'imaginer que l'on est encore à l'île Maurice… Poursuivez environ 10 minutes vers le bas et vous arriverez à un carrefour où vous prendrez sur votre gauche. Une dizaine de minutes plus tard, vous atteindrez un ultime croisement. Prenez le chemin de droite qui mène, en 10 minutes environ, au **centre d'information du parc** – celui de gauche conduit, en un quart d'heure, à la rivière et à un kiosque.

Comptez ensuite 4 km pour rejoindre **Grande Rivière Noire** en suivant la route asphaltée qui longe la rivière avant de déboucher dans les champs de canne. Plusieurs crécerelles ont élu domicile le long de cette route. Si vous êtes fatigué, essayez d'appeler un taxi par téléphone ou demandez au conducteur d'une voiture garée sur le parking de vous conduire jusqu'à Grande Rivière Noire.

La **boucle de Mare Longue**, sentier de 12 km de difficulté modérée qui demande environ 4 heures, est une variante de cet itinéraire. La **boucle de Macchabee Forest** (14 km depuis Le Pétrin) est d'un niveau plus modéré et propose une belle incursion dans la forêt. C'est dans cette zone que le centre des visiteurs libère des crécerelles ; vous risquez donc de pouvoir en observer ! Renseignez-vous au centre d'accueil du Pétrin.

Parakeet Trail RANDONNÉE

Avec son fort dénivelé, cet itinéraire plutôt sportif est réservé aux marcheurs motivés, mais il est assez fréquenté et plutôt bien balisé. À 50 m après le poste de police, en direction de Chamarel sur la route de Plaine Champagne, un panneau "Parakeet Trek" indique le départ. Le sentier dévale abruptement vers le nord-ouest et rejoint les gorges de la rivière, avant de se terminer au centre d'information du parc. Comptez environ 3 heures.

Les randonneurs plus aventureux peuvent, aidés d'un guide, descendre dans les gorges par ce chemin et remonter vers Le Pétrin, pour faire une boucle de 15 km.

Piton de Rivière Noire RANDONNÉE

Depuis la route de Plaine Champagne, 3 heures de randonnée aller-retour (6 km, niveau modéré) jusqu'au sommet du piton de Rivière Noire (Black River Peak), à 828 m d'altitude. Le sentier commence à 300 m du point de vue sur les gorges de Rivière Noire (View Point Black River Gorges) en direction de Chamarel.

Renseignements

Centre d'information du Pétrin (☎ 471 1128 ; lieu-dit Le Pétrin ; ⏲ lun-ven 7h30-15h, sam-dim 9h-17h). Le centre d'information principal du parc vend des cartes détaillées (25 Rs). Informez-vous auprès des gardes forestiers, qui se feront un plaisir de vous renseigner, et vous inviteront à regarder dans un vaste enclos tout proche des pigeons roses récemment réintroduits. Le centre d'information est aussi le point de départ de la randonnée du Macchabee Trail (voir p. 145).

Centre d'information des visiteurs (☎ 258 0057 ; ⏲ lun-ven 8h-16h, sam 8h-17h, dim 9h-17h). Accessible depuis Grande Rivière Noire ; fermé lors de notre passage. Assez petit, il est aussi plus pauvre en informations que celui du Pétrin. Vous devriez pouvoir y trouver la carte du parc. Plusieurs sentiers de randonnée partent d'ici.

National Park and Conservation Service (Ministry of Agro Industry, Food and Security ; ☎ 464 4053, 464 4471 ; npcs@mail.gov.mu).

Depuis/vers le parc national des gorges de Rivière Noire

Mieux vaut posséder son propre moyen de locomotion pour rejoindre le parc, les transports en commun étant très limités et peu pratiques.

Le parc compte un point d'accès principal, situé au lieu-dit Le Pétrin, à environ 3 km après Grand Bassin (p. 177), accessible depuis le sud (Souillac, Bois Chéri...) ou le sud-ouest (Chamarel, Plaine Champagne). Vous y trouverez le centre d'information principal du parc.

Un second accès est situé dans les gorges de Rivière Noire, accessible par une belle route goudronnée depuis Grande Rivière Noire (ci-contre). Vous y trouverez également un centre d'information du parc (fermé lors de notre passage).

Chamarel

Rendu célèbre par ses terres colorées, le très touristique village de Chamarel est l'un des plus visités du pays. Il fut baptisé en l'honneur de Charles de Chazal de Chamarel, ancêtre du peintre et écrivain mauricien Malcolm de Chazal. Le village est situé sur une belle route qui serpente au milieu de la forêt et des vacoas depuis Grande Case Noyale. La montée réserve une vue splendide sur le lagon du Morne et l'île aux Bénitiers. Le matin, il n'est pas rare de voir quelques singes sur la route.

À voir et à faire

Terres des Sept Couleurs SITE NATUREL

(Coloured Earths ; ☎ 483 8298 ; adulte/enfant 325/175 Rs ; ⏲ tlj juin-sept 8h30-17h, oct-mai jusqu'à 17h30). Avec l'île aux Cerfs, le Morne et le jardin de Pamplemousses, les Terres des Sept Couleurs de Chamarel comptent parmi les grandes icônes touristiques de Maurice. Le site, modeste par sa superficie, pourra en décevoir certains. Il se présente sous la forme d'une clairière parsemée de petites dunes de terre dont la couleur passe du violet au bleu et de l'anthracite au marron, à l'ocre et au rouge. Ces variations chromatiques sont dues à l'érosion, qui a ramené au fil du temps à la surface les oxydes minéraux (de fer ou d'aluminium) contenus dans les basaltes issus d'éruptions volcaniques anciennes. Le phénomène est également visible dans la vallée des Couleurs, au sud de l'île, où l'on a répertorié 23 teintes, moins distinctes (voir p. 173).

La guérite qui donne accès au site est installée à la sortie du village, sur la droite. La route, récemment asphaltée, continue ensuite au milieu des champs de canne. Elle commence par mener à la **cascade de Chamarel**, sur la gauche, qui dévale un à-pic de plus de 100 m. Roulez encore sur 1,5 km pour découvrir les fameuses terres. Des barrières en rondins protègent le site du piétinement mais deux petits kiosques offrent une vue d'ensemble.

La visite est libre. Il n'existe pas de guides officiels sur le site, qui appartient à la sucrerie de Bel Ombre. Vous trouverez un **snack** (lun-sam 10h-16h30) sur place, une petite boutique et un enclos avec des tortues géantes.

Rhumerie de Chamarel — TOURISME AGRICOLE

(483 4980 ; www.rhumeriedechamarel.com ; Royal Rd ; adulte/-12 ans 400/175 Rs ; lun-sam 9h-16h30). Impossible de rater cette rhumerie dont les hauts et beaux bâtiments se dressent sur les hauteurs du village, dans un écrin de verdure enchanteur de champs d'ananas et de canne. Ouverte en 2008, elle témoigne d'un double effort de reconversion de la filière canne, vers le tourisme d'une part, et vers le rhum agricole de l'autre. Conçue dès l'origine pour être ouverte à la visite, ce qui en fait un véritable centre d'interprétation du rhum, l'usine vise en effet à produire un rhum agricole mauricien de qualité, désormais internationalement reconnu. Récoltées quotidiennement à la main dès les premières lueurs du jour, les cannes fraîchement coupées arrivent en moins de 4 heures aux moulins de la Rhumerie. Cette proximité, cette sélection et l'absence de "brûlage" des champs de canne sont les garants d'un jus de la plus grande qualité ; effectivement, le rhum Chamarel convainc (nous avons adoré celui aux épices), et le cadre, extrêmement soigné, ajoute au plaisir de la visite.

La visite guidée (30 minutes environ) permet de découvrir les grandes étapes de la fabrication du rhum (attention, l'usine ne se visite que pendant la période de la coupe, de juin à décembre). Elle permet aussi de faire la différence entre le rhum traditionnel, à base de mélasse, et le rhum "agricole", plus noble car directement distillé depuis les cannes à sucre. Elle s'achève par une dégustation, près de la boutique.

Bon restaurant, **L'Alchimiste** (midi lun-sam, soir sur réservation), sur place. Visite et dégustation offertes aux clients.

♥ Ebony Forest — RÉSERVE NATURELLE

(460 3030 460 3031 ; www.ebonyforest.com ; Seven Colors Earth Rd ; adulte/enfant à pied/en jeep 300-900/180-600 Rs ; tlj juin-sept 9h-17h, oct-mai 9h-17h30). Ouvert en juillet 2017, ce projet éco-touristique fait parler de lui en termes très positifs. À raison : c'est l'un des rares endroits de l'île où l'on peut se promener dans la forêt indigène, dont il ne subsiste que 2% et qui héberge plus de 100 espèces d'arbres, dont de nombreux palmiers et pandanus. Le but d'Ebony Forest est de la restaurer, sur une parcelle de 50 ha : 130 000 plantes indigènes issues de la pépinière ont été mises en terre depuis 2006, et une équipe lutte à plein temps contre les espèces invasives et les animaux. Votre visite aide à financer ce travail coûteux, qui participe à la sauvegarde de la biodiversité mauricienne. La star de la forêt est sans conteste *Diospyros tessellaria*, un ébénier noir à la croissance extrêmement lente, quasiment éradiqué par les Hollandais alors qu'il était omniprésent à leur arrivée au XVIe siècle. Vous apprendrez tout à son sujet dans un petit musée très bien pensé et documenté, qui aborde aussi la géologie et l'histoire de Maurice. Vous pourrez ensuite choisir de suivre à pied ou en Jeep Safari les 4 sentiers de randonnée, où s'intercalent des points de vue fabuleux sur la côte à 402 m et 542 m d'altitude. Un guide naturaliste vous emmènera à la découverte de la forêt sur une passerelle traversant la canopée, équipée de panneaux d'information sur la faune et la flore. Un impressionnant panorama de l'ouest de l'île se dévoile depuis la plateforme de Sublime Point. On peut également rejoindre le sommet du Piton Cannot et sa vue à 360° lors d'une balade de 1 heure 30 aller-retour. Boutique d'artisanat, snack et musée sur place. Un vrai moment de déconnexion et d'émerveillement ; consacrez-y une demi-journée a minima. Lors de notre passage, ce projet était sur le point de devenir une ONG, ce qui permettrait d'obtenir des fonds pour effectuer des travaux de restructuration du lieu.

Chamarel et la péninsule du Morne

Curious Corner GALERIE D'ILLUSIONS
(☎483 4200 ; www.curiouscornerofchamarel.com ; Baie du Cap Rd, en face de l'entrée pour les Terres des Sept Couleurs ; adulte/enfant 475/350 Rs ; ⏲tlj 9h30-17h30, dernière visite 16h45). Cette "galerie d'illusions optiques et sensorielles" abrite plusieurs pièces qui brouillent les sens. On pénètre d'abord dans une bibliothèque – à vous de dénicher le bouton actionnant la porte secrète –, puis dans une cuisine dont le mobilier est fixé au plafond – ce qui permet des photos défiant la gravité. Il y a aussi un labyrinthe de miroirs, un faux ascenseur tombant dans le vide… Petit café dans le jardin, faisant aussi office de boutique de jeux (puzzles, casse-tête…).

Lavilleon Natural Forest RÉSERVE
(☎5983 5491, 5471 7933 ; adulte/enfant 150/100 Rs ⏲tlj 9h-17h). Ouvert en 2015, ce superbe parc naturel de 500 ha se visite pour sa forêt endémique. Vous y verrez 80 espèces d'arbres endémiques, dont le célèbre bois d'ébène ou le très rare palmiste piquant, ainsi que des coqs des bois, pigeons roses, cerfs, cochons marron, et autres merles de Maurice. Vue imprenable sur le lagon du Morne et l'île aux Bénitiers. Également tir à l'arc sur cibles 3D (400 Rs), parcours tyrolienne et pont népalais (750 Rs)… Une partie de ce domaine est consacrée à la chasse.

Où se loger

La Vieille Cheminée FERME DE CHARME €€€
(☎483 5249 ; www.lavieillecheminee.com ; Royal Rd ; d/f à partir de 4 800/75 000 Rs ; P ᯤ ≋). Implanté 500 m environ après Le Coteau Fleurie, ce domaine est avant tout fréquenté par les amateurs d'équitation – les chevaux des écuries sont disponibles pour des balades dans les environs (réserver 24h à l'avance). On le rejoint par une piste qui part sur la gauche depuis la route principale, au milieu d'un champ d'ananas. L'hébergement consiste en 5 maisons créoles rustiques (2 à 6 personnes), confortables et charmantes, dotées d'une kitchenette (une cuisinière peut aussi s'occuper des repas). Nous avons apprécié la démarche écologique des lieux (tri sélectif, agriculture raisonnée…). Du domaine, des sentiers pédestres balisés (de 2 à 6 km) sillonnent les environs, à la découverte des champs d'ananas et de bananiers ou de la forêt. Aire de jeux pour les enfants, piscine avec une belle vue panoramique et visites guidées de la ferme. Dîner sur demande.

Chamarel et la péninsule du Morne

Les incontournables
1 Cascade de Chamarel B2
Ebony Forest .... (voir 3)
2 Île aux Bénitiers B1
3 Terre des Sept Couleurs B2

À voir et à faire
Curious Corner .... (voir 3)
4 Haras du Morne A2
5 International Slave Route Monument... A2
6 Lavilleon Natural Forest B2
Paradis Golf Club .... (voir 14)
7 Rhumerie de Chamarel C1

Où se loger
8 Dinarobin Beachcomber A1
9 La Maison Papaye B1
10 La Vieille Cheminée C2
11 Lakaz Chamarel B1
12 Le Coteau Fleurie C1
13 LUX* Le Morne A2
14 Paradis Beachcomber A1
15 Pik Pik Studios A2
16 Ropsen Chawan B1
Rusty Pelican .... (voir 7)
17 JW Marriott Mauritius Resort A2
18 Sunset Villa B1

Où se restaurer
19 Chez Meilee B1
20 Janine C1
21 Le Chamarel C1
22 Le Palais de Barbizon C1
Océan Vagabond .... (voir 16)
23 Varangue-sur-Morne C1
24 Wapalapam A2

Où prendre un verre et sortir
25 Enso B1

Lakaz Chamarel ÉCOLODGE DE LUXE €€€€
(483 5240 ; www.lakazchamarel.com ; Piton Canot ; d à partir de 216 € ;). Ces 7 chambres et 13 suites dissimulées dans un parc de 12 ha de plantes et d'arbres endémiques de l'océan Indien au-dessus de Chamarel ne peuvent laisser indifférent. Particulièrement les Garden Suites, et plus encore les Sea View, avec leur panorama splendide sur le lagon et l'île aux Bénitiers (p. 152) et leur piscine privée à débordement. La déco ethnique et épurée des suites qui font toutes environ 100 m² s'appuie sur des matériaux nobles : bois exotique, pierre, douche en basalte. L'établissement est bien sûr aux petits soins pour ses clients – on compte autant de personnel que de clients – dans cette structure résolument élitiste et nature. Au milieu du jardin luxuriant, on compte aussi 2 piscines, un bar, un restaurant, un spa et un plateau de méditation. Les amateurs de marche pourront rejoindre le Piton Canot en 40 minutes et admirer une magnifique vue à son sommet. Demi-pension uniquement, animations certains soirs. Le paradis des Robinsons des temps modernes.

Où se restaurer

Outre les adresses ci-après, plusieurs restaurants et tables d'hôtes vantent leurs "menus créoles" et leurs "spécialités 100% mauriciennes" le long de la route de Chamarel. Leur "succès" s'explique en partie par les commissions qu'ils offrent aux chauffeurs de taxi qui y déposent leurs clients.

Janine SUR LE POUCE €
(5937 7440 ; La Crête, rte de Sainte-Anne, près de l'église ; tlj 10h-19h, parfois fermé dim). C'est l'île Maurice d'antan que vous dégusterez sur le stand de l'adorable Janine et de sa famille, au bord de la route, juste avant le restaurant Le Palais de Barbizon. Elle y vend de succulents gâteaux entre 20 et 30 Rs pièce (coco, gingembre, cardamome, coco-orange, pomme-ananas, coco-ananas, coco-dattes, papaye, coco-banane), des jus de canne fraîchement pressés sous vos yeux, à l'ancienne, au limon, gingembre ou orange (65-85 Rs), du lait de coco (60 Rs) agrémenté de rhum si vous le souhaitez (175-375 Rs selon contenance). Si sa petite épicerie est fermée, n'hésitez pas à aller toquer à la porte de sa maison toute proche, que vous reconnaîtrez à ses volets bleus.

Le Palais de Barbizon MAURICIEN €€
(4834 4178, 5494 0340, 5495 1690 ; La Crête, rte de Sainte-Anne ; menu 450 Rs ; midi tlj, soir sur réservation). Cette adresse située à gauche à l'entrée de Chamarel ne se distingue guère par son cadre, une salle-terrasse de bric et de broc bariolée de couleurs vives. Les Mauriciens eux-mêmes affirment que la cuisine leur rappelle celle de leur

LE TROCHETIA, UN SYMBOLE

Cette belle plante endémique (de son nom scientifique *Trochetia boutoniana*), emblème de l'île Maurice, était considérée comme éteinte, jusqu'au début des années 1970 où elle fut redécouverte à l'état sauvage sur les flancs de la montagne du Morne Brabant. Pouvant atteindre 2 à 3 m de haut, l'espèce fleurit de juin à octobre, et le nectar de ses fleurs fait le délice des geckos.

grand-mère... Le menu fixe servi dans cette chaleureuse cantine créole se compose d'un cari de poulet ou de poisson, de cerf ou de sanglier, copieusement accompagné de brèdes (manioc ou banane verte...), grains, riz, achards – d'un apéritif et d'un dessert. Pour 50 Rs de plus, vous pourrez goûter un café de Chamarel. Le service du débonnaire Rico n'est pas toujours très véloce mais l'adresse haute en couleur. Un rapport qualité/prix imbattable.

Le Chamarel PANORAMIQUE €€€
(☎ 483 4421 ; le-chamarel.restaurant.com ; La Crête ; menu 1 195 Rs ; ⏲ midi tlj). Impossible de ne pas être séduit par le panorama de cette adresse, entièrement refaite en 2016, posée sur un petit col à 300 m d'altitude, environ 500 m avant le village de Chamarel. La belle terrasse en pierre et chaume offre en effet une vue époustouflante. À droite, le sommet de la Tourelle de Tamarin ; en face, la longue bande plantée de filaos de l'île aux Bénitiers ; à gauche, le Morne Brabant. Voilà pour le décor. La carte célèbre la cuisine locale : vindaye de poisson, bouillon de fruits de mer à la créole, civet de cochon marron, fricassée de brèdes chouchou, pudding de manioc et glace gingembre-vanille, crème brûlée au café... Seul bémol : l'établissement est fréquenté par de nombreux groupes de touristes, ce qui pousse les tarifs vers le haut.

Varangue-sur-Morne PANORAMIQUE €€€
(carte p. 148 ; ☎ 483 6610 ; 110 rte Plaine-Champagne ; plats 900-1 300 Rs ; ⏲ midi tlj ; P). Sentiment mitigé pour cette adresse qui reçut tous les éloges à son ouverture mais semble maintenant faire quelques déçus. Rien à dire sur le cadre (hormis les photos de stars et de personnalités politiques) : en pleine nature sur la très belle route de Plaine Champagne, le restaurant est installé sur une vaste terrasse en bois, protégée par une varangue, face à un ample panorama sur la côte sud et le Morne. Grandiose ! Les tarifs et l'accueil, en revanche, font moins l'unanimité. Si la cuisine est correcte, nombreux sont en effet ceux qui la trouvent surévaluée. Comme l'adresse précédente, on côtoie fréquemment une clientèle de groupe.

ℹ Depuis/vers Chamarel

Il est difficile de rejoindre Chamarel par les transports en commun. De Port Louis, il faut prendre le bus de Baie du Cap en vous arrêtant au village de Case Noyale, puis le bus pour Chamarel. Depuis l'arrêt de bus, il vous restera 3 km à parcourir à pied. Un bus relie Chamarel à Quatre Bornes, mais il est plus simple d'avoir recours à un taxi ou à une voiture particulière.

La Gaulette

C'est souvent le point de chute de ceux qui veulent s'approcher de la péninsule du Morne mais ne peuvent s'offrir ses hôtels... et des surfeurs et kitesurfeurs, qui s'y retrouvent toute l'année – le spot One Eye, de renommée mondiale, accueille régulièrement des compétitions internationales. À environ 2 km du Morne, en face de l'île aux Bénitiers, le village de pêcheurs de La Gaulette (qui signifie en créole "le bambou de canne à pêche") ne présente pas un grand intérêt, mais il offre quelques possibilités d'hébergement et de restauration à bon compte. Le rivage n'est pas propice à la baignade près du village, mais les superbes plages de la péninsule sont proches.

Les services proposés dans le centre du village sont limités ; vous trouverez un supermarché et quelques boutiques – dont des magasins de surf – à l'entrée du village en venant de Tamarin.

Où se loger

Ropsen Chawan LOCATION DE MEUBLÉS €
(carte p. 148 ; ☎ 5902 8000, 451 5763, 451 6126 ; www.ropsen.net ; Royal Rd ; d à partir de 40 € ; ❄ 📶). Au centre du village, ce prestataire sympathique propose depuis 1995 un large éventail de studios, d'appartements et de villas à louer dans les environs de la localité, notamment sur les hauteurs qui lui font face. Prenez le temps de visiter avant de faire votre choix. Équipés de kitchenette,

ils sont bon marché et dans l'ensemble assez confortables et fonctionnels. Ropsen, qui se met en quatre pour ses clients, loue aussi des voitures (à partir de 35 €), et peut organiser des activités dans les environs (pêche au gros, sortie à l'île aux Bénitiers, etc.).

Rusty Pelican MAISON D'HÔTES €€
(carte p. 148 ; 5747 4544, 5985 9059 ; rusty-pelican.com ; Morc. La Flèche ; app avec petit-déj à partir de 50 € ;). Une belle maison avec 6 appartements indépendants : 2 en rez-de-chaussée avec cuisine, dans les tons jaune orangé, 2 à l'étage avec cuisine partagée et balcons privatifs, dans les tons bleu-vert, et 2 tout nouveaux près de la magnifique piscine du jardin. Décorés avec goût, ils font 70 m², disposent de la clim et du Wi-Fi. Les amoureux de la nature et du calme seront conquis par le raffinement discret des lieux. Machine à laver en libre accès pour les hôtes.

Sunset Villa APPARTEMENTS €€
(carte p. 148 ; 5779 5663 ; www.sunsetmauritius.com ; 50 Morc. Le Petit Morne ; app à partir de 40 € ;). Trois appartements pour 3, 4 ou 6 personnes, à la déco un peu kitsch mais vastes, très propres et bien équipés (Wi-Fi, TV satellite, immense cuisine...), dans une grande maison avec piscine. Certains sont climatisés et comportent un coin salon ainsi qu'une terrasse et/ou un balcon. Un service de location de vélos et de voitures est assuré sur place, ménage tous les jours. La rue est calme, et le propriétaire très arrangeant ; il loue d'autres appartements dans des résidences proches, du même type.

La Maison Papaye MAISON D'HÔTES €€
(carte p. 148 ; 451 5976, 5758 9486 ; www.maisonpapaye.com ; Morc. La Flèche n°21 ; d avec petit-déj à partir de 85 € ;). Bonne adresse, cette grande maison blanche aux volets bleus ressemble à une ancienne maison coloniale mais offre tout le confort moderne. Outre une agréable piscine et une belle varangue, où sont servis les petits-déjeuners, vous y trouverez 4 chambres à l'ambiance créole et au beau mobilier en bois. Les meilleures sont celles de l'étage, avec balcon. On vous conseillera pour vos activités dans la région. Possibilité de table d'hôtes.

Où se restaurer

Chez Meilee SINO-MAURICIEN €€
(carte p. 148 ; 415 6218 ; Royal Rd ; plats 140-1 300 Rs ; lun-sam midi et soir). Une excellente adresse authentique, au bord de la route principale. Sur la très agréable terrasse, on déguste une vraie cuisine créole comme on l'aime : bouillon de crabe, gratin de fruits de mer, daube d'ourite, curry de langouste, poisson grillé au beurre d'échalotes ou au gingembre, et langouste grillée sauce vanille... Tout est bon, copieux, et le service est très souriant. Pensez à réserver.

Océan Vagabond ITALO-MAURICIEN €€
(carte p. 148 ; 415 5910 ; Royal Rd ; plats 275-750 Rs ; mer-lun soir ;). Idéalement placé au centre du village, ce sympathique établissement est le repaire des amateurs de kitesurf et de surf venus tester les spots de la région. Au menu, cocktails de fruits, plats créoles, spécialités de la mer, pâtes, et très bonnes pizzas sur place ou à emporter – dont la One Eye, hommage au spot local dont la célébrité a largement dépassé les frontières de Maurice. Terrasse très agréable pour dîner, ambiance sympathique.

Où prendre un verre et sortir

Enso BAR-RESTAURANT
(carte p. 148 ; 4515 907 ; 1er étage du Village Walk Supermarket Center ; plats 300-950 Rs ; tlj 9h-minuit ;). Enso est le spot branché des riders de tous poils qui aiment y prendre un verre, regarder des vidéos de sport extrême sur l'écran géant et jouer au billard en soirée. Il faut avouer qu'avec sa vue sur la mer, la terrasse couverte est très agréable. Côté assiette, on trouve chicken wings et calamars croustillants, burgers (celui au thon frais est plutôt réussi) et pizzas, salades, pâtes, viandes et poissons grillés, de bonne facture. Sert aussi des petits-déjeuners, avec du pain maison (même sans gluten !).

Péninsule du Morne

Nul doute que vous l'ayez vue avant même d'y être allé. Photographiée depuis le ciel, elle orne en effet la moitié des cartes postales vendues sur l'île. Ce succès n'est que justice : comment ne pas être ébloui par la stature altière des 550 m du Morne Brabant, qui se dresse sur une péninsule parcourue d'une frange de 4 km de plages, bordées par des filaos et un magnifique lagon ? Le site n'est pas passé inaperçu des professionnels du tourisme, qui l'ont transformé en refuge d'hôtels de luxe. Sa plage publique, en revanche, est ouverte à tous.

La péninsule est réputée auprès des amateurs de kitesurf. Les professionnels conseillent aux débutants de bien se renseigner sur les spécificités des lieux avant de se jeter à l'eau (voir le chapitre *Plongée et activités nautiques*, p. 34). Le "paysage culturel du Morne" a été classé en 2008 sur la liste du Patrimoine mondial de l'Unesco, en référence à son importance durant les heures sombres de l'esclavage (voir l'encadré p. 154).

À voir et à faire

International Slave Route Monument JARDIN DE SCULPTURES

(carte p. 148 ; mar-sam 9h30-16h, dim 9h39-12h30). Au pied du Morne, de l'autre côté de la route côtière face à la plage publique, des grilles noires abritent un petit jardin où sont disséminées des sculptures en pierre basaltique provenant du Morne, réalisées par des artistes de tous horizons (Madagascar, Sénégal, Haïti, Kenya...), et symbolisant les souffrances des esclaves. Accès libre.

Yan GUIDE DE RANDONNÉE

(5785 6177, 5982 5003 ; www.trekkingmauritius.com). Ce guide spécialiste du Morne Brabant pourra organiser tous les aspects de votre ascension du mont, d'où le point de vue sur le lagon est tout simplement exceptionnel. Au sommet, une croix fait figure de mémorial pour les esclaves. Comptez 1 700 Rs par personne et 3 à 4 heures d'efforts (6 km, 490 m de dénivelé). Le long des sentiers, vous croiserez cochons sauvages, biches, pailles-en-queue, mangoustes et diverses plantes rares.

Plage BAIGNADE

Les grands groupes hôteliers semblent monopoliser les plages de la pointe nord et de l'ouest de la péninsule, mais rien ne vous empêche de longer la mer et de vous y installer. Un chemin carrossable (mieux vaut avoir un 4×4) permet de faire le tour de la péninsule via le point de départ des randonnées sur le Morne, et rejoint par le sud la route de Baie du Cap.

Une très agréable plage publique, longue de 500 m, ombragée de filaos, commence juste au niveau de l'hôtel Dinarobin et finit vers le Saint-Régis.

Île aux Bénitiers SORTIES EN MER

(carte p. 148). Au milieu du lagon du Morne, ce sublime îlot désert fait face à la barrière de corail et est bordé d'une belle plage frangée de filaos. De 1792 à 1856, l'îlot servit à plusieurs reprises de lazaret lors d'épidémies. Le Crystal Rock, étrange concrétion volcanique solitaire, trône au milieu du lagon.

Les pêcheurs de La Gaulette (voir p. 150) pourront vous y emmener – Ropsen Chawan (voir p. 151) y organise des pique-niques – tout comme des prestataires de Rivière Noire (voir p. 141) ou de Flic en Flac (voir p. 132). On peut également gagner l'île à pied à marée basse, à condition d'être accompagné d'un guide connaissant les lieux.

Haras du Morne ÉQUITATION

(carte p. 148 ; 450 4142, 450 5042 ; www.harasdumorne.com ; Royal Rd ; tlj 8h-19h sauf dim). Ce centre équestre réputé organise des randonnées à cheval sur la plage ou en montagne. Des cours d'initiation à l'équitation et des balades en calèche sont également proposés.

Paradis Golf Club GOLF

(carte p. 148 ; 401 5050 ; www.beachcomber-hotels.com ; 98 €/pers ; tlj). Le golf 18-trous de l'hôtel Paradis est ouvert aux non-résidents.

Electro-Bike Discovery VÉLO ÉLECTRIQUE

(5828 8685, 5703 7330, 5252 3338 ; www.electrobik.mu ; à partir de 1 950 Rs /pers). Une balade d'une demi-journée à vélo électrique vers le Morne depuis Bel Ombre ou à Chamarel (repas inclus) ; également du fat-bike à Wolmar.

Où se loger

D'un côté, les eaux cristallines du lagon ; de l'autre, les falaises abruptes du Morne Brabant : l'emplacement des hôtels du Morne est exceptionnel.

Pik Pik Studios STUDIOS €

(carte p. 148 ; ☎ 5946 1250, 5821 0045, 68 722 7563 ; www.pikpik.fr ; Royal Rd ; studio à partir de 1 300 Rs ; P ≋ 📶 ❄). La seule adresse "petit budget" sur la zone. Ces 9 studios avec patio ne brillent pas par leur décoration et leur confort, cependant ils offrent tout le nécessaire (kitchenette, TV, Wi-Fi...) et l'ambiance y est plutôt sympathique. On y trouve aussi une piscine.

♥ LUX* Le Morne CINQ-ÉTOILES €€€€

(carte p. 148 ; ☎ 401 4000 ; www.luxresorts.com ; Le Morne ; d à partir de 234 € avec petit-déj ; P ❄ 📶 ≋). Ce très beau cinq-étoiles du groupe LUX* Resorts & Hotels, entièrement rénové en 2020, fait honneur à l'hôtellerie de luxe. Ici, tout est chic et serein. Les 149 immenses chambres, orientées vers l'océan, se situent en rez-de-jardin ou à l'étage de petits pavillons disséminés dans des jardins tropicaux, le long d'une magnifique plage de sable blond. L'hôtel abrite 3 piscines, dont la principale, vue depuis la réception, semble se confondre avec les eaux cristallines du lagon. Le (nouveau) Tropical Bar permet de créer soi-même ses cocktails. Les 3 restaurants proposent une cuisine créative et gourmande, que ce soit du côté du restaurant thaïlandais East, de The Beach, qui propose des plats méditerranéens, ou de The Kitchen, le restaurant principal. Vous pourrez aussi filer du côté de la plage, au Vik's, vous régaler d'oursins fraîchement pêchés (à escorter d'un ti-punch !). Engagé par le Zero Food Waste, les restaurants reversent les aliments non utilisés aux écoles. Également une cabane dans les arbres dans laquelle dîner/admirer le coucher du soleil/apercevoir les dauphins, un superbe spa avec piscine et salles de massage, des séances de yoga, la possibilité de louer un appareil photo ou de prendre un vidéaste à la journée. Sports nautiques et terrestres.

Paradis Beachcomber CINQ-ÉTOILES €€€€

(carte p. 148 ; ☎ 401 5050 ; www.beachcomber-hotels.com ; d avec petit-déj à partir de 348 € ; P ❄ 📶 ≋). Ce cinq-étoiles du groupe Beachcomber et son golf de 18 trous occupent toute la pointe nord de la péninsule, un emplacement de rêve face au lagon. Proche dans son esprit du prestigieux Dinarobin voisin – une bonne centaine de chambres en plus, et mettant davantage l'accent sur les activités sportives –, l'hôtel ne fait pas mentir son nom. Parc de 150 ha, sublime plage de 5 km, dégradés de teintes sable, boiseries et toits de palmes... Le Paradis associe les atouts d'une décoration raffinée à ceux de son emplacement idyllique. Le même commentaire s'applique aux chambres et suites (286 au total, plus 12 "Beach Villas" plus luxueuses encore), décorées avec élégance et sobriété et bien intégrées dans l'environnement. Le bar lounge, parcours de golf et le spa Clarins complètent la liste des qualités de cette incontestable réussite.

Dinarobin Beachcomber CINQ-ÉTOILES €€€€

(carte p. 148 ; ☎ 401 4900 ; www.beachcomber-hotels.com ; d avec petit-déj à partir de 384 € ; P ❄ 📶 ≋). Tout simplement sublime... Baptisé du premier nom donné à l'île Maurice, au Xe siècle, le huitième hôtel de la chaîne Beachcomber s'est rapidement taillé une place de choix sur le podium des hôtels de prestige de l'île. Cet établissement somptueux, rénové en mettant encore davantage l'accent sur les passerelles en bois et les plans d'eau (piscine, bassins en cascade), s'étend sur un domaine de 150 ha et s'enorgueillit d'un golf international de 18 trous. Aéré, raffiné, élégant, le Dinarobin a une personnalité particulière, et se démarque par son harmonie de teintes douces sur lesquelles tranche le brun des boiseries. Quant aux 172 suites, traitées dans le même esprit alliant atmosphère tropicale et confort contemporain, elles sont installées dans des petits pavillons séparés par des espaces gazonnés et ponctués de piscines d'eau de mer (en plus de la piscine principale), évitant tout sentiment de foule. On y trouve aussi un spa, 4 restaurants et 3 bars. En bref : un havre de paix et de luxe au pied du Morne.

♥ JW Marriott Mauritius Resort CINQ-ÉTOILES €€€€

(carte p. 148 ; ☎ 403 9000 ; marriott.com ; Le Morne ; d avec petit-déj à partir de 374 € ; P ❄ 📶 ≋). L'ex-Saint Regis Mauritius Resort propose 172 chambres, suites et villas, avec terrasse et vue sur une plage paradisiaque et la montagne du Morne Brabant. Déco contemporaine haut de gamme, service de majordome, atmosphère propice au repos, un spa, 5 restaurants et 2 bars, un club pour enfants, un tennis, un centre de fitness, un cinéma privé, et une large palette d'activités nautiques... tout y est, sans oublier les piscines agrémentées

LE REFUGE DES ESCLAVES MARRONS

Célébré pour sa beauté, le site du Morne Brabant évoque pourtant de tragiques souvenirs. Ses pentes servirent en effet de refuge à de nombreux esclaves fugitifs – appelés esclaves marrons –, entre la fin du XVIIIe et le début du XIXe siècle. Ce triste passé vaut au "paysage culturel du Morne" d'avoir été inscrit en 2008 sur la liste du Patrimoine mondial de l'Unesco. "La tradition orale autour des marrons a fait de cette montagne le symbole de la souffrance des esclaves, de leur lutte pour la liberté et de leur sacrifice [...]. Maurice, une grande escale du commerce des esclaves, a même été connue comme la République des marrons à cause du nombre important d'esclaves échappés qui s'étaient installés sur la montagne du Morne", note l'organisation sur son site Internet. Une légende dit qu'en 1835, des soldats auraient voulu annoncer l'abolition aux "marrons" du Morne : craignant de se faire capturer, ces derniers auraient préféré mourir libres en se jetant du haut de la montagne. Le classement par l'Unesco s'accompagne de la création d'une zone tampon afin de protéger le Morne de développements immobiliers.

de lits de repos. Une référence dans le monde de l'hôtellerie de luxe !

Où se restaurer

Wapalapam BAR-RESTAURANT €€

(carte p. 148 ; ☎450 5641 ; www.wapalapam.com ; tlj 12h-21h ; plats 190-890 Rs ; 📶 P). Depuis fin 2017, le Morne est doté d'une adresse conviviale. Situé sur le rond-point face à l'entrée du Paradis Beachcomber, ce restaurant se repère facilement, avec sa barque en bois faisant office de zinc, sa terrasse souvent prise d'assaut à l'heure de l'apéro, son faux air de taverne meublée de teck et mahogany, et ses planches de surf accrochées à la charpente. On y déguste des légumes sautés au wok, salades de poulpes et autres curries. Jolie carte des vins, personnel accueillant.

Renseignements

Sur la péninsule, les services sont quasiment inexistants en dehors des hôtels. Près de Wapalapam, un petit centre commercial compte quelques boutiques.

Depuis/vers la péninsule du Morne

La ligne de bus n°5 qui rallie Quatre Bornes à Baie du Cap passe par la péninsule du Morne.

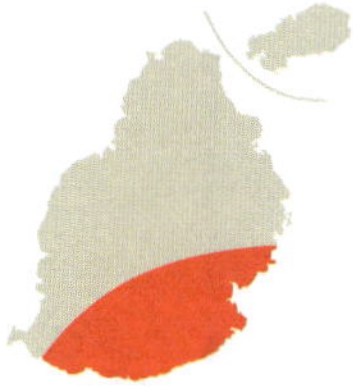

Sud de l'île

Dans ce chapitre ➡

Le top des hébergements

- Otentic Montagne (p. 169)
- Shanti Maurice (p. 174)
- Les Lodges d'Andréa (p. 171)
- Ferney Nature Lodge (p. 168)

Le top des restaurants

- La Vielle Rouge (p. 161)
- Chez Maryse (p. 166)
- La Roche-Cari (p. 175)

Pourquoi y aller

Encore largement épargné par le tourisme à grande échelle et les tour-opérateurs, le Sud mauricien a gardé son atmosphère sauvage et révèle un cadre naturel presque intact.

Cette côte souvent balayée par les alizés présente un visage avant tout rocheux, bordée par endroits de falaises sur lesquelles claquent des gerbes d'écume. Cette relative rudesse, compensée çà et là par quelques jolies plages, n'est pas le moindre des charmes de ce littoral ponctué de hameaux de pêcheurs. Si les amateurs de farniente trouveront ce décor bien différent des paysages de cartes postales souvent associés à l'île, les voyageurs épris de simplicité seront à leur aise. La seule grande ville de la région, Mahébourg, à deux pas de l'aéroport, a su préserver son authenticité, et seules les plages de Blue Bay, de Pointe d'Esny et de Bel Ombre rappellent que l'île a fondé sa réputation sur les plaisirs balnéaires.

Le Sud mauricien est également l'occasion de porter son regard vers l'intérieur des terres. En contrebas du parc national des gorges de Rivière Noire, plusieurs demeures historiques transformées en musées, restaurants et chambres d'hôtes, invitent les visiteurs à découvrir une facette plus méconnue de l'île.

Quand partir

La région est agréable toute l'année. De juillet à septembre, pendant l'hiver austral, la côte est soumise à des vents violents et à de forts courants qui peuvent limiter les possibilités de baignade. Fin février ou début mars se déroule autour de Grand Bassin la plus grande fête hindoue de l'île, le Maha Shivaratree, dont la date est fixée chaque année selon le calendrier lunaire. Ce pèlerinage, véritable institution, accueille alors plusieurs centaines de milliers de pèlerins, mauriciens et indiens. La récolte du thé sur la plantation de thé de Bois Chéri a lieu entre octobre et avril.

À ne pas manquer

1. La très belle plage de **Pointe d'Esny** (p. 165)
2. Une visite guidée de la réserve de l'**île aux Aigrettes** (p. 163)
3. La **Route du thé** : de Bois Chéri au domaine de Saint-Aubin, en passant par le domaine des Aubineaux (p. 174)
4. Le décor préservé de la **vallée de Ferney**, pour découvrir la faune et la flore de l'intérieur de l'île (p. 167)

MAHÉBOURG ET SES ENVIRONS

Mahébourg

Baptisée en l'honneur du gouverneur français Mahé de La Bourdonnais (voir p. 205), Mahébourg fut fondée en 1805 à l'embouchure de la rivière de la Chaux, qu'enjambe le pont Cavendish. Deuxième ville du pays, jusqu'à ce qu'une épidémie de paludisme provoque un exode vers le plateau central (voir encadré p. 110), cette bourgade détendue de 35 000 habitants doit maintenant sa modeste fréquentation touristique à la proximité de l'aéroport, et à son caractère authentique. De son passé français, Mahébourg a conservé ses rues en damier et quelques maisons créoles aux varangues bordées de lambrequins. Le centre-ville, haut en couleur, foisonne de petits commerces et s'anime particulièrement le lundi pour la foire, l'une des plus importantes de l'île.

La promenade du front de mer, bâtie en 2001 et ponctuée d'un bouddha, est désormais le lieu de promenade privilégié des familles. Elle offre une vue splendide sur le lagon et les îles de la baie, notamment l'île au Mouchoir Rouge, véritable carte postale. À son extrémité nord, une table d'orientation indique la position dans la baie des navires lors de la bataille de Grand Port du 23 août 1810, seule victoire navale d'envergure de Napoléon, figurant sur l'Arc de Triomphe.

À voir

Marché alimentaire PRODUITS LOCAUX

(rue de la Colonie). Véritable poumon de Mahébourg, le marché se tient tous les jours (le jeudi uniquement le matin) sous la grande halle et sur la place qui la sépare de la gare routière. Très vivant et coloré, avec ses étals de fruits et de légumes exotiques, c'est aussi l'endroit idéal pour s'initier à quelques petits plaisirs de la cuisine mauricienne comme les *dholl puri* ou goûter à l'*alouda*, boisson à base de lait, de vanille et de glace (voir p. 32).

Foire TISSUS ET PRODUITS LOCAUX

(rue de la Boulangerie ; lundi 6h-18h). Chaque lundi, le centre-ville de Mahébourg se remplit d'une foule nombreuse aux abords du stade. Le commerce y est avant tout axé sur les tissus et les vêtements, mais vous y trouverez aussi de nombreux autres produits. Les commerçants commencent à ranger vers 15-16h.

National History Museum MUSÉE HISTORIQUE

(musée national d'Histoire ; 631 9329 ; Royal Rd ; lun-mar et jeu-ven 9h-16h, mer 11h-16h, dim 9h-12h). GRATUIT Anciennement nommé "Musée naval et historique", le musée national d'Histoire est assez logiquement centré sur l'histoire maritime de l'île. Implanté au milieu d'un vaste parc à l'entrée de Mahébourg, sur la gauche de Royal Rd en venant de l'aéroport, il occupe une superbe maison coloniale du XVIIIe siècle. Elle servit d'hôpital en 1810 pour les commandants des flottes française et britannique blessés lors de la bataille de Vieux Grand Port. On peut y voir les vestiges de *La Magicienne,* frégate anglaise qui sombra au cours de la bataille, ou encore la cloche du *Saint-Géran*, qui coula au large de l'île en 1744 (voir encadré p. 103).

Tableaux, gravures, armes, maquettes et belles cartes marines anciennes sont exposés sur deux niveaux. L'ensemble est assez bien conçu, des commentaires accompagnant chaque pièce présentée. Quelques panneaux synoptiques sur l'abolition de l'esclavage ou la canne à sucre apportent des éclairages complémentaires. Un canon du XVIIe siècle garde l'entrée du musée.

Dans le parc, un espace artisanal aligne quelques boutiques abritées dans des bungalows.

Église Notre-Dame-des-Anges LIEU DE CULTE

(Royal Rd). Érigée en 1849 mais restaurée à plusieurs reprises, cette église mérite le détour pour sa voûte en bois ornée d'anges, dont le regard semble fixé sur les visiteurs. À droite de l'entrée, remarquez la statue en bois du Père Laval, fleurie en permanence. Le clocher dévoile un superbe panorama sur la ville et le lagon : demandez l'autorisation d'y monter.

Pont Cavendish VESTIGE BRITANNIQUE

Enjambant la rivière de la Chaux au nord-ouest de la ville, cet ouvrage bâti par les Britanniques dans les premières années du XXe siècle mérite le coup d'œil. Initialement construit en bois en 1850, il fut reconstruit en béton armé (une première pour l'époque) en 1911. Avec ses 152 m, c'est le plus long pont de l'île Maurice. Il dispose d'accès pour piétons et il est agréable de s'y promener pour observer les pêcheurs sur la rivière de la Chaux. Il fut longtemps appelé "pont

Mahébourg

de la ville noire" en référence à l'importante population créole de Mahébourg, mais est le plus souvent désigné comme le pont de Mahébourg.

Biscuiterie Rault BISCUITS ARTISANAUX
(☎ 631 9559 ; www.biscuitmanioc.com ; Fabien Rd, Ville Noire ; adulte/enfant 225/150 Rs ; ⏲ lun-ven 9h-15h). Depuis 1870, la famille Rault-Sénèque, d'origine bretonne, fabrique près de Mahébourg des biscuits au manioc qui ont, pour beaucoup de Mauriciens, la saveur de leurs anciens goûters d'enfants. La biscuiterie, installée dans le quartier de Ville Noire, n'a pratiquement pas changé depuis sa création. Le manioc est lavé, puis broyé et tamisé jusqu'à obtenir de la farine. Une dizaine d'ouvrières font ensuite cuire et dorer les biscuits sur des plaques de fonte, dans un four alimenté par des feuilles de canne. Les biscuits, dans leur emballage fait à la main, se conservent 2 ans et se déclinent en plusieurs parfums, dont beurre, lait, coco, crème vanillée, anis, chocolat ou encore cannelle. Le prix de la visite comprend éventuellement une dégustation de biscuits, accompagnés de thé ou de café. Pour certains, leur goût est décevant (le patron conseille de les accompagner d'un thé) ; pour d'autres, c'est celui de la nostalgie… et pour les addicts du sans-gluten, c'est le paradis : ni conservateur, ni colorant, ni agent de liaison !

Pour vous rendre à la biscuiterie depuis Mahébourg, traversez le pont Cavendish puis prenez à droite à la fourche en direction de Riche en Eau. Dans la ligne droite, cherchez, quelques centaines de mètres plus loin au niveau d'une maison orange, un chemin asphalté qui part à droite (il est possible de se repérer à un panneau sur un arbre indiquant la Hans Doyal Shop).

Si vous êtes à pied, un sentier plus direct part des abords du pont Cavendish. Demandez sur place.

Mahébourg

À voir
1 Bouddha ... C1
2 Église Notre-Dame-des-Anges ... B4
3 Foire ... B1
4 Kiosque ... C2
5 Marché alimentaire ... B2
6 Pont Cavendish ... A2
7 Table d'orientation ... C1

Où se loger
8 Auberge Sea Fever ... D3
9 Chillpill B&B ... D4
10 Coco Villa ... D4
11 Guest House Orient ... D4
12 Tyvabro ... A2

Où se restaurer
13 Chez Patrick ... B4
14 L'Ajoupa ... C3
15 La Vielle Rouge ... D3
16 Le Bazilic ... B2
17 Les Copains d'abord ... C2
18 Saveurs de Shin ... C3

Achats
19 Supermarché Lo Yeung ... C3

Renseignements
20 Banque des Mascareignes ... B2
21 Commissariat ... B2
22 HSBC ... B2
23 Mauritius Commercial Bank ... B3
24 Poste principale ... B2
25 State Bank of Mauritius ... B2
26 Stations-service ... C2

Transports
27 Gare routière ... C2

Où se loger

Mahébourg conviendra aux visiteurs au budget limité, plusieurs pensions et petits hôtels implantés au centre-ville proposant des chambres à des prix très raisonnables. Chillpill B&B et Coco Villa sont les seules de la ville à donner directement sur la mer. Si vous recherchez la plage, choisissez plutôt les établissements de Pointe d'Esny et de Blue Bay (voir p. 163), plus chers mais installés les pieds dans l'eau.

Tyvabro PENSION FAMILIALE €
(631 9674, 252 8003 ; www.tyvabro.com ; 10 rue La Marianne ; d avec petit-déj 27 € ;). Hassen Jaunbocus, le patron, est amoureux de la Bretagne au point de proposer des crêpes au petit-déjeuner et d'appeler son adresse "la maison de mon pays" en breton. Les chambres sont petites mais bien équipées (TV satellite, clim, frigo, coffre-fort). L'ensemble, un peu encombré, doit beaucoup à l'accueil et à la terrasse panoramique, avec plantes vertes et hamacs, où est servi le copieux petit-déjeuner. Accès Internet, location de vélo. Le fils d'Hassen propose aussi des services de taxi et des circuits thématiques à la journée dans le sud de l'île (2 500 Rs). Un franc succès.

Guest House Orient HÔTEL CENTRAL €
(631 2111 ; orient@orange.mu ; rue des Hollandais ; s/d/qua 900/1 000/1 500 Rs, petit-déj 100 Rs ;). Ce bâtiment blanc et bleu loue de nombreuses chambres plutôt spacieuses et fonctionnelles, avec TV, climatiseur et douche ; certaines ont une option cuisine ou vue sur mer. Toutes redécorées récemment, elles sont particulièrement propres et proposées à un tarif intéressant. Les chambres de l'étage, qui donnent sur une terrasse, sont les plus claires et agréables. L'ambiance est familiale.

Coco Villa VUE SUR LAGON €€
(631 2346, 631 2192 ; coco-villa-mahebourg-mu.hotelmix.fr ; rue Swami-Shivananda ; à partir de 2 000 Rs ;). Cette grande bâtisse abrite des chambres à la déco d'inspiration bollywoodienne où se mêlent peintures de couleurs vives, déco en coquillages et canapé en Skaï... Une ambiance à la limite du kitsch qui ne plaira peut-être pas à tout le monde, mais qui a le mérite de l'originalité et permet surtout de séjourner face à la mer à prix doux. Les 16 chambres sont vastes, fonctionnelles, très propres et possèdent pour la plupart la clim. Elles sont dotées dans leur majorité d'un balcon et jouissent d'une superbe vue sur la mer et l'île aux Aigrettes, à quelques encablures. Les tarifs peuvent être négociés selon la durée et la saison.

Chillpill B&B VUE SUR LAGON €€
(5715 7744, 631 8600 ; www.chillpillmaurice.com ; 6 rue Shivananda ; d/qua 30-59/71-91 €, chaumière 30-89 €, bung 30-89 € selon confort et saison ;). Ne cherchez pas plus loin la bonne adresse de la ville : les 10 chambres, sans être luxueuses, sont claires et agréables, impeccablement

LES ÎLES DE LA BAIE

Face à Mahébourg, plusieurs îlots semblent posés sur le vert du lagon. Reconnaissable à la maison au toit rouge qu'elle abrite, l'**île au Mouchoir Rouge** est la plus proche du front de mer. Elle doit son nom à l'époque où la bonne société mahébourgeoise faisait des régates le dimanche entre l'île et la ville. Il suffisait alors d'agiter un mouchoir rouge pour signaler que l'on voulait embarquer. Les régates ont toujours lieu chaque mois, et permettent aux pêcheurs de s'affronter dans un climat bon enfant sur des bateaux traditionnels colorés. On peut observer l'île de près en rejoignant l'extrémité d'un ponton, sur le front de mer.

Plus au large, l'**île de la Passe** abrite les vestiges d'un grand fort français, édifié vers 1800. Il joua un rôle-clé dans la seule victoire navale napoléonienne d'envergure sur les Britanniques, en 1810. L'île au Phare, de son vrai nom **île aux Fouquets**, servit de prison au huguenot français François Leguat durant la période hollandaise. Dans son ouvrage *Voyage et aventures de François Leguat et de ses compagnons en deux îles désertes des Indes orientales, 1690-1698*, il raconte comment ses compagnons et lui-même survécurent en mangeant plus de 10 000 œufs d'oiseaux marins pendant leurs 3 années de captivité. Le phare fut construit en 1816 et n'est plus en activité. Le snorkeling y est très agréable.

Enfin, plus au sud face à la pointe d'Esny, l'**île aux Aigrettes** (voir p. 163) est la plus grande des îles de la baie. Cette réserve protégée est le sanctuaire de plusieurs espèces d'oiseaux menacées et abrite les derniers vestiges de la forêt côtière mauricienne.

Les îles Vacoas et Marianne sont des réserves naturelles fermées au public.

Plusieurs prestataires proposent des excursions vers les îles : votre hôtel ou votre gîte saura vous conseiller. Vous pouvez notamment contacter **Steven** (☎ 5915 3540 ; 4 500 Rs la demi-journée), qui organise des sorties pêche à la ligne et à la traîne, des visites des îles et du snorkeling, et **Arminio Petite Régate** (☎ 5758 8676, 5904 7160 ; armino.petit.regate@gmail.com ; Mahébourg ; 5 500 Rs la demi-journée pour 2 personnes) qui propose des excursions en petit bateau à voile, visite des îles, baignade à l'île aux Aigrettes, snorkeling, pêche traditionnelle ou à la traîne. Authentique !

Vous pouvez aussi passer une journée sur l'île privée **île des Deux Cocos** (voir p. 164).

Lors de vos excursions sur les îles, ne marchez pas dans les herbes hautes pour ne pas déranger les oiseaux qui y nichent !

entretenues et décorées avec goût. Les n[os]2, 3, 4, 7 et 8, avec leur petit balcon en bois dominant la mer, sont sans conteste celles qui offrent la plus belle vue : elles disposent de la clim, de la télé, du Wi-Fi et d'un mini-frigo. Nous avons bien aimé la Chaumière, petite chambre rustique surplombant le lagon, et le bungalow pour 5 personnes. Le site est plein de charme, grâce à l'heureuse combinaison de murs en basalte ou blancs, de toits de paille, du jardin et de la piscine à débordement avec Jacuzzi face à l'océan Indien. L'auberge sert des repas (menu complet à 600 Rs) qui n'ont rien à envier à ceux de nombreux restaurants.

Auberge Sea Fever VUE SUR LAGON €€

(☎ 5256 5493 ; www.aubergeseafever.com ; rue Plein-Bois ; d avec petit-déj à partir de 60 € ; 📶). Sept chambres de charme avec salle de bains privative, les pieds dans l'eau dans une rue calme de Mahébourg : un bon plan comme on les aime ! Vous repérerez vite cette grande bâtisse blanche, à la terrasse ornée de cocotiers et à la vue imprenable. Très joliment rénovée, elle affiche une déco sobre mêlant éléments créoles et contemporains. On déguste les fruits du jardin ainsi que les confitures maison au petit-déjeuner. Des sorties en mer sont possibles, entre autres activités.

Nativ Lodge & Spa Hotel LODGES EN VILLE €€

(☎ 631 1058, 5716 3006, 5716 3008 ; www.nativlodge-spa.com ; Tombeau Lane, juste avant le National History Museum ; lodge d en demi-pension à partir de 3 500 Rs ; ❄ 🏊 📶). À deux pas de l'artère la plus empruntée de Mahébourg, cette adresse parvient à ménager un espace bucolique aussi reposant que dépaysant : huit bungalows de pierre volcanique, disposés dans un jardin exotique au bord de la rivière de la Chaux. Murs de couleur vive, grands stores vénitiens qui donnent sur une piscine privative, bananiers qui jaillissent par les fenêtres, belles salles de bains... Un agréable restaurant décoré de meubles de récup' est installé sous des parasols près des arbres, et propose de bons petits plats, souvent issus de la pêche du jour (menu 600 Rs). Cours de danse et de cuisine, spa et massages. L'entretien laisse malheureusement parfois à désirer.

Le Jardin de Beau Vallon CHAMBRES D'HÔTES €€€
(☎ 631 2805 ; rte de l'aéroport ; bungalow 2 pers avec petit-déj à partir de 2 500 Rs ; P ❄ 📶 🏊). À 1,5 km de la ville en direction de l'aéroport, cette belle adresse installée dans une ancienne demeure coloniale est un havre de paix aux portes de Mahébourg. Outre un restaurant (voir p. 162), elle propose 4 bungalows situés dans le jardin. Récents, ils sont un peu trop rapprochés les uns des autres mais se distinguent par leur décoration à thème (colonial, indien, africain, asiatique) et leur confort (clim, Wi-Fi, réfrigérateur). Mention spéciale au "Pavillon", qui doit son surplus de charme à son lit à baldaquin et à sa belle salle de bains. L'adresse dispose d'une piscine.

Où se restaurer

♥ Le Bazilic SNACK-BAR TROPICAL €
(☎ 5254 8191 ; lebazilicmaurice@gmail.com ; rue de Maurice ; plats 250-800 Rs ; ⏲ tlj 9h-15h et 17h-21h, fermé 3 jeudis par mois). Sandwichs, pâtes, panini au marlin, mine frit, riz thaï sauté, pad thaï, salade de papaye, poulet ou poisson grillé... sont à la carte de ce snack niché au cœur de Mahébourg. Outre que la cuisine y est d'un bon rapport qualité-prix, l'endroit est stratégique pour se délecter de l'activité de la rue, mais aussi pour prendre un verre à l'étage ; on y croise d'ailleurs toute la jeunesse des alentours le week-end. Accueil souriant.

♥ La Vielle Rouge MAURICIEN-FUSION €€
(☎ 936 0355, 631 3980 ; angle rues Hangard et Des-Mares ; plats 280-1 700 Rs ; ⏲ tlj midi et soir). L'adresse, spécialiste du poisson et des fruits de mer (la criée est juste en face), a ses adeptes depuis longtemps. On sert ici une cuisine fraîche, goûteuse, légère et bien présentée : poisson à l'indienne cuit dans une feuille de bananier, curry de langouste, salade d'ourites.... Un bon rapport qualité/prix. Le dîner est particulièrement agréable sur la terrasse aux airs indonésiens, ornée de voilages. Juste à côté du restaurant, ne manquez pas le petit autel à la Vierge niché sous un immense banian.

L'Ajoupa SNACK-BAR TROPICAL €€
(☎ 290 1268 ; rue Souffleur ; plats 75-475 Rs ; ⏲ tlj, fermé mar et mer). Baptisée en référence aux anciens abris des esclaves marrons, cette adresse à la terrasse agréable séduira les voyageurs à petit budget par son ambiance décontractée, sa bonne musique (reggae, électro, rock...), ses plats à prix doux, et l'accueil très souriant de Morgan. À l'ardoise : samoussas, croquettes de poisson, paninis, burgers, poissons frits ou bols renversés... l'endroit est surtout idéal pour boire un verre. Ne ratez pas le punch maison !

Chez Patrick SINO-MAURICIEN €€
(☎ 631 9298, 5251 68 54 ; Royal Rd ; plats 275-625 Rs, menu 800 Rs ; ⏲ mar-dim midi et soir ; P). À 50 m du National History Museum, dans l'artère principale de Mahébourg, ce restaurant sans prétention est avant tout fréquenté par les Mauriciens. On y sert une honnête cuisine familiale sino-mauricienne : rougail de calamars, poulet à l'ananas, cari d'agneau et plateaux de fruits de mer. La langouste occupe le haut de l'échelle des prix, tandis que le bol renversé ou le riz frit s'adressent aux voyageurs au budget serré.

Saveurs de Shin SINO-MAURICIEN €€
(☎ 631 3668, 440 2080 ; rue de Suffren ; plats 175-650 Rs ; ⏲ midi et soir, fermé mar). Une adresse recommandée par les habitants pour son délicieux crabe entier. La vaste carte fait la part belle aux spécialités chinoises – calamars à la sauce huître, *foo yang* de crevettes, poulet aux champignons, porc aigre-doux, *mee foon* et *ke fan*... –, que l'on peut déguster sur la terrasse. Le service est rapide, mais pensez tout de même à réserver.

Le Bistrot GRILL €€
(☎ 631 9806, 5723 2333 ; Royal Rd ; plats 275-850 Rs ; ⏲ mar-dim midi et soir). Envie d'une bonne pièce de viande ? Dans sa petite salle chaleureuse tapissée de stars des années 1980, Henri propose – en plus de sa bonne humeur –, des entrecôtes et des filets de bœuf. Les spécialités mauriciennes, comme les crevettes au beurre

d'ail ou le poulet créole, tiennent aussi le haut de l'affiche. Le restaurant est situé un peu à l'écart du centre-ville en direction de Blue Bay et se trouve à l'étage d'un immeuble juste avant le magasin Bato Constance Ltée.

Les Copains d'Abord VUE SUR MER €€€
(☎631 9728 ; rue de Suffren ; plats 400-1 695 Rs ; ⌚tlj midi et soir). Face au front de mer, Les Copains d'Abord est l'adresse la plus animée et l'une des tables les plus appréciées de Mahébourg, tant pour le cadre avec terrasse que pour la cuisine, même s'il semble que la qualité soit fluctuante depuis quelque temps. À la carte, une cuisine mauricienne classique qui mélange poissons, rougails et fruits de mer (vendus au poids, ils peuvent faire s'envoler l'addition). S'ajoutent quelques plats de gibier. On apprécie les produits sélectionnés, comme le poulet issu d'une ferme locale, les plats qui n'exagèrent pas sur les matières grasses et le rhum arrangé offert pour finir le repas. Seul bémol : des portions pas toujours très copieuses au regard des tarifs.

Le Jardin de Beau Vallon DEMEURE COLONIALE €€€
(☎631 2805 ; rte de l'aéroport ; plats 450-700 Rs ; ⌚tlj midi et soir). Un jardin planté de cocotiers, une maison coloniale du XVIIIe siècle, une salle décorée avec goût et une agréable varangue... voilà pour le cadre, raffiné et romantique, à 1,5 km de Mahébourg en direction de l'aéroport. La carte, qui change régulièrement, propose entre autres une fricassée de fruits de mer au lait de coco et curcuma, ou encore l'assortiment de 7 caris, plat traditionnel servi lors des mariages, présenté en mini-portions. Le cadre, cependant, est plus exceptionnel que l'accueil ou la cuisine. Le Jardin de Beau Vallon se double d'un autre restaurant, au bord de la piscine, où l'on sert des pizzas, salades, paninis et autres snacks. Réservation indispensable le soir.

Karay Mario DEMEURE COLONIALE €€€
(☎630 1682 ; karaymario.com ; route Royale ; menu 500 Rs ; ⌚tlj midi). Curry de poisson mijoté, bouillon de crabe, riz persillé, curry d'ourite, daube, vindaye de bringelle... Cette adresse prisée des Mauriciens et installée dans un ancien dispensaire est une belle découverte. Pas de carte, mais un menu qui varie chaque jour. Les plats sont gourmands et soignés, et l'accueil enjoué.

Achats

Bato Constance Ltée MAQUETTES
(☎631 7611/5770 6767 ; mt.constance@intnet.mu ; Barachois, Royal Rd ; ⌚lun-ven 9h-17h30, sam 9h-12h30 ; prix 975-8 000 Rs). De beaux modèles réduits de bateaux en teck, et un travail de qualité mené de main de maître par le sympathique propriétaire, Tony Constance. L'atelier est le seul de l'île à fabriquer également des maquettes d'avions. Les modèles réduits sont emballés dans des caisses permettant de les faire voyager en soute sans dommages.

Lo Yeung SUPERMARCHÉ
(rue Labourdonnais ; ⌚lun-sam 8h-19h30, dim 8h-13h30). Les rayons de ce petit supermarché devraient satisfaire la plupart de vos besoins.

London Way CENTRE COMMERCIAL
(⌚lun-jeu 8h30-19h, ven 8h30-19h, sam 8h30-19h, dim 8h30-12h30). Installé à la sortie de Mahébourg en direction de Blue Bay, cet espace moderne regroupe un supermarché, un DAB, une pharmacie et des boutiques de mode.

Renseignements

ARGENT

Plusieurs banques pratiquant le change et équipées de DAB sont installées en ville.

Banque des Mascareignes (rue des Cent-Gaulettes ; ⌚lun-ven 9h-17h, sam 9h-13h)

HSBC (Royal Rd ; ⌚lun-jeu 9h-15h30, ven 9h-16h)

Mauritius Commercial Bank (MCB ; rue des Cent-Gaulettes ; ⌚lun-jeu 9h-15h15, ven 9h-17h)

State Bank of Mauritius (SBM ; rue des Créoles ; ⌚lun-jeu 9h-15h15, ven 9h-16h)

POSTE

Poste principale (☎631 9553 ; ⌚lun-ven 9h-16h, sam 9h-midi). À l'angle de Royal Rd et de la rue Marianne.

Depuis/vers Mahébourg

AVION

Tous les vols internationaux pour l'île Maurice atterrissent à l'**aéroport Sir Seewoosagur Ramgoolam** (SSR ; ☎603 8000 ; mauritius-airport.atol.aero). Il est situé à Plaine Magnien, à quelques kilomètres de Mahébourg.

BUS

Face au front de mer, la gare routière de Mahébourg, où s'alignent des bus aux noms évocateurs ("Bad Boy", "Evergreen", "Dreamliner"), est étonnamment bien organisée. Les départs ont lieu de 5h10 à 18h environ. L'express n°198 rallie directement Port Louis toutes les 15 minutes, et le n°9 part pour Curepipe via l'aéroport toutes les 10 minutes (comptez environ 30 Rs, et en moyenne 1 heure de trajet pour ces 2 destinations). Le bus pour Blue Bay part toutes les demi-heures (n°46 ; 20 Rs). Vous devrez changer à Port Louis pour rejoindre Grand Baie. Souillac (via Rivière des Anguilles) et Centre de Flacq (via Vieux Grand Port et Grand Sable), sur la côte est, sont également desservis.

Comment circuler

Le meilleur moyen d'appréhender l'ambiance particulière de Mahébourg consiste à circuler à pied, à vélo ou à scooter. En deux-roues, c'est un plaisir de longer la route côtière (Royal Rd) jusqu'à Blue Bay, à environ 5 km au sud de Mahébourg.

DEPUIS/VERS L'AÉROPORT

Le taxi est le moyen le plus simple de rejoindre ou de quitter l'aéroport. La course entre l'aéroport international et Mahébourg coûte environ 1 000 Rs. Comptez 1 800-2 000 Rs jusqu'à Port Louis, 2 500-3 000 Rs pour Grand Baie et 2 500 Rs pour Belle Mare. Nous recommandons le très aimable et sérieux **Elvis** (☎ 5766 3570). Si vous souhaitez en prime en apprendre plus sur l'histoire de l'île, contactez **Shezad** (☎ 5714 1319) ou **Ved** (☎ 5257 1525).

Plus économiques mais bien plus longs, des **bus express** circulent entre Mahébourg et Port Louis de 6h30 à 18h30, et s'arrêtent devant un petit abri à l'extérieur de l'aéroport (de l'autre côté du parking en sortant du terminal).

VÉLO

Plusieurs hôtels et prestataires louent des VTT. Comptez environ 400 Rs/jour.

VOITURE ET SCOOTER

Plusieurs prestataires proposent des voitures en location à des tarifs comparables (à partir de 1 500-2 000 Rs/35-45 € environ par jour). Certains disposent de petites voitures automatiques et tous peuvent livrer le véhicule à votre hôtel ou à l'aéroport. Les grandes agences internationales, réunies à l'aéroport voisin, pratiquent des tarifs plus élevés. Vous pouvez également voir avec votre hôtel ou gîte. Citons notamment **Claire & Sailesh** (☎ 631 4625, 5754 6451 ; clairesaileshltd.com ; Royal Rd, Pointe d'Esny, 1 500 Rs/jour, dégressif) qui fait aussi chauffeur-guide.

Pointe d'Esny et Blue Bay

Au sud de Mahébourg, la Royal Rd longe la côte et la pointe d'Esny jusqu'à la plage publique de Blue Bay et son magnifique lagon, dont une partie a été transformée en parc marin. Bordant la route, une rangée de villas bordées de plages tranquilles cache le rivage, donnant à cette portion du littoral des airs de villégiature cossue. L'idéal, pour profiter de la mer et de somptueux levers de soleil, consiste à loger dans les pensions ou hôtels de la côte. Sinon, longez la mer depuis la plage publique ou empruntez l'un des passages qui s'insinuent entre les maisons. La pointe d'Esny est appréciée des adeptes débutants de planche à voile et de kitesurf pour ses conditions de vent favorables. Lors de notre passage, un vaste projet résidentiel de 68 ha devait être lancé. Il risque de modifier sensiblement le visage de la pointe...

Plus loin, Blue Bay semble résumer les paradoxes de l'île : ce village résidentiel somnolent fait face à un hôtel de luxe, dont il est séparé par un lagon miroitant. Plus populaire, il est un lieu de pique-nique apprécié des Mauriciens.

À voir et à faire

Île aux Aigrettes — RÉSERVE NATURELLE

Réserve naturelle depuis 1965, l'île aux Aigrettes abrite les derniers vestiges de la forêt côtière qui couvrait jadis le rivage de Maurice. Plus de 18 espèces très rares, comme l'ébène, le bois de bœuf, le bois de chandelle ou le bois de fer, poussent dans ce petit paradis de 27 ha, situé à 800 m seulement de la côte. La Mauritian Wildlife Foundation, qui gère l'île depuis 1985, y a implanté une pépinière qui produit chaque année plus de 45 000 jeunes plants destinés à la restauration de biotopes menacés. L'île est également devenue un sanctuaire pour les oiseaux en voie de disparition. De 1990 à 1994, elle a servi de centre de quarantaine pour les pigeons roses et les crécerelles provenant de centres de reproduction à l'étranger, lâchés ensuite dans la nature. Aujourd'hui, on trouve environ 400 pigeons roses à Maurice, dont une quarantaine sur l'île aux Aigrettes. Ils étaient moins de 10 au début des années 1970, selon la Mauritian Wildlife Foundation. On peut aussi y voir le Zostérops de Maurice (appelé oiseau à lunettes, c'est le plus petit oiseau de Maurice), et le Foudi de Maurice.

Pointe d'Esny et Blue Bay

Pointe d'Esny et Blue Bay

Les incontournables
1 Île aux Aigrettes B2
2 Île des Deux Cocos A4
3 Plage de la pointe d'Esny B3

À voir
4 Parc marin de Blue Bay B4
5 Plage publique de Blue Bay A4

Où se loger
6 Astroea Beach A3
7 Chantauvent A4
8 Chez Henri B&B B3
9 La Case Mama B3
10 Le Preskil B3
11 Shandrani Beachcomber A4

Où se restaurer et prendre un verre
12 Blue Bamboo B3
13 Chez Maryse B4

La **Mauritian Wildlife Foundation** (MWF ; ☎631 2396/5258 8139 ; www.mauritian-wildlife.org ; adulte/enfant 8-11 ans 800/400 Rs ; ⏲départs 9h30, 10h, 10h30, 13h30, 14h et 14h30 lun-sam, et 9h30, 10h et 10h30 dim, sur réservation) organise des visites guidées écotouristiques de l'île au départ de Pointe Jérôme, à 500 m de l'hôtel Preskil. Après avoir consulté les panneaux d'information du centre des visiteurs, on emprunte un sentier à la découverte de l'île, de ses oiseaux, de ses chauves-souris, de ses reptiles, de ses plantes et de ses tortues terrestres, réintroduites depuis quelques années depuis l'île seychelloise d'Aldabra et qui se reproduisent ici à l'état sauvage : "Big Daddy", un mâle âgé de 100 ans, ne vous laissera pas de marbre ! La visite dure de 1 heure 30 à 2 heures. Emportez chapeau et crème solaire.

Parc marin de Blue Bay RÉSERVE MARINE
Plus de 350 ha du très beau lagon de Blue Bay sont protégés dans le cadre d'un parc marin depuis 2000. La baie le doit notamment aux exceptionnels fonds sous-marins de son "jardin de corail", en face du village. Le classement d'une partie de la baie en zone Ramsar (programme international de protection des zones humides), en 2008, devrait avoir renforcé la protection du site, longtemps jugée insuffisante par les associations écologistes, qui dénonçaient la circulation des bateaux à moteur (le parc marin est divisé en différents secteurs, dont le niveau de protection varie de "protégé" à "strictement protégé"). Dans les faits, le site est très fréquenté, et les bateaux semblent toujours plus nombreux... Quelques panneaux d'information renseignent le visiteur à côté du poste de police de Blue Bay. On y apprend notamment que le parc abrite 72 espèces de poissons et 50 variétés de coraux aux formes exubérantes.

Aucune visite "officielle" n'est organisée. Vous devrez avoir recours aux bateaux à fond de verre amarrés face à la plage publique, qui se font concurrence et demandent environ 600 Rs pour une sortie de 1 heure ou 3 500 Rs pour la journée, snorkeling inclus. Si vous êtes bon nageur et que la météo s'y prête, il est également possible de rejoindre le "jardin de corail" en quelques vigoureux coups de palmes depuis la plage de Blue Bay. Les plongeurs s'adresseront à Coral Diving (voir le chapitre *Plongée* p. 34).

Plage publique de Blue Bay BAIGNADE ET ACTIVITÉS NAUTIQUES
Au centre du village du même nom, cette plage n'est pas la plus belle mais elle regroupe le plus de services dans les environs : toilettes, bar-restaurant, snacks. C'est également là que sont stationnés les bateaux à fond de verre qui font leur business de la visite des superbes coraux du parc marin. Le site est très fréquenté le week-end.

Plage de Pointe d'Esny BAIGNADE ET ACTIVITÉS NAUTIQUES
Étalée entre la sortie de Mahébourg et Blue Bay, cette plage est autrement plus belle et propre. Elle est cependant moins facile d'accès : une série de villas fait barrage depuis la route. Vous pourrez en profiter pleinement si vous résidez dans l'un des hôtels qui la bordent. Plusieurs passages publics situés entre deux villas (indiqués par des panneaux en bord de route) permettent d'accéder à la plage. Elle plaît aux amateurs de kitesurf de niveau moyen (et aux débutants lorsque la météo est calme).

Île des Deux Cocos ÎLE PRIVÉE
(☎ 698 9800, 698 2727 ; iledesdeuxcocos.com ; départ de Blue Bay). Cette île-hôtel, bâtie il y a plus d'un siècle par le gouverneur britannique sir Hasketh Bell, possède une superbe villa de 252 m² d'inspiration marocaine (qu'on peut louer à la nuit pour 1 600 €). On peut également y passer la journée et se balader dans la forêt, se baigner dans les eaux turquoise, s'adonner au snorkeling (c'est l'un des meilleurs spots de snorkeling de l'île Maurice, puisque situé en face du parc marin) ou à la plongée, et y déjeuner (le buffet est très copieux et exquis). Cette île dépend de l'hôtel Tamassa Bel Ombre, mais on peut réserver une journée sans être client de l'hôtel (94 €).

Où se loger

Tous les établissements présentés ci-après s'égrènent le long des quelques kilomètres de route côtière qui séparent Mahébourg de Blue Bay. À savoir : la pointe d'Esny est située dans l'alignement des pistes de l'aéroport, dont l'activité, essentiellement diurne, peut perturber la quiétude de certains hébergements.

♥ **La Case Mama** CHAMBRES D'HÔTES €
(☎ 5786 1374 ; www.lacasemama.sitew.fr ; Royal Rd, Pointe d'Esny ; ch avec petit-déj 35-45 € par pers, bung 2 pers avec petit-déj 75-85 € ; 📶). Si vous aviez des amis un peu baba-cool à l'île Maurice, leur maison ressemblerait certainement à celle-ci. Tenue par le charismatique William Bayon, cette adresse, qui rappelle l'ambiance des auberges de jeunesse, comprend 3 chambres équipées d'une douche et d'un ventilateur. Le confort est simple (mais le toit traditionnel en paille apporte beaucoup de cachet), les lieux ont en décontraction ce qu'ils n'ont pas en intimité, et vous pourrez paresser sous un énorme badamier face à la plage. Dans le jardin, 2 bungalows en paille, au look très africain, vous permettent de vous isoler, le bruit des vagues en prime ! Le soir, on mange tous ensemble autour d'une grande table, et on refait le monde. William peut organiser des grillades le midi, des sorties en bateau, des randonnées et loue vélos, kayaks et Hobie Cat.

♥ **Chez Henri B&B** CHAMBRES D'HÔTES €
(☎ 631 9806 ; www.henri-vacances.com ; Royal Rd, Pointe d'Esny ; d avec petit-déj 1 800 Rs ; repas 500-600 Rs ; ❄📶). Le sourire de Majo et d'Henry, les maîtres des lieux, donne le ton : on est ici dans une véritable maison d'hôtes, l'une de ces adresses où le mot "accueil" prend tout son sens. Au calme dans un beau jardin, les 3 grandes chambres avec boiseries, joli mobilier et kitchenette, offrent un excellent rapport qualité/prix. L'adresse, située côté route, ne donne pas directement sur la plage mais un sentier d'accès y mène en quelques dizaines de mètres ; la vue sur les champs de canne est en revanche très appréciable. Le sympathique Henry est aussi le propriétaire du restaurant Le Bistrot (voir p. 161) à Mahébourg.

Chantauvent PENSION VUE SUR MER €€
(☎ 631 9614 ; Royal Rd, Pointe d'Esny ; s/d avec petit-déj 55-110/68-164 € selon saison et confort, s/d pension complète 75-130/108-243 € selon saison et confort ; P ❄ @ 📶 ≋). Reconnaissable à son toit en ravenala, cette pension située en bord de mer dans un beau jardin à l'entrée de Blue Bay est idéale pour quelques jours de farniente à prix raisonnable. Le littoral est rocheux en face de la pension, mais une adorable petite plage accueille quelques transats, et l'établissement dispose d'une piscine de l'autre côté de la route. Toutes agréables, les 22 chambres ont chacune leur propre décoration. La charpente traditionnelle qu'on peut admirer

POURQUOI PAS UNE LOCATION ?

Villas et appartements à louer ne manquent pas à Blue Bay et le long de la route de Pointe d'Esny. À plus forte raison depuis que l'augmentation des baux littoraux pousse les propriétaires à rentabiliser leurs impôts fonciers. Quelques pistes pour trouver votre bonheur :

- **Coral Bay** (403 5308 ; coral-bay-beachfront-apartment.mauritiushotelsweb.com/fr ; comptez environ 190 €). Trois appartements et trois studios luxueux construits en 2013, sur la plage entre Pointe d'Esny et Blue Bay.
- **Villas du Lagon** (5499 3101 ; villadulagon.jimdo.com ; studio 3800 Rs, villas 6 500-8 500 Rs selon saison). Un studio et 2 charmantes villas à la décoration soignée sur le lagon.

au rez-de-chaussée est superbe. Barbecue le samedi soir, soirée séga le mercredi... le tout dans une ambiance décontractée. Le Spot Café, leur nouveau restaurant juste en face, propose des pizzas ; équipement de snorkeling et kayaks sont prêtés aux clients.

Le Preskil QUATRE-ÉTOILES €€€
(604 1000 ; www.southerncrosshotels.mu ; Pointe Jérôme ; d 183-319 € ; P). À 2 km environ au sud de Mahébourg, ce quatre-étoiles de 156 chambres est le premier hôtel que vous rencontrerez en direction de Pointe d'Esny. Bâti à Pointe Jérôme dans un vaste jardin tropical, une péninsule privée ourlée de 800 m de plage de sable blanc, il mise avant tout sur les activités et propose 3 restaurants, 2 piscines, des courts de tennis, un centre de remise en forme et un mini-club. L'architecture est de style créole typique, les chambres sont spacieuses et bien équipées, notamment les très belles "supérieures" et "deluxe" en cottages, dotées de vastes terrasses, de mobilier en bois et d'immenses sdb. L'hôtel, l'un des plus agréables et confortables de cette portion de côte, récemment rénové, organise des excursions et accueille le centre de plongée Coral Diving (voir le chapitre *Plongée et activités nautiques* p. 34).

Astroea Beach HÔTEL DE CHARME €€€
(631 4282 ; www.southerncrosshotels.mu ; Royal Rd, Pointe d'Esny ; d en demi-pension à partir de 120 €). Au sud du Preskil, ce luxueux hôtel de charme joue la carte du concept "adult only" : les moins de 18 ans n'ont tout simplement pas accès à ces 16 chambres décorées dans un style design, avec terrasse ou balcon donnant sur le lagon, ou sur le jardin pour les moins chères (également plus petites). Service très attentionné, jolie plage, activités nautiques, spa et salles de massage, restaurant haut de gamme et bar complètent cette offre idéale en lune de miel.

Shandrani Beachcomber CINQ-ÉTOILES €€€€
(603 4343 ; www.shandrani-resort.com ; Blue Bay ; d demi-pension 310-1 718 € ; P). Offrir une prestation de luxe en formule "all-inclusive" : c'est le pari du Shandrani. Avec ses plages côté océan et côté lagon, face à Blue Bay, ce cinq-étoiles a belle allure. Le cadre est enchanteur et les chambres, disséminées dans de petits bâtiments, sont bien intégrées à l'environnement. Gaies et pimpantes, elles sont particulièrement vastes – même les "standards" – et joliment décorées. Parmi les atouts de l'hôtel, mentionnons les 2 belles piscines, les 4 restaurants, les activités nautiques, le golf 9-trous et les tennis, et son spa très agréable. Chic sans être pompeux, le Shandrani est, en résumé, une réussite. Idéal en famille : 36 appartements leur sont exclusivement dévolus ! La proximité de l'aéroport ne constitue pas vraiment une gêne compte tenu de la faiblesse du trafic aérien.

Où se restaurer

Chez Maryse TABLE D'HÔTES €
(978 82 11 ; Royal Rd, Blue Bay ; plats 250-450 Rs ; tlj midi et soir). Pas d'enseigne, juste quelques tables colorées sous la varangue, à côté de la station de police. L'adresse, qui cultive la discrétion, accueille la clientèle des chambres d'hôtes environnantes, ravie par la cuisine mauricienne familiale et copieuse de Maryse : salade de marlin, poisson grillé, calamars sauce rouge, poulet créole ou à l'orange, cari d'ourites, rougail de saucisse... Sans nul doute

l'endroit le plus authentique des environs. Pas de CB.

Blue Bamboo BAR-RESTAURANT €€
(☎631 5801 ; Royal Rd, Pointe d'Esny ; plats 380-590 Rs ; ⏲mar-dim midi et soir). Une des rares adresses des environs. Blue Bamboo propose une carte sans originalité (moules marinières, viande grillée, pâtes, salades, rougail, curry ou vindaye), mais ses pizzas au feu de bois, qu'on peut emporter ou se faire livrer, sont très réussies. L'établissement attire une clientèle plutôt jeune et touristique. Patio agréable.

Comment s'y rendre et circuler

BUS

Le bus n°46 dessert Pointe d'Esny et Blue Bay, toutes les 30 minutes environ, depuis la gare routière de Mahébourg. Le terminus se trouve devant la plage publique de Blue Bay.

VÉLO

À vélo, vous pourrez atteindre Pointe d'Esny et Blue Bay sans problème depuis Mahébourg. De nombreux hébergements de Pointe d'Esny et des environs proposent des VTT en location.

ROUTE DU SUD-EST

D'un côté le lagon scintillant bordé de hameaux de pêcheurs ; de l'autre un relief accentué sur lequel sont installés quelques beaux sites de pleine nature... La côte sud-est, préservée de l'exploitation touristique balnéaire, révèle l'écart entre l'île Maurice des hôtels de luxe et celle des cases en tôle. Dans cette zone de l'île, les enfants sont peu scolarisés, et l'on doit souvent pêcher pour assurer sa subsistance ; on voit d'ailleurs de nombreuses barques à voiles sillonner le lagon. Ce bel itinéraire, ponctué de vestiges historiques, suit le rivage sur 25 km jusqu'à Grande Rivière Sud-Est. On peut le prolonger jusqu'à la paisible Trou d'Eau Douce (voir p. 120) et le nord de l'île.

Vallée de Ferney

La vallée de Ferney occupe une place à part dans l'histoire de l'île. C'est en effet ici que furent introduits pour la première fois la canne à sucre et le cerf de Java. Abritant l'une des dernières forêts préservées de Maurice – la majorité ont été coupées pour planter de la canne –, elle faillit être défigurée à jamais en 2005 par un projet de route à quatre voies... Finalement abandonné, celui-ci a donné naissance à une réserve forestière de 200 ha, qui offre l'occasion de découvrir les richesses méconnues de l'intérieur de l'île, sa faune et sa flore. Paradoxe du site qui se veut un sanctuaire naturel, les nombreux miradors en bois qui jalonnent la vallée servent pendant la période d'ouverture de la chasse de mi-juin à mi-septembre pour des battues aux cerfs.

À voir et à faire

Centre des visiteurs MAISON DU PARC
(☎5729 1080, 6340 440 ; ferney.mu ; Royal Rd, Ferney ; ⏲tlj 8h30-17h). GRATUIT Situé à quelques centaines de mètres de la route principale à l'entrée du parc, le bureau d'accueil abrite des panneaux explicatifs sur la réserve et fournit toutes les informations utiles aux visiteurs.

Randonnée EN PLEINE NATURE
(adulte/enfant 520/260 Rs, 750/375 Rs avec guide ; ⏲tlj 9h-15h, promenade guidée 10h et 14h). Le point fort de cette réserve est la découverte de la forêt au cours d'une petite randonnée d'une heure et demie, sur un circuit de 3 km, accompagnée ou non par un guide naturaliste. La marche ne pose pas de difficultés particulières, mais il est impératif de prévoir un anti-moustiques efficace. Le transfert du bureau d'accueil au début du sentier se fait en navette (départ 10h et 14h) : une quinzaine de minutes de piste.

Le sentier monte sur les hauteurs du site puis pénètre dans la forêt, peuplée d'espèces endémiques auxquelles la vallée doit d'avoir été épargnée par les bulldozers. Au passage, le guide vous apprendra qu'il reste moins de 2% de forêt indigène sur l'île, vous renseignera sur les diverses essences rencontrées et vous expliquera la différence entre plantes exotiques, indigènes et endémiques. Avec un peu de chance, vous pourrez apercevoir en chemin des cerfs de Java en liberté, ainsi que des crécerelles de Maurice (ou faucons de Maurice ; on peut assister à leur repas – inclus dans la randonnée, sinon 200 Rs/pers – tous les jours à midi, près du début du sentier). La balade finit par un beau point de vue sur la côte et l'île aux Aigrettes, au-delà des vallonnements de collines, et par une dégustation de café de Ferney dans le restaurant du parc. Également des sorties en 4×4 (adulte/enfant 1 280/640 Rs), à réserver la veille.

Où se loger et se restaurer

Lors de notre passage, des **Bubble lodge**, déjà installés à Bois chéri (p. 177) et à l'île aux Cerfs (p. 120) allaient être installés à l'entrée de la vallée, à côté du restaurant Falaise Rouge. Ils devraient ouvrir en 2023.

Restaurant du parc EN PLEINE NATURE €€
(plats 400-700 Rs). Ce restaurant installé dans un ancien campement de chasse, près du départ du sentier, propose des spécialités créoles et des plats de gibier. On peut aussi y goûter le café de Ferney. Le groupe gère également le **restaurant Falaise Rouge** (sur réservation uniquement), situé sur la côte à 3 km, et auquel on accède par une magistrale allée de cocotiers au milieu des champs de canne.

Ferney Nature Lodge EN PLEINE NATURE €€€
(634 0440, 5729 1080 ; ferney.mu ; d demi-pension à partir de 8 750 Rs). Matières brutes, décoration chic, 4 chambres cocooning ouvertes sur la faune et la flore, piscine, restaurant, bar, silence : pas de doute, ce nouveau lodge ultraconfortable est idéal pour déconnecter.

Depuis/vers la vallée de Ferney

Vous devrez disposer d'un moyen de transport personnel. L'accès à la vallée, bien indiqué, est situé au lieu-dit Ferney, environ 2 km avant Vieux Grand Port en venant de Mahébourg.

Vieux Grand Port et environs

Pour modeste qu'il soit, Vieux Grand Port garde en mémoire un épisode important de l'histoire de l'île. Le 9 septembre 1598, le Hollandais Wybrandt Van Warwyck et son équipage, déviés de la route des Indes par un coup de vent, s'échouèrent au bord de la rivière du Vallon, donnant le coup d'envoi du peuplement de Maurice (voir p. 204).

Un monument indiqué par un panneau "Dutch first landing", en bord de route à 4 km de Mahébourg, commémore ce "débarquement" impromptu (malheureusement, le portrait en bronze ou en cuivre de l'amiral Van Warwyck étant régulièrement dérobé à la stèle, il ne reste à son emplacement qu'un trou). L'implantation des Hollandais ne se fit réellement qu'en 1638, avec l'installation d'un centre administratif à Vieux Grand Port. Épuisés par les cyclones et la sécheresse, ils abandonnèrent l'île en 1710. Les Français leur succédèrent et construisirent leur quartier général à l'emplacement du fort des Hollandais, devenu aujourd'hui le Frederick Hendrik Museum. La baie de Grand Port eut un nouveau rendez-vous avec l'Histoire en 1810, lorsqu'elle fut le cadre de la seule victoire navale napoléonienne d'importance contre les Anglais, inscrite sur l'Arc de Triomphe de Paris.

À voir et à faire

Frederik Hendrik Museum MUSÉE HISTORIQUE
(634 4319 ; lun-mar et jeu-sam 9h-16h, mer 11h-16h, dim 9h-12h). GRATUIT Au bord de la route, à la limite nord de Vieux Grand Port, ce musée (nommé d'après l'officier hollandais qui y fut en poste entre 1625 et 1647) rassemble les vestiges d'anciens bâtiments français et hollandais du XVIIIe siècle. L'ancienne prison (qui ne comportait que deux cellules) et la boulangerie, restaurées, abritent une exposition consacrée au commerce maritime, ainsi que quelques objets (vaisselle, monnaie...) découverts par les archéologues hollandais qui fouillèrent le site en 1997.

Les passionnés d'histoire admireront les vestiges de la **première église catholique** de Maurice, édifiée en 1720 à 100 m du musée, dans le jardin du Community Health Center.

Montagne du Lion RANDONNÉE
Malheureusement non balisée, la randonnée jusqu'au sommet de la montagne du Lion (480 m), qui domine Vieux Grand Port, offre une vue magnifique sur les champs de canne environnants et le lagon. L'ascension se révélant assez ardue, mieux vaut ne pas partir seul et surtout éviter les jours de pluie, durant lesquels le terrain glissant est potentiellement dangereux. Prévoyez environ 4 heures de marche aller-retour. Vous trouverez p. 223 les coordonnées de guides pouvant vous y emmener.

Le sentier commence au niveau du poste de police, au nord du village ; si vous n'êtes pas accompagné d'un guide, ce dernier pourra vous en donner les coordonnées. Il est difficile de donner des points de repère, ceux-ci étant régulièrement modifiés par l'exploitation agricole – les champs de canne changent d'aspect selon la saison. Après ces débuts difficiles, le sentier monte à travers le massif boisé jusqu'à la crête avant de continuer en direction de l'intérieur, vers le pic lui-même. Il est alors clairement visible et suit la crête avant de franchir une zone rocailleuse jusqu'au pic principal. De là, on bénéficie d'une belle vue sur l'intérieur de l'île.

Où se loger

La Hacienda VILLAS €€
(☎5989 1866 ; www.lahaciendamauritius.com ; Royal Rd, près de la Réserve de Ferney ; villa 1 chambre/2 chambres à partir de 3 000/4 000 Rs avec petit-déj ;). L'une des très rares options d'hébergement sur ce coin de côte, et qui cumule de nombreux atouts. Une extraordinaire vue panoramique sur les îles et la montagne, la présence sur le domaine de nombreuses espèces d'oiseaux rares – mais aussi de macaques ou de chauves-souris –, une piscine... Chacune des 4 villas, à l'architecture plutôt réussie, dispose d'un jardin privé, et jouit de la clim, d'une kitchenette, de la TV satellite, du Wi-Fi, et d'un service de chambre quotidien. D'une superficie de 45 à 108 m², elles arborent une décoration sobre mais chaleureuse ; certaines ont un balcon. Mieux vaut avoir son propre véhicule.

Depuis/vers Vieux Grand Port et ses environs

Les bus effectuant la liaison entre Mahébourg et Centre de Flacq s'arrêtent à Vieux Grand Port.

Bambous Virieux et environs

Étape possible sur la route de la côte est, ce hameau paisible abrite l'un des rares restaurants des environs. Il est à noter que depuis quelques années, Bambous Virieux se métamorphose en "zone verte" ; la permaculture, l'écotourisme et le développement durable y sont de plus en plus pratiqués, notamment à la ferme de La Meule. Quelques kilomètres plus au nord, **Pointe du Diable** est le site d'une ancienne batterie côtière française. On peut encore apercevoir deux canons, pointés vers l'entrée de la passe et les îles du lagon.

Où se loger et se restaurer

La Case du Pêcheur RESTAURANT ET BUNGALOWS €€
(☎5252 2246, 634 5675 ; Royal Rd, anse de Bambous Virieux ; d à partir de 64 € ;). En bordure de la route à la sortie nord du hameau, ce restaurant affiche un cadre à la fois rustique et raffiné au bord de l'eau. Le site, bâti à côté d'un ancien vivier ("barachois" en créole), ne manque pas de cachet, et l'on peut admirer une incroyable collection de coquillages, qu'on retrouve partout dans la déco mais aussi dans un micro-musée près des habitations. Le restaurant mise avant tout sur les poissons (bouillabaisse, steak de calamars), les fruits de mer frais (huîtres locales, crabe, langouste). Les chambres, qui cultivent un aspect dépouillé avec des accents presque sud-américains, sont installées dans des cases en pierre avec terrasse sur pilotis, en bord de mangrove, et donnent sur le barachois. Un sentier en fait le tour et permet de découvrir ce fragile écosystème. Mention spéciale pour l'accueil (on vous prête même du matériel pour pêcher), la piscine avec vue sur la mer et le calme extraordinaire de l'endroit.

Otentic Montagne ÉCOLODGE €€€
(☎594 148 88 ; www.otentic.mu ; Coastal Rd, Deux Frères ; lodge pour 1/2/3 nuits 6 000-9 000 /11 000-15 000/15 000-21 000 Rs selon saison). Sur les hauteurs de Bambous Virieux, 10 km au sud de son premier site Otentic Rivière (voir p. 121), le très sympathique Julien Gufflet a ouvert en 2017 une extension montagne, destinée à une clientèle souhaitant une immersion totale dans la nature. Dès le transfert en jeep, on est sous le charme ; passé les champs de canne, on grimpe une piste dans une végétation dense et sauvage avant d'atteindre les 5 tentes, hyperconfortables et cosy (un lit double et 2 ou 3 lits simples), disséminées au pied de la montagne Bambous, et d'où la vue est tout bonnement magique. Ici pas de Wi-Fi ni de téléphone, juste le chant de la rivière et des oiseaux, les chiens et les chats qui jouent ensemble, une alimentation végétarienne issue du potager orienté permaculture, une petite cascade où se baigner, et plusieurs options de randonnée exclusives (de 45 minutes à 4 heures). La literie est excellente (on dort sous la moustiquaire), la déco récup' bien pensée, on se douche avec l'eau de la source ; et quand la nuit

tombe, on utilise de petites lanternes portatives alimentées par des mini-panneaux solaires pour rejoindre le grand carbet où sont servis les délicieux repas. Sans aucun doute l'un de nos hébergements préférés à Maurice !

CÔTE SUD-OUEST

À l'ouest de Mahébourg, la localité de Souillac ne présente pas un énorme intérêt mais ses environs recèlent quelques sites intéressants. Le pittoresque cimetière marin abrite des tombes du début du XIXe siècle. Vous y verrez également celle du poète mauricien Robert Edward Hart.

Souillac et ses environs

Jumelée avec son homonyme située dans le Lot, cette petite bourgade tranquille a été nommée en l'honneur du gouverneur français de l'île entre 1779 et 1787. Le monument qui lui est dédié, près du poste de police et du restaurant Le Battelage, rappelle que ce vicomte s'éleva contre l'esclavage, quitta l'île sans fortune, "contrairement à beaucoup d'autres", indique la plaque, et mourut pauvre en 1803. La ville vit aussi dans le souvenir du poète Robert Edward Hart, à qui elle consacre un petit musée.

Les environs de la localité, lieu de passage vers Bois Chéri, Plaine Champagne et le parc des gorges de Rivière Noire, sont plus intéressants pour le visiteur que le bourg en lui-même. Les courants marins rendent la baignade dangereuse à Souillac, mais vous trouverez des plages de part et d'autre de la localité.

À voir et à faire

Robert Edward Hart Museum (La Nef) MUSÉE LITTÉRAIRE

(625 6101 ; lun-mar-jeu-ven 9h-16h, mer 11h-16h, sam 9h-12h, fermé dim ; Autart St). GRATUIT Robert Edward Hart (1891-1954), poète mauricien renommé, écrivait en français. Ses poèmes à la fois mystiques et mélancoliques illustrent avec bonheur les traits dominants de la réalité mauricienne – diversité des cultures, francophonie, appel de la mer et sentimentalisme. Il passa les 13 dernières années de sa vie à La Nef, un cottage tout en corail bâti en bordure de plage à environ 300 m des jardins Telfair. Transformée en musée, la maison a été rachetée par le Mauritius Institute et ouverte au public en 1967. On peut y voir une collection limitée de copies et d'originaux de lettres, pièces de théâtre, discours et poésies de Hart. Dans sa chambre ou sa cuisine, rien ou presque n'a bougé : son chapeau, sa pipe et la vaisselle sont toujours là.

Jardins Telfair JARDINS

(Telfair Gardens). Les jardins Telfair (du nom du premier magistrat officiant au tribunal de Savanne) s'étendent à proximité de la gare routière de Souillac, sur la route qui mène au Robert Edward Hart Museum et au Gris-Gris. Ils se limitent à une petite esplanade ombragée par les banians et les amandiers, mais révèlent un beau panorama sur la baie. La vue s'échappe jusqu'au romantique cimetière de Cemetery Point, où Hart repose. Évitez de vous baigner dans les petites criques situées en contrebas, même si vous voyez les enfants le faire : les courants sont très puissants.

Le Gris-Gris et La Roche qui Pleure PLAGE ET PANORAMA

Adossée à des falaises de basalte noir sur lesquelles s'écrasent les vagues, la jolie plage du Gris-Gris (qu'on atteint par une série de marches) s'étend peu après le Robert Edward Hart Museum ; c'est l'un des rares coins de l'île où la barrière de corail s'interrompt. Vers l'est, un chemin longe la falaise jusqu'au site de La Roche qui Pleure, à 1 km environ. Ce rocher, perché au bout d'un promontoire et sculpté par la mer, évoquait un homme en train de pleurer. Ne le cherchez plus : il a été cassé par une vague en décembre 1998. En revanche, le panorama sur l'océan et les rouleaux venant se briser sur la côte sauvage demeure spectaculaire, en particulier en fin d'après-midi.

Cascade de Rochester CASCADE

(Rochester Falls). Haute d'une dizaine de mètres, cette belle cascade composée d'orgues basaltiques se jette dans un bassin propice à la baignade. Une légende locale raconte que la roche fut creusée par les larmes du Christ...

De Souillac, une piste cahoteuse signalée 200 m après l'église traverse les champs de canne sur 3 km en direction des chutes. Vous devrez ensuite marcher une dizaine de minutes pour les atteindre (le chemin de terre peut être glissant après les pluies). Une autre option consiste à passer par le village de Surinam, où un panneau indique la direction ; continuez tout droit sur 2 km de route, puis 1 km de piste, avant d'atteindre la cascade. Il arrive que des individus pas forcément recommandables demandent une contribution pour "surveiller" les véhicules pendant que leurs occupants se rendent à la cascade, ou pour vous la faire visiter. Dans le doute, ne laissez aucun objet de valeur dans votre véhicule. Vous verrez peut-être aussi en haut de la cascade des individus vous faisant signe qu'ils vont sauter pour que vous fassiez des photos – prestation payante, bien entendu…

Si vous n'êtes pas motorisé, vous pourrez prendre un taxi depuis Souillac et revenir à pied en empruntant le premier itinéraire.

Domaine de Saint-Aubin PLANTATION ET VISITE-DÉGUSTATION

(☎626 1819 ; www.saintaubinloisirs.com/le-domaine-de-saint-aubin ; Saint-Aubin, Rivière des Anguilles ; adulte/enfant 580/275 Rs ; ⏲tlj 9h-17h). Adossé au restaurant éponyme (voir p. 172), le beau domaine de Saint-Aubin propose une visite passionnante permettant de découvrir ses différentes productions (rhum, vanille, sucre, thé, qu'on peut déguster et acheter sur place). Le parcours de 1 heure 30 passe par le moulin à sucre, les serres d'anthurium ou le jardin d'épices, permettant de découvrir les subtilités de la distillation d'un rhum agricole ou le long processus de transformation de la vanille, de la fleur à la gousse parfumée. Un musée, une mini-ferme, un jardin botanique et un jardin d'enfants entourent la maison coloniale, qui donne sur une majestueuse allée d'arbres. Elle fut construite en 1819 à l'aide de pièces de bois provenant du *Kent*, navire pris par le corsaire Robert Surcouf : le mât sert de pilier central pour l'escalier en colimaçon qui mène au grenier, et la coque a servi pour le toit. On peut voir dans l'arrière-cour un chorisia, arbre rare de la famille du cotonnier et du baobab. Possibilité de billet combiné avec les autres sites de la Route du thé (voir encadré p. 174).

Où se loger

Hormis les grands hôtels de l'ouest de Souillac, les possibilités d'hébergement à prix modérés sont très réduites dans la région, qui se prête avant tout à la découverte à la journée. Mentionnons néanmoins quelques belles adresses des environs.

UNE JOURNÉE DANS LE SUD-OUEST

De **Souillac** (p. 170), après avoir profité des belles plages longeant la route littorale et de la **cascade de Rochester** (p. 170), montez à la **plantation de thé de Bois Chéri** (p. 176). Visitez les ateliers le matin puis déjeunez au restaurant installé sur le site avant de poursuivre vers **Grand Bassin** (p. 177), site sacré de l'hindouisme sur l'île, et les abords du **parc des gorges de Rivière Noire** (p. 143). Continuez avec la découverte des beaux panoramas qui se succèdent sur la **route de Plaine Champagne** (p. 144).

♥ **Auberge de Saint-Aubin** CHAMBRES D'HÔTES DE CHARME €€€

(☎626 1513, 252 1055 ; www.saintaubin.mu ; Saint-Aubin, Rivière des Anguilles ; d à partir de 4 900 Rs en demi-pension ; P ❄ 🏊). En face de la belle demeure coloniale abritant le restaurant (voir p. 172), cette maison récente a été bâtie en préservant au maximum le style des demeures créoles d'antan. Le résultat, avec varangue, boiseries, lits à baldaquin et beau parquet, ne manque pas de charme, tandis que la piscine et le joli salon avec bar font leur petit effet. Les 3 grandes chambres dotées d'immenses sdb, de la TV, d'un lecteur de DVD et de la clim font face à un superbe jardin gazonné et planté de cocotiers. Les dîners et petits-déjeuners sont servis sur la varangue ou dans la belle salle à manger. La route, proche mais peu fréquentée le soir, ne dérange guère la quiétude des lieux. À la tombée de la nuit, les arbres sont par contre pleins de chauves-souris, plutôt bruyantes elles !

♥ **Les Lodges d'Andréa** ÉCOLODGE LUXE €€€

(☎5251 1153 ; www.andrea-lodge.com ; Union Ducray, Rivière des Anguilles ; d en demi-pension à partir de 4 400 Rs ; P ❄ 🏊). Indiqués non loin du domaine de Saint-Aubin, ces lodges de charme situés au calme sur les falaises près des gorges de la Rivière des Anguilles peuvent accueillir jusqu'à 3 personnes. Leurs atouts ? De grandes baies vitrées et des vérandas qui donnent sur la mer ou le jardin, un personnel aux petits soins, une

LE SOUFFLEUR

La barrière de corail qui encercle presque entièrement l'île Maurice s'interrompt sur une vingtaine de kilomètres entre Souillac et Blue Bay. Rien ne vient alors s'interposer entre les houles océanes et le littoral, formé de hautes falaises noires où viennent se fracasser les brisants.

Au lieu-dit Le Souffleur, l'eau s'engouffre sous la falaise et jaillit par une cavité de la roche en une gerbe pouvant atteindre 20 m de hauteur. Le Souffleur n'est pas toujours très en forme – tout dépend de la mer et du vent – mais la côte, sauvage, est superbe. En longeant les falaises pendant quelque 30 minutes à l'est du Souffleur, vous verrez un beau pont naturel formé par l'effondrement du plafond d'une grotte marine. Pour aller au Souffleur, prenez la route de Plaine Magnien à Souillac (ou un bus de Mahébourg à Souillac). À l'entrée du village de L'Escalier, empruntez la route sur votre gauche, immédiatement après le poste de police. Vous arriverez en vue du moulin à sucre de Savannah. Traversez le domaine du moulin et les champs de canne en suivant les indications pendant environ 4,5 km. En arrivant vers la mer, la piste serpente entre de magnifiques murs de pierre volcanique délimitant les pâturages où paissent des bœufs et des zébus ; vous serez plus à l'aise sur le dernier tronçon au volant d'un 4x4 que d'une voiture de ville.

En théorie, il faut demander l'autorisation de visiter le site à la propriété sucrière de Savannah, proche du poste de police de L'Escalier ; en pratique, la route est ouverte du lundi au vendredi de 6h à 18h et le samedi matin. Le site est sécurisé par des barrières de bois car la falaise s'effondre par endroits. Ne vous aventurez pas au-delà des barrières. Il est conseillé de bien fermer sa voiture à clé.

piscine, une décoration contemporaine lumineuse et colorée dans un style marin et un emplacement en pleine nature, loin de l'activité touristique. Le tarif inclut deux randonnées guidées, et des activités peuvent être organisées, notamment des sorties en quad. Minimum de 2 nuits.

Où se restaurer

Le Gris-Gris – Chez Rosy MAURICIEN €
(625 4179 ; plage du Gris-Gris ; plats 140-1 050 Rs ; midi tlj, soir sur réservation). Le cadre ne paie pas de mine mais la réputation des lieux n'est plus à faire. La raison en est simple : juste avant la plage du Gris-Gris, Rosy propose des repas de langouste grillée, à la fois copieux et imbattables côté tarif. Outre cette spécialité, la carte décline une sélection de curries et daubes de crevettes, poisson ou poulet. Ajoutez la gentillesse de l'accueil et tous les ingrédients d'un bon repas sont réunis. Un conseil : téléphonez pour réserver une langouste...

Le Saint-Aubin DEMEURE COLONIALE €€
(626 1513 ; Saint-Aubin, Rivière des Anguilles ; plats 230-1 100 Rs ; midi tlj, le soir sur réservation). Installée dans l'une des plus belles maisons coloniales de l'île, cette adresse de charme vous attend à 3 km de Souillac en direction de Rivière des Anguilles. Au-delà d'un déjeuner sous la varangue très agréable (salade de palmiste et marlin fumé, poulet à la vanille de Saint-Aubin...) de cette maison de planteur de 1819 superbement restaurée, vous pourrez découvrir sur place une Maison de la Vanille, un jardin botanique et une distillerie de rhum pur canne. Le domaine de Saint-Aubin fait partie du circuit touristique la Route du thé (voir l'encadré p. 174), et vous pourrez coupler la visite du domaine et le repas. La quiétude des lieux est parfois troublée par l'arrivée de groupes de touristes, mais la demeure et ses jardins, superbes, méritent incontestablement le détour : n'oubliez pas de jeter un œil au vaste grenier qui abrite un petit musée naval. Également des pizzas à emporter.

Depuis/vers Souillac et environs

Souillac et Rivière des Anguilles se trouvent sur la ligne de bus 133 Curepipe-Choisy. Le bus 6B relie Souillac à Curepipe toutes les 30 minutes, via Rivière des Anguilles. La ligne 8 relie Souillac à Baie du Cap (toutes les 20 minutes en semaine, toutes les 30 minutes environ le week-end).

Ouest de Souillac et Bel Ombre

La côte ne se prête guère à la baignade au niveau de Souillac, mais elle offre de belles étendues de sable et des activités nautiques à l'ouest de la localité. La beauté de cette côte n'a cependant pas manqué d'intéresser les investisseurs. Bel Ombre, notamment, a ainsi vu une série de palaces, souvent bordés de plages artificielles, sortir de terre au cours des dernières années. La **Place du Moulin**, construite sur le site de l'ancienne usine sucrière de Bel Ombre, est un complexe commercial et événementiel offrant un service de proximité aux résidents des propriétés immobilières exclusives et des hôtels de luxe : on y trouve quelques boutiques, des bureaux, et une scène de spectacles intégrée au milieu des arches en pierre et des anciennes turbines.

À côté de Bel Ombre, vous verrez un monument à la mémoire des survivants du naufrage du cargo australien *Trevessa*. Il sombra au large de Maurice en 1923, et quelques membres de l'équipage réussirent à gagner l'île en canot en 25 jours de mer.

À voir et à faire

Plages SOLEIL ET SABLE FIN

Abritées par le récif corallien, les plages de Riambel et de Pointe aux Roches sont particulièrement agréables. La plage de Saint-Félix est considérée comme la plus belle plage du sud de l'île. De belles étendues sauvages bordées de casuarinas vous attendent également après Baie du Cap, en direction du Morne, notamment la plage publique de La Prairie ; de plus, la route côtière est de toute beauté. Attention cependant, la baignade n'est pas possible partout le long de cette côte, en raison de forts courants ; demandez aux pêcheurs où vous pouvez vous mettre à l'eau sans danger.

Surf, kitesurf ACTIVITÉS NAUTIQUES

Les kitesurfeurs et windsurfeurs trouveront leur bonheur à Baie du Cap, Bel Ombre et Riambel, tandis que les surfeurs ont leurs habitudes dans les environs de Macondé (voir ci-dessous), à Rivière des Galets et à la baie du Jacotet. On raconte qu'un trésor serait enterré sur l'îlot Sancho, à un jet de pierre du rivage en face de cette dernière. KiteGlobing (voir p. 50), à Bel Ombre, loue du matériel.

Promontoire de Macondé POINT DE VUE

Juste après Baie du Cap en direction du Morne, la route côtière dessine un impressionnant virage en épingle autour du promontoire rocheux de Macondé. Ce dernier ménage une vue panoramique sur la côte sud qu'on admire depuis un promontoire aménagé de l'autre côté de la route, juste au-dessus de la mer. Ce petit cap tient d'ailleurs son nom du gouverneur Jean-Baptiste Henri Condé, qui y aménagea un point de vue. Soyez vigilant en vous garant sur la bande d'arrêt d'urgence !

Vallée des Couleurs PARC NATURE

(☎5869 7777, 5471 8666 ; www.lvdc.mu ; Mare Anguilles, Chamouny ; adulte/6-11 ans 200/100 Rs, gratuit -5 ans ; ⏲8h30-17h30 tlj). Sur les hauteurs de Chemin Grenier, entre Souillac et Bel Ombre, la vallée des Couleurs concurrence le site de Chamarel (voir p. 146) – certains le trouvent même plus intéressant – et se double d'un petit parc, peuplé de tortues, macaques et cerfs, qui offre une jolie vue sur la côte sud. L'histoire du site a débuté en juillet 1998, lorsque des ouvriers découvrirent des terres colorées en creusant des bassins d'aquaculture dans d'anciens champs de canne. Au total, 23 couleurs (contre 7 à Chamarel), du bleu charbon à la terre de Sienne, dues à des phénomènes d'origine volcanique, ont été identifiées. Des chemins aménagés et un pont suspendu permettent de découvrir cette curiosité géologique, ainsi qu'un petit jardin botanique, 4 belles cascades (baignade et pique-nique possibles), une mini-ferme et un restaurant. Plusieurs activités payantes sont proposées sur place : 1 500 m de tyroliennes, pêche, quad, buggy... Il est possible de rejoindre la route du Pétrin et de Plaine Champagne depuis le site. Idéal avec des enfants !

Centre équestre de Riambel BALADES SUR LA PLAGE

(☎5729 4572 ; www.beachhorseridingmauritius.com ; Montocchio Lane, Riambel ; balade 1 heure 3 000 Rs, 3 500 Rs pour le coucher du soleil ; ⏲lun-sam 10h-19h, dim 9h-12h). Ce centre réputé, caché dans les champs de canne, propose des balades à cheval sur la plage quasi déserte de Riambel, longue de 2,5 km – on peut même nager avec les chevaux. Différentes formules s'offrent au cavalier débutant comme au confirmé. Accueil très pro et chaleureux d'Arumina.

LA ROUTE DU THÉ

Dans la mouvance d'une tendance apparue il y a maintenant quelques années sur l'île, la **Route du thé** propose aux visiteurs de découvrir une autre facette de Maurice. Tournant le dos au sable et au lagon, cet itinéraire met l'accent sur le patrimoine au travers de la visite de trois sites de charme dont l'intérêt dépasse de loin le thé.

Le **domaine des Aubineaux** (p. 107) regroupe une demeure coloniale bâtie en 1872, transformée en musée, et un beau jardin. La **plantation de thé de Bois Chéri** (p. 176) est depuis 1892 le premier producteur de thé de l'île. Outre la visite de l'usine, vous pourrez faire un tour dans les champs de thé verdoyants, assister à la récolte et déjeuner dans un agréable restaurant. Vous verrez comment les feuilles de thé sont cueillies jeunes, déshydratées, broyées puis fermentées, avant d'être découpées, triées et séchées trois mois durant dans des silos avant d'être empaquetées.
Le **domaine de Saint-Aubin** (p. 171) regroupe, pour sa part, un musée, un restaurant, des chambres d'hôtes, une maison de la vanille et une distillerie de rhum pur canne artisanal. La visite, très intéressante, se conclut par une dégustation.

Si l'architecture coloniale créole vous intéresse, vous pourrez compléter l'itinéraire avec la célèbre **maison créole Eurêka** (p. 114) et le restaurant **Le Jardin de Beau Vallon** (p. 161), à la sortie de Mahébourg.

Heritage Nature Reserve RÉSERVE
(☎202 6660 ; www.heritagenaturereserve.com/fr ; Bel Ombre ; ; ⏲tlj 8h30-16h30). Au cœur du domaine de Bel Ombre, cette réserve naturelle couvre 1 300 ha de paysage vallonné et protégé, entre autres par la Mauritian Wildlife Foundation (voir le chapitre *Environnement* p. 217) qui l'aide à préserver sa biodiversité, dont le merle de Maurice ou la grosse cateau verte. Forêts endémiques, champs de canne, vastes plaines et cours d'eau entrecoupés de cascades (dont une de plus de 160 m de haut), cerfs de Java, sangliers, singes, chauves-souris, perroquets... c'est tout cela que vous découvrez en partant en excursion guidée à pied (2 heures ou 5 heures ; 995-2 500 Rs), en quad (2 heures ; 4 400 Rs) ou en 4×4 (2 heures ; 995-1 200 Rs). Également des safaris de nuit et des pique-niques près des cascades.

Où se loger

Chasse gardée des hôtels de luxe, Bel Ombre ne convient guère aux voyageurs à plus petit budget, qui lui préfèreront Souillac, Chamarel ou Tamarin.

Heritage Le Telfair Golf & Spa CINQ-ÉTOILES €€€€
(☎601 5500 ; www.heritageresorts.mu/fr/hotels-ile-maurice/le-telfair ; domaine de Bel Ombre ; d en demi-pension à partir de 254 € ; P ❄ @ 📶 ≋). Intégré dans le complexe du domaine de Bel Ombre, Le Telfair se distingue par son architecture inspirée de l'époque coloniale : jardins avec fontaines, exotiques bâtiments blancs... Apprécié des amateurs de golf du fait de la proximité d'un parcours de 18 trous, ce cinq-étoiles comporte 158 chambres décorées dans une déclinaison moderne de style néocolonial chic (varangue, parquet de bois précieux, coussins en soie sauvage...), un spa Seven Colors, 2 piscines, un tennis, des activités nautiques à foison, un club pour les enfants, 12 restaurants et un bar très british. Tous les services d'un cinq-étoiles sont bien sûr proposés et l'hôtel est bordé par la "réserve naturelle" de Valriche. Le plus : les clients peuvent séjourner dans le château du domaine de Bel Ombre, demeure coloniale du XVIIIe siècle entièrement restaurée, ouverte sur des jardins français et finement décorée, où se trouve un **restaurant** (☎601 5529 ; ⏲soir, sur réservation uniquement).

♥ **Shanti Maurice** CINQ-ÉTOILES BIEN-ÊTRE €€€€
(☎603 7200 ; www.shantimaurice.com ; Rivière des Galets, Chemin Grenier ; ste avec petit-déj 257-747 €, villa avec piscine 551-1 577 € ; P ❄ @ 📶 ≋). Luxe, teintes douces, bois et végétation... la recette des adresses de grand luxe de Maurice est ici reprise en y ajoutant un plus : un très beau spa de 7 000 m² (l'un des plus grands de l'île) qui propose quatre types de soins holistiques : asiatique, indien et "Naturelle Bio". Plus qu'à un séjour à l'île Maurice, c'est à un voyage en eux-mêmes que les propriétaires

indiens de ce cinq-étoiles "plus" invitent leurs clients. Les 61 suites et villas sont immenses : 81 m² pour les plus petites, dont près de la moitié occupée par la sdb, avec douche extérieure pour celles du rez-de-chaussée. Si vous voulez bénéficier du spa sans dormir au Shanti Maurice, sachez que les clients extérieurs à l'hôtel sont acceptés sur réservation. Également un club enfants et plusieurs restaurants. De nombreuses excursions sont proposées.

Sofitel So Mauritius CINQ-ÉTOILES €€€€

(605 5800 ; www.sofitel-so-mauritius.com ; domaine de Bel Ombre ; ste 225-1 350 € selon saison ;). Ouvert en 2011, cet hôtel se démarque à la fois par son design qui mêle le blanc, des lignes épurées et des touches florales signé par le couturier japonais Kenzō Takada et un site préservé à la végétation luxuriante traversé par une rivière. Le tout ravira les Robinsons des temps modernes. La réception est ici remplacée par un accueil en voiturette où un majordome aux allures de Sinbad vous emmène dans votre villa. Celles-ci, toutes de plain-pied, sont dotées d'un jardin, d'une petite piscine et d'équipement high-tech. Les prestations attendues pour ce type d'établissement coté cinq-étoiles "plus" sont bien sûr au rendez-vous : spa, fitness, piscine à débordement... L'hôtel est par ailleurs déjà réputé pour son restaurant gastronomique, Le Flamboyant, qui, à l'image de l'ambiance générale, mêle architecture traditionnelle à l'extérieur et intérieur très contemporain.

Tamassa Bel Ombre QUATRE-ÉTOILES €€€€

(603 7300 ; tamassaresorts.com ; Coastal Road ; d all inclusive à partir de 223 €;). Les trois syllabes de Tamassa, nom dérivé de "tamasha", un mot hindi utilisé en créole mauricien qui signifie "la fête", évoquent le son du tam-tam. Dans cet immense hôtel joyeux, 4 étoiles supérieur depuis 2021, un soin particulier est apporté au bien-être. Les 214 chambres, dont certaines ont été rénovées récemment, sont confortables, spacieuses et ont toutes vue sur la mer. Deux restaurants, un burger truck, deux bars, trois piscines, un club pour enfants et un pour ados ainsi qu'un spa aux soins pointus et holistiques (à absolument tester !) complètent l'offre. Le mardi, l'apéro est offert sur la plage à l'heure du coucher du soleil.

Où se restaurer

La Roche Cari MAURICIEN €

(5773 0508, 622 1206 ; mlauramonroe@gmail.com ; Royal Rd, Bel Ombre ; plats 375-800 Rs ; tlj midi, soir sur réservation). L'adorable Marylin a ouvert cette table toute simple mais à la décoration vive et coquette, où elle propose chaque midi un plat traditionnel "comme chez grand-mère". Désireuse de faire redécouvrir les saveurs d'autrefois, elle chantonne dans sa petite cuisine en mitonnant le "cari Jacques" de son enfance, du poulpe, du poisson ou du poulet selon l'inspiration et les produits de saison. Tout est très bon, frais, copieux, parfaitement relevé, et on prend vite ses aises tant la chaleur humaine est ici palpable. Pas de CB.

Depuis/vers l'ouest de Souillac

Bel Ombre et les autres localités de l'ouest de Souillac sont situées sur la ligne de bus reliant Baie du Cap à Mahébourg. Vous devrez avoir votre propre moyen de locomotion pour rejoindre la vallée des Couleurs.

DE SOUILLAC AU PARC DES GORGES DE RIVIÈRE NOIRE

Changement de décor. Au nord de Souillac, l'A9 pointe vers les hauteurs de l'île, entre les champs de canne et les plantations de thé. Passant aux abords du domaine de Saint-Aubin et de la réserve des Mascareignes, ce bel itinéraire qui reprend en partie celui de la Route du thé (voir l'encadré page ci-contre) ouvre une parenthèse avec les paysages de la Maurice balnéaire et permet de découvrir des sites qui comptent parmi les plus sauvages – et donc les plus intéressants – du sud de l'île. Le parcours aboutit au parc des gorges de Rivière Noire (voir p. 143), doucement mis en valeur depuis quelques années. Il peut se poursuivre vers la belle route de Plaine Champagne, Chamarel et la côte ouest (voir le chapitre *Côte ouest*, p. 130).

Domaine de Chazal

Perdu dans les reliefs verts et sauvages du sud de Maurice, ce **parc** (622 7234, 5422

MAHA SHIVARATREE

Le pèlerinage de Grand Bassin est la plus grande fête hindoue annuelle se déroulant en dehors de l'Inde. Chaque année, en février ou en mars selon les cycles lunaires, plusieurs centaines de milliers de pèlerins se rendent en procession sur les rives de ce lac volcanique considéré comme sacré par les hindouistes, afin d'honorer Shiva durant trois jours de fête.

Selon la légende, Shiva et son épouse Parvati tournaient autour de la Terre sur un char fleuri lorsqu'ils remarquèrent la beauté d'une île et de la mer couleur émeraude qui l'entourait. Shiva, qui portait le Gange sur sa tête pour protéger la terre des inondations, décida de s'y poser. Après une descente mouvementée, quelques gouttes d'eau se répandirent et tombèrent dans un cratère pour former un lac. Le Gange, fleuve le plus sacré de la religion hindouiste, n'apprécia pas l'idée qu'une partie de son eau soit abandonnée sur une île déserte, mais Shiva lui répondit que des hommes originaires de ses rives viendraient un jour s'installer sur cette île et effectueraient un pèlerinage annuel, durant lequel l'eau du lac serait recueillie et présentée en offrande.

Certains pèlerins se vêtent de blanc et marchent en procession en portant un *kanvar* – temple miniature en bois, couvert de fleurs et de miroirs – ou une arche décorée de fleurs en papier. Les fidèles effectuent également leurs dévotions sur les rives du lac : au cours d'une *puja* (cérémonie rituelle), ils brûlent de l'encens et du camphre et déposent des offrandes de nourriture et de fleurs. À l'issue des trois jours de célébrations, le lac est entièrement recouvert d'offrandes. Toute la scène évoque le grand rituel sur les rives sacrées du Gange.

Les visiteurs sont les bienvenus, à condition de faire preuve de discrétion et d'être vêtus de manière appropriée (pas de short ou de jupe courte, par exemple). Avant d'entrer dans un temple, pensez à vous déchausser.

3117 ; impasse de la Forêt, Chamouny ; tyrolienne adulte 1 950 Rs ; 🌿) dédié aux familles et très joliment aménagé propose plusieurs activités : un parcours de tyroliennes de 2 heures 30 au-dessus de la rivière des Galets (dès 4 ans, départ 9h30 et 13h30), du "rivertrekking" (on dévale des toboggans naturels en rivière, on nage dans les canyons et on se fait masser sous les cascades – dès 14 ans, durée 2 heures 30), des randonnées (guidées ou non, à partir de 8 ans) sur des sentiers aménagés habités par 1 200 cerfs de Java et des centaines de chauves-souris, qui vous amènent jusqu'à de fantastiques points de vue (durée 1 à 3 heures). Possibilités de formules incluant le déjeuner. Une table d'hôtes (réservation 24 heures à l'avance) propose un curry de poulet ou de poisson avec fricassée de légumes et chutney : tout est bio et provient du domaine. Une mini-ferme accueille les plus petits. Au Domaine de Chazal, on peut aussi jouer à la pétanque, au tennis, au volley, au football, tirer à l'arc, faire de la pêche, et se détendre au bord de la piscine naturelle ou profiter d'une *fish therapy*.

Bois Chéri

Introduit à Maurice en 1770 par Pierre Poivre, le thé a longtemps constitué la deuxième culture de l'île après la canne à sucre. Victime du changement climatique, de la concurrence internationale, du manque de main-d'œuvre et de la baisse des prix du marché mondial, la production mauricienne est aujourd'hui dans une mauvaise passe. On estime ainsi que, de 925 tonnes en 2017, elle a été divisée par deux en 2018.

La visite des **plantations de thé et de l'usine de Bois Chéri** (☎ 617 9109 ; www.saintaubin.mu ; Bois Chéri ; adulte/enfant 580/275 Rs ; ⏲ tlj 9h-17h), qui génère 75% de la production totale de l'île, vous apprendra tout sur cette plante, de sa cueillette à la dégustation. Mieux vaut s'y rendre tôt le matin pour assister aux opérations de traitement des feuilles. Un petit musée, rénové en 2022, retrace l'histoire de la culture du thé à Maurice et dans le monde.

La plantation fait partie de l'itinéraire touristique de la "Route du thé" : un billet combiné permet l'accès aux autres sites.

Où se loger et se restaurer

Le Bois Chéri AVEC VUE €€

(☎ 471 1216 ; boischeri.restaurant.mu/fr ; plats 330-1 400 Rs ; ⏲ tlj, midi seulement). Impossible de ne pas être séduit par le cadre, qui vaut à lui seul la visite. Sur le côté de l'usine de thé, une piste carrossable bordée de fougères arborescentes et d'allées de palmiers mène en 500 m à un petit lac bordé de jacarandas et de plants de thé. Ouvert en 2008 et rénové et agrandi en 2022, le restaurant bordé d'une agréable varangue se dresse au-dessus de ce décor, où l'on voit les cerfs se promener. On y déguste de la cuisine locale (curries, rougaille, bol renversé…), des pizzas au feu de bois, des pâtes, des salades…

Bubble Lodge ATYPIQUE €€€€

(☎ 5255 1494, 5255 1490 ; www.bubble-lodge.com ; bulle 2 pers à partir de 439 €, petit-déj et dîner inclus, écolodge à partir de 499 € ; P). Un hébergement atypique dans un environnement enchanteur, en contrebas du restaurant Le Bois Chéri ! Vous connaissez sûrement ce concept de bulles géantes et transparentes, qui permettent de passer une nuit à la belle étoile tout en bénéficiant d'un confort optimal… alors pourquoi ne pas tenter cette expérience d'écotourisme de luxe (les structures sont autosuffisantes énergétiquement et bioclimatisées) ? À l'abri des regards indiscrets, sous le couvert de la végétation au bord du lac de la plantation, on profite pleinement de cette mini-suite gonflable au joli mobilier rustique, équipée d'un lit king-size et d'une douche extérieure. Également, un écolodge tout confort. Un lodge à étage devrait être construit d'ici la fin 2022 (à partir de 699 €). Le kayak, le canotage, la visite de l'usine de thé Bois Chéri, la randonnée et la dégustation du thé sont proposés gratuitement. Projet similaire du côté de la vallée de Ferney en 2023 (voir p. 168).

Grand Bassin (Ganga Talao)

Grand Bassin est un lieu sacré pour les hindous de Maurice depuis plus d'un siècle. L'histoire remonte à 1898, lorsqu'un dévot indien du nom de Shri Jhummon Giri Gosagne vit en rêve que ce lac de cratère, situé à 700 m d'altitude entre Bois Chéri et les gorges de la Rivière Noire, était relié aux eaux sacrées du Gange (voir l'encadré page ci-contre). Appelé Ganga Talao par les hindous, ce qui peut se traduire par "la mare du Gange", le lac est depuis le plus important site religieux hindou de l'île.

Des cérémonies y ont lieu régulièrement, mais c'est durant la fête du Maha Shivaratree que le lac sacré est le plus fréquenté. Les immenses parkings qui le bordent sont alors remplis, permettant de mesurer l'importance du site pour une large population de l'île. À cette occasion, en février-mars, plus de 300 000 pèlerins, dont certains ont fait le voyage depuis l'Inde, s'y rendent pour honorer Shiva durant trois jours de fête.

Inaugurée en 2007, une **statue de Shiva** arborant lance et serpents, haute de près de 30 m, surplombe le lac. Dix ans plus tard, une autre gigantesque statue de Maa Durga – incarnation de Devi, la déesse mère, qui symbolise l'unité des forces divines et épouse de Shiva –, haute de 33 m, a été érigée, un peu en amont de la route bitumée ; cette dernière est large comme une autoroute américaine !

Le plan d'eau est bordé d'une demi-douzaine de **temples**, au pied desquels les familles viennent prier et déposer des offrandes les samedis et dimanches. L'accès au site est libre, mais on vous demandera de vous déchausser à proximité des temples.

Pour avoir une vue d'ensemble, grimpez les 200 marches qui mènent au temple le plus haut, sur le côté gauche du site. Il est dédié au dieu singe Hanuman. Des singes (qui peuvent être agressifs si on s'approche trop près ou s'ils sentent de la nourriture) sont en général présents dans les parages.

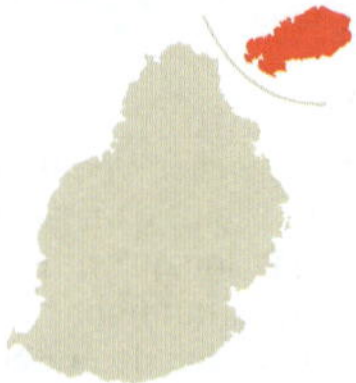

Rodrigues

Dans ce chapitre ➜

Le top des hébergements

- Tekoma (p. 196)
- Le Bakwa Lodge (p. 202)
- Domaine de la Paix (p. 192)
- Origin (p. 194)

Le top des restaurants

- Chez Jeannette – Le Tropical (p. 194)
- Bassanio (p. 196)
- Le Marlin Bleu (p. 191)
- La Caze Mama (p. 195)

Pourquoi y aller

À 560 km de Maurice, Rodrigues semble aux antipodes de sa "voisine". Loin de la carte postale et du tourisme standardisé, cette île de poche (18 km de long et 8 km de large) a préservé son âme, juste et sincère. Plus créole que Maurice – car peu touchée par la culture indienne – et chrétienne à 95%, l'île abrite 42 000 habitants, la plupart descendants d'esclaves africains et malgaches, et vit au rythme de la pêche, de l'élevage, de l'agriculture et d'un tourisme naissant qui se veut respectueux de l'environnement.

La "Cendrillon des Mascareignes" affiche d'âpres paysages volcaniques, et un relief plissé d'une grande beauté qui descend jusqu'aux plages de sable fin. Les maigres pâturages, les collines pelées criblées de blocs de basalte, la végétation broussailleuse, les hameaux, quelques plages éparses et la franche simplicité de la population peuvent semer le trouble chez le nouveau venu, habitué à des visions tropicales plus convenues. Certes, le sublime lagon de 200 km² qui lui sert d'écrin, paradis des plongeurs, colle déjà plus aux stéréotypes de l'océan Indien. Mais d'emblée, on comprend que Rodrigues cherche ses affinités du côté de l'écotourisme. Plus qu'aux sens, Rodrigues plaît à l'âme. On y vient se ressourcer et marcher sur ses sentiers solitaires, au rythme de la mer et du ciel.

Quand partir

De climat plus chaud et sec que Maurice, Rodrigues se visite en toute saison. L'hiver austral, de mai à octobre, ménage des températures un peu plus douces, ce qui permet également d'éviter la saison des cyclones (janvier-mars). Ceux-ci restent rares mais sont souvent plus destructeurs qu'à Maurice du fait de la faiblesse des infrastructures. La fête de l'Autonomie (12 octobre) est une date importante du calendrier, largement célébrée. Le trail de Rodrigues (début novembre ; www.trailrodrigues.com) est un temps fort de l'île. Les amateurs de kite préféreront la période qui s'étend de juin à septembre pour les conditions de vent.

À ne pas manquer

1. La superbe **balade entre Pointe Coton et Graviers** à l'est de l'île (p. 182)
2. Une excursion à la paradisiaque **île aux Cocos** (p. 202)
3. La **réserve François Leguat** avec ses tortues géantes et sa caverne (p. 199)
4. Une sortie **plongée** dans le somptueux lagon (p. 30)
5. Une montée d'adrénaline en survolant de sublimes paysages en **tyrolienne** (p. 194)

Histoire

Au début du XVIe siècle, les Portugais furent les premiers Européens à débarquer sur l'île, connue des navigateurs maures sous le nom de Dina Arobi. Selon certaines sources, la reconnaissance de Rodrigues serait due au navigateur Diego Fernandez de Pereira, en 1507. D'autres l'attribuent au pilote Don Diego Rodriguez, en 1528, qui lui aurait donné son nom. Vinrent ensuite les Hollandais, qui l'occupèrent entre 1601 et 1611.

La véritable colonisation de Rodrigues débuta cependant en 1691, avec l'arrivée de 7 huguenots français, conduits par François Leguat. Fuyant les persécutions religieuses consécutives à la révocation de l'édit de Nantes, Leguat et ses compagnons s'installèrent en Hollande puis fondèrent une communauté protestante sur cette île isolée. La solitude et les cyclones eurent cependant raison de leur détermination : ils quittèrent Rodrigues pour Maurice en 1693. Le journal de Leguat, intitulé *Voyage et aventures de François Leguat et de ses compagnons en deux îles désertes des Indes orientales*, offre un compte rendu saisissant de ces deux années.

Les marins qui accostèrent à Rodrigues par la suite chassèrent impitoyablement les milliers de tortues géantes, qui constituaient une réserve de nourriture essentielle. Le solitaire, un gros oiseau endémique incapable de voler, connut le même sort que le dodo à Maurice.

Les Français revinrent au début du XVIIIe siècle pour tenter, à nouveau, de coloniser Rodrigues. Ils l'abandonnèrent à la fin du siècle. En 1807, les Britanniques en firent une base provisoire pour attaquer l'île Maurice, dont ils s'emparèrent en 1810. Au cours du XIXe siècle, la population passa peu à peu d'une centaine d'habitants à près de 3 300 âmes, avec l'arrivée d'anciens esclaves africains libérés par les Britanniques.

En 1901, l'Eastern Telegraph Company installa un télégraphe sous-marin reliant Maurice à Rodrigues. L'île devint ainsi le point de liaison d'un réseau reliant l'Australie et l'Europe – les anciens locaux de la Cable and Wireless sont encore visibles à la pointe Vénus.

Au cours de la Seconde Guerre mondiale, près de 1 000 Rodriguais servirent dans l'armée britannique en Afrique et en Italie. Entre 1955 et 1968, l'île développa progressivement son agriculture, en particulier grâce aux programmes de terrassement agricole instaurés par Philip Hotchin, un agronome anglais. Malheureusement, le passage régulier de cyclones, les difficultés d'approvisionnement en eau et la surpopulation n'ont jamais permis à Rodrigues d'atteindre l'autosuffisance. Dans les années 1980, de nombreux Rodriguais ont ainsi pris le chemin de l'exil vers Maurice, La Réunion ou l'Australie.

Sur le plan politique, Rodrigues s'est distinguée à la veille des élections d'août 1967 portant sur l'indépendance de l'archipel en se déclarant contre à plus de 90%. Les Rodriguais préférèrent alors rester britanniques plutôt que de tomber sous la coupe des Indo-Mauriciens. Après des décennies de lutte visant à faire reconnaître sa spécificité par l'île Maurice, Rodrigues a obtenu un statut d'autonomie interne en octobre 2002. Voté à l'unanimité par le parlement mauricien, il a doté l'île d'un gouvernement régional habilité à adapter les lois mauriciennes à ses propres caractéristiques. Une initiative saluée de tout cœur par les Rodriguais.

Les 18 membres de la première assemblée régionale rodriguaise ont été élus le 29 septembre 2002. Élu en février 2012 puis en février 2017, le chef commissaire de l'île, Serge Clair, favorable à l'autonomie, a laissé sa place le 5 mars 2022 à Johnson Roussety. Il occupera ce poste jusqu'en 2024. Il est favorable à l'indépendance de l'île. L'essor du tourisme, freiné par la faible desserte et la modeste fréquentation (Air Mauritius s'est posé pour la première fois à Plaine Corail en 1972) reste l'un des enjeux majeurs.

Faune et flore

Le déboisement intensif mené depuis la colonisation afin de créer des pâturages a eu raison de l'épaisse couverture forestière qui existait naguère à Rodrigues. L'île présente ainsi un aspect aride et pelé, surtout en période de sécheresse. La végétation secondaire qui a remplacé les forêts est constituée essentiellement d'espèces végétales introduites par l'homme, souvent invasives et peu adaptées aux ressources en eau de l'île. Les arbres et les arbustes les plus répandus sont les filaos, les lataniers, les aloès, les vacoas, les citronniers et les vétivers. Les 39 variétés de plantes endémiques qui ont subsisté sont majoritairement considérées comme menacées, vulnérables ou rares. Cependant, des essences telles le

RODRIGUES À L'HEURE DE L'AUTONOMIE

Le mois d'octobre 2002 a marqué l'histoire rodriguaise : c'est en effet à cette date que le statut d'autonomie "interne maximale" de Rodrigues, voté à l'unanimité quelques mois plus tôt au parlement mauricien, est entré en vigueur. Politiquement, l'île est maintenant dotée d'un gouvernement régional, constitué d'une assemblée régionale de 18 membres – qui s'est donné comme devise "Le travail, la solidarité, la fierté" – et d'un conseil exécutif.

Ce nouveau statut s'est accompagné d'une série de "grands travaux", visibles dès la sortie de l'avion : la "route de l'autonomie" déroule maintenant son bitume flambant neuf entre l'aéroport et la "capitale", une nouvelle aérogare est sortie de terre à Plaine Corail et les rues de Port Mathurin ont été rebaptisées.

L'île a découvert au passage les affres de la politique et des alternances de gouvernement. Dans les faits, Rodrigues, aidée par des instances internationales, progresse très lentement, et souffre toujours de problèmes anciens : la pauvreté, qui touche une part non négligeable de la population de l'île, l'approvisionnement en eau – sur les 3 usines de dessalement fonctionnant à l'énergie solaire sorties de terre, seule celle d'Anse aux Anglais fonctionnait lors de notre passage –, le développement inégal de l'île... Notons toutefois l'amélioration des services de santé, l'accent mis sur les énergies renouvelables, avec l'installation d'éoliennes et de chauffe-eau solaires, et les efforts déployés dans la gestion des déchets.

café marron, le bois de fer, le bois d'olive, le bois carotte, le bois d'ébène, le bois puant, font l'objet des soins les plus attentifs, afin qu'elles échappent à l'extinction.

Désormais soucieuses de préserver les zones végétales de première importance, - Grande Montagne, Anse Quitor, la vallée de Mourouk, les cascades Pigeon et Saint-Louis –, les autorités ont pris des mesures conséquentes ces dernières années. Ces zones sont clôturées pour empêcher les déprédations animales et on contrôle soigneusement les végétaux importés, à croissance plus rapide. Des plants d'espèces rares sont produits dans des pépinières aménagées sur l'île, puis replantés dans des secteurs spéciaux où ils ont de meilleures chances de survivre et de prospérer. On espère que ces espaces serviront de refuge aux spécimens rares de la faune endémique, comme la fauvette de Rodrigues, le foudi et la roussette de Rodrigues.

Menacées d'extinction dans les années 1980, les fauvettes ont connu un certain regain de vitalité, puisqu'on estimait leur population à 4 000 individus en 2010. Chez le foudi, en danger critique dans les années 1960, le nombre de représentants, en progression également, se montait à 8 000 environ en 2010. La vallée située à quelque 4 km de Port Mathurin, vers Mont Lubin, constitue le lieu de prédilection des chauves-souris roussette (*Pteropus rodricensis*).

Près de 18 fois plus petite que Maurice mais dotée d'un lagon presque aussi grand, Rodrigues se double d'un exceptionnel espace maritime, que les autorités ont à cœur de préserver. En 2005, un parc marin de 35 km² a été créé dans le sud et sud-est de l'île avec de nombreuses zones de conservation pour protéger le corail et les stocks de poissons et de poulpes. Il s'étend de la baie de Mourouk à la Grande Passe et englobe les îlots de l'Hermitage, l'île Chat et l'île Plate. Il est toutefois possible d'y pratiquer des activités sans incidence sur le biotope comme le kitesurf et la plongée.

Sous l'égide de la société Discovery Rodrigues (voir p. 202), des visites de l'île aux Cocos, située au large de la côte nord-ouest, sont organisées pour découvrir les colonies d'oiseaux de mer, comme les sternes et les noddis, qui y nichent. À quelques centaines de mètres au nord de l'île aux Cocos, l'île aux Sables est une réserve ornithologique stricte, fermée au public.

Circuits organisés

Des agences de Port Mathurin proposent des sorties pour découvrir les principaux sites de l'île. Vous pouvez également vous adresser à votre hôtel ou suivre les excursions thématiques proposées par **Rodrigues Friendly** (voir encadré p. 186). Réservez : un nombre minimum de participants est souvent requis.

Rotourco (carte p. 188 ; ☎ 831 0747 ; www.rotourco.com ; place François Leguat, Port Mathurin). Particulièrement efficace, cette agence de Port Mathurin propose des visites de tous les sites de l'île ; loue aussi voitures et scooters.

2000 Tours (carte p. 188 ; ☎ 831 4703, 5765 2100 ; www.rodrigues-2000tours.com ; aéroport et rue Max Lucchesi, Port Mathurin). Excursions sur l'île et location de voitures.

Patriko Tours (carte p. 188 ; ☎ 831 2575, 587 2575, 5875 6817 ; patrikotours@yahoo.com ; place François Leguat, Port Mathurin). Circuits et locations sur l'île, location de voitures et scooters.

Activités

Randonnée

La marche est sans doute le meilleur moyen de découvrir l'île pour s'imprégner de son ambiance si particulière et pour rencontrer les Rodriguais. Il est difficile de se perdre, la mer étant toujours à portée de vue. Si vous êtes fatigué, il suffit de rejoindre la route la plus proche et d'attendre l'un des nombreux bus qui sillonnent l'île.

L'une des plus belles randonnées va **de Pointe Coton à Graviers**, le long de la côte est de l'île. Cette promenade côtière d'environ 6 km s'effectue en 3 heures 30, mais vous pouvez y consacrer une journée en alternant marche, baignade et rencontre avec les pêcheurs. Le sentier débute au niveau de l'arrêt de bus de Pointe Coton. Il longe les belles plages vierges et généralement désertes de l'anse Fumier et Ally, avant de rejoindre la superbe plage de Saint-François, où l'on peut faire une halte sous les filaos. On découvre ensuite, sur une côte plus rocheuse et déchiquetée, une succession de superbes criques bordées de falaises et d'arbustes, se rejoignant presque au niveau de la mer : Anse Philibert, Trou d'Argent (la plus connue), Anse Bouteille, Pointe Roche Noire... Dans le doute, suivez toujours le chemin le plus proche de la mer.

Autre option pour plus courageux : la randonnée qui rejoint **Port Mathurin depuis Pointe Coton** (3 heures) en passant par Rivière Banane et la belle plage de Baladirou. Un bus relie Port Mathurin à Pointe Coton via Rivière Banane 2 fois par jour.

La pointe ouest vers **Plaine Mapou** offre des paysages extraordinaires où le bleu du lagon se mêle au jaune de l'herbe brûlée par le soleil ; on y voit quelques maisons isolées. Vous pouvez prendre un bus jusqu'à Camp Pintade, puis rejoindre Plaine Mapou en longeant les criques ponctuées de quelques cabanons de pêcheurs. De là, suivez le littoral en direction du nord jusqu'à Pointe Fouche pour admirer la vue sur l'île aux Cocos et l'île aux Sables. On peut continuer le tour jusqu'au village de La Ferme mais il n'existe pas de chemin tracé.

Depuis le centre de l'île (ou depuis Anse aux Anglais ; comptez alors 5 heures de marche), la descente jusqu'à **Port Sud-Est** et son magnifique chenal bleu sombre zigzaguant dans le lagon constitue une autre superbe balade, où vous croiserez de nombreux pêcheurs sur leurs pirogues sans moteur. À Saint-Gabriel ou Sainte-Famille, demandez le chemin conduisant au panorama sur la cascade Victoire. Ensuite, descendez vers Port Sud-Est en longeant le bord ouest de la profonde vallée sauvage qui s'étend à vos pieds. Avec un peu de chance, vous y verrez des pailles-en-queue.

Eco-Ballade (☎ 5787 6096, 5877 7069). Randonnées et balades à Rodrigues, snorkeling aux îles du Sud et sur l'île aux Cocos.

Milaineda Edouard (☎ 5877 4464 ; edouardmariemilaineda@yahoo.com). Randonnées à la carte, par une guide rodriguaise passionnée.

Kitesurf et windsurf

Avec des vents réguliers et relativement forts, soufflant la majeure partie de l'année sur un vaste et superbe lagon peu profond, le sud et l'est de Rodrigues constituent un véritable paradis pour les kitesurfeurs – l'île a d'ailleurs son propre **festival** (International Kitesurf Festival) de la discipline chaque année fin juin. La période la plus favorable s'étend de juin à septembre. Plusieurs centres proposent sur la plage de l'anse Mourouk des initiations, des cours, la location du matériel, des sessions d'entraînement accompagnées par un bateau et des sorties en kite à la journée.

Andy kitesurf (☎ 5875 8457 ; andyspirit7@yahoo.com; plage de Mourouk). L'organisateur du festival de kitesurf propose aussi surf et kitesurf.

Osmosis (☎ 832 3051, 5875 4961 ; www.osmosis-rodrigues.com ; plage de Mourouk). Animé par Jérôme Branellec, le pionnier du kite à Rodrigues. Propose aussi surf et SUP.

QUEL TOURISME POUR RODRIGUES ?

La "Cendrillon des Mascareignes" deviendra-t-elle un jour une destination touristique de premier ordre ? Nul ne peut le dire, mais la question est au centre des préoccupations à Maurice. Certains appellent de leurs vœux davantage de touristes ; d'autres redoutent un développement comparable à celui de l'île Maurice. On en est pour l'instant loin, d'autant plus que Rodrigues semble avoir choisi la voie de l'écotourisme, les petites structures et les formules permettant de découvrir l'île sans la transformer en "produit touristique". Nombre de Rodriguais ont en effet conscience du fait que le premier atout de leur île est son côté paisible et tranquille, et les défenseurs de l'environnement comme l'ONG Shoals Rodrigues réfléchissent aux alternatives pour suppléer la pêche hors saison afin de mieux protéger la faune marine, qui compte plus de 1 000 espèces de coraux et poissons. La pêche à l'ourite est ainsi interdite plusieurs semaines dans l'année pour permettre aux stocks de se renouveler, et le vaste parc marin (voir p. 186) de Rodrigues, créé en 2005, reste ouvert aux activités touristiques "vertes" afin d'aider les pêcheurs dans une reconversion écotouristique. Lors des deux premières années de la pandémie du Covid-19, le travail alternatif a été mis en place par l'Assemblée régionale de Rodrigues : nombre de Rodriguais, sans emploi, ont replanté des coraux contre rétribution. L'éloignement et la modeste desserte aérienne, qui ne permettent pas d'assurer la rentabilité d'un tourisme à grande échelle, jouent aussi en la faveur du développement d'une activité à taille humaine. Les *happy few* qui visitent cette île du bout du monde s'en frottent les mains !

Friendly Global Kite School (☎ 5428 2553, 5783 0205 ; www.kitesurfrodrigues.com)

The Nest Kitesurfing (☎ 5724 1773, 832 3180 ; www.thenestkitesurfing.com ; plage de Mourouk)

Kitesurf Paradise (☎ 5785 6381, 8324 543 ; marcuskite07@gmail.com ; Graviers Beach, Graviers)

Plongée

La plongée est l'une des activités vedettes de Rodrigues. Les sites, répartis au sud et à l'est de l'île, sont pour la plupart multiniveaux et se différencient nettement de ceux de Maurice. Six centres de plongée sont implantés sur l'île, notamment au Cotton Bay Resort & Spa, au Tekoma, ou encore Ecoévasion à Port Mathurin. Contactez notamment :

Jacky Diving (☎ 5875 0608, 831 8028 ; Hôtel Tekoma, Anse Ally)

Bouba Diving Centre (☎ 5875 0573, 5920 0413 ; msda.mu)

Cotton Dive Center (☎ 5706 1474 ; Cotton Bay Hotel, Pointe Coton)

Ecoévasion (hors carte p. 188 ; ☎ 875 8481, 5988 5388, 831 2368 ; www.rodrigues-eco-evasion.com ; Pointe Monier, Port Mathurin)

Pêche au gros

Rodrigues est une destination prisée des adeptes de pêche au gros. Elle compte une exceptionnelle richesse halieutique de ses eaux : marlin bleu, thon à dents de chien, espadon-voilier, dorade coryphène... La meilleure saison s'étend de septembre à mi-juin. Pour certaines espèces, on pratique le *catch and release* (le poisson est relâché après avoir été touché). Si cette pratique vous plaît :

L'Oiseau des îles II/Défi d'ailleurs (☎ 832 1574, 5739 1865, 5761 8812 ; www.defidailleurs.com). Sorties d'une journée à plusieurs jours en mer, à 100 ou 200 km des côtes.

Rod Fishing Club (☎ 5875 0616 ; www.rodfishingclub.com). Yann Colas est l'un des plus anciens prestataires de pêche au gros de Rodrigues.

Où se loger

L'offre hôtelière rodriguaise, relativement réduite il y a 15 ans, s'est considérablement diversifiée et enrichie : pensions de famille, gîtes, chambres d'hôtes, appartements, bungalows, grands hôtels... Vous ne trouverez cependant pas d'établissements au luxe comparable à celui des hôtels de Maurice. De plus en plus d'adresses sont pressées

LES PIQUEUSES D'OURITES

Vision toute rodriguaise : tous les matins, à marée basse, des centaines de femmes arpentent le lagon dans le secteur de Port Sud-Est, Terre Rouge ou Crève-Cœur pour "ferrer les ourites", c'est-à-dire pêcher le poulpe. Armées d'une *foëne* (une longue tige métallique), elles entrent dans l'eau parfois jusqu'à la taille, scrutent et explorent le moindre interstice dans le corail susceptible de cacher une ourite. Une fois l'animal repéré, il faut vite le piquer avec la *foëne* et l'enfiler sur un fil de nylon. Les mollusques sont ensuite revendus à une coopérative, ou mis à sécher comme du linge sur des portiques en bois pour être ensuite utilisés dans les curries.

Si le travail de ces femmes donne lieu à des scènes très prisées par les touristes, il faut garder à l'esprit qu'il s'agit d'une activité peu gratifiante et mal payée. Les pêcheuses souffrent par ailleurs souvent de crampes, causées par les longues heures passées dans l'eau. Les tentacules des ourites, en se collant sur la peau, peuvent également provoquer des blessures sérieuses.

Depuis quelques années, les perspectives s'assombrissent pour les piqueuses d'ourites, qui sont désormais rejointes par les hommes dans cette activité. Trop pêchés, les poulpes se raréfient dans le lagon, et la pollution n'arrange rien. Quant aux écologistes, ils dénoncent les dommages que provoque ce type de pêche sur le platier corallien, piétiné quotidiennement. La pêche est désormais réglementée par trois fermetures annuelles de plusieurs semaines pendant la reproduction, mesure qui donne de bons résultats.

par les réglementations pour se mettre "aux normes", ce qui se traduit par une augmentation des tarifs, mais pas nécessairement par un rafraîchissement des bâtiments, qui arborent pour certains une déco quelque peu surannée.

Si vous circulez exclusivement en bus, séjourner à Port Mathurin présente l'avantage de la proximité des services et de la gare routière, qui donne accès aux quatre coins de l'île. La localité n'offre cependant pas, ou presque, de possibilité de baignade. Le secteur d'Anse aux Anglais est un bon compromis : vous bénéficierez à la fois de plages (qui ne sont pas les plus belles de l'île) et de la proximité de Port Mathurin, que vous pourrez même rejoindre à pied. Le sud et l'est, isolés, concentrent les plus belles plages - toutes les photos montrant le sublime lagon de Rodrigues ont été prises sur ces côtes. Ce secteur est idéal pour un farniente complet, loin de tout... Se loger dans le centre de l'île vous permettra de vivre au plus près des Rodriguais ; de plus, les bonnes tables y sont nombreuses.

Si vous possédez une tente, vous pourrez en théorie camper n'importe où. Tous les établissements de l'île viennent vous chercher à l'aéroport si vous en faites la demande, et la plupart peuvent organiser des excursions ou la location d'un véhicule.

Où se restaurer

Qu'ils résident en hôtel ou dans une pension de famille, la plupart des visiteurs optent pour la formule demi-pension. D'où le nombre quelque peu restreint de restaurants sur l'île. L'offre n'en est pas moins diversifiée, avec des tables d'hôtes, des restaurants classiques et les restaurants des hôtels. N'hésitez pas, si vous le pouvez, à sortir du cadre un peu contraignant de la demi-pension. Plusieurs pensions de famille proposent une formule table d'hôtes au dîner, idéale pour partager un repas avec une famille rodriguaise et goûter à des spécialités locales. La réservation est indispensable.

Où sortir

La nuit rodriguaise est réputée pour... son calme, même si quelques discothèques ont fait leur apparition à Port Mathurin (ouvertes le vendredi, samedi et dimanche). Lors de notre passage, elles étaient fermées en raison de la pandémie, mais devrait rouvrir fin 2022. Attendez-vous néanmoins à passer vos soirées en regardant les étoiles plutôt qu'à vous déhancher sous les néons. Avec un peu de chance, vous pourrez aussi croiser des groupes de musiciens interprétant d'anciennes danses européennes, telles que la polka russe, le scottish, la valse et la mazurka (devenues *pokarisse, kotis, laval* et *mazok*). Ils dansent également une version plus afro-malgache du séga, le *séga tambour* (cerclé de bois et recouvert de peau de chèvre, on nomme ici le tambour *ravane*) au rythme rapide, dont les paroles racontent les faits de la vie quotidienne et les travers du voisin ou du concurrent en amour. Le *séga kordéon* fait usage d'un accordéon diatonique. On voit aussi des bambous, triangles, maravannes (petite boîte plate remplie de grains) ou des bobres (arc musical). Parmi les groupes locaux les plus populaires, mentionnons Les Camarons, Arc-en-Ciel, (qui s'est produit dans plusieurs festivals étrangers de musique folklorique), ou encore Ambiance Tropicale.

Les hôtels Cotton Bay et Les Cocotiers organisent régulièrement des soirées musicales, au cours desquelles se produisent des groupes locaux ou des chanteurs réinterprétant des standards de la chanson française. Des kermesses familiales, appelées *fancy fairs*, sont parfois organisées le dimanche et annoncées quelques jours à l'avance par des affiches. Elles se déroulent en plein air, dans les écoles ou autres bâtiments communautaires, et sont animées par des chanteurs et des musiciens. La tradition orale est toujours vivace, avec les conteurs d'histoires et de légendes qu'on rencontre lors des grands rassemblements populaires.

Achats

Rodrigues est célèbre pour ses articles en vannerie, faits de feuilles de vacoa et de vétiver. Plusieurs boutiques de Port Mathurin proposent des paniers, des malles et des chapeaux traditionnels. Mieux vaut s'y rendre tôt car elles ferment dès 15h-16h. Vous pourrez aussi acheter des articles de vannerie, des bocaux de piments et de limons, des épices, des confitures, du miel et des poulpes séchés au marché de Port Mathurin (voir p. 188).

Renseignements

ACCÈS INTERNET

Le réseau 3G ou 4G n'est pas disponible sur toute l'île. Mais la plupart des hôtels et restaurant disposent du Wi-Fi. Vous pourrez également vous rendre dans ces lieux :

Poste centrale (carte p. 188 ; ☎831 2098 ; rue de la Solidarité, Port Mathurin ; ⏲lun-ven 8h15-16h, sam 8h15-11h45). Le bureau postal propose un ordinateur connecté à Internet, mais on peut venir avec son propre ordinateur. Débit lent.

Port Mathurin Public Library (carte p. 188 ; Alfred North-Coombes Building ; Port Mathurin ; ⏲lun-ven 9h-16h30, sam 9h-14h). Quelques postes en accès libre à l'étage de la bibliothèque, et Wi-Fi gratuit à l'extérieur du bâtiment.

ARGENT

Vous trouverez des agences bancaires à Port Mathurin, Mont Lubin et La Ferme, ainsi que des DAB à l'aéroport. Les principales agences de Port Mathurin, qui pratiquent toutes le change et sont équipées de DAB, sont les suivantes :

Barclays Bank (carte p. 188 ; ⏲lun-jeu 9h-15h30, ven 9h-16h)

Mauritius Commercial Bank (carte p. 188 ; ⏲lun-jeu 9h-15h15, ven 9h-17h)

SBI Mauritius (carte p. 188 ; ⏲lun-jeu 9h15-15h45, ven 9h15-16h15)

SBM (State Bank of Mauritius ; ⏲lun-jeu 9h-15h15, ven 9h-16h)

CARTES

Rodrigues est couverte par la carte IGN *Île Maurice*, au 1/100 000. Voir aussi ci-dessous.

INFORMATIONS TOURISTIQUES

Office du tourisme (carte p. 188 ; ☎832 0866, 832 0867 ; info@rodriguestourismoffice.org ; Ex-Administration Building, rue de la Solidarité, Port Mathurin ; ⏲lun-ven 8h-16h, sam 8h-12h, dim 8h-10h). Installé dans une belle maison de 1879 restaurée fin 2017, au centre de Port Mathurin, l'office du tourisme propose la carte *Rodrigues Naturally* (75 Rs), des informations sur les sites à voir, les hébergements, et une liste des bateaux accrédités pour emmener des visiteurs sur l'île aux Cocos, avec leurs numéros de téléphone.

DÉSAGRÉMENTS ET DANGERS

Rodrigues ne pose pas de problème particulier au visiteur. L'eau du robinet n'est pas toujours de bonne qualité ; il est préférable de boire de l'eau en bouteille. Soyez vigilant si vous louez une moto ou un scooter, certaines routes étant assez défoncées ; un 4x4 est idéal. Attention également aux vaches, cabris, poules et chiens, nombreux sur la route, ainsi qu'au freinage souvent brutal des Rodriguais au volant.

POSTE

Poste centrale (hors carte p. 188 ; ☎831 2098 ; rue de la Solidarité, Port Mathurin ; ⏲lun-ven 8h15-11h15/midi-16h, sam 8h15-11h45). Quatre autres petits bureaux sont implantés à La Ferme, Grande Montagne, à Mont Lubin et Rivière Cocos.

SERVICES MÉDICAUX

Les infrastructures médicales sont réduites. Deux petits centres médicaux se trouvent à Mont Lubin et à La Ferme.

RODRIGUES FRIENDLY : ITINÉRAIRES ÉCOTOURISTIQUES

Né à l'initiative d'un couple de Mauriciens amoureux de Rodrigues, Christian et Claire Némorin, **Rodrigues Friendly** (☎ 832 19 08, 5257 2169 ; www.rodriguesfriendly.com ; Pointe Coton ; adulte/enfant à partir de 54/29 €) est un tour-opérateur unique en son genre, qui vous emmène à la découverte du cœur battant de la culture rodriguaise. À mille lieux du tourisme de masse, il propose des moments privilégiés et authentiques avec des personnages attachants (pêcheurs, musiciens, cuisiniers...) qui ont à cœur, en toute simplicité, de vous faire découvrir leur quotidien. Confection d'un chapeau en fibres végétales ou d'une tourte coco, danse traditionnelle au son de l'accordéon ou du séga-tambour, visite d'un habitat traditionnel, pêche au poulpe ou à la traîne à bord d'une pirogue, balades dans les villages reculés ou dans les lieux les plus emblématiques de l'île... Vous pouvez même planter un arbre ! Écologiques, solidaires, respectueux, les itinéraires thématiques (de 2 heures à une journée) peuvent aussi être composés sur-mesure selon vos envies. Il y en a pour tous les goûts, et ceux qui manquent de temps sur l'île apprécieront ces formules pittoresques, riches et interactives, qui leur permettront d'approcher au plus près le mode de vie local. Propose également une trentaine d'hébergements, et des véhicules à la location.

Queen Elizabeth Hospital (hors carte p. 188 ; ☎ 832 1500, 831 1628 ; Crève-Cœur). Le personnel est compétent mais les moyens techniques limités. Service d'urgence. Chirurgie, pédiatrie, urgences dentaires, gynécologie.

Pharmacie (carte p. 188 ; ☎ 831 2279 ; rue de la Solidarité, Port Mathurin ; ⌚ lun-ven 7h30-16h30, sam 7h30-15h, dim 7h30-11h). Dans le centre de Port Mathurin, face au marché.

Pharmacie d'Arcy (carte p. 188 ; ☎ 831 2279 ; rue Mamzelle Julia, Port Mathurin ; ⌚ lun-sam 7h-16h45, dim 7h-12h). La deuxième pharmacie de l'île, plus spécialisée dans la puériculture.

TÉLÉPHONE

Rodrigues est reliée aux réseaux de téléphonie mobile mauriciens Mauritius Telecom/Orange, et EMTEL. Certaines parties de l'île ne sont pas couvertes.

ℹ Depuis/vers Rodrigues

AVION

Air Mauritius est la seule compagnie aérienne à desservir quotidiennement Rodrigues, depuis l'île Maurice. Depuis mai 2015, la compagnie Air Austral relie Rodrigues à l'île de La Réunion par un vol direct (environ 2 heures) pendant les vacances scolaires réunionnaises.

Aéroport de Plaine Corail L'aéroport (☎ 832 7888 ; www.airportofrodrigues.com) a été rebaptisé Sir Gaëtan Duval Airport mais tout le monde continue à l'appeler de son ancien nom. Il est situé à l'extrémité sud-ouest de l'île, à 15 km de Port Mathurin, et a été réaménagé pour permettre l'atterrissage d'ATR 72, bimoteurs de 72 places. Outre un bureau d'Air Mauritius, vous y trouverez un DAB, quelques boutiques, un duty-free, un bar-restaurant, des agences de location de voiture et des taxis.

Air Mauritius (www.airmauritius.com) assure 3 à 5 vols quotidiens entre l'île Maurice et Rodrigues. Le trajet dure en moyenne 1 heure 30. L'aller-retour pour un séjour compris entre 3 et 30 jours coûtait 200 € lors de notre passage. Les bagages sont limités à 15 kg par personne. Les avions ayant une capacité de 65 passagers, mieux vaut réserver votre place le plus tôt possible. Il est très important de confirmer la réservation de retour dès votre arrivée, en période d'affluence. Si vous prenez un vol Air Mauritius depuis l'Europe pour l'île Maurice, retenez votre passage pour Rodrigues depuis votre point de départ en même temps que votre billet Europe-Maurice : les passagers internationaux sont en effet prioritaires pour la correspondance et vous garderez dans ce cas le bénéfice de vos 23 kg de bagages en soute.

La compagnie dispose d'un **guichet à l'aéroport** (☎ 832 7700 ; ⌚ à l'arrivée des vols) et d'un **bureau à Port Mathurin** (☎ 831 1558 ; ADS Building, rue Max Lucchesi ; ⌚ lun-ven 8h-15h30, sam 8h-12h).

BATEAU

Depuis Maurice, Rodrigues est desservie par le cargo **Mauritius Trochetia** (www.mauritiusshipping.net ; adulte/enfant 2 300-4 200/1 500-2 500 Rs selon confort) 2 à 3 fois par mois environ. Ces liaisons sont très utilisées par les Rodriguais et il est indispensable de réserver tôt l'une de ses 108 cabines passagers. Le voyage dure 36 heures environ en direction de Rodrigues et 29 heures dans le sens contraire, en raison des alizés. Ce navire passagers-fret dessert également Madagascar et La Réunion.

Les billets sont vendus par la **Mauritius Shipping Corporation Ltd** (☎ 831 0640 ; msclrod@intnet.mu ; rue François Leguat ; ⏲ lun-ven 8h-16h, sam 8h-12h), basée à Port Mathurin. Vous pouvez également contacter ses **bureaux** (☎ 217 2285 ; Nova Building, 1 Military Rd, Port Louis) de l'île Maurice.

VOILIER

Le régime dominant des alizés rend difficile la traversée à la voile entre Maurice et Rodrigues. Peu de voiliers tentent cette traversée qui peut durer une semaine. Le voyage du retour, en revanche, est plus aisé et rapide. Cependant, souhaitant éviter les pays où la piraterie maritime sévit, un nombre croissant de voiliers tourdumondistes choisissent de faire escale à Rodrigues.

Comment circuler

La réfection complète de la plupart des routes de Rodrigues, dont celle reliant l'aéroport à Port Mathurin (baptisée "route de l'Autonomie"), a nettement amélioré la circulation sur l'île. D'autres routes ont été créées, facilitant considérablement les déplacements d'un bout à l'autre de Rodrigues.

DEPUIS/VERS L'AÉROPORT

L'aéroport Sir Gaëtan Duval-Plaine Corail se situe à 15 km de Port Mathurin. Un bus quitte toutes les demi-heures environ l'aéroport en direction de la gare routière de Port Mathurin de 6h à 16h30 (billet 75 Rs, trajet 35 minutes). La majorité des visiteurs ont cependant recours à un taxi, bien plus pratique, ou un transfert organisé par leur hôtel. Les agences de voyages et la plupart des hôtels proposent ce service, dont le tarif dépend de la distance.

À PIED

La marche est le meilleur moyen de découvrir cette île aussi âpre et minérale que ses habitants sont chaleureux. Rodrigues est suffisamment petite (18 km de long et 8 km de large) pour qu'aucun lieu ne se situe à plus de quelques heures de marche du point où vous vous trouvez. Munissez-vous de bonnes chaussures, l'île est très vallonnée.

BUS

La **gare routière de Port Mathurin** s'étend à la sortie est de la ville, en direction d'Anse aux Anglais. Des bus aux noms évocateurs (Prince of love, Road warrior, Aigle de la route, We are satisfied, Concorde ou Return of King...) desservent presque tous les villages de l'île entre 5h et 18h selon les destinations (la fréquence est réduite après 17h). Vous pourrez rejoindre Baladirou, Graviers, Pointe Coton, La Ferme, Mont Lubin, Montagne Malgache, Rivière Coco ou encore Baie du Nord... Comptez environ 200 Rs le trajet. Les bus ne partent que quand ils sont pleins.

TAXI

Une trentaine de taxis, de gros pick-up 4x4 ou des SUV, circulent à Rodrigues. La station de taxis se trouve à la gare routière, mais on trouve aussi de nombreux véhicules à Baie aux Huîtres, à la sortie sud-ouest de Port Mathurin. La carte Rodrigues Naturally, vendue à l'office du tourisme de Port Mathurin (voir p. 185) indique leurs coordonnées. Comptez environ 1 000 Rs jusqu'à l'aéroport, et au moins 1 200 Rs pour tout trajet sur l'île. La location d'un taxi pour une journée entière revient à 2 500-3 500 Rs selon le trajet. Nous vous recommandons la très sérieuse agence **Shekinah Transport** (☎ 5875 3816, 5876 0309 ; shekinatransport.com).

VOITURE

Les routes principales sont asphaltées et plutôt agréables à emprunter ; la conduite à gauche en est facilitée, surtout lorsqu'elles sont sinueuses et à forte déclivité. La plus célèbre est celle qui rejoint Port Sud-Est à l'ancien hôtel Mourouk Ebony (qui, lors de notre passage, devait être rénové et être baptisé Play Mourouk, voir p. 200), surnommée "route des 52 virages". Malgré tout, nous vous recommandons d'opter pour le 4x4, pas beaucoup plus cher qu'une citadine, car les track-roads et les petites routes étroites en mauvais état (presque des pistes parfois) sont nombreux. En cas de pluie importante, vous pourriez ne pas pouvoir sortir un petit véhicule d'un champ de nids-de-poule bourbeux.

Les agences de voyages locales, les hôtels ainsi que certaines pensions de famille proposent des locations de voiture. Les tarifs débutent à 1 500 Rs la journée pour une voiture légère et 1 800 Rs pour un 4x4. Vous pouvez vous adresser aux prestataires organisant des excursions (voir p. 181) ; Rotourco est notre prestataire préféré.

On trouve trois stations-service sur l'île : la première est implantée à Port Mathurin (voir carte p. 188), la seconde à Mont Lubin (voir carte p. 179), la troisième à Grand La Fourche Corail (voir carte p. 179).

Port Mathurin

"Capitale" et centre administratif et commercial de l'île, Port Mathurin est une attachante petite ville assoupie, arborant encore quelques maisons anciennes avec bardeaux ou balustrades ; elle abrite l'unique port de l'île. Elle porte le nom de Mathurin Bréhinier, un des premiers immigrants français de la région. Le visiteur cherchera en vain monuments et sites remarquables dans cette ville qui se vit plutôt qu'elle ne se visite. Son charme réside avant tout dans l'ambiance de ses rues commerçantes étroites, bordées d'échoppes aux couleurs vives. Dès 7h, les bus chargés d'écoliers animent les rues, qui se remplissent de chalands se pressant vers les boutiques. Les commerces ferment vers 15h ou 16h, transformant Port Mathurin en ville morte.

À voir

Marché AMBIANCE ET PRODUITS LOCAUX
(rue de la Solidarité ; tlj 4h-14h). Le marché de Port Mathurin face à la gare routière est ouvert tous les jours et le monde y afflue dès 5h. Mais il serait dommage de ne pas y aller le samedi, jour où toute l'île s'y donne rendez-vous. Fermiers, planteurs, artisans et artistes viennent alors y vendre fruits, légumes, épices, confitures, poisson salé, ourites séchées, piments, achards, préparations au limon, tourtes, jolis paniers et chapeaux en Vacoas et les belles toiles de Christophe Meunier, pêcheur et peintre rodriguais. L'activité tend à se ralentir après 13h.

Où se loger

Escale Vacances HÔTEL €€
(831 2555, 831 2075 ; www.escale-vacances.com ; Fond La Digue ; s/d 3 150-3 990/2 520-3 150 Rs, demi-pension selon confort et saison ; P). L'une des rares options à Port Mathurin, qui a considérablement gagné en charme depuis sa rénovation début 2018. À 400 m du centre-ville, dans un environnement calme et verdoyant, cette résidence hôtelière moderne dispose de nombreux atouts : 23 chambres climatisées, confortables et décorées de couleurs chaudes, une piscine environnée d'arbres, un bar, un restaurant spacieux... Les fenêtres anciennes donnent du cachet. Séjour de 3 nuits minimum.

Où se restaurer

Kafe Rose SNACK SUCRÉ-SALÉ €
(5875 0534 ; Fond la Digue, près d'Escale Vacances ; kaferoserodrigues@gmail.com ; plats 75-250 Rs ; lun-ven 8h-16h30, sam 8h30-15h30). L'endroit est idéal pour prendre le petit-déjeuner, ou faire une pause rafraîchissante dans la journée. Chaque jour, Karine élabore ses gâteaux avec les fruits de saison : ananas, fruit de la passion, mangue... Des milk-shakes et ice-tea maison (nous avons adoré celui au basilic-limon) accompagnent

Port Mathurin

avec bonheur muffins, cakes, salades, sandwichs, burgers et plats du jour. Accueil charmant, bac à sables pour les enfants.

Chez Nilla's SNACK RODRIGUAIS €

(☎ 832 0084 ; Duncan St ; plats 60-300 Rs ; ⏲ tlj 8h-21h). Tout Rodrigues se retrouve ici pour le déjeuner, et le samedi midi la queue s'étire jusque dans la rue. Il faut dire que ce snack sans prétention assure un service continu hyper efficace, dans une ambiance inimitable – le rire tonitruant de Cindy restera parmi vos meilleurs souvenirs de l'île ! À la carte, bouillon de crabe tropical ou de boulettes de poisson, bols renversés, bryanis, poulet croustillant, fooyang de crevettes ou de langouste, croquettes ou sauté de calamar, mine frite, curry d'ourites ou d'agneau, daube de bœuf...

Tirozo CAFÉ-RESTO RODRIGUAIS €

(☎ 832 1586 ; rue Père Gandy & Victoria, Mont-Fanal ; plats 150-325 Rs ; ⏲ midi et soir, fermé dim ; 📶). Cachée dans une case en tôle jaune, tout près de la mosquée de Port Mathurin, cette adresse propose une cuisine rodriguaise de bonne facture... selon les jours. Sous un plafond charpenté traditionnel de roseau tressé, vous attendent beignets de poisson, vindaye ourite, calamars au beurre d'ail, crevettes sauce rouge, ou sauté de bœuf et brèdes. L'accueil est charmant, mais les horaires d'ouverture fluctuent. Une petite arrière-cour permet de prendre un café au soleil.

L'Atelier Gourmand BISTRONOMIE €€

(☎ 5496 0714 ; Patriko Building, pl. François Leguat ; plats 15-20 € ; ⏲ lun-mar et jeu-sam midi et soir ; 📶). Au-dessus de l'agence de voyages Rotourco, ce tout nouveau restaurant a déjà une clientèle fidèle. Au menu : produits locaux, circuits courts et plats travaillés servis avec soin. Sur la carte, carpaccios et tartares rivalisent avec burgers, pizzas, pains perdus et fondants au chocolat. Belle carte de vins de vignerons indépendants.

Achats

Coco Zone BOUTIQUE HUMANITAIRE

(rue Johnson ; ⏲ lun-ven 8h-15h30h, sam 8h-12h). Cette petite boutique propose un bel artisanat réalisé à partir de noix de coco (bijoux, plats, saladiers...) et de miel. Ces objets sont fabriqués par des personnes handicapées dans l'atelier de **Care-Co** (☎ 831 1766 ; careco@intnet.mu ; Careco Centre, Camp du Roi ; ⏲ visite atelier lun-ven 8h-15h30). Cette association créée en 1989 par Paul Draper est située à 100 m de la caserne des pompiers, un peu à l'écart du centre. Son objectif vise à former des personnes handicapées et à leur procurer du travail.

Sea Pearl of Rodrigues ATELIER-BOUTIQUE DE MODE

(☎ 5850 4323 ; rue HajeeBhye Fatehmamode ; seapearlrodrigues@yahoo.com ; ⏲ lun-ven 8h30-16h, sam 7h30-14h). Gros coup de cœur pour cette boutique ouverte fin 2014 à l'initiative d'une coopérative de femmes

Port Mathurin

À voir et à faire
1 2000 Tours ... A3
2 Marché ... C1
3 Patriko Tours ... C2
Rotourco ... (voir 4)

Où se loger
4 Escale Vacances ... D3

Où se restaurer
5 Chez Nilla's ... B2
6 Kafe Rose ... D3
L'Atelier gourmand ... (voir 3)
7 Tirozo ... B3

Achats
8 Coco Zone ... C1
9 La Compagnie des artisans rodriguais ... C2
10 Sea Pearl of Rodrigues ... B2

Renseignements
11 Barclays Bank ... B2
12 Bibliothèque publique ... B2
13 Mauritius Commercial Bank ... B3
14 Office du tourisme ... B2
15 Pharmacie ... C1
16 Pharmacie d'Arcy ... B2
17 Poste Centrale ... C1
18 SBI Mauritius ... B2
19 Station service ... A3

Transports
20 Gare routière ... C1
Station de taxis ... (voir 20)

rodriguaises, dont Maïté, toujours tout sourire et pleine d'anecdotes (elle a eu une vie hors du commun, de son passé de mannequinat chez Dior à la création de bijoux pour Gas Bijoux). Cet espace d'exposition et de vente de sacs (150-650 Rs), vêtements et bijoux (150-800 Rs) privilégie l'esprit récup'. La population est invitée à ramener sac de riz, boîte de jus et lait, tissus... qu'elles leur paient et recyclent avec talent, encourageant ainsi l'île à perdre le réflexe de tout jeter systématiquement. Également des pendentifs en véritable nacre de Rodrigues, ramenée par les pêcheurs. Vous pouvez passer commande selon votre fantaisie et repartir avec un objet personnalisé. Vous trouverez également de jolies tuniques. Lors de notre passage, Maïté devait lancer sa propre collection de bijoux argent avec perles. Elle a également ouvert un petit snack juste à côté, qui propose de merveilleux farathas, notamment végétariens, ainsi que du jus local et autres mets typiques (35-150 Rs).

La Compagnie des Artisans Rodriguais VANNERIE
(☎5832 1292 ; rue François Leguat ; ⏲lun-ven 9h-16h, sam 9h-midi). Une jolie boutique (il faut s'y arrêter au moins pour admirer la vieille machine à coudre) qui ravira les amoureux de la vannerie : on y trouve chapeaux traditionnels, sacs, pochettes, chaussons, articles pour enfants, plateaux... en fibres de vacoa, de vétiver, de coco ou de jute. On y fait réellement de bonnes affaires : tout ici est minutieusement fait main, à Rodrigues, et les prix sont très raisonnables.

La Boutik Artisanale ARTISANAT
(angle des rues François Leguat & Paul Elysée ; ⏲lun-ven 9h-16h, sam 9h-13h). Située à deux pas de La Compagnie des Artisans Rodriguais, cette boutique met en avant l'artisanat local depuis 15 ans. Vous y trouverez des cartes postales (15 Rs) réalisées par le maître des lieux, Louis Le Clézio, cousin du fameux écrivain prix Nobel de littérature, ainsi que des tee-shirts (350 Rs), des peintures sur céramique et autres mugs (250 Rs).

Anse aux Anglais

Située à 2 km de Port Mathurin, cette anse – dont la plage n'est pas la plus belle de l'île – a l'avantage d'assurer un peu d'animation le soir autour du restaurant Le Marlin Bleu (page ci-contre), et concentre un certain nombre d'hébergements.

Où se loger

Villa Mon Trésor – Chez Marie-Louise CHAMBRES ET TABLE D'HÔTES €
(carte ci-contre ; ☎831 1660, 5875 6910 ; villatresor@intnet.mu ; Caverne Provert ; d en demi-pension 40 €/pers ; ❄). Dans sa grande maison couleur saumon ornée d'un petit jardin et pleine de meubles de famille, Marie-Louise propose 6 chambres au confort modeste, propres et calmes (2 ont la douche en commun, la plus grande a une terrasse et une salle de bains privative), rénovées en 2022 ; mais c'est surtout sa gentillesse et sa bonne table d'hôtes qui font sa réputation. Toujours conviviale, cette adresse où l'on se sent vite en famille est fréquentée par des habitués : pensez à réserver !

Auberge Lagon Bleu CHAMBRES ET TABLE D'HÔTES €
(carte ci-contre ; ☎5706 7988 ; www.aubergelagonbleu.com ; Caverne Provert ; d avec petit-déj/demi-pension 1200/2200 Rs, table d'hôtes 600 Rs sur réservation). Fils de l'un des pionniers du tourisme à Rodrigues, pêcheur et peintre, Christophe Meunier propose 4 chambres d'hôtes toutes simples, avec salle de bains et ventilateur. Perchée sur une hauteur, à la sortie d'Anse aux Anglais, la maison offre une vue imprenable sur la mer mais peu d'intimité. L'adresse rencontre un certain succès auprès des voyageurs à petit budget, surtout pour l'excellente cuisine de Mme Meunier mère.

Coco Villa RÉSIDENCE HÔTELIÈRE €€
(carte ci-contre ; ☎831 0449, 5875 9015, 5712 3578 ; www.rodrigues-cocovilla.com ; Caverne Provert ; studio 1 400-2 000 Rs en demi-pension selon confort ; P ❄). Cette auberge est une plutôt bonne surprise : les 9 studios avec balcon – dont certains communiquent, idéals pour les familles – sont confortables, agréablement décorés de couleurs vives (on y retrouve les tableaux de Christophe Meunier) et bien entretenus. Le jardin accueille également une piscine, et la mer est toute proche, de l'autre côté de la route. Accueil agréable, mais les lieux peuvent être bruyants quand les studios sont tous loués. Lors de notre passage, quelques rénovations étaient en cours.

Auberge Les Filaos RÉSIDENCE HÔTELIÈRE €€
(carte ci-contre ; ☎831 1644, 831 0896 ; filaos@intnet.mu ; Anse aux Anglais ; s/d/tr petit-déj 1 300/2 200/3 250 Rs ; ❄ wifi). L'une des

D'Anse aux Anglais à Grand Baie

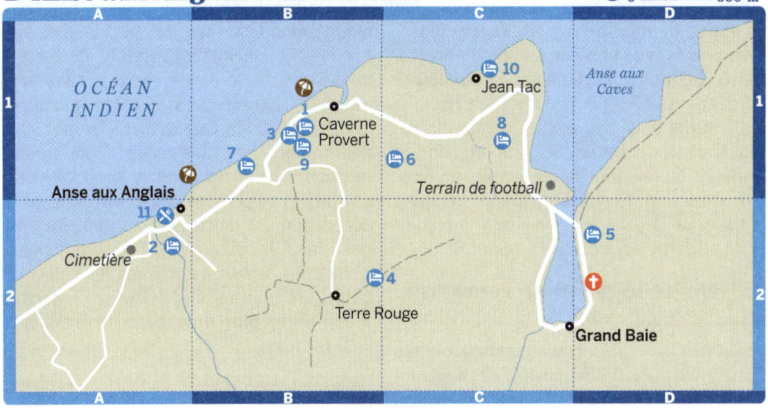

premières adresses que l'on rencontre en arrivant à Anse aux Anglais (juste après le cimetière), où l'on est accueilli par un arbre du voyageur. Ce petit complexe hôtelier offre 10 chambres ventilées, simplissimes dans leur décoration mais manquant un peu d'entretien. La piscine, le jardin et les petites terrasses sont néanmoins des atouts indéniables. Climatisation en option pour 300 Rs/nuit. La plage est de l'autre côté de la route. Supplément dîner possible (400 Rs).

Les Cocotiers HÔTEL-RESTAURANT €€€
(carte ci-dessus ; ✆ 831 1059, 206 8600 ; www.cocotiersrodrigues.com ; s/d en demi-pension 90-190/125-265 € selon saison ;). Située face à la mer, cette adresse est un bon compromis. Les 42 chambres sont spacieuses, climatisées, équipées d'écrans plats. Certaines ont vue sur le jardin, d'autres disposent d'une terrasse avec vue mer. Les salles de bains sont particulièrement réussies. L'hôtel compte également une piscine bordée de cocotiers, un jardin tropical abritant un bar-restaurant. Point positif : le buffet du soir, varié, est de qualité. Point négatif : le service n'est pas toujours à la hauteur.

Où se restaurer

Le Marlin Bleu RODRIGUAIS ET PIZZAS €€
(carte ci-dessus ; ✆ 832 0701 ; megamarlinblue@yahoo.com ; plats 300-550 Rs ; midi et soir, fermé mardi ;). Le seul restaurant d'Anse aux Anglais est aussi un vrai coup de cœur. On prend vite ses habitudes sur cette chaleureuse terrasse en bord de route, face à la plage, en se délectant de l'accueil dynamique de Méga, et de sa fameuse salade de kono-kono. Poisson grillé ou à la sauce gingembre, poulet sauté oignons et piment, crevettes au beurre d'ail ou curry d'ourites : tout est bon et joliment présenté. Touristes et habitués des environs ne s'y trompent pas et plébiscitent cette adresse : mieux vaut réserver pour avoir une table. Concerts le samedi soir. Également des pizzas à emporter.

D'Anse aux Anglais à Grand Baie

Où se loger
1 Auberge Lagon Bleu B1
2 Auberge Les Filaos A2
3 Coco Villa B1
4 Domaine de la Paix B2
5 Le Cactus D2
6 Le Ravenal C1
7 Les Cocotiers B1
8 Résidence Foulsafat C1
9 Villa Mon Trésor – chez Marie-Louise B1
10 Villas Vetiver C1

Où se restaurer
11 Le Marlin Bleu A2
Le Ravenal .... (voir 6)

Jean Tac et Grand Baie

À quelques minutes de marche d'Anse aux Anglais, le lieu-dit Jean Tac abrite quelques adresses sympathiques surplombant le lagon. De là, Port Mathurin n'est qu'à une trentaine de minutes à pied. Encore plus à l'est, Grand Baie possède une petite plage à marée haute ; à marée basse la possibilité de déambuler les pieds dans l'eau réjouira les enfants à la recherche de coquillages. L'endroit est très calme sauf en fin de semaine où les abords du terrain de football s'animent un peu. Grand Baie est aussi le point de départ pour rejoindre à pied la belle plage de Baladirou (45 minutes).

Où se loger et se restaurer

Résidence Foulsafat CHAMBRES ET TABLE D'HÔTES €
(carte p. 191 ; ☎ 831 1760, 5875 0770 ; www.residencefoulsafat.com ; Jean Tac ; 35-45 €/pers, petit-déj inclus ; P). Un petit chemin pentu conduit à cette adresse attachante perchée sur une butte en retrait de la route. Le sympathique Benoît Jolicœur, ancien ministre de Rodrigues et intarissable sur son île, a aménagé 4 gîtes indépendants, en pierre volcanique ou en bois, ventilés et très propres, comprenant 1 à 3 chambres, ainsi que 2 chambres d'hôtes au rez-de-chaussée de sa maison. Tous les bungalows sont dotés d'une véranda et d'un coin cuisine, mais la majorité des clients préfèrent goûter les spécialités rodriguaises concoctées par Antoinette. L'une des adresses les plus accueillantes et conviviales de l'île, ce qui compense le relatif isolement – mieux vaut prévoir un scooter ou une voiture. Table d'hôtes 15 €/pers sur commande. Terrain de pétanque. Une très belle piscine a été construite en 2022, face à la mer, ainsi qu'un jacuzzi.

Le Cactus CHAMBRES D'HÔTES €
(carte p. 191 ; ☎ 831 1094, 5875 6564, 5875 8080 ; www.lecactus-rodrigues.com ; Grand Baie ; ch en demi-pension 1 200 Rs/pers ; P). Dary, peintre à ses heures, et Fabrina proposent 3 chambres, dont 2 donnent côté mer, un appartement avec cuisine équipée, et un studio avec kitchenette, confortable, dans une maison moderne proche de la plage publique. Toutes les chambres sont climatisées et possèdent une salle de bains individuelle. La plage de Baladirou est à 30 minutes à pied.

Le Ravenal CHAMBRES ET TABLE D'HÔTES €€
(carte p. 191 ; ☎ 831 0644, 5875 0606 ; ravenal.e-monsite.com ; Jean Tac ; s/d en demi-pension 45/70 €, bung familial en demi-pension 160 € ;). Peu après la résidence Foulsafat, cette adresse reconnaissable à ses toits bleus s'étend sur un joli jardin avec vue sur la mer, quelques centaines de mètres au-dessus de la route. Les 8 chambres (dont 2 regroupées dans un bungalow familial tout neuf, très bien équipé) sont disséminées dans plusieurs maisons créoles modernes : claires, vastes, elles jouissent de tout le confort et d'une terrasse, et la décoration est davantage au goût du jour que dans la plupart des établissements rodriguais, notamment dans les salles de bains. Petite piscine ; la cuisine du terroir le soir est un plus, ouvert aux non-résidents (350 Rs/pers).

Villas Vetiver VILLAS €€€
(carte p. 191 ; ☎ 57850 0787 ; Jean Tac ; bung/villa 115/150 € ; P). Le charmant Alain Wong So propose dans un site idyllique surplombant la mer une villa très confortable (230 m², idéale pour 6 personnes) et deux bungalows (115 m²), jouissant d'une petite plage privée en contrebas, et d'une piscine. Les 3 chambres de la villa ont leur propre salle de bains, le salon et la cuisine-salle à manger sont immenses. La varangue et la terrasse de 45 m² sont particulièrement agréables au coucher du soleil ! Les bungalows comprennent 3 chambres et 2 salles de bains, un salon avec cuisine américaine très équipée et une terrasse de 30 m². Possibilité de location de voiture. Un excellent rapport qualité/prix ! Lors de notre passage, une autre villa était en construction.

Domaine de la Paix CHAMBRES ET STUDIOS €€€
(carte p. 191 ; ☎ 5933 7770 ; www.vacances-rodrigues.com ; Terre Rouge ; d/studio/chambre ronde à partir de 110/160/195 € ;). Une adresse de charme, différente de ce qu'on voit d'habitude à Rodrigues. Tout y est : une architecture et une déco design faisant la part belle à la pierre volcanique, au bois, aux perspectives et à la végétation, le confort, le calme, et une vue imprenable sur le lagon. Les studios avec terrasse (30, 40 et 65 m²) sont équipés de très grands lits avec matelas orthopédiques, de la TV satellite et de lave-linge. Quatre chambres (dont 2 rondes comme une yourte) avec terrasse sont aussi disponibles. Cerise sur le gâteau, on bénéficie d'une thérapie basée sur l'absorption des minéraux à chaque tête que l'on pique dans la superbe piscine au magnésium. Beau bar ouvert sur la mer,

table d'hôtes 3 fois par semaine ; séjours de 3 nuits minimum.

Baie Malgache et Baie du Nord

Cette zone de l'île est l'une des plus préservées du tourisme ; on y croise surtout des pêcheurs, des bœufs, des cabris, des poules, des moutons... et depuis peu, quelques sympathiques hébergements au calme. Le lagon est ici bordé de mangrove, qu'on observe aisément depuis la route côtière. Idéal pour ceux qui souhaitent se couper du monde !

Où se loger et se restaurer

La Cabane d'été CHAMBRES D'HÔTES €
(☎831 0747 ; lacabane@intnet.mu ; Baie Malgache ; s à partir de 45 €, petit-déj 7 € ; P ❄ wifi). Près d'un village de pêcheurs, dans un cadre verdoyant très reposant, deux duplex propres et confortables (TV, climatisation) dotés de deux chambres, dont la terrasse donne sur la mangrove, le lagon, et au loin l'île aux Cocos. On peut même profiter de la vue depuis le hamac installé sous un petit carbet, et le petit-déjeuner fait la part belle aux fruits locaux. Sur place, barbecue, location de vélos et table d'hôtes. La plage de Baie du Nord est toute proche. Mention très bien pour la qualité de l'accueil !

Oasis Vacances RÉSIDENCE HÔTELIÈRE €€
(☎832 8397 ; www.rodrigues-vacances.com ; Pointe Diable ; s/d en demi-pension 1600/2800 Rs ; P piscine ❄ wifi). Ouverte en novembre 2017, cette résidence à taille humaine (8 chambres, à la déco sans intérêt mais très propres), située les pieds dans l'eau, séduit par son emplacement, sa piscine bordant le restaurant (ouvert aux non-résidents), et sa plage où l'on lézarde en admirant les barques de pêche ; l'endroit est d'ailleurs idéal pour embarquer vers l'île aux Cocos.

Intérieur de l'île

Pour un regard sur Rodrigues encore plus authentique... C'est dans cette région au relief vallonné, sillonné de murets en pierre volcanique et marqué par des paysages agricoles, que bat le cœur de l'île. La foule qui se presse le dimanche pour la messe de l'église de Saint-Gabriel en est une bonne illustration. C'est là aussi que se trouve le mont Limon, point culminant de l'île (398 m) et la réserve naturelle de Grande Montagne où l'on trouve les espèces endémiques telles le café marron, le bois de fer, le bois d'olive... Les quelques établissements présents dans le secteur, principalement des chambres et tables d'hôtes, sont une bonne alternative à Port Mathurin et à Anse aux Anglais comme base pour visiter l'île.

À voir et à faire

Cathédrale Saint-Gabriel LIEU DE CULTE
Malgré son isolement, l'église du village de Saint-Gabriel est l'une des plus grandes du diocèse de Port Louis. La nef, en pierre et en bois, dépasse 50 m de long et 19 m de large et peut accueillir plus de 2 000 fidèles. Entreprise en 1936, sa construction s'acheva trois ans plus tard. Des centaines de volontaires, femmes, hommes et enfants, transportèrent depuis la côte, sur leur dos ou leur tête, les tonnes de sable, de ciment, de pierres et de coraux nécessaires à son édification. Les messes du dimanche rassemblent des centaines de Rodriguais.

Mont Limon POINT DE VUE
Point culminant de Rodrigues, le mont Limon (398 m) offre un panorama splendide sur toute l'île, en particulier au coucher du soleil ; par temps humide cependant, la zone est souvent plongée dans un épais brouillard. Pour vous y rendre depuis le village de Mont Lubin, prenez la route de Palissade. Après 200 m, un panneau indique "View Point Mt Limon". De là, un chemin grimpe dans la végétation jusqu'au sommet. Comptez 10 à 15 minutes de marche.

Réserve de Grande Montagne RÉSERVE NATURELLE
(☎831 4558, 5773 6625 ; www.mauritian-wildlife.org ; ⏲lun-sam visites guidées 9h30-11h30 et 13h15-15h15, visites à d'autres heures sur réservation, visites spéciales photographes). GRATUIT
Cette réserve naturelle de 20 ha a permis à la forêt primaire rodriguaise de survivre, alors qu'elle ne représentait plus en 1981 que 1% de sa surface initiale. 2 000 plants d'hibiscus Liliiflorus, grandis en pépinière, ont été réintroduits alors qu'il n'en restait que 3 à l'état naturel. Accompagné d'un guide naturaliste, on découvre sur des sentiers jalonnés de panneaux explicatifs une exceptionnelle végétation dense : bois carotte, bois chauve-souris, bois d'ébène, café marron, bois de fer ou bois puant. On y observe aussi des espèces d'oiseaux

endémiques et rares (cardinal jaune, fauvette – voir p. 180), et des chauves-souris géantes. Au sommet de la réserve, on a une jolie vue panoramique sur la côte est et les villages alentour. Un petit centre d'information éducatif expose des ossements de solitaires, un oiseau assez proche du dodo et aujourd'hui disparu.

Jardin des 5 sens JARDIN BOTANIQUE
(☎ 831 5860, 5722 5665 ; gilrod2006@yahoo.com ; Montagne Bois Noir ; adulte/enfant -12 ans 250/125 Rs ; ⏲ tlj, visite 9h, 10h, 11h, 13h, 14h, 15h). Attenant au restaurant Chez Jeannette–Le Tropical, cet adorable petit jardin botanique, ouvert fin 2012, propose des visites guidées d'une heure sur le thème des 5 sens : les enfants apprécieront de pouvoir toucher et sentir plus de 100 espèces dont l'ayapana, l'endémique latanier jaune, le baume du Pérou ou le limon de Rodrigues. Les plantes médicinales sont à l'honneur, et on a même droit à une dégustation d'infusions des plantes du jardin, près d'un mur orné d'expressions créoles qu'on s'amuse à décrypter. Également des ateliers pédagogiques, et une petite boutique.

♥ **Tyrodrig** PARCOURS EN TYROLIENNE
(☎ 5499 6970 ; Montagne Malgache ; ⏲ tlj 9h-17h ; 1 200 Rs). Voler suspendu dans les airs, 120 m au-dessus du sol, c'est ce que propose Tyrodrig grâce à ses 5 tyroliennes géantes – entre 110 et 420 m de long – posées sur un câble au-dessus de la vallée du Mourouk. En l'air, la vue sur le lagon et la forêt est splendide et il n'est pas rare d'apercevoir des pailles-en-queue. Après chaque portion de tyrolienne, on rejoint un nouveau point de départ accompagné d'un guide. Accessible aux enfants, l'activité ne dure pas plus d'une heure. Pour rejoindre Tyrodrig, prenez la direction de Montagne Bois Noir à Palissandre et continuez tout droit après le gîte Chez Jeannette (voir ci-contre).

Où se loger et se restaurer

♥ **Origin Eco Chalet** CHAMBRES D'HÔTES €
(☎ 832 4959 ; origin-rodrigues.com ; Vainqueur ; d avec petit-déj 7 000 Rs ; P). Eloïse et Samuel, tous deux mauriciens, ont ouvert en décembre 2019 ce superbe lieu composé de 4 lodges écologiques en pin perchés sur la canopée d'un verger de manguiers centenaires. Tout a été pensé pour limiter l'empreinte carbone : mobilier de seconde main, piscines naturelles, récupération d'eau de pluie, produits de nettoyage écologiques... Ils produisent également leurs propres légumes, et travaillent avec des agriculteurs locaux. À la carte, des ravioles, curries, rougailles, millefeuilles de langoustes... et des plats végétariens, vegan et sans gluten sur simple demande (450-750 Rs). Le petit-déjeuner est évidemment maison : pain, yaourt, confitures sont concoctés sur place, et les œufs proviennent de leur propre poulailler. Les chalets, tout ronds, sont équipés d'une chambre confortable, d'une belle salle de bain, d'une varangue et d'une piscine privée. En 2022, Eloïse et Samuel ont reçu le Silver Distinction du Sustainable Award de l'Office de tourisme de l'Île Maurice. D'ici 2024, le duo envisage de se doter de panneaux solaires. Une très belle découverte, parfaite pour une lune de miel ou pour se ressourcer.

Chez Jeannette – Le Tropical CHAMBRES ET TABLE D'HÔTES €
(☎ 5722 5665, 831 5860 ; www.gite-letropical.com ; Montagne Bois Noir ; ch en demi-pension 40 €/pers, repas environ 500 Rs, sur réservation ; P). Posé sur les hauteurs de Montagne Bois Noir, accroché à un piton rocheux surplombant le lagon, Chez Jeannette vaut tant pour son excellente et copieuse cuisine rodriguaise que pour l'accueil sans chichis et la chaleur communicative de la patronne et de son équipe. Les grandes tablées où l'on mange tous ensemble – clients, personnel et amis de passage – n'y sont sans doute pas pour rien. Les 10 chambres sont vastes, la plupart avec balcon, la déco rustique rappellera à certains les chalets de montagne, mais elles sont bien équipées (TV, ventilateur...). La salle de restaurant ouverte donne sur un jardin luxuriant soigneusement entretenu. La maison oublie rarement l'apéro et possède sa propre salle de concert qui s'anime fiévreusement de temps en temps avec des musiciens locaux. Sa position centrale sur l'île peut constituer une bonne base pour rayonner. Pour s'y rendre, prenez la direction de Grande Montagne depuis Mont Lubin, puis suivez les panneaux sur la droite de la route à hauteur de l'arrêt de bus de Palissade. Accueil fort sympathique.

♥ **La Collinière** CHAMBRES D'HÔTES €
(☎ 831 8558, 875 6824 ; fificolliniere@gmail.com ; Brûlé ; 39 € pour une personne, 34 € pour la deuxième personne ;). Gros coup de cœur pour cette chaleureuse maison surplombant une vallée, sur la route de Rivière

Banane, créée par Jacky et Fifi, pionniers de la plongée à Rodrigues. Aujourd'hui, Fifi et sa fille Camille reçoivent leurs convives dans 4 agréables chambres avec salles de bains individuelles et terrasse. Deux ont été construites en 2022 : béton ciré et béton brut, lit en bois local, hamac sur terrasse... on aime aussi bien les matériaux utilisés que l'ambiance qui s'en dégage. La vue panoramique est à couper le souffle, et la réserve de Grande Montagne est toute proche : calme assuré ! L'ambiance est décontractée, et la cuisine rodriguaise aux accents asiatiques de Fifi accompagne merveilleusement le ti-punch, que Jacky avait créé. En prime, un potager dans lequel on peut piocher thym, persil et citronnelle pour sa tisane le soir et une jolie cuisine commune. Petit-déjeuner maison. Repas sur demande (600 Rs). Si vous êtes plongeurs, le gîte se trouve à 10 minutes en voiture du centre de plongée Jacky Diving (voir p. 183). Envie d'autres excursions ? Demandez à Fifi, elle organisera tout pour vous. Un lieu plutôt conçu pour les adultes.

Gombrani Lodge LODGES €€

(5852 3807 ; gombrani-lodge.com ; Eau Vannée ; bung à partir de 110 € ;). Christelle et Franceau, tous les deux rodriguais, ont ouvert en 2016 ces lodges charmants dans un site idyllique – au sommet de collines sauvages d'où la vue sur le lagon est imprenable. Dans un jardin tropical très soigné, ces 2 bungalows pour 2 personnes (possibilité de lit d'appoint) et ces 2 suites (petit salon et kitchenette), séduisent avec leur charpente traditionnelle et leurs meubles exotiques. La piscine est superbe, et la table d'hôtes (15 € par pers le soir) une réussite. De l'accueil à la propreté des lieux, c'est un sans-faute ! Faites-vous bien expliquer la route pour rejoindre les lodges, situés tout au bout d'une piste dans la campagne.

La Caze Mama – Chez Paulina RESTAURANT €€

(831 5845, 5875 9201 ; edouardpaulina@gmail.com ; Montagne Malgache ; plats 250-1 500 Rs ; midi et soir, fermé mer soir). Cette maison jaune et bleue située au bord de la route juste avant Tyrodrig vous réserve une excellente surprise. On y déguste une cuisine rodriguaise typique, en toute simplicité : beignets de crevettes, croustillants de poulet, curry de porc au manioc, agneau en daube, sauté d'ourites aux oignons, calamars aux épices, gratin de fruits de mer au basilic... Les végétariens y trouveront eux aussi de quoi se régaler. Mieux vaut réserver, car la bonne réputation des lieux, lancés en 2016, n'est plus à faire !

Mamy Chérie CHAMBRES ET TABLE D'HÔTES €€€

(5749 0565 ; raffyrodrigues@yahoo.com ; La Ferme ; d petit-déj 4 500 Rs, demi-pension 7 680 Rs ; menu 1 900 Rs ; tlj midi, soir sur réservation ;). La truculente Raffaella est tombée amoureuse de Rodrigues, et elle sait comme personne vous raconter son île d'adoption, bien loin de son Italie natale. Surplombant un adorable jardin, 2 petites chambres à croquer avec salle de bains privative, décorées de petits meubles réalisés dans un esprit récup'. De la cuisine sort chaque jour un menu différent, mêlant produits du terroir rodriguais et recettes italiennes. Les pâtes sont maison, le poisson est pêché par son compagnon, viandes et volailles sont choisies chez les meilleurs éleveurs... Nul doute que ses gnocchis au fruit à pain ou à la banane vous laisseront un souvenir impérissable !

Achats

Les Frères Léopold VANNERIE

(5875 3227, 5474 7394, 5822 4865 ; lun-sam 8h30-16h30 ; Palissade Ternel). Repérez la salle de sport du bourg de Palissade Ternel : juste à côté, une boutique rouge framboise vend d'adorables paniers, sacs, chapeaux, plateaux, mallettes ou sets de table tressés en aloès, bambou, vétiver et vacoa... de toutes les formes et toutes les tailles ! On dit que ce sont les plus beaux de l'île. Vous pouvez aussi passer commande d'un objet en particulier.

Valérie's - Le Havre Gourmand PÂTISSERIES-CONFISERIES

(8324350, 5984 1195, 5875 7650 ; Citronnelle ; 8h-16h, fermé jeu et dim). C'est une belle rencontre qui vous attend dans cette boutique-salon de thé, nichée au fond d'un jardin sur la route qui relie Port Mathurin à Mont Lubin. Douce et chaleureuse, mais aussi énergique et solaire, Valérie est malvoyante depuis un accident ; cela ne l'empêche pas de concocter parmi les meilleurs gâteaux de Rodrigues ! Tarte au limon meringuée, brioches à la bergamote, mais aussi délicieux pains, biscuits passion-framboise, confitures aux agrumes, à la carambole ou au curcuma, pestos, gingembre confit, achards au limon... Vous dégusterez le tout sur place dans le nouveau salon de thé ou repartirez les bras pleins de ces gourmandises (75-200 Rs), en guise de souvenirs à partager.

Côte est

Face au lagon et peu fréquentées, les côtes est et sud-est concentrent les plus belles plages de Rodrigues, que vous pourrez découvrir via une randonnée dont le point de départ commence Chez Dana (voir p. 198) : Pointe Coton, anse Ally, anse Fumier, Saint-François, la crique de Trou d'Argent, encadrée par deux falaises abruptes (la plus photographiée), et enfin anse Bouteille, idéale pour le snorkeling en début de marée montante.

Au nord, Pointe Coton offre de belles possibilités de randonnées (voir p. 182) et compte deux beaux hôtels. Plus au sud, Saint-François concentre la majorité des hébergements du secteur mais pourrait perdre un peu du charme de sa beauté somnolente. Graviers se développe lui aussi timidement, et compte également quelques plages agréables.

Où se loger et se restaurer

Pointe Coton

Koki Boner BUNGALOWS €€

(☎ 5708 3742, 5916 6032, 5254 7025 ; www.villakokiboner.com ; Pointe Coton ; d en demi-pension 2 000 Rs par personne, ch enfant 1 400 Rs en demi-pension ; plats 125-1 200 Rs ; ❄ ≋ P). Des gîtes flambant neufs, très propres, décorés de quelques touches de couleurs vives, à deux pas de la plage et d'un arrêt de bus. Dix-huit chambres au total (12 grandes, 6 petites) réparties dans de vastes maisons très bien équipées et confortables ; certaines ont la climatisation. Les cuisines et les salles de bains sont immenses, et il y a même un bar-resto à l'agréable terrasse ouvert midi et soir si vous n'avez pas envie de faire à manger. Le jardin clôturé et la piscine font le bonheur des enfants. Groupes de séga au restaurant certains soirs.

Cotton Bay Hotel Resort & Spa TROIS-ÉTOILES €€€

(☎ 831 8001 ; www.cottonbayresortandspa.com ; d en demi-pension 240-380 € selon saison). En apparence, rien ne manque pour rendre le séjour agréable dans l'une de ces 60 chambres, 10 suites nuptiales et 2 villas familiales : un cadre magnifique (lagon turquoise, plage de sable blanc bordée de filaos), piscine, bar-restaurant cosy... On peut également profiter d'activités nautiques (kayak, pédalo), d'un centre de plongée, d'un court de tennis, d'un spa zen avec sauna, hammam et soins au coco et limon. Dommage, car lors de notre dernier passage, ce fleuron de l'hôtellerie rodriguaise montrait des signes de vieillissement et de manque d'entretien, gâchant quelque peu la carte postale...

Tekoma QUATRE-ÉTOILES €€€€

(☎ 483 4970 ; www.tekoma-hotel.com ; Pointe Longue, anse Ally ; d à partir de 250 € ; ❄ ≋ ᯤ P). Au sud de Pointe Coton, ce boutique-hôtel – qui est également le plus grand établissement de Rodrigues – a de quoi séduire : situés sur l'une des plus belles plages de l'île, avec une vue époustouflante sur le lagon, ses 30 bungalows de 65 m² tout juste rénovés jouent la carte de l'intime et de l'exclusif : lits king-size, mobilier en teck massif, vasque en pierre et douche à l'italienne dans les salles de bains, écran plat et baignoire extérieure pour buller sous les étoiles en amoureux... Un spa, un centre bien-être, une petite piscine, ses deux restaurants, et l'excellent centre de plongée Jacky Diving (voir p. 183) complètent ce tableau des plus idylliques. Possibilités d'excursions, d'activités nautiques et location de voiture.

♥ **Bassanio** SNACK BOUTIQUE €

(☎ 831 8835, 5743 7404 ; plats 125-350 Rs ; ◷ midi, fermé lun). Une halte très sympathique sur la route qui mène à Pointe Coton (repérez la devanture jaune). Chez Bassanio, on déguste des spécialités rodriguaises et mauriciennes, et surtout de très bons poissons et fruits de mer (salade et carri d'ourites, kono-kono, langouste grillée, calamar croustillant, soupe aux crabes et même des huîtres locales) dans une ambiance simple et chaleureuse. Tout est fait minute par le sympathique chef du restaurant de l'hôtel Cotton Bay, et servi en terrasse, avec vue sur la mer. Une fresque en hommage à Jacky (voir p. 194, La Collinière) a été réalisée sur la devanture.

Saint-François

Auberge Saint-François CHAMBRES ET STUDIOS €€

(☎ 831 8752 ; www.auberge-rodrigues.com ; s/d/tr 32-85/55-133/96-150 € selon confort,

"RODRIGUES, NOUVELLE DESTINATION PHARE DU KITESURF"

Le Rodriguais Andy Albert fut l'un des premiers à ouvrir une école de kitesurf sur son île en 2004. Directeur technique du Festival international de kitesurf (la dernière édition s'est déroulée en 2022), il nous explique pourquoi cette discipline est en train de modifier le visage touristique de Rodrigues.

Pourquoi Rodrigues est-elle si parfaitement adaptée à la pratique du kitesurf ? Rodrigues est alimentée par un régime de vent assez régulier qui souffle de sud-est, entre 14 et 35 nœuds (26 et 65 km/h), et ce 220 jours par an minimum. De plus, le lagon est magnifique, et surtout immense : 200 km^2... ça fait une sacrée surface de jeu, et on peut rider pendant des dizaines de kilomètres sans s'arrêter, sur une eau limpide parmi les plus propres au monde ! Autre atout de ce lagon : sa faible profondeur, idéale pour les débutants, d'autant que le vent est la plupart du temps parallèle à la plage, ce qui facilite le décollage. La barrière de corail nous protège de la houle, mais aussi des requins. Et pour clore le tout, notre île visant un tourisme mesuré, les pratiquants ne seront importunés ni par les jet-skis ni par de dangereux speed-boats ; au mieux, ce sont des pirogues à voile qu'ils croiseront lors d'un *downwind* ! Bref, Rodrigues est un spot de rêve encore confidentiel, et les kiteurs du monde entier commencent à se passer le mot !

Quelles sont les particularités des cours de kitesurf rodriguais ? L'apprentissage du kitesurf est à la portée de tous ; il suffit d'être en bonne condition physique, juste un peu tonique, pour progresser rapidement. Passer par une école permet de naviguer sur un spot adapté aux conditions météo, à son niveau technique et au matériel. On se sent vraiment encadré, en sécurité, et c'est rassurant ! Assez vite, on se familiarise avec la notion de "fenêtre de vol", dans laquelle l'aile développe plus ou moins de puissance selon l'endroit où elle est placée par rapport au vent. On apprend à redécoller l'aile tombée dans l'eau, puis on s'essaie à la nage tractée : se faire tirer par l'aile, à plat ventre, est une étape essentielle avant le *waterstart* (le départ assis dans l'eau). Les stages d'initiation se déroulent sur 4 jours : les cours durent 2 heures (9h30-midi et 14h-16h30) en petit comité : un moniteur pour un ou deux élèves. À l'issue de ces 4 jours, on commence à être autonome, à tirer des bords, à piloter l'aile d'une main... À ce stade, je peux emmener les stagiaires en "descente" de 2 heures, où je les suis en bateau. Pour les plus aguerris, le programme est différent : on va kiter au niveau de la barrière pour taper les petites vagues, on revient sur de longues descentes ou en slalomant entre les îlots... J'organise même des "kitesurfaris" : on *ride* toute la journée avant de rejoindre un îlot sur lequel on monte le campement, on fait un feu pour griller le poisson, on passe une bonne soirée sous les étoiles, on se réveille avec la marée, et hop, direction un autre îlot... La haute saison du kite, ici, c'est en juillet et août ; 80% des riders viennent de France métropolitaine ou de La Réunion, toute proche.

Depuis près de dix ans, le Festival de kitesurf attire de plus en plus de monde. Comment se déroule-t-il ? Il se tient à l'anse Mourouk, dans le lagon sud, là où sont installées toutes les écoles de kitesurf, qui se sont associées dans le but de créer cet événement. Des dizaines de participants venus d'Australie, de La Réunion, de Maurice, viennent s'éclater pendant 5 jours dans une ambiance super, à la fois très sportive et décontractée. Il y a les kiteurs locaux, qui s'entraînent ici toute l'année, mais aussi des champions internationaux, et des amateurs avec un très haut niveau. Tout le monde se donne un coup de main, rigole. Et sur l'eau, ça envoie : grandes descentes de 20 puis 30 km, mini-raids, slaloms de 10 km, épreuves de free-style... On fait le tour de tous les spots : l'île Catherine, Graviers, Plaine Corail, etc. De nombreux photographes venus des quatre coins du monde font également le déplacement pour immortaliser cette manifestation exceptionnelle, festive et colorée. La population se joint à l'événement : il y a des stands pour manger local, des pique-niques, et le soir la fête continue sur la plage avec DJ, troupes de danse et de musique traditionnelle.

maison créole 120 €, repas résidents 18€/pers). À quelques centaines de mètres de la plage, cette adresse sympathique propose des chambres doubles et familiales (avec terrasses pour certaines) et des studios accueillants, impeccables et décorés avec simplicité : les douches sont en ardoise et bois, les murs décorés au pochoir, et on y retrouve les tableaux de Christophe Meunier et ses piqueuses d'ourites (voir p. 184). Une grande maison accueille 6 adultes (3 chambres et 2 salles de bains). L'ambiance est familiale, et l'accueil très gentil et efficace (ménage tous les jours).

Korail Bleu Lodge LOCATION DE MEUBLÉS €€

(831 8775 ; villa 2 990 Rs en demi-pension ;). Jean-Daniel, manager de l'ex Pirate Lodge, a repris les lieux et effectué des rénovations pour proposer 4 grandes villas confortables avec climatisation, lits king-size, sdb et cuisine entièrement équipée. Mitoyenne des adresses précédentes, un peu en retrait de la route, cette structure comprend aussi une piscine, un bar et un restaurant. Calme et situé à deux pas de la plage.

Chez Dana ÉPICERIE €

(5714 5421 ; tlj midi et soir, épicerie 9h-20h ; au sud de la plage de St-François ; plats à partir de 300Rs, le soir sur commande). Cette petite épicerie tenue par la souriante Dana surplombe la plage de Saint-François. Même si ce n'est pas à proprement parler un restaurant ni un snack, on y trouve cependant deux ou trois plats du jour (poulet-riz-haricots rouges, poisson mariné, salade d'ourites...) préparés à la demande et qu'on savoure sur l'une des deux tables posées en terrasse. On peut aussi y prendre un rafraîchissement, en profitant simplement de la vue.

Chez Solange et Robert LANGOUSTES ET SAUCISSES GRILLÉES €

(5733 1968 ; plage de Saint-François ; midi, fermé lun). En face de l'Auberge Saint-François, au bord de la route, les adorables Robert et Solange cuisinent sous une petite paillote de très bonnes saucisses et langoustes grillées à déguster face au lagon ou sur les quelques tables en plastique. Tarifs très raisonnables (300-400 Rs pour les poissons). N'hésitez pas à demander à vos hôtes l'histoire du trésor caché à Rodrigues, ils se feront une joie de vous la conter !

Graviers

Case Corail CHAMBRES ET TABLE D'HÔTES €€

(832 4351, 5923 9865 ; www.casecorail.com ; d 70-80 € selon confort, repas 20 €/pers ;). Un vrai havre de paix, plein de charme, que ces 5 chambres dont les terrasses donnent sur la mer ou sur Montagne Chérie. Les moins chères ont une salle de bains partagée, une autre dispose de couchages pour 2 ou 3 enfants. Toutes baignent dans une atmosphère relaxante où le blanc est roi : lumineuses et décorées de bois flotté, de corail, de superbes tissus ethniques, et d'artisanat rodriguais, elles invitent au rêve et sont idéales pour un couple en lune de miel qui souhaite éviter les plus grosses structures. Quant à l'accueil d'Hervé et de sa famille, il vaut tout l'or du monde...

La Belle Rodriguaise CHAMBRES ET TABLE D'HÔTES €€

(5875 0556, 875 0591 ; www.labellerodriguaise.com ; d en demi-pension 135-150 € selon confort et saison ;). Ouverts en 2010, ces bungalows posés sur une petite colline face au lagon ne manquent pas d'atouts : piscine, vue imprenable et restaurant réputé (salade d'ourites, puding de papaye, boulettes zaricot, poisson au safran)... Réparties dans trois bâtiments, les 12 chambres récemment rénovées sont un peu petites mais confortables et accueillantes, dans un style bord de mer aux tons blanc, bleu et jaune. Elles disposent de la clim et d'une véranda. L'ambiance est familiale et décontractée et l'accueil aux petits oignons. Attention, le chemin qui y mène est réservé aux véhicules 4×4 sur plusieurs centaines de mètres. La gérante, Françoise Baptiste, fan de cuisine, donne des cours et accompagne ses convives chez les agriculteurs locaux pour dénicher les meilleurs produits. Elle a même écrit une livre de cuisine, *Les Délices de Rodrigues*, que vous pourrez acheter sur place. On peut également réserver une séance de massage sur la plage (2 600 Rs l'heure).

Graviers Beach FACE À LA MER €€

(832 4543, 5927 0976 ; www.gravierbeachvilla.com ; s/d en demi-pension 2 900/4 000 Rs, bungalow en demi-pension 3 500 Rs ; P). Une adresse authentique, tenue par une famille sino-mauricienne, qui plaira aux amateurs de calme qui veulent profiter du lagon sans négliger le confort. Les 4 chambres, posées

à quelques mètres du lagon derrière un rideau de filaos, sont modernes, confortables et plutôt coquettes ; celles du haut sont un peu plus spacieuses, et les salles de bains sont particulièrement réussies. Deux bungalows en bois et ravenal, très rustiques et plein de charme, font le bonheur des kitesurfeurs, puisque l'école **Kitesurf Paradise** (☎5785 6381, 8324 543 ; marcuskite07@gmail.com) s'est créée sur place. Les repas, qui font la part belle aux fruits de mer et aux poissons grillés, se dégustent dans une cabane en tôle, juste à côté. Possibilité de négocier sans la demi-pension.

Achats

Jolimiel MIEL

(☎831 5262, 832 4352, 5875 4061, 5876 7217 ; jolicoeric@yahoo.com ; Batatrand, Graviers ; 8h-17h). Depuis presque 30 ans, la famille Jolicœur produit l'un des meilleurs miels de Rodrigues ; contrairement à certains trouvés sur le marché de Port Mathurin, aucun risque que celui-ci soit frelaté ! Prenez le chemin escarpé (de préférence en 4×4) à droite sur la route qui mène de Batatrand à Graviers, et descendez jusqu'à la maison de ce producteur passionné. Il vous montrera peut-être ses 25 ruches, occupées par les 10 000 abeilles qui offrent ce nectar bio et parfumé, grâce à l'absence de pollution atmosphérique de Rodrigues. 500 kilos de miel d'eucalyptus sont récoltés d'octobre à février : vous pouvez acheter au détail, toute l'année (et même vous faire livrer dans l'île) pots et bouteilles pour quelques centaines de roupies.

Ouest et sud de l'île

Si cette partie de l'île recèle peu de possibilités d'hébergements, elle possède quelques atouts. À commencer par la route sinueuse qui descend vers Port Sud-Est, surnommée la "route des 52 virages". Il est peu probable que vous trouviez le temps de les compter, subjugué par les vues époustouflantes qu'elle offre sur la mer et la Grande Passe qui serpente dans les eaux du lagon.

À l'est de Port Sud-Est, l'anse Mourouk est un spot réputé de kitesurf, où se tient chaque année un festival à l'ampleur grandissante (voir interview p. 197 et les prestataires proposant cours et matériel p. 50).

Plus à l'ouest, jusqu'à l'aéroport de Plaine Corail, l'île ne compte pas de plages de sable mais quelques curiosités dues aux caprices de la géologie comme la caverne Patate ou la carrière Corail. Enfin, il serait dommage de ne pas visiter un des îlots baignés par les eaux du lagon dans cette portion de l'île où il atteint sa largeur maximale.

À voir et à faire

Réserve François Leguat RÉSERVE NATURELLE

(The François Leguat Giant Tortoise and Cave Reserve ; ☎832 8141 ; www.tortoisescavereserve-rodrigues.com ; anse Quitor ; adulte/enfant 470/235 Rs ; tlj visites 9h30, 10h30, 13h30, 14h30 ; P). Ouverte en 2007 et baptisée en l'honneur de François Leguat, premier habitant français de Rodrigues, cette réserve d'une vingtaine d'hectares vise à présenter l'île comme la décrivait l'explorateur dans ses récits à la fin du XVIIe siècle. Rodrigues était alors surnommée "l'île aux tortues" et comptait des centaines de milliers d'individus.

Scientifique australien sympathique et passionné, Owen Griffith, le créateur des lieux, a ainsi décidé de réintroduire les tortues géantes à Rodrigues. L'espèce endémique ayant été décimée au fil du temps et du peuplement, il s'est tourné vers sa plus proche cousine, la tortue géante de l'île seychelloise d'Aldabra. Environ 1 000 spécimens ont ainsi été réintroduits sur ce site, aux côtés de tortues étoilées de Madagascar, et 1 700 sont nées dans la nurserie de la réserve. On peut les caresser dans un canyon long de 700 m où elles évoluent en liberté. Sur les chemins alentour, on retrouve le vacoa, le bois carotte, le bois de pomme, le sureau ou benjoin. Dans les arbres, vous pourrez observer les énormes chauves-souris roussettes de Rodrigues (unique mammifère endémique de l'île). Près de 250 000 arbustes et arbres indigènes ont ainsi été replantés, certains étant extrêmement rares. Le canyon, bordé de parois calcaires, présente aussi une dizaine de grottes. La plus grande, longue de 500 m, et mieux aménagée que la caverne Patate, dévoile d'impressionnantes stalagmites et stalactites qu'on découvre avec un guide sympathique. Enfin, un petit musée est consacré à l'histoire de l'île, à son environnement et à sa géologie, et un restaurant (plats 350-475 Rs) très correct permet de boire un verre ou de déjeuner.

Caverne Patate GROTTE

(☎5805 1022 ; visite guidée 45 minutes adulte/enfant 5-12 ans 100/75 Rs ; ⌚tlj 9h, 11h, 13h, 15h). L'érosion du plateau calcaire de Rodrigues a laissé d'impressionnantes grottes (près de 25 en tout). Celle de la caverne Patate, vers l'aéroport, s'étend sur près d'un kilomètre de long et certaines salles avoisinent 25 m de haut. La visite est accompagnée d'un guide qui vous expliquera, avec beaucoup d'imagination, les formes tourmentées des stalagmites et des stalactites. Le sol est souvent glissant et il est conseillé de porter de bonnes chaussures ; on vous prêtera également un casque et une lampe. Pour vous rendre sur le site, suivez la route de Petite Butte. L'entrée du site se trouve en bas d'un petit chemin, près du centre communal. Vous pouvez prendre un bus pour La Fourche et demander au chauffeur de vous déposer. La plupart des hôtels et des agences de voyages proposent des visites organisées de la grotte. Arrivez 10 minutes avant le début de la visite.

Rodrijump – Pont Pistaches PONT SUSPENDU

(☎5499 6970 ; La Ferme-Pistaches ; traversée pont 100 Rs, saut pendulaire 1 000 Rs ; ⌚tlj 9h-17h, sans réservation). Créé par l'équipe de Tyrodrig (voir p. 194), ce pont suspendu long de 128 m s'étire au-dessus de la belle ravine de Cascade Pistaches. Si vous aimez les sensations fortes, vous adorerez vous en jeter – en toute sécurité ! – pour un saut pendulaire (une variante du saut à l'élastique) de 30 m. Les moins téméraires se contenteront d'admirer la rivière et le lagon au loin depuis ce point de vue pour le moins original ! N'oubliez pas de prendre des chaussures de sport.

Où se loger et se restaurer

Lors de notre passage, l'hôtel Mourouk Ebony venait d'être racheté. Géré par le Tekoma, il devrait être en rénovation et agrandissement jusqu'en avril 2023 et devrait s'appeler Le Play Mourouk. À suivre...

♥ **Le Grand Lagon** TABLE D'HÔTES €

(☎832 8101, 5876 0284, 5875 1462 ; plats environ 300 Rs, fondue sans/avec langouste 850/1 050 Rs par pers ; ⌚tlj midi). Posé au bord du lagon qui atteint ici une longueur inhabituelle, l'établissement sert sous une varangue des plats issus de la pêche du jour. Mais il serait dommage de venir jusqu'ici sans goûter leur spécialité : la "fondue rodriguaise", à base de poissons et de fruits de mer frais décortiqués que l'on trempe dans un bouillon réchauffé par quelques charbons. Mieux vaut avoir l'estomac vide avant de venir ! Réservation impérative la veille pour la fondue. Pour arriver au Grand Lagon, continuez la route goudronnée après la réserve François Leguat sur quelques centaines de mètres. Même si le restaurant a l'air fermé, n'hésitez pas à vous manifester, la patronne n'est jamais bien loin !

♥ Gîte

La Caverne CHAMBRES ET TABLE D'HÔTES €

(☎831 7409, 832 8297 ; gitelacaverne@yahoo.com ; 500 Rs/pers sans demi-pension, 1 200 Rs/pers en demi-pension ; W P). En face du chemin qui mène à la caverne Patate, l'adorable famille Prudence vous accueille dans leur grande maison posée sur une colline, où l'on se sent vite chez soi. Vaches, moutons, chèvres, volailles et chiens se promènent autour de cette bâtisse colorée et ornée de centaines de plantes, qui offre 5 chambres et un studio très propres. Outre l'extrême gentillesse des hôtes, leur délicieuse cuisine (300-400 Rs, sur réservation) est une autre bonne raison de choisir cette adresse tranquille, dans un coin de l'île où les hébergements sont rares.

Chez Perle TABLE D'HÔTES €

(☎831 7429 ; chezperle@gmail.com ; Corail Petite Butte, près de la boutique de la Caverne ; menu 600 Rs/pers ; ⌚sur réservation, le midi uniquement sauf pour les résidents). Excellente réputation pour cette table perdue dans la campagne, au bout d'un track road. Réserver chez Perle, c'est l'assurance de découvrir le meilleur de la cuisine rodriguaise : acras de manioc, gratin de calebasse, gâteau de patate douce, salade de papaye verte... sont préparés avec les produits du jardin. Loue également quelques chambres, propres, à 1 200 Rs en demi-pension.

Le Lagon Bleu – Chez Fibie SNACK €

(☎832 3090, 5877 0364 ; près de l'entrée de l'hôtel Mourouk Ebony ; plats 125-265 Rs ; ⌚tlj midi). C'est l'une des adresses toutes simples prisées des Rodriguais ; le dimanche, ils y mangent en famille jusqu'à 16h, et l'ambiance est alors très chaleureuse. C'est d'ailleurs le jour où Fibie prépare la langouste ! À la carte, les grands classiques rodriguais, autour du poisson, des crevettes et ourites sous toutes leurs formes (au gingembre, en curry, en chop suey, en

SAINT-BRANDON, AGALEGA ET LES AUTRES...

Outre Rodrigues, Maurice possède, ou revendique, 4 autres îles ou groupes d'îles de l'océan Indien.

Cargados Carajos (Saint-Brandon)

Cet atoll composé de 28 îlots éparpillés dans un lagon de 250 km², à 370 km au nord-est de l'île Maurice, est un paradis pour les plongeurs et les ornithologues. 13 d'entre elles appartiennent à la compagnie Raphaël Fishing, qui a récemment obtenu l'autorisation de les exploiter touristiquement en organisant des expéditions de pêche pour clients fortunés. Les pêcheurs sillonnent ses eaux, campent sur Albatros (au nord) et Coco (au sud) et maintiennent une base à Raphaël (dans la partie centrale), mais il n'existe pas d'implantation permanente. Des milliers de tortues vertes et des centaines de tortues à écailles s'y reproduisent chaque année. Pour découvrir de façon privilégiée ce cadre paradisiaque, le navire de recherches océanographiques **La Curieuse** (☎5933 6596 ; www.expeditionslacurieuse.com ; tarif sur devis ; comptez 48h de trajet aller-retour) propose une formule de 8 jours à bord, durant lesquels vous pouvez pratiquer le kitesurf ou la plongée.

Agalega

Plus de 400 personnes travaillent pour l'industrie du coprah (amande de coco décortiquée) sur ces 2 îles situées à 1 100 km au nord de Maurice. L'île du nord (12 km de long et 1,5 km de large) et l'île du sud (7 km de long et 5 km de large) s'étendent sur environ 26 km², presque complètement recouverts de cocotiers. Agalega est réputée pour abriter de larges colonies de tortues marines. L'Inde y a investi 500 millions de roupies mauriciennes pour y construire une nouvelle piste d'atterrissage, dans le but, selon la presse indienne, d'y implanter des installations militaires.

Tromelin

Bien que revendiquée par Maurice, cette île de 1,7 km² appartient à la France (d'après un accord conclu en 1954 entre elle et la Grande-Bretagne, au temps où ce pays administrait encore Maurice). Faisant partie des îles dites "éparses de l'océan Indien", elle est gérée par les Terres australes et antarctiques françaises (TAAF). Située à 450 km au nord-est de Madagascar, dépourvue d'eau potable, recouverte de broussailles et entourée de barrières de récifs, Tromelin possède, en tout et pour tout, une station météorologique et une piste d'atterrissage, qui assure un lien avec le reste du monde.

Archipel des Chagos

Autrefois administré par l'île Maurice, cet archipel de 60 îlots a été incorporé en 1965 aux territoires de l'océan Indien (BIOT) par les Britanniques. Ils ont ensuite loué l'île principale, Diego García, aux États-Unis pour y installer une base militaire (le contrat, courant jusqu'en 2016, a été prorogé pour 20 ans) : les 3 000 habitants des Chagos, à qui le Royaume-Uni a versé des indemnités compensatoires, estimées insuffisantes par certains, ont été transférés à l'île Maurice à la fin des années 1960. En 2010, les Britanniques ont transformé les îles en parc marin, bannissant la pêche de cette zone économique vaste de 550 000 km². Un projet qualifié par l'île Maurice d'"insulte à la souveraineté mauricienne" et d'"éco-impérialisme". Une sentence arbitrale rendue le 18 mars 2015 par un tribunal international a condamné la Grande-Bretagne pour n'avoir pas consulté son ancienne colonie au sujet de la création d'une "aire marine protégée". En 2019, la Cour international de justice (CIJ) de La Haye a estimé que le Royaume-Uni a « illicitement » séparé l'archipel des Chagos de l'île Maurice après son indépendance. Une résolution de l'ONU de 2019 commande à la Grande-Bretagne de restituer l'archipel à la République mauricienne « dans les 6 mois ». Le Royaume-Uni ne s'est pas conformé à cette résolution, ni à l'avis consultatif de la CIJ. En 2020, la nouvelle carte publiée par l'ONU fait apparaître l'archipel des Chagos comme territoire mauricien.

vindaye, frit, en rougail...), et du bœuf, du poulet ou du porc (au miel, sauté...).

Le Bakwa Lodge HÔTEL-RESTAURANT DE CHARME €€€
(832 3307 ; www.bakwalodge.com ; Var Brûlé, Port Sud-Est ; d/villa en demi-pension 10 030-11 200/20 060-22 400 Rs selon saison ;). Surplombant une immense plage de sable blanc et le lagon, dans un écrin de verdure ponctués de hamacs géants, ces 8 bungalows (une chambre, 6 suites pour 3-4 personnes et une villa pour 8) nichés sous les filaos sont un enchantement. On adore l'architecture mêlant structures traditionnelles et luxe épuré, mettant à l'honneur les matières végétales et l'artisanat local : des persiennes et caillebotis aux morceaux d'épaves de pirogues accrochés comme des tableaux sur les grands murs blancs, tout enchante le regard et rend zen. On oublie rapidement l'absence de télé et de wifi dans les chambres, déconnection garantie. Un très bon **restaurant** (ouvert aux non-résidents sur réservation ; plats 225-450 Rs ; tlj midi, le soir sur réservation) propose chaque jour des plats différents : poisson ou poulet grillé aux herbes et épices locales, calamars croustillants, crostini et salades, gâteau coco... Service très attentionné.

Achats

Marie-Josée ARTISANAT
(5877 6301 ; rte de Rivière Coco, anse Baleine ; tlj 9h-17h). Repérez la petite boutique rouge et blanche au toit de tôle située sur une butte au-dessus de la route, avec ses séchoirs pleins d'ourites quand c'est la saison. Marie-Josée, issue d'une longue lignée de pêcheurs, y vend ses pots de limon, d'achards, de miel, de piment... qu'elle fait elle-même, ainsi que de beaux articles de vannerie, dont des nasses et des paniers.

Île aux Cocos et les îles du Sud

Des dix-sept îlots émaillant le lagon autour de l'île Rodrigues, l'**île aux Cocos** est la plus visitée. Longue de 1,5 km et large d'une centaine de mètres, cette petite merveille, vierge et protégée, culmine seulement de 4 m au-dessus du niveau de la mer. La majorité des cocotiers auxquels elle doit son nom ayant été emportés par les cyclones, elle est maintenant plantée de filaos. À 3,5 km de la côte ouest, elle est surtout remarquable pour son ambiance digne de Robinson et les centaines d'oiseaux nicheurs et migrateurs qu'elle héberge, dont le noddi et la sterne – les oiseaux sont surtout présents de septembre à février.

L'île servait naguère au ramassage du guano. Ses seuls habitants sont maintenant les gardiens qui s'y relaient tous les deux jours. L'accès à cette réserve, gérée depuis 2007 par **Discovery Rodrigues** (832 1062 ; discoveryrodrigues@intnet.mu ; Ex-Administration Building, rue de la Solidarité, Port Mathurin), est restreint, et une partie de l'île est totalement interdite aux visiteurs afin de protéger les oiseaux en période de ponte.

À côté de l'île aux Cocos, l'**île aux Sables**, deux fois plus petite, est également une réserve ornithologique à l'accès réglementé. Aucun permis n'est en revanche requis pour visiter l'**île Hermitage**, l'**île aux Chats** et l'**île Gombrani** : pour les visiter, contacter la liste des bateliers accrédités.

Depuis/vers l'île aux Cocos et les îles du Sud

Les bateaux partent généralement de Baie du Nord ou de Port Mathurin et mettent de 45 minutes à 1 heure 30 pour atteindre l'île, en fonction de la marée. Le lagon est peu profond et il est parfois nécessaire de pousser le bateau à marée basse. Comptez 1 000 à 1 500 Rs avec repas sur l'île.

L'office du tourisme (p. 185) dispose d'une liste de la vingtaine de bateliers accrédités pour y emmener des visiteurs (la majorité des hôtels pourront vous aider à prendre contact avec eux). Vous pourrez par exemple contacter :

Jean-Michel Meunier (5989 3080)
Albert Andy (5875 8457)
Antonio Jolicoeur (5875 5720, 831 2576)
Mico Rose (5722 4035, 5875 5535)

Comprendre Maurice et Rodrigues

Histoire

L'histoire de l'île Maurice a été profondément marquée par le colonialisme. Entre l'installation du premier colon sur ses rivages déserts, en 1598, et son indépendance, en 1968, l'ancienne "Isle de France" a changé quatre fois de "propriétaire". Cette situation s'est accompagnée d'un système économique fondé sur la canne à sucre, qui a contribué à dessiner le visage métissé de l'île Maurice d'aujourd'hui en faisant venir sur l'île une population d'origine africaine, indienne et chinoise.

Portugais et Hollandais

Des navigateurs arabes avaient connaissance de l'île Maurice – qu'ils appelaient Dinarobin – dès le Xe siècle, mais ne s'y installèrent pas. Tout porte à croire que les explorateurs portugais furent les premiers Européens à poser le pied sur ses rivages déserts, dans le sillage de la fameuse expédition de Vasco de Gama autour du monde via le cap de Bonne-Espérance, en 1498. Les Portugais préférèrent cependant établir leurs colonies sur la côte orientale de l'Afrique, en Inde et en Indonésie. En 1511, Domingo Fernandez jeta brièvement l'ancre à l'île Maurice, qu'il baptisa Ilha do Cerne (île du Cygne). Nul ne saurait dire s'il s'agissait du nom de son navire, ou s'il faisait ainsi référence au dodo, gros oiseau aujourd'hui disparu, qu'il aurait pris pour une sorte de cygne.

Dinarobin (Xe siècle), Ilha do Cerne (1511), Mauritius (1598-1710), Isle de France (1715-1810), Mauritius (1814-1992) et désormais île Maurice, Mauritius ou République de Maurice... l'île est une habituée des changements de nom !

Rodrigues, à 600 km au nord-est de Maurice, doit son nom à un autre navigateur portugais, Don Diego Rodriguez, qui la baptisa ainsi en 1528. C'est également en l'honneur d'un Portugais, l'amiral Don Pedro Mascarenhas, que Rodrigues, Maurice et La Réunion furent baptisées les Mascareignes. Les Portugais laissèrent pourtant peu de traces à Maurice. Ils cédèrent vite la place aux nouveaux rois des mers : les Hollandais.

Les voiles de ces nouveaux venus s'annoncèrent à l'horizon en 1598. Le vice-amiral Wybrandt Van Warwyck débarqua sur la côte sud-est de l'île, dont il prit possession au nom des Pays-Bas. C'est en l'honneur de son souverain, le prince Maurice de Nassau, qu'elle fut rebaptisée Mauritius. Il fallut cependant attendre encore une quarantaine d'années avant que les Hollandais – qui l'utilisaient jusque-là comme base de

CHRONOLOGIE

1498
Des explorateurs portugais posent le pied à Maurice.

1598
Les Hollandais débarquent et baptisent l'île "Mauritius". Ils importent la canne à sucre.

1710
Départ des Hollandais.

ravitaillement sur la route des épices de Batavia, l'actuelle Jakarta – s'intéressent réellement à la colonisation de leur nouvelle possession. Ils s'implantèrent à proximité du lieu de leur débarquement. Les ruines de leur première base sont encore visibles aux abords de l'église de Vieux Grand Port, près de Mahébourg.

La colonie ne prospéra jamais véritablement, et les Hollandais la quittèrent définitivement en 1710. À leur départ, Maurice s'était enrichie de quelques espèces animales et végétales – cerf de Java, sanglier, tabac – mais le dodo avait disparu. La caractéristique majeure de la période hollandaise reste cependant l'introduction de la canne à sucre et de son sinistre corollaire : l'esclavage.

Bernardin de Saint-Pierre : Voyages à l'île Maurice et La Réunion (Magellan et Cie, 2004) rassemble les observations de l'écrivain et botaniste sur les animaux, les plantes, le climat et les habitants lors de son voyage à Maurice en 1768.

Le temps de l'Isle de France

Cinq ans après le départ des Hollandais, le capitaine Guillaume Dufresne d'Arsel arriva de La Réunion, alors appelée île Bourbon, et prit possession du territoire au nom de la France. Mauritius fut alors rebaptisée "Isle de France" et cédée à la Compagnie des Indes orientales, afin d'y créer une base commerciale.

Si le peuplement français commença en 1721, l'île ne prit son essor qu'à partir de 1735, avec la nomination au poste de gouverneur de Bertrand François Mahé de La Bourdonnais. Sous son administration, les installations portuaires furent améliorées, on construisit le premier moulin à sucre, le premier hôpital, et le réseau routier enregistra de notables progrès. Un développement qui ne fut pas sans conséquences : en 1740, 1/8e de la forêt de l'île avait disparu dans l'exploitation du bois d'ébène ; 10 ans plus tard, 10% du territoire avait laissé place à des cultures agricoles. C'est également à cette époque que se produisit l'un des plus célèbres événements historiques de l'île Maurice : la tragédie du *Saint-Géran*. Pris dans une tempête alors qu'il s'apprêtait à entrer à Port Louis pour décharger des équipements destinés à un nouveau moulin à sucre, ce navire fit naufrage en 1744 au large de l'île d'Ambre. Cet événement inspira à Bernardin de Saint-Pierre l'un des premiers romans à succès – certains diront à l'eau de rose – de la littérature : *Paul et Virginie* (voir l'encadré p. 103).

En vente dans nombre de librairies de l'île, *Port-Louis : deux siècles d'histoire 1735-1935*, d'Auguste Toussaint, offre une plongée exhaustive dans le passé de la ville.

L'histoire de La Bourdonnais fut bien moins romantique : parti en 1746 combattre les Britanniques en Inde, il prit la ville de Madras mais fut accusé de traîtrise et emprisonné à la Bastille dès son retour. Son action décisive dans l'essor du comptoir français de l'île Maurice ne fut reconnue que par une tardive réhabilitation.

La Compagnie des Indes orientales périclita au cours de la seconde moitié du XVIIIe siècle, lorsque les Britanniques acquirent la suprématie dans l'océan Indien. Parallèlement, l'industrie sucrière prit son essor. Port Louis devint à la fois un port de commerce libre et un refuge pour

1715
Arrivée des Français, qui rebaptisent Mauritius "Isle de France".

1810
Les Anglais prennent Maurice à la France, qui leur concède officiellement 4 ans plus tard. L'île reprend le nom de "Mauritius".

1835
Abolition de l'esclavage à Maurice, qui prend effet en 1839.

1840
Début de l'immigration indienne (208 000 personnes en 2 décennies) et chinoise.

les corsaires. Robert Surcouf fut le plus célèbre de ces flibustiers agissant avec la bénédiction de leur gouvernement. Les pirates "indépendants", notamment britanniques et français, qui opéraient avec succès depuis Madagascar dès la fin du XVIIe siècle, durent ainsi se rendre à l'évidence : ils avaient servi d'exemple à ces forbans patentés et devenus respectables.

En 1789, les colons français de l'île Maurice se rallièrent à la Révolution française et se débarrassèrent de leur gouverneur. Ils refusèrent en revanche de libérer les esclaves lorsque l'abolition de l'esclavage fut décrétée à Paris, en 1794.

L'Union Jack flotte sur Maurice

Les Britanniques se lancèrent à l'attaque des corsaires et de l'Isle de France durant les guerres de l'Empire, à partir de 1810. Ils commencèrent par subir une défaite, la bataille de Vieux Grand Port, unique victoire navale française inscrite sur l'Arc de Triomphe de Paris. Ils débarquèrent ensuite au Cap Malheureux, sur la côte nord, et s'emparèrent de l'île.

Mémoires d'un botaniste et explorateur (La Découvrance, 2006), de Pierre Poivre (1719-1786), raconte les années de recherches et de voyages de cet aventurier, humaniste, passionné de botanique, créateur du jardin Pamplemousses à Maurice.

Quatre ans plus tard, le traité de Paris cédait l'Isle de France, Rodrigues et les Seychelles à la Grande-Bretagne. Les Britanniques redonnèrent à la première son nom de Mauritius mais laissèrent aux Franco-Mauriciens leur langue, leur religion, leur système juridique (le Code Napoléon) et leurs plantations de canne. Les esclaves, libérés en 1835, commencèrent à céder leur place dans les plantations à des travailleurs indiens et chinois poussés à l'exil par la misère. Attirés vers l'île Maurice par des promesses souvent mensongères et engagés sous contrat, ceux-ci connurent souvent un sort peu enviable durant leurs premières années sur l'île. Au total, ce sont près de 450 000 Indiens qui arrivèrent ainsi pour cultiver la canne. L'inscription en 2006 sur la liste du Patrimoine mondial de l'Unesco de l'Aapravasi Ghat, quai où débarqua la majorité de cette population d'"engagés", est venue tardivement saluer la mémoire de cet épisode déterminant de l'histoire de l'île (voir l'interview p. 60).

Avec l'ouverture du marché international au sucre (suite à la bonne gestion des sucreries), la canne devint la raison d'être de l'île au cours des 150 années qui suivirent. La politique en faveur de l'immigration de milliers de travailleurs indiens sous contrat continua, et les premières grandes familles de "barons du sucre" firent leur apparition. Grâce à leur importance numérique, les Indiens finirent peu à peu par acquérir plus de poids dans la gestion du pays. La venue du Mahatma Gandhi, en 1901, qui prôna les droits civiques sur l'île, leur donna un salutaire coup de pouce.

Maurice fut relativement épargnée par les deux guerres mondiales. Le pays et sa monoculture furent plus affectés par les cyclones, les épidémies de malaria – celle de 1865 à 1867 décima la moitié de la population de

1865
Une épidémie de malaria ravage l'île Maurice et fait près de 50 000 victimes.

1936
Sir Seewoosagur Ramgoolam et le Labour Party militent pour l'indépendance.

1968
Indépendance de l'île Maurice, qui rejoint les Nations unies. Sir Seewoosagur Ramgoolam est élu Premier ministre.

Statue de sir Seewoosagur Ramgoolam

Port Louis –, les fluctuations du marché sucrier, qui connut son apogée vers 1920, et le déclin du rôle de relais de l'île dans le trafic maritime.

En 1936, le Labour Party fut fondé afin de défendre les droits des travailleurs. Il monta en puissance après la guerre, notamment grâce à la nouvelle Constitution qui accordait le droit de vote aux habitants de plus de 21 ans capables d'écrire leur nom.

Sous la houlette du Dr Seewoosagur Ramgoolam, qui fut anobli par la suite, le Labour Party devint très puissant au cours des années 1950. La principale force d'opposition, le Parti mauricien social-démocrate (PMSD), rassemblait la population blanche et créole.

Indépendance, turbulences et miracle économique

Conséquence de l'évolution de la politique coloniale de l'Empire britannique, Maurice devint un État indépendant le 12 mars 1968. Sir Seewoosagur Ramgoolam, qui reste la principale figure historique de l'île, fut élu Premier ministre. Il resta en poste durant 13 ans, gouvernant en coalition avec le Parti mauricien social-démocrate à la fin de son mandat. Jusqu'à sa mort en 1986, à l'âge de 86 ans, il continua à jouir d'un prestige extraordinaire. Son nom a depuis été donné à une multitude d'édifices publics.

L'économie mauricienne, fondée sur la trilogie canne/textile/tourisme, obtint d'excellents résultats dans les décennies suivantes. Le secteur financier prit son envol dans les années 1990, et les TIC (Technologies de l'information et de la communication) environ dix ans plus tard. La vie politique du pays fut cependant particulièrement chaotique. En 1982, le Mouvement militant mauricien (MMM), parti politique de "gauche" (terme très relatif à Maurice) réunissant les mouvements de Paul Bérenger et d'Anerood Jugnauth (Mouvement socialiste mauricien ; MSM), parvint au pouvoir. Jugnauth devint Premier ministre et Bérenger ministre des Finances. À la surprise de tous, car considéré plus à gauche que Jugnauth, Bérenger adopta une politique économique très libérale qui conduisit à l'abandon des mesures de protection sociale promises avant les élections. Il favorisa également les investissements sud-africains dans les hôtels mauriciens, mesure à laquelle Jugnauth était farouchement opposé. La tension qui en résulta, outre le fait que les dirigeants du parti voulaient officier depuis leur comité central et non du siège du gouvernement, et l'antagonisme personnel entre Jugnauth et Bérenger, aboutirent au renvoi de ce dernier. Jugnauth rompit avec le MMM mais resta Premier ministre. Il fonda le Mouvement socialiste mauricien (MSM) et s'allia au Labour Party, au PMSD (dirigé par sir Gaëtan Duval) et à deux autres partis.

À travers des récits et des portraits d'explorateurs, de marins et d'illustres personnages (Mahé de La Bourdonnais, Bougainville, Lapérouse, Pierre Poivre...), *L'Île Maurice, sur la route des épices, 1598-1810* (Pacifique, nouvelle édition 2010), de Denis Piat, présente l'histoire de l'île, qui fut marquée par les colonisations successives.

1983
Début du "miracle économique" mauricien.

2002
Maurice devient officiellement une république le 12 mars. Débuts de l'exportation des services financiers grâce à l'externalisation.

2002
Après des années de militantisme, les Rodriguais obtiennent le statut "d'autonomie maximale". Ouverture du 1er projet immobilier basé sur la loi IRS, qui permet aux étrangers d'acquérir des villas de luxe sur l'île.

2003
Paul Bérenger devient le premier Premier ministre non hindou de l'histoire de l'île. Les urnes redonnent le pouvoir aux hindous deux ans plus tard.

Les trois principaux partis politiques du pays sont : le Parti travailliste (PTr) de l'ancien Premier ministre Navin Ramgoolam, le Mouvement militant mauricien (MMM) de Paul Bérenger, et un mouvement né dans les années 1980 de la scission du MMM, le Mouvement socialiste militant (MSM) fondé par Anerood Jugnauth.

En août 1983, cette coalition remporta les élections et mena une politique moins radicale visant à satisfaire le plus grand nombre, Afrique du Sud comprise. Jugnauth demeura Premier ministre et Bérenger fut maintenu à l'écart. Tout semblait fonctionner parfaitement lorsque, en 1986, trois députés mauriciens furent arrêtés à l'aéroport d'Amsterdam en possession d'héroïne. L'enquête aboutit à un véritable scandale, d'autres députés étant impliqués dans le trafic de stupéfiants.

Bérenger choisit ce moment pour refaire surface. Les années suivantes virent plusieurs alliances successives se mettre en place et le pouvoir passer de main en main. Cette période a démontré au passage, s'il en était besoin, que la question ethnique occupe une importance primordiale dans la politique mauricienne, où les hindous jouent le premier rôle. En 1999, l'équilibre interethnique fut quelque peu bouleversé suite à des émeutes entre créoles et hindous causées par la mort suspecte du chanteur Joseph Topize, alias Kaya, dans la cellule d'un commissariat.

L'alliance entre le MMM de Paul Bérenger et le MSM d'Anerood Jugnauth remporta les élections législatives de septembre 2000. Les deux hommes tombèrent d'accord sur un principe d'alternance original : sir Anerood Jugnauth serait Premier ministre durant trois ans, au terme desquels il céderait ce poste à Paul Bérenger durant les deux dernières années avant les élections générales de 2005 et deviendrait président de la République. La passation eut lieu comme convenu. Elle a constitué une petite révolution pour Maurice : pour la première fois, un non-hindou, le créole blanc Paul Bérenger, occupait le poste de Premier ministre de l'île. L'expérience fut de courte durée : les hindous ont mis les bouchées doubles pour reconquérir le pouvoir et Paul Bérenger a dû céder la place à Navinshandra (Navin) Ramgoolam (fils de Seewoosagur Ramgoolam) au terme de son mandat.

"Sous les Français nous roulions à droite, sous les Anglais à gauche. Depuis l'indépendance, on roule où on veut." Un chauffeur de taxi à Port Louis.

Anerood Jugnauth, que beaucoup considèrent comme le père historique de ce que l'on a appelé le "miracle économique mauricien", fut le quatrième président de la république de Maurice jusqu'à sa démission en mars 2012. En décembre 2014, il revint au pouvoir, élu au poste de Premier ministre pour la troisième fois de sa carrière.

En 2015, Ameenah Gurib-Fakim, chimiste, devient la première femme du pays à être élue présidente de la République. Elle démissionne trois ans plus tard suite à un scandale financier. En 2019, Prithvirajsing Roopun, qui fut ministre de l'Intégration sociale et de l'Autonomisation économique de 2014 à 2017 et ministre des Arts et de la Culture de 2016 à 2019, est élu président de la république de Maurice.

2005

Les déboires des filières sucrière et textile menacent l'économie mauricienne, pour laquelle le tourisme est de plus en plus stratégique.

2012

Démission, en mars, du président de la République sir Anerood Jugnauth, en conflit avec le Premier ministre.

2015

Ameenah Gurib-Fakim, biologiste et doyenne de la faculté des sciences, est la première femme du pays à être élue Présidente. Elle démissionne en 2018 suite à un scandale financier.

2019

Après l'intérim du vice-président, Barlen Vyapoory, Prithvirajsing Roopun est élu président.

Culture et société

Pays mosaïque, terre de fusion très influencée par l'Inde – autre ancienne nation colonisée qui a réussi à trouver sa voie –, la république de Maurice est animée par la fierté de ceux qui se sont faits seuls, "à la force du poignet" diraient certains. Minuscule bout de terre au milieu du vaste océan Indien, l'île Maurice indépendante est parvenue à se forger une identité, à surmonter le handicap de son isolement, à se bâtir une économie viable.

Économie

Symboles de la réussite sur laquelle repose la fierté mauricienne, les résultats économiques du pays tiennent une grande place dans les préoccupations quotidiennes de l'île. Ils ont longtemps été excellents : la très libérale Maurice a en effet réalisé un petit miracle économique après son indépendance, en 1968. Elle a réussi cette prouesse en s'appuyant sur trois "piliers" historiques – la canne, le textile et le tourisme – maintenant complétés par les services, notamment financiers et informatiques. L'île est ainsi passée d'une économie de pays pauvre, fondée essentiellement sur l'agriculture, à une économie diversifiée et en croissance soutenue, qui s'est cependant ralentie depuis la crise de 2008.

La moitié des exportations mauriciennes sont à destination de l'Europe, notamment la France.

L'économie mauricienne s'est longtemps résumée à un mot : sucre. Cette filière, vieille de plus de 200 ans, représentait environ 90% des exportations. La canne couvrait la plus grande partie des terres fertiles du pays, sur lesquelles une grande partie de la population active était employée. La bonne santé de l'économie a ainsi longtemps dépendu uniquement de la récolte, laquelle est toujours à la merci d'un cyclone ou d'une chute des cours mondiaux du sucre. Aujourd'hui, plus de 50 ans après l'indépendance de l'île, la filière connaît une grave crise ; en 2022, il ne reste que 3 raffineries, contre 124 en 1891. La concurrence, la fin du « Protocole sucre » qui lui accordait un accès préférentiel au marché, et les quotas sucriers européens obligent l'industrie cannière à se diversifier, avec par exemple la production d'électricité à partir des bagasses (résidu du broyage de la canne), ou de bioéthanol, biocarburant pour certains moteurs à essence (voir l'interview p. 77).

Trop dépendante de l'industrie sucrière, l'économie mauricienne a connu une première mutation quand a été créée en 1970 la Zone franche manufacturière. Grâce à elle, et aux incitations fiscales qui en découlent, les capitaux étrangers ont afflué et les exportations ont régulièrement augmenté. Elles se sont notamment illustrées dans le domaine textile, qui a connu un fort développement depuis le milieu des années 1970. Mais ici aussi, l'horizon s'est assombri. Le secteur a dû faire face à des concurrents meilleur marché, à Madagascar puis en Asie. De fait, il est de plus en plus courant de voir des articles textiles "Made in China" ou "Made in Thailand" sur les marchés de l'île, là où le "Made in Mauritius" était encore de règle il y a quelques années.

Autre moteur de l'économie mauricienne, le secteur tertiaire et financier offshore permet à des entreprises et à des banques étrangères de bénéficier d'exonérations fiscales particulièrement avantageuses.

Maurice s'est ainsi taillé une place enviable dans le domaine des services financiers internationaux. Elle s'illustre aussi dans les services informatiques et des *call centers*, visibles notamment dans la Cybercity (voir l'encadré p. 113). Ces secteurs prometteurs contribuent à l'émergence d'une classe moyenne mais ne se satisfont pas de la main-d'œuvre à faible qualification issue des filières sucrière et textile.

Le tourisme, enfin, est une manne pour l'île, qui ne ménage jamais ses efforts pour vendre son image de paradis tropical. Il fait de plus en plus figure d'ultime recours pour le pays… au détriment de l'environnement. Avec ses 62 établissements classés en catégorie 4 et 5 étoiles, Maurice cherche avant tout les faveurs d'une clientèle internationale fortunée (au point de considérer parfois que les voyageurs à petit budget nuisent à son image haut de gamme…). En 2019, 1,42 million de touristes (dont 420 000 Français) ont visité l'île : ils viennent principalement d'Europe – France métropolitaine et la Réunion, Angleterre, Allemagne, Italie, Suisse… – mais aussi d'Inde, de Chine, de Russie ou d'Afrique du Sud. La majorité des touristes séjournent 10 jours en moyenne à Maurice. Plus de 16% de la population active, soit près de 60 000 personnes, travaillent dans les hôtels ou les restaurants, et on estime qu'une seule chambre d'hôtel dans un établissement de luxe fournit du travail à 7 personnes. La loi IRS (Integrated Resort Scheme ; voir l'encadré p. 123) a ouvert la porte en 2002 à une nouvelle forme d'immobilier de prestige. Pour la première fois dans l'histoire du pays, elle permet aux étrangers fortunés d'acquérir des villas sur l'île, à condition d'y mettre le prix.

Le tourisme, comme d'autres secteurs de l'économie, bénéficie d'un atout de taille de la société mauricienne : son bilinguisme. Hérité du colonialisme, il est une réalité au quotidien dans cette île où le français, l'anglais et le créole mêlent leurs accents. Le secteur se trouve cependant limité par la réalité immobilière : il est de plus en plus difficile de trouver de nouveaux sites où bâtir des hôtels sur l'île. D'où l'augmentation des baux littoraux que doivent payer les propriétaires de terrains en bord de mer, qui ne fait pas la joie de tous…

L'Aapravasi Ghat, où débarquèrent entre 1834 et 1920 près d'un demi-million de travailleurs sous contrat en provenance d'Inde, a été inscrit sur la liste du Patrimoine de l'humanité en 2006.

LA COMMUNAUTÉ SINO-MAURICIENNE

Au XVIe siècle, des travailleurs agricoles venus de Penang et Singapour furent recrutés par les Hollandais et amenés sur l'île. Une autre vague de volontaires chinois, plus conséquente, suivit un siècle plus tard, encouragée suite à l'abolition de l'esclavage en 1835. Les commerçants chinois, souvent installés à proximité des plantations, vendaient en premier lieu aux communautés formées par les anciens esclaves puis aux ouvriers agricoles indiens. La "boutik sinois" (la boutique chinoise en créole), qui vend au détail et est tenue principalement par des hommes, fleurit dès lors. À la veille de l'indépendance de Maurice, ils furent nombreux à s'expatrier en Europe, aux États-Unis et au Canada. En 1971, la création de la zone franche d'exportation dynamisa leur activité.

Pour cette communauté réputée travailleuse et ambitieuse, la réussite sociale est fondamentale : il faut gagner plus que la génération précédente, afin de permettre aux enfants de faire des études, si possible à l'étranger. Ainsi, ces dix dernières années, la population chinoise mauricienne a considérablement chuté, préférant s'expatrier pour accroître les possibilités de carrière des membres de la famille. Elle représente aujourd'hui environ 15 000 personnes. La solidarité au sein de la communauté perdure toutefois et de nombreuses associations prennent notamment en charge les personnes les plus âgées qui se retrouvent seules. On peut les voir jouer au mah-jong ou faire du tai-chi dans Chinatown, qui recèle de belles pharmacies et de savoureux petits restaurants. Ne manquez pas non plus d'assister dans la capitale à l'une des fêtes traditionnelles chinoises, comme la Fête du Printemps (voir le chapitre *Mois par mois* p. 26).

Population

La population de Maurice avoisine 1,3 million d'habitants. Avec 630 habitants au kilomètre carré, c'est l'une des densités les plus fortes au monde. Le taux de croissance de la population, en baisse constante depuis quelques années, est d'environ 1%.

Les Mauriciens d'origine indienne, ou Indo-Mauriciens, sont les plus nombreux, avec plus de 68% de la population. Leurs ancêtres étaient en majorité des travailleurs venus sous contrat dans l'île pour travailler dans les champs de canne à sucre. Ils sont tamouls (originaires du Tamil Nadu, au sud de l'Inde), hindous (du Bihar au nord de l'Inde) ou musulmans (du Bihar, du Gujarat et du Bengale). Chez les hindous, le système des castes joue encore un grand rôle dans la vie quotidienne. Les créoles, descendants des esclaves importés de Madagascar et des côtes de l'Afrique de l'Est, constituent, quant à eux, 27% de la population ; les Mauriciens d'origine chinoise (Sino-Mauriciens) 3% ; et les Mauriciens descendants des colons européens (Franco-Mauriciens), à peine 2%. Les Indo-Mauriciens, supérieurs en nombre, contrôlent la vie politique. Malgré leur faible nombre, les Franco-Mauriciens détiennent encore une grande partie de l'économie et des domaines sucriers. Nombre d'entre eux vivent dans de belles villas à Curepipe, Moka ou Rivière Noire et possèdent des "campements" (souvent de belles maisons) sur la côte. Ils ont en général les moyens de vivre très confortablement à Maurice ou d'émigrer en Afrique du Sud ou en France. Beaucoup ont d'ailleurs choisi cette solution au lendemain de l'indépendance. Les Sino-Mauriciens sont bien implantés dans le commerce et les professions libérales. Ils sont disséminés sur toute l'île. Port Louis compte un quartier chinois.

Deux tiers d'origine indienne, un petit tiers créole, une communauté chinoise : la mosaïque de la population mauricienne est une réalité. Hindouisme, christianisme, islam et bouddhisme cohabitent sur l'île.

Les Îlois ou Chagossiens constituent un groupe très minoritaire. Ces insulaires expulsés des îles Chagos ont trouvé asile à l'île Maurice entre 1963 et 1973, lorsque le Royaume-Uni, à qui appartenaient les îles Chagos, loua l'île de Diego Garcia aux Américains pour en faire une base militaire (voir l'encadré p. 201). En 1979, le gouvernement britannique a directement versé aux Îlois 1,25 million de livres sterling d'indemnités et les a installés dans les cités des quartiers nord de Port Louis. Ils vivent aujourd'hui dans des conditions assez misérables. Le gouvernement mauricien revendique toujours l'archipel des Chagos.

Maurice est souvent citée en exemple pour la bonne cohabitation interethnique et religieuse de ses habitants. Il est vrai que par rapport à de nombreux autres pays multiculturels, l'île fait bonne figure. En pratique cependant, les dissensions ethniques existent bel et bien, et l'on parle de "communalisme" pour désigner le corporatisme ethnique, bien réel. Il existe peu de mariages mixtes mais les liens sociaux entre les diverses communautés se sont améliorés.

L'éducation publique est généralisée et de bonne qualité. L'école est gratuite pour le primaire et le secondaire. Plusieurs milliers d'étudiants fréquentent l'université de Maurice, au Réduit. D'autres centres d'enseignement supérieur se sont implantés dans le pays.

En 1735, l'île comptait 1 000 habitants. En 1835, 101 500 personnes vivaient à Maurice, dont 76 774 esclaves affranchis. Le million d'habitants fut franchi peu avant les années 1990.

Religion

L'hindouisme est la principale religion de Maurice. Il est pratiqué par 48,5% des habitants, dans plus de 150 temples répartis sur toute l'île. Les chrétiens représentent 32,7% de la population, l'Église catholique regroupant à elle seule quelque 325 000 des 404 000 chrétiens du pays. Beaucoup de catholiques vont prier à la chapelle du Père Laval, à Sainte-Croix, un faubourg de Port Louis. On raconte que le missionnaire français Jacques Laval (1803-1864 ; voir p. 70) convertit plus de 67 000 personnes au christianisme durant les 23 ans de son séjour sur l'île. Il a été béatifié par le pape Jean-Paul II.

L'islam est également bien implanté sur l'île : 17,3% des habitants se déclarent musulmans. Les Sino-Mauriciens sont peu démonstratifs dans leurs pratiques traditionnelles ou religieuses, hormis lors du Nouvel An chinois. Beaucoup se sont convertis au catholicisme, mais on trouve quelques pagodes et des temples bouddhiques à Port Louis.

La tolérance religieuse est de mise à Maurice, et concourt à construire "le mauricianisme". Les mosquées, les églises et les temples hindous sont souvent construits à deux pas les uns des autres.

Sports

Le football est le principal sport pratiqué à l'île Maurice. Le stade King George V de Curepipe est le principal lieu de rencontres. Chaque ville et village semble avoir son propre club sportif, axé sur le football. Autour de Mahébourg, les clubs portent souvent des noms d'équipes de football britanniques. Le basket-ball et le volley-ball remportent un succès croissant parmi les jeunes.

Les activités hippiques occupent également la tête d'affiche. Un grand nombre de courses sont disputées de mars à fin novembre sur l'hippodrome du Champ de Mars (p. 64), à Port Louis. L'île compte enfin un certain nombre de rendez-vous internationaux de golf ; Rodrigues accueille, elle, une compétition internationale de kitesurf (voir p. 182).

Médias

Les principaux quotidiens sont *L'Express* (www.lexpress.mu), *Le Mauricien* (www.lemauricien.com) et *Le Défi* (www.defimedia.info). Ils sont presque tous en français – avec parfois quelques articles en anglais. L'une des caractéristiques des quotidiens mauriciens est cependant de mêler parfois les deux langues dans un même article : le corps du texte est en français, mais des citations en anglais peuvent apparaître si elles ont été prononcées dans cette langue. Parmi les autres journaux, mentionnons *Week-End, Mauritius Times, News on Sunday* et *La Vie catholique*. Les hebdomadaires sont de plus en plus généralistes, consacrant leurs articles à l'activité culturelle, sociale, économique, et aux faits divers.

Le Morne Brabant est le deuxième site du pays à avoir été classé sur la liste du Patrimoine mondial de l'Unesco, en 2008, du fait de son importance à l'époque de l'esclavage. De nombreux esclaves trouvèrent en effet refuge sur ses pentes.

Certaines librairies et une poignée d'hôtels haut de gamme proposent un éventail restreint de journaux et de magazines étrangers. Le magazine bimestriel et gratuit **Kozé** (koze.mu), lancé en 2014, propose bons plans gastronomie, culture, vie nocturne et sports ; on le trouve un peu partout sur l'île.

La télévision mauricienne, la **Mauritius Broadcasting Corporation** (MBC ; www.mbcradio.tv), créée en 1964, compte trois chaînes principales. Leurs programmes sont diffusés de 7h du matin jusqu'à tard dans la soirée et couvrent avant tout des sujets d'actualité. Vous pourrez également y voir des séries indiennes, dans la plus pure tradition de Bollywood. La plupart des émissions sont en français, avec quelques plages en anglais et en hindi. De nombreuses chaînes de télévision internationales par bouquet satellite sont disponibles.

La MBC diffuse des émissions de radio en français, créole, hindi, chinois et anglais. **Radio France Internationale** (www.rfi.fr) émet à Maurice et Rodrigues sur la fréquence 93.2 FM.

Art et architecture

L'île Maurice est aussi une terre d'artistes, inspirés par son imaginaire métissé. C'est à son île que J.M.G Le Clézio, prix Nobel de littérature en 1998, dédia sa récompense. L'île a vu naître de nombreux écrivains et poètes reconnus à l'étranger, mais aussi des musiciens et chanteurs permettant à la langue créole de rayonner au-delà de l'océan Indien.

Architecture

Les maisons de l'époque coloniale sont les exemples les plus éminents de l'architecture présente à Maurice. Il s'agit généralement de vastes demeures en bois, plantées au milieu d'un parc ou de plantations. Le toit, pentu, est couvert de bardeaux. La varangue est la marque distinctive de cette architecture : cette véranda couverte d'un toit en *argamasse* (mortier imperméable à base de tuiles broyées, d'œuf, de sucre et de chaux), entre la maison et le jardin et à laquelle on accède par quelques marches, est le lieu social par excellence. On y reçoit les visiteurs, on y déguste le thé en contemplant les jardins... Des stores en rotin ou en latanier permettent de la protéger du soleil ou de la pluie ; la plupart des cloisons en bois sont pourvues de portes assorties d'impostes pour faciliter la circulation de l'air. Autre caractéristique de l'architecture créole : le lambrequin. Cette frise de bois ou de tôle souligne la bordure des auvents, des toits et des fenêtres. Les motifs, simples et répétitifs, sont généralement floraux.

L'architecture créole traditionnelle a cependant cédé le pas face à la frénésie moderniste qui s'est emparée du pays. Inexorablement, les maisons créoles, bâties pour la plupart au XIXe siècle, ont été détruites et remplacées par des immeubles en béton : une centaine environ ont échappé à la démolition. La plupart sont privées et ne peuvent être aperçues que furtivement depuis la rue dans les vieux quartiers de Port Louis et de Curepipe. On peut en admirer d'autres, voire les visiter, comme la maison Eurêka (p. 114), le musée naval à Mahébourg (p. 157) ou les maisons bordant la place d'Armes (p. 60) à Port Louis.

Un certain renouveau mérite d'être salué. Une poignée de demeures coloniales ont en effet été transformées en musées ou en restaurants, et à ce titre ouvertes au public, au cours des dernières années. La maison des Aubineaux (Curepipe ; p. 107), le château de Labourdonnais (p. 102) et les restaurants Le Saint-Aubin (p. 172), la Demeure Saint-Antoine (p. 102) et le Domaine de Beau Vallon (p. 161) sont du nombre.

Danse et musique

La musique occupe une place de choix dans la culture populaire. La plus traditionnelle est le séga, qui désigne à la fois une forme musicale et la danse qui l'accompagne. Expression artistique la plus représentative de l'île, il était naguère dansé sur les plages, au rythme des tambours. On raconte que sa simplicité vient du fait que le sable empêchait de faire des pas sophistiqués... Il se danse en glissant les pieds – qui ne quittent jamais le sol – d'arrière en avant. Le reste du corps suit le mouvement. Outre ses origines africaines, le séga, par son rythme et son tempo, est apparenté à la salsa latino-américaine et au calypso des Caraïbes. Les instruments qui l'accompagnent sont la ravanne, un tambourin plat tendu d'une peau de cabri, la maravanne (boîte remplie de graines séchées), les mayos (plaquettes en bois qu'on frappe l'une contre l'autre) et le triangle.

Le séga a ouvert la voie à une variation plus moderne : le seggae. C'est souvent ce métissage du séga et du reggae, mêlant instruments électriques et traditionnels, que vous entendrez dans les clubs.

Les ségas démarrant spontanément sur la plage font désormais partie du passé. Pour assister à un spectacle, vous devrez vous rendre dans les hôtels de luxe – ces soirées sont en général ouvertes à tous.

L'île Maurice compte de bons groupes et chanteurs créoles, notamment les Windblows, Serge Lebrasse ou Alain Ramanisum. Le groupe Larmoni interprète, pour sa part, des ségas aux paroles politiquement très engagées. Ras Natty Baby et les Natty Rebels est considéré comme l'un des meilleurs groupes de seggae. Ti-Frère (1900-1992), le chanteur de séga le plus populaire du pays, a relancé cette forme musicale au début des années 1950 et sa chanson *Anita* est devenue un classique. Lors de votre séjour, vous entendrez sûrement une chanson de Kaya. Ce chanteur de seggae est devenu un symbole pour la communauté créole après son décès en 1999, qui aurait été causé par un brutal interrogatoire de police. Parmi les artistes qui assurent la relève, citons Yaya, Ti frère, Menwar, Éric Triton, Jerry Léonide ou la chanteuse Linzy Bacbotte. Ils se produisent parfois au N'joy (voir p. 93). Lancé en décembre 2017, filoumoris.com propose des centaines de morceaux inédits ou disparus.

Littérature

L'une des plus célèbres contributions de l'île Maurice à la littérature est certainement *Paul et Virginie*, de Bernardin de Saint-Pierre (voir encadré p. 103). Publié en 1788 et étroitement lié à l'histoire de l'île, ce roman sentimental s'inspire du naufrage du *Saint-Géran*, le 18 août 1744. Prix Nobel de littérature 2008, Jean-Marie Gustave Le Clézio (voir encadré ci-contre) est également indissociable de la littérature rattachée à Maurice.

Pour découvrir la littérature mauricienne du XXe siècle, tournez-vous vers les œuvres de Malcolm de Chazal, dont le livre le plus connu est sans doute *Petrusmok* (1951). On lui doit également *Sens-plastique* (1948), *Sens magique* (1956), *Poème* (1959) et *Sens unique* (1974), réédités par les éditions Léo Scheer. L'île compte d'autres écrivains reconnus, comme Robert Edward Hart, Édouard Maunick, les frères Masson (Loys et André) et Léoville L'Homme.

On assiste depuis plusieurs années à l'émergence d'une nouvelle génération d'auteurs écrivant en français et présentant une vision plus inattendue de leur île. Ananda Devi s'est fait connaître grâce à *Moi, l'interdite* (Dapper, 2000), *Soupir* (Gallimard, 2001), *La Vie de Joséphin le fou* (Gallimard 2003), *Le Long Désir* (Gallimard, 2003) ou encore *Ève de ses décombres* (Gallimard, 2006). Dans une langue ciselée, elle raconte une île où chaque communauté est cantonnée à une place pouvant devenir oppressante. *L'Ambassadeur triste* (Gallimard, 2015) est un recueil de nouvelles traitant des thématiques chères à l'auteur : la place des femmes, la modernité et les traditions… *Manger l'autre* (2018) a reçu le prix Ouest-France/Étonnants Voyageurs, tandis que son dernier livre, *Le Rire des déesses* (Grasset, 2021), est une ode aux femmes et à la liberté. Chevalier des Arts et des Lettres, elle vit en France mais l'île sert souvent de cadre à ses écrits.

À Port Louis, la librairie L'Atelier Littéraire (p. 68) propose de nombreux auteurs mauriciens dans ses rayons.

Autre grande figure de cette nouvelle vague littéraire, Carl de Souza a notamment signé *La maison qui marchait vers le large* (Le Serpent à plumes, 2001) et *Les Jours Kaya* (L'Olivier, 2000), dans lequel il revient sur les émeutes qui ont secoué l'île en 1999, suite à la mort suspecte du musicien. Son dernier roman, *L'Année des cyclones* (2018), est également publié aux éditions de l'Olivier, très actives dans le domaine de la

LE CLÉZIO, ENFANT DE L'ÎLE MAURICE

Né à Nice en 1940, Jean-Marie Gustave Le Clézio est originaire de Maurice par la famille de son père, installée sur l'île depuis le XVIIIe siècle. Révélé à 23 ans grâce à son premier roman *Le Procès-Verbal* (prix Renaudot, 1963), l'auteur aborde l'univers mauricien en 1985 dans *Le Chercheur d'or* (Gallimard, 1985).

Situé en 1892, le roman raconte l'histoire d'une famille, recluse dans une maison sur la côte ouest de l'île. Après avoir fait faillite, le père est contraint à l'exil. Devenu adulte et de retour sur l'île, le fils cherche un hypothétique trésor qui aurait permis de racheter le domaine familial perdu. Cette quête l'emmène sur les traces de son ancêtre à travers les paysages et les émotions de son enfance mauricienne, à l'origine de l'imaginaire de l'écrivain.

Installé par la suite au Mexique, l'auteur écrira d'autres ouvrages avec l'île pour décor (*Voyage à Rodrigues, La Saison des pluies, Sirandanes, La Quarantaine, Alma*), sans cesser de poser des questions sur le mystère de ses origines. La maison Eurêka (p. 114) et l'île de Rodrigues (p. 178) sont les lieux les plus emblématiques attachés à son œuvre.

littérature mauricienne. Barlen Pyamootoo livre avec *Benarès* (L'Olivier, 1999) un étrange récit, aux marges de l'imaginaire, d'une nuit sur l'île Maurice. On lui doit également *Le Tour de Babylone* (L'Olivier, 2002), et *Salogi's* (L'Olivier, 2008), qui brosse le portrait de sa mère récemment disparue, tiraillée entre son pays d'exil et ses racines mauriciennes. Dans *L'Île au poisson venimeux* (L'Olivier, 2017), il brosse un portrait de l'île loin des clichés. Dans son dernier ouvrage, *Whitman* (L'Olivier, 2019), il raconte le poète américain éponyme, et aborde la question de la quête de l'écriture. Toujours chez le même éditeur, Shenaz Patel a signé entre autres *Sensitive* (2003) et *Le Silence des Chagos* (2005), dans lequel elle revient sur le déplacement de la population de cet archipel, à la fin des années 1960. Dans son dernier roman, *Paradis Blues* (Vents d'ailleurs, 2014), elle raconte elle aussi la face cachée de la réalité mauricienne. Journaliste et musicien, Bertrand de Robillard est pour sa part l'auteur de *L'homme qui penche* (L'Olivier, 2003) et d'*Une interminable distraction au monde* (L'Olivier, 2011).

Nouvelles de l'île Maurice (Magellan & Cie, 2007), recueil de nouvelles des plumes de la littérature mauricienne, telles que Shenaz Patel, Vinod Rughoonundun, Ananda Devi ou Sailesh Ramchurn, est une excellente introduction à la littérature métissée de l'île Maurice.

Citons également Nathacha Appanah, auteur des remarqués *Les Rochers de Poudre d'Or* (Gallimard, 2003) et *Blue Bay Palace* (Gallimard, 2004), dans lequel elle relate la douleur d'une jeune fille pauvre vivant à l'ombre d'un hôtel de luxe. *La Noce d'Anna* (Gallimard, 2005) évoque les souvenirs qui reviennent en mémoire d'une femme le jour où elle marie sa fille, tandis que son roman *Le Dernier Frère* (L'Olivier, 2007) parle du passage à Maurice de 1 580 réfugiés juifs au début de la Seconde Guerre mondiale. Son roman *Tropique de la violence* (Gallimard, 2016), a reçu de nombreux prix. Elle a récemment publié, chez le même éditeur, *Une année lumière* (2018), *Le ciel par-dessus le toit* (2019) et *Rien ne t'appartient* (2021).

Depuis les années 1970, les éditeurs publient aussi en créole. Citons *Quand montagne prend difé...* de Renée Asgarally, *La Mare mo mémoire* (poèmes) de Ramesh Dutt Ramdoyal et *La Fimé da lizié* de Dev Virahsawmy.

Charles Baudelaire, Mark Twain et Joseph Conrad ont par ailleurs visité l'île. Le premier a écrit son premier poème, "À une dame créole", à Pamplemousses. Le deuxième, père de Tom Sawyer, aurait dit que Dieu créa d'abord Maurice, puis le paradis à son image. Le troisième a situé dans l'île une de ses nouvelles, *A Smile of Fortune*. Son roman *Entre terre et mer* est fondé sur une histoire d'amour à Port Louis. Enfin, Patrick O'Brian a écrit un roman d'aventures historique, *Expédition à l'île Maurice*, qui décrit la guerre navale à l'époque de Napoléon.

Environnement

Île volcanique à la végétation luxuriante, Maurice n'a accueilli qu'une faune et une flore endémiques assez limitées : quelques espèces d'oiseaux – comme le pigeon rose – et de reptiles, mais aucun mammifère hormis les chauves-souris. On peut les observer dans la forêt dense ou sur des îlots protégés, servant de laboratoires de réintroduction d'espèces rares et de plantes endémiques.

Géologie

Île volcanique, Maurice s'étend sur 58 km du nord au sud et 47 km d'est en ouest, soit une superficie de 1 860 km² (2 040 km² avec Rodrigues et les autres îles de la république de Maurice). Elle est située approximativement à 220 km au nord-est de la Réunion, à 800 km à l'est de Madagascar et à 5 855 km à l'ouest de Perth (Australie). Elle se trouve à la même latitude que Rio de Janeiro (Brésil). L'État comprend en outre l'île habitée de Rodrigues, à 560 km au nord-est, et les atolls des Cargados Carajos (Saint-Brandon) et d'Agalega.

Terre la plus proche au nord : les Seychelles (1 500 km)

Terre la plus proche au sud-ouest : la Réunion (220 km)

Terre la plus proche à l'est : Australie (5 800 km)

Terre la plus proche à l'ouest : Madagascar (800 km)

À la différence de l'île voisine de la Réunion, plus jeune, Maurice se caractérise par un relief relativement plat. Il est seulement rythmé par quelques montagnes, notamment au sud, où des pitons d'origine volcanique se dressent modestement vers le ciel. Ils se prolongent par un plateau central qui descend doucement à mesure que l'on monte vers le nord. Ces montagnes sont plus impressionnantes par leurs formes effilées que par leur altitude. Le plus haut sommet, le piton de la Petite Rivière Noire, culmine à 828 m seulement.

Le relief de l'île, version érodée de celui de la Réunion, s'explique par son histoire géologique. Maurice doit sa naissance, il y a 8-10 millions d'années, à l'action éruptive du volcan sous-marin à qui l'on doit également l'existence de sa voisine. Elle ne présente pourtant plus aucune activité volcanique : la croûte terrestre s'est déplacée au cours des millénaires, éloignant l'île Maurice du conduit magmatique. Celui-ci est actuellement centré sur le piton de la Fournaise, au sud-est de l'île de la Réunion, qui présente ainsi un volcanisme actif. Les cratères éteints de Trou aux Cerfs à Curepipe, les lacs volcaniques comme celui de Grand Bassin ou Bassin Blanc, les formations géologiques basaltiques visibles çà et là témoignent de l'activité volcanique ancienne de l'île. Vous verrez souvent des centaines de petites pyramides constituées de roches volcaniques amoncelées, ramassées afin de nettoyer les champs avant de planter la canne (elles ont cependant tendance à disparaître, ces roches étant de plus en plus utilisées pour des agrégats). L'évolution de la géologie de l'île a permis l'émergence du lagon. Au fil des millénaires, le socle basaltique s'est lentement affaissé et les coraux se sont développés sur les flancs du volcan originel, jusqu'à former la barrière de corail. Cette barrière n'est pas continue. Entre Souillac et Le Bouchon, sur la côte sud, les eaux de l'océan viennent battre les falaises.

Faune et flore

L'île présente une végétation luxuriante mais un nombre d'espèces animales réduit. Tout comme le dodo, plusieurs espèces ont disparu, parmi lesquelles les râles (petits oiseaux) et les tortues géantes de l'île Maurice, remplacées dans le cadre de divers programmes par une espèce cousine originaire des Seychelles. Certaines espèces uniques comme le pigeon rose (*Nesoenas mayeri*) ont néanmoins survécu et font l'objet de programmes de sauvegarde ou de réintroduction, encore timides. La forêt primaire a pour sa part été en grande partie sacrifiée au développement de la canne à sucre. Il ne reste qu'une infime partie de la forêt primaire d'origine, notamment dans le parc national de Rivière Noire et aux abords de la vallée de Ferney. La protection de l'environnement a en effet longtemps fini là où débutaient les besoins du tourisme, comme en témoigne la situation actuelle de l'île aux Cerfs. Dans les faits, les espaces protégés à Maurice sont rares. Outre l'île aux Aigrettes, les derniers en date sont la réserve nationale de Bras d'Eau et le parc marin de Blue Bay, dont la création a fait couler beaucoup d'encre (voir p. 164).

Le meilleur moyen de découvrir l'essentiel de la flore et de la faune de l'île est de visiter le jardin botanique de Pamplemousses (mais la plupart des espèces y ont été introduites, p. 74), la vallée de Ferney (p. 167), l'île aux Aigrettes (p. 163), le domaine de l'Étoile (p. 119), le domaine de Chazal (p. 175), le parc national des gorges de Rivière Noire (p. 143), la Vanille-réserve des Mascareignes à proximité de Souillac et éventuellement le Muséum d'histoire naturelle de Port Louis (Natural History Museum ; p. 62).

Pour plus de détails sur la flore et la faune spécifiques à Rodrigues, reportez-vous au chapitre *Rodrigues* (p. 178).

Faune et avifaune

L'île Maurice compte un nombre restreint d'espèces animales. Aucune n'est dangereuse. Le long des routes, vous pourrez apercevoir des mangoustes se faufilant entre les champs de canne, et dans les forêts des cerfs de Java. Ces derniers, introduits du temps des Hollandais pour leur viande, se compteraient en dizaines de milliers.

Pour en savoir plus sur les espèces protégées de l'île Maurice, rendez-vous sur le site de la Mauritian Wildlife Foundation (www.mauritian-wildlife.org).

Destiné aux enfants, *Le Bestiaire mauricien* de Shenaz Patel et Emmanuelle Tchoukriel (Atelier Nomades, 2016) est un très beau livre de contes autour de la faune de l'île.

PROTECTION DE LA NATURE

La meilleure source d'information sur la faune et la flore de l'île Maurice est la **Mauritian Wildlife Foundation** (MWF ; ☎697 6097 ; www.mauritian-wildlife.org ; Grannum Rd, Vacoas) anciennement appelée Mauritian Wildlife Appeal Fund, fondée en 1984 afin de protéger les oiseaux, plantes, reptiles et mammifères rares de l'île Maurice et de Rodrigues. La MWF soutient énergiquement la création de parcs nationaux, les projets visant à accroître les populations d'espèces ornithologiques menacées (crécerelle ou faucon mauricien, pigeon rose, perruche de Maurice, zostéropidés et foudi de l'île Maurice), les programmes pour la réintroduction de reptiles et la préservation de la végétation endémique (également à l'île Ronde et à l'île aux Aigrettes, ainsi qu'à Rodrigues, dont l'île aux Cocos et l'île des Sables sont des exemples de conservation).

La **Mauritius Marine Conservation Society** (Société mauricienne pour la conservation de la mer ; MMCS ; www.mmcs-ngo.org) et le **Mauritius Underwater Group** (Groupe sous-marin mauricien ; MUG ; www.mug.mu) mènent une campagne pour lutter contre la pollution marine et la destruction des récifs coralliens.

Au début des années 1990, la MMCS a lancé avec succès une campagne visant à promulguer une nouvelle loi contre la pêche aux filets dérivants. L'organisme œuvre également à la création de récifs artificiels avec des matériaux appropriés (à Mont Choisy et Flic-en-Flac), étudie les baleines et les dauphins, réalise des films de sensibilisation et publie des articles concernant la conservation du milieu marin.

En vous aventurant plus loin dans les terres, notamment vers les gorges de la rivière Noire, vous pourrez également rencontrer des cochons sauvages ("cochons marron") et des macaques.

L'oiseau le plus célèbre de Maurice est sans aucun doute le dodo (ou dronte), sorte de grosse volaille endémique de l'île qui avait perdu sa capacité à s'envoler. L'extinction de l'espèce date de la fin du XVIIe siècle, consécutive à l'arrivée sur l'île des Hollandais. Depuis, le dodo est devenu le symbole des espèces disparues.

L'île possède par ailleurs plusieurs espèces d'oiseaux rares, qui risquent de disparaître si elles ne sont pas protégées avec plus de vigilance. Le nombre de crécerelles de l'île Maurice (*Falco punctatus*) a connu une chute massive suite à la destruction de l'habitat, aux empoisonnements par pesticides et à la chasse. En 1974, il ne restait que quatre spécimens de ce petit rapace. Le programme de protection de ces oiseaux, initié en 1973, consiste à favoriser leur reproduction en captivité avant de les libérer et de suivre leur réadaptation à la vie sauvage. Avec une population actuelle estimée à 400 individus, la crécerelle est sortie de la catégorie des animaux en voie d'extinction, grâce aux efforts d'organismes de conservation comme la MWF (Mauritian Wildlife Foundation). Sa protection suit son cours, notamment dans la vallée de Ferney et ses abords. À Rodrigues, la chauve-souris roussette est passée d'une centaine d'individus dans les années 1970 à plus de 25 000 aujourd'hui, grâce à la reforestation.

Scènes de l'île de Rodrigues, de Sylvie Chaussée-Hostein (Orphie, 2005), offre un parcours illustré de l'île de poche des Mascareignes. *Scènes de l'île Maurice* (Orphie, 2002), de Jean-Claude Nourault, dévoile les charmes de sa grande sœur.

La grosse cateau verte (*Psittacula eques*), ou perruche de Maurice, est l'un des perroquets les plus rares au monde, reconnaissable à son vert éclatant et son collier bleu et rose. Au début des années 1980, on estimait qu'il n'en subsistait que 12 individus, dont seulement 3 femelles. Depuis 1985, la MWF gère un projet de protection des perruches sauvages et leur nombre augmente grâce à la reproduction en captivité (en 2015, leur nombre est estimé autour de 600). Les premiers lâchers dans la nature ont été réalisés en 1997.

Reconnaissable à son jabot d'un rose délicat, le pigeon rose (*Nesoenas mayeri*), le plus grand des pigeons et des colombes de l'île, constituait une autre espèce extrêmement menacée avec seulement 12 individus en 1986. On en dénombre maintenant environ 400. Vous pouvez être assuré d'en voir en visitant l'île aux Aigrettes (p. 163).

Les oiseaux chanteurs originaires de l'île Maurice, tels que l'échenilleur, le bulbul, le gobe-mouches du paradis et le foudi de l'île Maurice, sont également menacés. La plupart de ces espèces sont déjà réduites à quelques centaines d'individus.

Pour tout connaître de la biosphère de l'île, consultez *Le Guide Naturaliste Île Maurice, Faune et Flore* (Austral Editions, 2017), très bien fait et richement illustré.

Les espèces prédominantes comprennent de nombreux oiseaux chanteurs introduits par l'homme, comme le foudi de Madagascar, le mainate des Indes – qui, avec son bec et ses pattes jaunes, semble tout droit sorti d'un dessin animé –, le tisserin gendarme et l'oiseau le plus répandu dans l'île : le bulbul orphée.

Pour des détails sur la faune et la flore sous-marines, reportez-vous au chapitre *Plongée et activités nautiques* (p. 34).

Flore

Un tiers des 800 espèces végétales à fleurs répertoriées sur l'île Maurice n'existent nulle part ailleurs. Beaucoup de ces plantes locales ont médiocrement réagi face à l'introduction d'autres espèces végétales (notamment le goyavier, le troène ou le ravenala) et de certains animaux, comme les cerfs, les porcs, les singes et les rats. La déforestation et la mise en place de monocultures n'ont fait qu'aggraver le problème, de sorte que moins de 2% de la forêt primaire a pu subsister. L'un des meilleurs endroits pour découvrir la flore endémique de l'île est le jardin botanique Sir Seewoosagur Ramgoolam à Pamplemousses (p. 74). Pour

TOURISME RESPONSABLE

Les paysages superbes de l'île Maurice sont aussi des milieux naturels où vivent des espèces animales et végétales menacées. Quelques réflexes simples aideront à les préserver.

- De formation récente, le lagon mauricien est fragile et en partie protégé. La pêche et le ramassage de coquillages sont ainsi réglementés dans les lagons. Admirez les fonds avec un masque et un tuba, mais ne marchez pas sur les coraux, dont la croissance est très lente.
- Lors de vos randonnées en forêt, ne ramassez ni plantes ni fleurs.
- Pensez à emporter vos déchets, car, même biodégradables, ceux-ci attirent les rats, et peuvent perturber la reproduction d'oiseaux comme le pigeon rose ou le paille-en-queue.
- Si vous souhaitez allumer un feu, apportez du bois et utilisez les emplacements prévus à cet effet.

rechercher et préserver les espèces locales, l'Office public des forêts (Forestry Service), le ministère de l'Agriculture, en collaboration avec la Mauritian Wildlife Foundation (MWF) et le secteur privé, ont créé des parcelles spécialement protégées des déprédations animales où les espèces introduites à croissance plus rapide ont été supprimées. Les espèces rares sont cultivées dans des pépinières de l'État, puis plantées sur ces parcelles où elles ont plus de chance de survivre et de se régénérer. On espère que ces zones auront en outre l'avantage d'attirer les espèces rares d'oiseaux mauriciens tels que la perruche, le pigeon rose et l'échenilleur.

La plupart des plages de l'île sont bordées de casuarinas, grands arbres élancés qui rappellent les pins (la comparaison s'arrête là : s'ils répandent leurs aiguilles à profusion, ils appartiennent en fait à une autre famille). Également connus sous le nom portugais de filaos, les casuarinas sont d'efficaces coupe-vent et s'adaptent bien aux sols sablonneux. Un grand nombre d'eucalyptus ont aussi été plantés. La forêt d'origine comportait des tambalacoques, grands arbres à tronc argenté, dont les fruits comportent une grosse graine brune d'aspect étrange, à la fois lisse et rugueuse. Les scientifiques sont sceptiques face à la théorie selon laquelle les dodos auraient facilité son développement en se nourrissant de ses graines, qui auraient germé plus facilement après avoir transité par leur estomac. Ils ont presque totalement disparu et l'unique chance d'en voir sera de vous rendre à Curepipe et dans les forêts du parc national, accompagné d'un guide. Vous pourrez par ailleurs observer les plus beaux représentants de la flore introduite : le banian géant des Indes ou le flamboyant, reconnaissable à sa magnifique floraison écarlate (à partir de novembre).

Outre les bougainvilliers, vous rencontrerez en abondance une fleur aux tons rouges : l'anthurium. À première vue, son unique pétale luisant et son spadice jaune saillant lui donnent un aspect artificiel. Elle peut être conservée pendant trois semaines après avoir été cueillie, ce qui explique son succès comme fleur ornementale. Désormais cultivée en grande quantité pour l'exportation, elle agrémente les chambres d'hôtel, les magasins et autres lieux publics. Originaire d'Amérique du Sud, elle a été introduite sur l'île à la fin du XIXe siècle. Les très belles fleurs de frangipanier, blanc et jaune, sont aussi largement utilisées en ornementation.

Parcs nationaux

Le parc national des gorges de Rivière Noire, au sud-ouest de l'île (p. 143), couvre 6 574 ha de montagnes et de forêts, soit 3,5% de la superficie de l'île, et offre quelques possibilités de randonnée. Créée en octobre 2011, la réserve nationale de Bras d'Eau (p. 128) rassemble sur plus de 430 ha araucarias, mahoganis, filaos et eucalyptus.

Les autres réserves naturelles et espaces protégés de l'île Maurice sont Le Pouce (p. 116), l'île Ronde (p. 88), l'île aux Serpents (p. 88), l'île aux Aigrettes (p. 163), Bois Sec (près de Grand Bassin ; p. 177) et le parc marin de Blue Bay (p. 164). Plusieurs cartes de Maurice indiquent des "réserves naturelles" de dimensions très réduites, qui sont surtout l'asile des derniers spécimens d'espèces rares et fragiles. L'accès des visiteurs est limité dans la plupart de ces réserves.

Écologie

Le développement du tourisme à grande échelle n'a pas eu que des conséquences heureuses – les pulvérisations hebdomadaires de pesticides dans les zones hôtelières, afin de satisfaire aux besoins des touristes, n'en sont qu'un des travers. Les autorités mauriciennes soutiennent que les infrastructures hôtelières sont soumises à des réglementations strictes en matière d'environnement et qu'elles se fondent harmonieusement dans le cadre naturel. Reste que de plus en plus de secteurs du littoral, notamment le Nord et l'Ouest, sont dénaturés par une urbanisation outrancière ; ailleurs, le phénomène commence à s'observer, même s'il est plus discret. Ce phénomène n'est certainement pas près de s'inverser, au contraire : les déboires de la canne à sucre et du textile mettent plus que jamais la pression sur l'industrie touristique, en quête constante de sites littoraux où bâtir des hôtels, tout comme les projets rendus possibles par les lois IRS (voir encadré p. 123)

Le lagon et les milieux coralliens sont les premières victimes du bétonnage excessif, car le sable nécessaire à la fabrication des nouvelles constructions est puisé directement dans le lagon. Les volontés affichées de protection de l'environnement s'arrêtent en effet souvent là où débute le développement touristique. L'exemple du parc marin de Blue Bay, dénoncé par certaines organisations locales, est éloquent : le classement du site en réserve naturelle n'a pas empêché la circulation des bateaux à moteur et la privatisation l'île des Deux Cocos par un groupe hôtelier. Viennent s'ajouter les dégâts liés à la quasi-absence de protection marine, aux prélèvements à grande échelle de coquillages, aux sports nautiques (ancres des bateaux, etc.) et aux systèmes de traitement des déchets peu efficaces.

La population est par ailleurs encore peu sensibilisée aux problèmes relatifs à l'environnement. L'exemple de la vallée de Ferney – qui abrite l'une des rares zones de forêt endémique de l'île et a été sauvée *in extremis* de la construction d'une route à quatre voies – ou encore d'Ebony Forest (voir p. 147), semble cependant témoigner d'une prise de conscience, tout comme la mobilisation contre l'autorisation donnée au Japon de pêcher dans les eaux territoriales mauriciennes. Suite à la marée noire provoquée par le Wakashio en 2021, Greenpeace a assuré être optimiste et avoir réussi à promouvoir des leçons suite à cette catastrophe pour un avenir meilleur.

Maurice et Rodrigues pratique

Carnet pratique

Activités

Activités nautiques

Reportez-vous p. 34.

Canyoning et escalade

Il existe un réel potentiel pour ces activités dans les chutes de Tamarin (p. 110) et le parc national des gorges de Rivière Noire (p. 143). L'activité reste sous-développée.

Vertical World (centre, p. 108)

Équitation

Centre équestre de Riambel (sud, p. 173)

Domaine de l'Étoile (est, p. 119)

Haras du Morne (ouest, p. 152)

Horse Riding Delights (nord de l'île Maurice)

Golf

La majorité des terrains sont réservés aux clients des luxueux établissements auxquels ils appartiennent, mais la plupart disposent d'une Golf Academy, qui dispense des cours ouverts à tous. Adressez-vous aux hôtels suivants :

Péninsule de Pointe de Flacq (est, p. 126)

Anahita (est, p. 123)

Île aux Cerfs (est, p. 119)

Blue Bay (sud, p. 163)

Bel Ombre (sud, p. 173)

Péninsule du Morne (ouest, p. 152)

Tamarin – 18-trous du Tamarina Boutique Hotel (ouest, p. 139)

Balaclava – Baie aux Tortues (nord, p. 78)

Golf de Mont Choisy (nord, p. 82)

Quad

Le **domaine de l'Étoile** (est, p. 119) propose des sorties en quad automatique biplace et en buggy. C'est aussi le cas d'**Heritage Nature Reserve** (sud, p. 174).

Randonnée

Si les paysages et le relief de l'île sont très loin d'égaler ceux de La Réunion, la marche à Maurice est l'occasion de visiter les derniers vestiges de la forêt primaire de l'île, d'accéder à de belles cascades, de découvrir des panoramas fantastiques et d'oublier momentanément l'atmosphère parfois aseptisée des stations balnéaires de la côte.

Le **parc national des gorges de Rivière Noire** (p. 143) pourrait être un paradis pour les randonneurs si ses possibilités étaient encore mieux exploitées. Il offre néanmoins de bons parcours, tout comme les sommets du **plateau central**

UN FIL D'ARIANE EN VOYAGE

Le **portail Ariane** (pastel.diplomatie.gouv.fr/fildariane), mis en place par le Centre de crise du ministère des Affaires étrangères, est un service gratuit permettant au voyageur français à l'étranger d'être contacté par le service consulaire, sur son téléphone portable ou par e-mail, au cas où des événements graves (crise politique, catastrophe naturelle, attentat...) se produiraient dans le pays durant son séjour, ou de contacter rapidement sa famille ou ses proches en France en cas de besoin.

La procédure d'inscription se réalise en ligne, où vous donnez des informations sur votre voyage (date de départ, de retour, numéro de téléphone portable, coordonnées d'éventuels contacts sur place, adresses de séjour et itinéraire prévu, etc.).

Grâce à ce service, vous recevrez en outre, avant votre départ, des recommandations de sécurité par e-mail si la situation dans le pays le justifie.

Il existe une application pour les Smartphones et les tablettes, intitulée *Conseils aux voyageurs*.

(p. 105). Le domaine de la **vallée de Ferney** (sud, p. 167) et celui de **l'Étoile**, est, p. 119) permettent de se dégourdir les jambes. Sur la côte ouest, **Le Pouce** (p. 116), dominant Port Louis, **Ebony Forest** (p. 147), et le **Morne** (p. 152), au bout de la péninsule du même nom, dévoilent de beaux panoramas. Les randonnées à Rodrigues sont traitées p. 182.

L'office du tourisme de Port Louis ne dispose que de peu d'informations sur la randonnée. Dans le parc national des gorges de Rivière Noire, les gardes forestiers présents au centre d'information du Pétrin ou à celui de Rivière Noire pourront vous donner des indications, voire vous accompagner.

La **Mauritian Wildlife Foundation** (MWF ; ☎697 6097 ; www.mauritian-wildlife.org) pourra vous renseigner sur la faune et la flore que vous êtes susceptible de rencontrer au cours de vos balades.

Il n'existe pas de carte de randonnée précise de l'île. Une carte du parc national des gorges de Rivière Noire est en vente dans les centres d'information du Pétrin et de Rivière Noire. Vous trouverez par contre toutes les infos nécessaires et une carte sur les randonnées à Rodrigues auprès de son **office du tourisme** (☎832 0866, 832 0867 ; ile-rodrigues.fr ; Ex-Administration Building, rue de la Solidarité, Port Mathurin).

PRÉCAUTIONS À PRENDRE

La randonnée n'est ni très développée ni très organisée à Maurice mais tend depuis peu à vraiment se professionnaliser. S'il n'est pas toujours aisé de trouver des informations fiables sur la plupart des sentiers – plus ou moins bien balisés au départ, mais pas toujours en cours de route –, il est probable que la situation s'améliorera dans les prochaines années, les touristes étant de plus en plus friands de "tourisme vert".

Autre problème : si les sommets de Maurice sont, pour beaucoup, propriété de l'État, les chemins d'accès sont souvent situés sur des propriétés sucrières ou des réserves de chasse privées, en théorie interdites d'accès. Il est déconseillé de s'y aventurer sans autorisation ou sans guide, en particulier pendant la saison de la chasse (juin-sept). Là encore, les domaines privés (domaine de l'Étoile, vallée de Ferney, domaine de Chazal) permettent d'éviter ces désagréments.

Tenez compte de la chaleur et de l'humidité si vous souhaitez randonner dans les basses terres. Si vous préférez marcher dans l'intérieur de l'île, mieux vaut être équipé contre la pluie (à n'importe quelle période de l'année et à plus forte raison entre octobre et mars). Les averses tropicales risquent en effet de vous tremper jusqu'aux os. Même durant la saison "sèche" d'hiver, les hautes plaines retiennent les nuages et l'humidité de la mer. Emportez toujours de l'eau et des aliments à sucres rapides.

GUIDES DE RANDONNÉE

Les guides de randonnée sont encore peu nombreux à Maurice. On peut recommander les suivants :

Jay Tannoo (centre, p. 110)

Yan (centre, p. 111)

Vertical World (centre, p. 108)

Yemaya Adventures (nord, p. 98)

VTT

Domaine de l'Étoile (est, p. 119)

Vertical World (centre, p. 108)

Yemaya Adventures (nord, p. 98)

CONSEILS AUX VOYAGEURS

La plupart des gouvernements possèdent des sites Internet qui recensent les dangers possibles et les régions à éviter. Consultez notamment les sites suivants :

- **Ministère des Affaires étrangères français** (www.diplomatie.gouv.fr)
- **Ministère des Affaires étrangères de Belgique** (diplomatie.belgium.be)
- **Ministère des Affaires étrangères du Canada** (www.voyage.gc.ca)
- **Département fédéral des Affaires étrangères suisse** (www.dfae.admin.ch/eda/fr/home.html)

Ambassades et consulats

Ambassades et consulats de l'île Maurice à l'étranger

Belgique (☎2 733 9988 ; ambmaur@skynet.be ; 68 rue des Bollandistes, Etterbeek, 1040 Bruxelles)

France (et Suisse) (☎01 42 27 30 19 ; paris@amb-maurice.fr ; 127 rue de Tocqueville, 75017 Paris)

Ambassades et consulats étrangers à l'île Maurice

Belgique (☎208 7289 ; tmcom@iblgroup.com ; 10 rue Dr Ferrière, Port Louis)

Canada (☎212 5500 ; canada@intnet.mu ; 18 Jules Koenig St, Port Louis)

À SAVOIR

- Pour les ressortissants de l'Union européenne, un passeport en cours de validité valable 1 jour après la date de retour, et un billet retour sont nécessaires pour entrer à l'île Maurice.
- Le courant électrique est en 220 V. La plupart des prises de courant sont à trois fiches et nécessitent un adaptateur.
- La saison cyclonique s'étend de novembre à avril.
- La côte est de l'île est plus ventée que la côte ouest surtout pendant l'hiver austral.
- Les chaînes de télévision mauricienne de la Mauritius Broadcasting Corporation : MBC 1, MBC 2 et MBC 3, diffusent des programmes en anglais, français, hindi et créole.
- Les trois principaux quotidiens de l'île sont *L'Express* (www.lexpress.mu), *Le Mauricien* (www.lemauricien.com) et *Le Défi* (www.defimedia.info).

France (☎202 0100 ; www.ambafrance-mu.org ; 14 St Georges St ; Port Louis)

Suisse (☎427 5507 ; mauritius@honrep.ch ; 24 av. des Hirondelles, Quatre Bornes)

Argent

L'unité monétaire est la roupie (Rs), subdivisée en 100 cents. Il existe des pièces de 1, 5, 10, 20 et 50 cents, ainsi que de 1, 5, 10 et 20 roupies, et des billets de 25, 50, 100, 200, 500, 1 000 et 2 000 roupies. Un billet très abîmé peut être refusé ; il peut être échangé à la Banque de Maurice contre un neuf.

Le marchandage est profondément inscrit dans le mode de vie mauricien, aussi bien sur les marchés que dans les taxis ou certains hôtels bon marché.

Le coût de la vie à l'île Maurice augmente régulièrement depuis quelques années, notamment pour les prestations touristiques. Vous trouverez des informations sur le coût de la vie et les taux de change p. 19.

Les hôtels affichent souvent leurs prix dans une devise ou dans une autre : gardez bien le taux de change en vigueur en tête lors de vos paiements. Régler directement en euros vous expose souvent à payer avec un taux de change supérieur à l'officiel.

Cartes de crédit et distributeurs automatiques de billets (DAB)

Les cartes bancaires les plus courantes (Visa et MasterCard en tête) sont largement acceptées dans la plupart des établissements touristiques, notamment les hôtels et les restaurants – mais nombre de petites adresses ne prennent que les espèces. Elles permettent de retirer de l'argent dans la majorité des banques. Vous trouverez des distributeurs automatiques dans les localités relativement importantes de Maurice et Rodrigues.

Espèces

D'une banque à l'autre, les taux de change sont très proches, voire identiques. Évitez en revanche de changer de l'argent dans les hôtels, qui prennent souvent une commission supplémentaire. Les bureaux de change de l'aéroport Sir Seewoosagur Ramgoolam sont ouverts aux horaires d'arrivée et de départ des vols internationaux. Pensez à vous munir de votre passeport pour changer de l'argent. N'oubliez pas de conserver le reçu avec soin, car vous devrez le présenter pour échanger les roupies que vous n'aurez pas dépensées avant votre départ. Le marché noir n'existe pas à Maurice.

Les banques ouvrent du lundi au jeudi de 9h-9h30 à 15h-15h30, et jusqu'à 16h-17h le vendredi. Rares sont celles qui ouvrent le samedi matin. Vous pouvez importer et exporter des devises étrangères sans restriction.

Pourboires

Le pourboire n'est pas obligatoire, et la plupart des hôtels et des restaurants haut de gamme incluent les taxes et le service dans l'addition. Il n'est pas impératif de laisser un pourboire dans les hôtels et les restaurants bon marché. Toutefois, rien ne vous en empêche pour autant que le service se soit montré particulièrement attentif. Dans les lieux très touristiques, comme à Grand Baie, il peut arriver que certains serveurs indélicats insistent pour obtenir un pourboire, par exemple en omettant de rendre la monnaie. En revanche, n'oubliez pas de donner un pourboire (50-70 Rs environ) aux porteurs de l'aéroport si vous avez recours à leurs services.

Taxes et VAT Refund

Une TVA s'applique à la majorité des produits. Le plus souvent désignée sous les initiales VAT (TVA en anglais), elle est de 15% depuis 2002. La majorité des prix figurant dans ce guide la prennent en compte.

Les visiteurs étrangers peuvent obtenir le remboursement de la TVA sur certains de leurs achats (minimum de 2 300 Rs TVA incluse) au moment de leur départ, à l'aéroport. Sachez que cette opération est soumise à une taxe forfaitaire de 4 € (une taxe sur le remboursement de la taxe !) et qu'elle ne s'applique qu'aux achats effectués dans les boutiques indiquant clairement sur leur devanture "VAT Refund".

Il est également possible de payer ses achats hors taxe dans ces magasins. Vous obtiendrez alors un reçu "Duty Free Sales DF4", à présenter au comptoir MCCI de l'aéroport. Vous récupérerez alors vos achats avant de prendre l'avion.

Pour plus d'informations, consultez le site www.taxfreeshopping.mu/fr.

Transferts internationaux

Vous pourrez envoyer ou recevoir de l'argent en ayant recours aux agents du réseau Western Union, notamment la **State Bank of Mauritius** et **British American Exchange Co Ltd**, présentes dans les grandes villes. Renseignez-vous au ☎202 3600 ou sur le site www.westernunion.fr pour connaître toutes les agences bancaires affiliées sur l'île.

Assurance

Maurice n'est pas a priori une destination dangereuse, même si la criminalité est en augmentation. Il est cependant prudent de souscrire une assurance voyage couvrant les vols, les pertes et les problèmes médicaux. La couverture médicale est l'élément déterminant dans un contrat. Mieux vaut bien lire entre les lignes.

Pour plus de détails sur les assurances, reportez-vous p. 238.

Pour des renseignements sur les assurances en cas de location d'un véhicule, consultez la p. 239.

Bénévolat

La pratique du bénévolat, que ce soit à travers des organisations locales ou internationales, n'est pas très développée à Maurice. Vous pouvez toujours tenter votre chance en contactant directement ONG et associations locales qui pourront peut-être vous aiguiller. Quelques pistes :

Reef Conservation Mauritius (☎ 262 6775 ; www.reefconservation.mu ; Les Flamants Branch Rd, Pereybère). Cette ONG travaille pour la sauvegarde de l'environnement marin à l'île Maurice.

United Nation Development Programme (☎212 3726 ; www.mu.undp.org ; 6th Floor, Anglo Mauritius House, Intendance St, Port Louis). La branche mauricienne du programme des Nations unies pour le développement intervient dans différents secteurs : lutte contre le sida, environnement, lutte contre la pauvreté...

Mauritian Wildlife Foundation (MWF ; ☎697 6097 ; www.mauritian-wildlife.org ; Grannum Road, Vacoas). Association fondée en 1984 afin de protéger les oiseaux, plantes, reptiles et mammifères rares de l'île Maurice.

Cartes

L'IGN édite une carte au 1/100 000 (réf. 85001).

Les cartes touristiques offertes sur place sont cependant suffisantes pour la majorité des visiteurs. Vous n'aurez guère besoin de plans de ville : les localités mauriciennes présentant des proportions limitées, les plans de ce livre vous permettront de vous repérer. Il est possible de se procurer une carte correcte du parc national des gorges de Rivière Noire au centre d'accueil du Pétrin (p. 146).

Climat

Malgré les dimensions modestes de l'île, des différences sensibles existent entre les régions. À l'intérieur, autour de Curepipe, la moyenne des températures est inférieure de 5 °C à celle de la côte et les pluies y sont nettement plus abondantes. Il peut pleuvoir sur le plateau alors que le temps est clément sur la côte, et inversement. Les régions ouest et nord battent les records de l'île avec plus de 2 600 heures d'ensoleillement par an. La température de l'eau varie d'environ 27°C en mars à 21°C en septembre. Dans le lagon, elle peut afficher quelques degrés de plus.

Le climat tropical maritime qui règne sur l'île est globalement agréable toute l'année. Les saisons sont naturellement inversées, Maurice étant située dans l'hémisphère Sud. La période s'étalant entre mi-décembre et mi-mars est caractérisée par un climat chaud et lourd, tandis que celle s'étendant

Port Louis

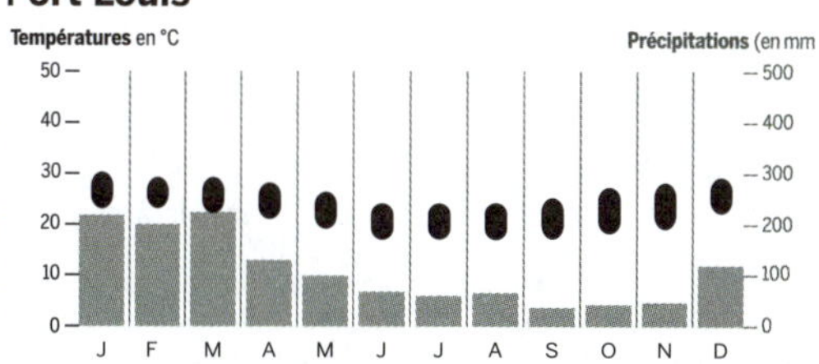

ALERTES CYCLONIQUES

Le système d'alerte cyclonique en vigueur à l'île Maurice distingue 4 classes de risques :

- **Classe 1** – Une dépression a été identifiée mais le risque de rafales atteignant 120 km/h est faible. Tenez-vous informé (une radio fonctionnant sur piles est le meilleur moyen).
- **Classe 2** – Risque accru de rafales atteignant 120 km/h. Stockez eau, nourriture, bougies et piles.
- **Classe 3** – Grand danger de rafales atteignant 120 km/h. Mettez-vous à l'abri. Il est dès lors potentiellement dangereux de sortir.
- **Classe 4** – Des rafales dépassant 120 km/h ont été enregistrées. Ne sortez pas, restez à l'abri et attendez que l'alerte soit levée.

Le site de **Météo France - Réunion** (www.meteofrance.re) est une bonne source d'information sur les alertes cycloniques, de même que celui des **Mauritius Meteorological Services** (metservice.intnet.mu). Voir aussi ci-dessous.

Batsirai et Emnati sont les derniers cyclones en date à avoir touché l'île Maurice, en février 2022.

entre juin et septembre peut être marquée par une relative fraîcheur en fin de journée.

En ce qui concerne les précipitations, les Mauriciens distinguent trois saisons principales : la saison dite "des pluies" allant de décembre à avril, la "petite saison des pluies", de mai à août, et la saison sèche, de septembre à novembre. La côte ouest de l'île est la plus sèche, suivie du Nord et du Sud-Ouest. Le plateau central, en revanche, reçoit plus de 3 m d'eau par an.

Maurice est soumise au régime des alizés du Sud-Est. La période la plus ventée est donc juillet-août. Les vents sont particulièrement forts (voire désagréables) à cette période sur la côte est.

Comme toutes les îles de l'océan Indien, Maurice subit une période cyclonique, de novembre à avril ; la période critique s'étend de décembre à février. Si les cyclones n'abordent directement Maurice qu'une fois tous les dix ans environ, il leur arrive fréquemment de perturber considérablement la météo avec de fortes pluies. Rodrigues est davantage menacée par les cyclones. Pour les détails sur le système d'alertes cycloniques, consultez l'encadré ci-dessus.

Covid-19

Lors de notre passage, le vaccin contre le Covid-19 était obligatoire pour entrer sur le territoire. En juillet 2022, le test PCR n'était plus imposé à l'arrivée à l'aéroport. En revanche, il convenait de remplir un formulaire d'identification passager et de santé, à présenter aux agents de santé à l'arrivée. Avant de vous rendre sur l'île, consultez mu.ambafrance.org et mauritiusnow.com

Désagréments et dangers

Maurice est un pays globalement sûr, et le gouvernement mauricien met tout en œuvre pour préserver cette image. Cette vérité ne doit cependant pas masquer le fait que l'île connaît une hausse de la criminalité depuis quelques années. Il est ainsi arrivé que des touristes soient attaqués dans certaines localités balnéaires et que des bungalows ou des maisons de location soient cambriolés. En réponse, le gouvernement mauricien a imposé en 2008, à tous les établissements touristiques de l'île, l'installation de caméras de vidéosurveillance et de coffres-forts. La majorité des hôtels disposent par ailleurs d'agents de sécurité. Toutes ces mesures donnent parfois le sentiment d'être constamment sous surveillance…

Mieux vaut, quoi qu'il en soit, rester vigilant. Comme partout, ne laissez pas d'objets de valeur sans surveillance dans votre véhicule, sur la plage, ni trop en vue dans votre bungalow, s'il est isolé. Des vols à la tire ont par ailleurs été signalés dans plusieurs lieux touristiques.

En saison cyclonique, de novembre à avril, renseignez-vous sur les éventuelles perturbations présentes dans la zone océan Indien sur le site metservice.intnet.mu (en anglais), ou par téléphone via le service **Telmet** (☎8996 depuis un fixe, 171 depuis un portable). En cas d'alerte cyclonique, il est indispensable de prévoir à portée de main de l'eau en bouteilles, des bougies, des piles, une radio à piles, des torches, des bouteilles de gaz et quelques conserves alimentaires. Le confinement peut être décrété par les autorités mauriciennes pour une durée de deux à trois jours.

Ajoutons un risque qui peut faire sourire mais est réel : évitez de faire la sieste sous les cocotiers car il arrive que leurs fruits tombent...

Drogues

L'île Maurice semble être une plaque tournante des stupéfiants transitant entre les continents africain et européen depuis plusieurs années. Cette situation a créé une consommation locale, et on estime qu'il y aurait entre 7 000 et 10 000 usagers de drogues par injection à Maurice. Le trafic concerne notamment le Subutex, un produit de substitution aux opiacés souvent considéré comme une drogue en lui-même.

Ce contexte a amené les autorités mauriciennes à durcir encore leur attitude dans ce domaine. Toute importation, détention et consommation de drogues est prohibée et sévèrement réprimée, avec des peines de prison de 1 an minimum. Il est par ailleurs interdit d'être en possession de feuilles de papier à rouler sur l'île, et d'avoir un gaz lacrymogène dans vos bagages.

Si vous devez voyager avec des médicaments, munissez-vous impérativement d'une ordonnance. Certains médicaments de type opiacé sont formellement interdits : renseignez-vous auprès de l'Ambassade (voir p. 223).

Plages

Pendant de nombreuses années, des voyageurs ont protesté contre l'interdiction qui leur était faite de pénétrer sur les plages attenantes aux grands hôtels. Aujourd'hui, la loi mauricienne, qui précise qu'aucune plage ne peut être privée, est relativement bien appliquée.

Selon la loi, l'accès aux derniers mètres de plage ne peut être interdit, même face à un grand hôtel. Cet espace, qui appartient à l'État, est public. On vous interdira en revanche le plus souvent de pique-niquer sur la plage d'un hôtel et d'utiliser ses installations.

À condition de rester sur la plage et de ne pas entrer sur le domaine privé des hôtels ou des villas, il est peu probable que vous ayez à subir une remarque. Si par malchance un vigile vous demande de partir, rappelez-lui calmement que la plage est un espace public et que vous avez légalement le droit de vous y trouver.

Le terme de plage "privée" que vous rencontrerez parfois dans ce guide fait référence aux portions de plage que les hôtels tentent de réserver à leur clientèle. Le terme de plage "publique" désigne une plage où il est possible de pique-niquer et où des toilettes publiques sont disponibles ; il ne reste que 12% de plages publiques à Maurice, et depuis 2005 l'État mauricien ne publie plus de statistiques officielles sur le taux d'occupation du littoral.

Le naturisme n'est pas pratiqué. Le topless est toléré dans les grands hôtels.

Vous trouverez des précisions sur les plages de l'île sur le site de la **Mauritius Beach Authority** (beachauthority.intnet.mu).

Tabac

La réglementation antitabac en vigueur depuis 2009 interdit de fumer dans les lieux publics, y compris sur les terrasses extérieures si elles sont couvertes.

La possession et l'importation de feuilles de papier à rouler est interdite sur l'île.

Douane

Les passagers des compagnies aériennes âgés de 18 ans et plus peuvent importer librement 250 g de tabac, 1 l de spiritueux et 2 l de vin ou de bière, 25 cl d'eau de toilette.

L'importation de plantes ou de substances végétales est soumise à une autorisation préalable du ministère de l'Agriculture, et l'importation de la canne à sucre est formellement interdite.

Il est également nécessaire de détenir un permis (du même ministère) et un certificat sanitaire pour importer des animaux ou des substances animales. Les chiens et les chats doivent être mis en quarantaine pendant 1 mois à partir du jour de leur arrivée au service de la quarantaine de l'aéroport.

Pour toutes ces questions, contactez l'administration des douanes (Customs and Excise Department), qui dépend de la **Mauritius Revenue Authority** (☎207 0500, 207 0501 ; www.mra.mu).

L'exportation de certains coquillages est formellement interdite. Les fruits, les fleurs et les plantes nécessitent un certificat que le vendeur se chargera de vous faire obtenir auprès des autorités sanitaires du ministère de l'Agriculture au Réduit. Cela, assurément, pour vous mettre à l'abri d'ennuis éventuels lors du retour dans votre pays.

Au départ, mieux vaut changer vos roupies à l'aéroport ; il peut être compliqué de les changer en Europe.

Les articles hors taxes vendus à l'aéroport peuvent être payés en devises ou en roupies mauriciennes.

Reportez-vous p. 224 pour les modalités concernant le remboursement de la TVA.

Électricité

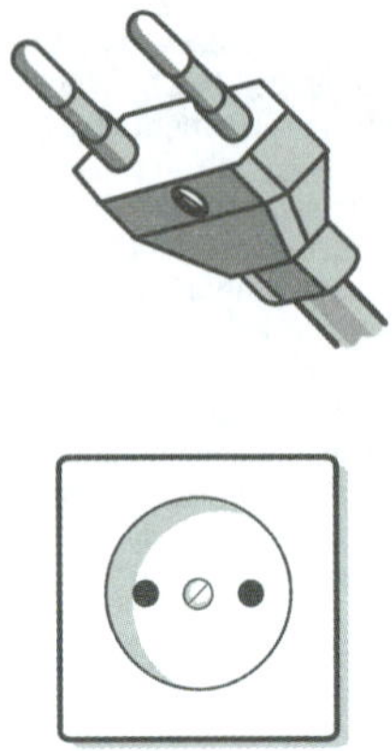

Type C
220 V/50 Hz

Type G
220 V/50 Hz

Enfants

Le voyage à l'île Maurice ne pose aucun problème particulier pour les enfants. La nourriture est saine et variée, les hébergements confortables, les transports intérieurs courts et les "mini-clubs" (ou Kids Club) fréquents dans les grands hôtels. La majorité des hôteliers et des restaurateurs proposent par ailleurs des formules adaptées aux enfants, qui bénéficient souvent de tarifs réduits.

N'oubliez pas les habituels incontournables des vacances au soleil – écran total, chapeau, crème apaisante et anti-moustiques – et préférez l'eau minérale. Méfiez-vous par ailleurs des plats pimentés (renseignez-vous auprès des serveurs).

Les sièges auto et les ceintures arrière, rares il y a quelques années, sont de plus en plus disponibles.

Fêtes et festivals

Le calendrier mauricien est émaillé de fêtes religieuses (voir encadré sur les fêtes hindoues ci-contre), manifestations sportives, expositions-ventes, concours, spectacles de musique ou de danse.

Reportez-vous p. 26 pour le détail des manifestations.

Formalités et visas

Les ressortissants des pays de l'Union européenne (UE), du Canada et de nombreux autres pays n'ont pas besoin de visa pour se rendre à Maurice ou à Rodrigues pour un court séjour touristique. Un simple passeport valable au moins 1 jour après la fin de votre séjour suffit, si celui-ci n'excède pas 3 mois.

Tous les visiteurs doivent être en possession d'un billet aller-retour (ou d'un billet de départ vers une autre destination), qu'ils doivent montrer aux services de l'immigration à leur arrivée si ceux-ci en font la demande. À défaut, vous pourrez être invité à acheter un billet immédiatement à l'aéroport.

Les douaniers peuvent également vous demander d'indiquer le lieu où vous comptez séjourner à Maurice. Il est arrivé que les officiers de l'immigration, constatant que le voyageur déclarait un lieu de résidence fantaisiste, l'obligent à réserver sur-le-champ un hôtel sur l'île.

Il pourra également vous être demandé de prouver que vous disposez de l'argent nécessaire à votre séjour. Vous devrez enfin remplir un questionnaire à l'attention des services de santé précisant si vous avez récemment séjourné dans un pays où sévit le paludisme ou la fièvre jaune. Si la réponse est oui, il se peut que les services sanitaires se rendent à votre hôtel dans les jours suivant votre arrivée pour vérifier que vous ne présentez pas de symptômes de ces maladies.

Prolongation de séjour

La durée du séjour accordé (maximum de trois mois), renouvelable une fois, est à la discrétion des autorités chargées de l'immigration : elle peut être réduite dans le cas d'un séjour chez l'habitant. Dans le cas de l'octroi d'un délai inférieur à trois mois, on peut demander une prolongation de séjour. La demande doit être effectuée auprès du **Passport & Immigration Office** (☎210 9312 ; piomain@gov.mu.org ; demandez la section "visas" ou "resident permit" ; Sterling House ; Geoffroy St, Port Louis ; ⏲lun-ven 9h-16h30, sam 9h-midi). La totalité du séjour (après prolongations) ne peut dépasser 90 jours par période de six mois.

La procédure est assez stricte. En théorie, il faut présenter un billet d'avion pour la date à laquelle vous souhaitez partir (avant d'en avoir l'autorisation...), démontrer que vous pouvez subvenir à vos besoins durant la période supplémentaire (équivalent de 100 $/jour ou carte de crédit, RIB dans certains cas), remplir un formulaire

FÊTES HINDOUES

Le calendrier mauricien est rythmé par des fêtes hindoues hautes en couleur. Pour plus d'informations sur les dates des festivals, consultez p. 26.

Le **Cavadee** est célèbre car les pénitents se percent la langue et les joues avec des aiguilles avant le début de la procession. Le Cavadee en lui-même est une lourde arche de bois ornée de fleurs et de palmes. Des pots de lait (*sambos*) sont suspendus à chacune de ses deux bases. Les croyants portent ce chargement depuis la rive d'un fleuve jusqu'à un temple, afin d'accomplir un vœu en l'honneur de Subramanya, second fils du dieu Shiva, de faire pénitence et de purifier leur âme. La coutume exige de maintenir un certain rythme, car le lait qui se trouve dans les *sambos* ne doit pas avoir caillé au moment où il atteint le temple. Le grand Thaipoosam Cavadee a lieu chaque année en janvier-février dans la plupart des temples hindous de l'île. De petits Cavadee sont organisés une ou deux fois pendant le reste de l'année dans certains temples.

Le **Teemeedee** est une fête hindoue et tamoule au cours de laquelle certains croyants marchent sur le feu. Elle est organisée en l'honneur de plusieurs dieux. Les cérémonies peuvent avoir lieu à n'importe quel moment de l'année, mais elles se déroulent surtout en décembre et en janvier-février. Après dix jours de jeûne, de méditation et de prières, les participants se rendent au temple et marchent sur des braises incandescentes répandues sur le sol avant de les rafraîchir dans du lait. Les temples hindous de Camp Diable, de The Vale et de Quatre Bornes sont renommés pour ces manifestations.
La danse du sabre, à laquelle on peut assister surtout entre avril et juin, est un exploit comparable. Les cérémonies les plus réputées ont lieu à Solitude, Triolet et Mont Choisy, au nord-ouest de l'île.

Chaque année, la communauté hindoue effectue un pèlerinage à Ganga Talao, le lac sacré de Grand Bassin à quelques kilomètres à l'est de Pétrin, à l'occasion du festival **Maha Shivaratree** (voir l'encadré p. 176), qui célèbre la victoire de Shiva sur Brahma et Vishnou. L'eau de ce lac est considérée comme une résurgence du Gange.

La fête de **Divali**, en octobre ou en novembre, est l'occasion de commémorer la victoire de Rama sur la divinité du mal, Ravana. Pour célébrer ce joyeux événement, on allume une quantité innombrable de cierges et de lampes à huile ou décoratives, de manière que Rama (la septième incarnation de Vishnou) puisse trouver son chemin à son retour d'exil. C'est un grand moment de partage pour les Mauriciens.

Holi, l'exubérante fête des couleurs, est réputée pour ses jets de poudres de couleur et d'eau. Cette cérémonie représente la victoire du pouvoir divin sur les forces démoniaques. Dans la nuit qui précède la cérémonie, qui se déroule en février ou en mars, des feux de joie sont allumés afin de symboliser la destruction du démon Holika.

Les fêtes tamoules d'action de grâces de **Pongal**, en janvier ou février, sont l'occasion d'offrandes aux dieux. On célèbre ainsi la fin de la saison des récoltes par divers rituels : une marmite de *pongal* (un mélange de riz, de sucre, de miel et de lentilles, symbole de prospérité et d'abondance) est notamment mise à bouillir et les vaches sont décorées.

dans lequel vous exprimez les raisons du désir de prolonger votre séjour, fournir une attestation de votre logeur (ou d'un "garant" mauricien) ainsi qu'une photocopie de sa carte d'identité et un justificatif de son domicile (facture d'eau ou de téléphone), et enfin apporter une photocopie de votre passeport (avec la page où figure le tampon d'entrée à l'île Maurice) et une photo. Dans les faits, nous vous conseillons de commencer par expliquer votre cas au bureau avant de changer votre billet de retour.

Handicapés

L'accessibilité de l'île est réduite. Le voyage en avion est par ailleurs long et éprouvant. Il existe cependant un organisme ministériel en charge des personnes handicapées à l'île Maurice, le **National Council for the Rehabilitation of Disabled Persons** (☎207 0625, 208 9913 ; disability@govmu.org ; Disability Empowerment Unit, Renganaden Seeneevassen Building, Port Louis), qui œuvre à faciliter l'accès aux sites. Renseignez-vous auprès des hôtels ou des organismes de votre pays d'origine proposant des voyages aux personnes à mobilité réduite.

L'**APF France Handicap** (☎01 40 78 69 00 ; www.apf-francehandicap.org ; 17 bd Auguste-Blanqui, 75013 Paris) peut fournir des informations utiles sur les voyages accessibles. **Yanous** (www.yanous.com), **Hizy** (hizy.org), **Handicap.fr** (www.handicap.fr) et **Tourisme et Handicaps** (www.tourisme-handicaps.org) constituent également de bonnes sources d'information.

Désormais, les principales plateformes d'hébergement que sont **Abritel** (www.abritel.fr), **Airbnb** (www.airbnb.fr), **Booking** (www.booking.com) et **Hotels.com** (fr.hotels.com) ont intégré des critères d'accessibilité à leur moteur de recherche. **Mobee Travel** (www.mobeetravel.com) regroupe des hébergements accessibles et propose aussi des séjours sur mesure. Les agences de voyages **Yoola** (www.yoola.fr) et **Comptoir des Voyages** (www.comptoir.fr) organisent des voyages adaptés aux personnes à mobilité réduite.

Hébergement

Contrairement à ce que sous-entendent les dépliants touristiques, les formules d'hébergement proposées sur l'île sont très diversifiées, même si les récentes réglementations imposant coffres-forts et caméras de vidéosurveillance ont eu raison de quelques petits hôtels bon marché. Les possibilités vont des pensions de famille aux hôtels cinq étoiles "plus", en passant par les appartements ou les studios à louer et les structures hôtelières de catégorie intermédiaire. En revanche, il n'existe pas de campings officiels ni d'auberges de jeunesse. Vous trouverez toutes les informations sur les hébergements p. 22 de ce guide.

Heure locale

L'heure mauricienne est en avance de 4 heures sur l'heure GMT. Par rapport à la France, l'île est ainsi en avance de 3 heures en hiver et de 2 heures en été. Lorsqu'il est 9h à Paris en hiver, il est 12h à Port Louis. L'île Maurice n'est soumise à aucun changement d'heure annuel.

Le soleil se lève vers 5h30 et se couche aux environs de 19h en été et de 18h en hiver.

Heures d'ouverture

Les bureaux ouvrent généralement de 9h à 16h du lundi au vendredi (les bureaux des sociétés privées sont en général ouverts de 8h30 à 16h30 en semaine, et de 9h à 12h le samedi).

Dans les villes principales de Maurice, les magasins sont ouverts de 9h30 à 19h30 du lundi au samedi. Quelques magasins sont ouverts jusqu'à midi le dimanche et les jours fériés.

Il arrive que des magasins et services ferment plus tôt le jeudi ou le vendredi.

Vérifiez les heures d'ouverture des restaurants avant de décider où dîner, car beaucoup ne servent qu'à l'heure du déjeuner ou arrêtent de prendre les commandes à une certaine heure.

Homosexualité

Légale à Maurice, l'homosexualité s'y vit sans problèmes au quotidien... à condition de rester discret : évitez ainsi les manifestations d'affection en public.

Une Marche des Fiertés, équivalent mauricien "soft" de la Gay Pride, était organisée le premier samedi de juin chaque année depuis 2006... jusqu'en 2018, lorsqu'elle fut annulée sous la pression d'islamistes radicaux scandant des slogans homophobes. En 2022, le collectif Arc-en-Ciel a organisé un trajet en tram paré aux couleurs de l'arc-en-ciel, à la place d'une Marche des Fiertés (collectifarcenciel.org).

Le **collectif Arc-en-Ciel** (☎465 4596 ; www.collectifarcenciel.org ; 89 route St-Jean, Sukky Building, 2e étage, Quatre Bornes) milite pour la reconnaissance de la réalité homosexuelle et la lutte contre l'homophobie à Maurice.

Internet (accès)

Les établissements dotés d'un accès Internet sont indiqués dans ce guide par le symbole @ et un symbole (Wi-Fi) signale une connexion Wi-Fi.

Vous trouverez des possibilités d'accès Internet dans les grandes villes. Les débits sont assez lents mais les tarifs bon marché (moins de 3 Rs/min). Un grand nombre d'hôtels et de pensions proposent une connexion Wi-Fi.

Jours fériés

Nouvel An – 1er et 2 janvier

Nouvel An chinois (fête du Printemps) – un jour en janvier ou février

Thaipoosam Cavadee (fête tamoule) – un jour en janvier ou en février

Commémoration de l'abolition de l'esclavage – 1er février

Maha Shivaratree – 3 jours en février

Ougadi – un jour en mars

Fête de l'Indépendance – 12 mars

Fête du Travail – 1er mai

Assomption – 15 août

Ganesh Chaturthi (fête hindoue) – un jour en août ou septembre

Divali (fête hindoue) – un jour en octobre ou novembre

Toussaint – 1er novembre

Arrivée des travailleurs engagés – 2 novembre

Noël – 25 décembre

MARIAGES ET VOYAGES DE NOCES

Comme d'autres îles de l'océan Indien, Maurice communique beaucoup sur son image romantique. C'est ainsi une destination prisée pour les mariages et les voyages de noces, dont l'organisation est devenue un véritable savoir-faire local. Nombre d'hôtels de luxe offrent des forfaits spéciaux "lune de miel". Du décor de la chambre aux cadeaux de bienvenue, aucun détail n'est oublié : champagne, fruits, paréos, baignoire garnie de fleurs et de bougies, massage en duo au spa, table du petit-déjeuner dressée sur un bungalow à pilotis au-dessus de la mer, celle du dîner installée sur la plage à la lueur des flambeaux, etc.

La plupart des voyagistes et des hôtels peuvent régler les formalités et fournir des prestations supplémentaires : tournage vidéo, fiacre avec chevaux ou limousine, cocktails tropicaux, gâteau, guirlandes de fleurs, feu d'artifice, musiciens, photographes. On peut se marier les pieds dans le sable sur un îlot, sous un kiosque fleuri, en pleine nature dans les domaines privés où des cerfs se promènent en liberté, autour d'un feu en tenue créole ou sous l'eau avec des bouteilles de plongée, sur un catamaran au soleil couchant, ou selon les rites hindous...

Les couples qui prévoient de se marier à Maurice doivent être présents sur l'île au moins 3 jours ouvrés avant la date de la cérémonie civile (15 jours pour le mariage religieux). Un délai minimal d'un mois est requis pour compléter les démarches administratives. Après constitution d'un dossier et audition éventuelle des futurs époux, l'ambassade procédera à la publication des bans dans ses locaux et, si l'un des futurs époux réside en France, à la mairie de son domicile. Après 10 jours d'affichage et une fois reçu le certificat de non-opposition envoyé par la mairie française, l'ambassade vous délivrera un certificat de capacité à mariage (CCAM). Les futurs époux doivent se renseigner directement auprès du **Civil Status Office** (☎ 201 17 27 ; Immeuble Emmanuel Anquetil, 7e étage ; Port Louis). Vous trouverez aussi des informations sur le site officiel du tourisme mauricien : mymauritius.travel

Il faut ajouter à ces dates celles des cérémonies musulmanes, qui varient selon le calendrier lunaire. La plus célèbre est l'Id-el-Fitr, qui clôt le mois de jeûne du ramadan.

Chaque férié est synonyme de hausse de la consommation d'alcool à Maurice. Attention sur les routes...

Offices du tourisme

À l'île Maurice

Les voyageurs individuels n'étant pas légion à Maurice, vous ne trouverez guère d'offices du tourisme. La plupart des commerçants, des conducteurs de bus, des agents de police, des serveurs de bar, etc. sont cependant prêts à vous renseigner.

À Port Louis, adressez-vous à la **Mauritius Tourism Promotion Authority** (MTPA ; ☎210 1545, 203 1900 ; mymauritius.travel ; Victoria House, Saint Louis St ; ⏱lun-ven 8h45-16h). Un comptoir d'information (☎637 3635), ouvert aux horaires d'arrivée des vols, est installé à l'aéroport Sir Seewoosagur Ramgoolam.

L'**Association des hôteliers et restaurateurs de Maurice** (AHRIM ; ☎211 5630 ; www.aiom.mu ; Barkly Wharf, Caudan Waterfront, Port Louis) dispose également d'un guichet à l'aéroport où vous pourrez vous renseigner.

À l'étranger

L'île Maurice a fermé nombre de ses représentations touristiques à l'étranger. En France, vous pourrez vous renseigner auprès d'Interfacetourism d'**Aviareps** (☎01 53 25 11 11 ; interfacetourism.fr ; 16 rue Ballu, 75009 Paris), représentant officiel de la Mauritius Tourism Promotion Authority dans l'Hexagone.

En Suisse, adressez-vous à **Aviareps Switzerland** (☎41 0 44 286 99 56 ; Badenerstrasse 15, 8004 Zurich).

Dans les autres pays francophones, contactez les ambassades de l'île Maurice. Vous pouvez aussi consulter le site de la **MTPA** (mymauritius.travel).

Photo et vidéo

Un adaptateur peut être utile pour recharger les batteries, certains établissements ne disposant que de prises à 3 broches de type britannique (vous pourrez en trouver sur place).

Demandez l'autorisation avant de faire des photos de personnes, ainsi que dans les sites religieux.

URGENCES

Pour les principaux hôpitaux et services d'urgence de l'île Maurice, voir p. 242.

- **Ambulance** ☎999 (demandez à être mis en relation avec le service requis)
- **Assistance touristique 24h/24** ☎152. À défaut d'un réseau d'offices du tourisme, un service d'assistance téléphonique a été mis en place à l'intention des touristes. Vous pourrez leur demander tout type d'information touristique (hôtels, restaurants, services, activités sportives, shopping, transports, etc.). Les hôtesses vous rappelleront si elles n'ont pas la réponse immédiatement.
- **Information météorologique en période cyclonique** ☎8996 depuis un fixe, 171 depuis un portable
- **Police** ☎999 ou 112
- **Pompiers** ☎115 ou 995, 98 à Rodrigues
- **SAMU** ☎114

Poste

Envoyer du courrier

Le système postal mauricien, efficace, fiable et bien implanté sur l'île, a connu de grands changements au cours des dernières années. Le plus petit village possède son bureau de poste. Le pays est par ailleurs bien connu des philatélistes, grâce à son célèbre timbre "two pence deep blue" datant de 1847.

En principe, les bureaux de poste sont ouverts de 8h15 à 16h en semaine et de 8h15 à 11h45 le samedi. Les 45 minutes qui précèdent la fermeture sont réservées à la vente de timbres. L'aire de départ de l'aéroport abrite un bureau de poste.

Pour vos colis, vous pouvez aussi avoir recours aux services de **United Parcel Services** (☎212 7171 ; Freeport Zone 7, Mer Rouge ; Port Louis).

Téléphone

Le réseau téléphonique mauricien est efficace, tant pour les appels locaux qu'internationaux. Les numéros de téléphone fixe se composent de 7 chiffres. Il semble cependant que certains abonnés aient l'habitude d'en changer relativement souvent.

Téléphones portables

Les îles Maurice et Rodrigues bénéficient d'une excellente couverture des réseaux de téléphones mobiles. Si vous souhaitez utiliser votre téléphone portable, vérifiez auprès de votre opérateur si l'île Maurice fait partie de la couverture proposée par son réseau. Les principaux réseaux français sont opérationnels sur l'île, mais chers (environ 2,20 €/min pour un appel émis et souvent plus de 1 € pour un appel reçu).

Une option plus économique consiste à acheter sur place une carte à puce (SIM) prépayée auprès d'un opérateur mauricien (Emtel, myT, Chili) que vous insérerez dans votre mobile. Pour cela, votre mobile doit être "débloqué" afin d'accepter une autre carte que celle de votre opérateur habituel.

À Maurice, vous pourrez acheter une carte SIM chez **Emtel** (www.emtel.com), **myT** (www.myt.mu) et **Chili** (www.chili.mu) pour 150 Rs, sur présentation de votre passeport. Ces fournisseurs disposent d'une boutique officielle dans les grands centres commerciaux, en centre-ville, ainsi que dans certains villages. Les appels reviennent ainsi à environ 4 Rs/min vers la France, la Belgique ou le Canada. Les appels locaux sont facturés environ 1,40 Rs/min vers les mobiles Emtel et 3,80 Rs/min vers les autres opérateurs. L'envoi d'un SMS est facturé 0,8 Rs quelle que soit la destination. Une fois votre crédit d'appels épuisé, vous pouvez facilement le réalimenter en vous procurant des "refill cards" de 50 à 1 000 Rs, en petites et grandes surfaces et dans les boutiques Emtel et myT. Entrez le code qui se trouve sur la carte (les instructions sont écrites à l'arrière).

Les numéros de téléphones mobiles à l'île Maurice sont passés de 7 à 8 chiffres depuis le 1er septembre 2013, selon la volonté des trois opérateurs mobiles. Le chiffre "5" intervient comme la seule modification à tous les numéros de portable.

Appels locaux

Les appels vers n'importe quel point de l'île sont bon marché (environ 1 Rs/min, tarif réduit entre minuit et 7h). Vous ne devez ajouter aucun indicatif aux numéros à 7 chiffres pour un appel national.

Pour les renseignements, composez le ☎150.

Appels internationaux

Pour appeler l'étranger depuis Maurice, composez le code d'accès ☎020 suivi de l'indicatif du pays (33 pour la France, 32 pour la Belgique, 41 pour la Suisse et 1 pour le Canada), puis le numéro de votre correspondant sans le 0 initial.

Pour téléphoner à Maurice depuis la France métropolitaine, la Suisse ou la Belgique, composez le code d'accès international ☎00 suivi de l'indicatif 230 (011 230 depuis le Canada) et du numéro à 7 chiffres de votre correspondant.

Toilettes

Les plages publiques mauriciennes comportent généralement des poubelles et des cabanons abritant W-C, lavabos, et parfois des douches, surveillés par un agent d'entretien qui nettoie les lieux après chaque passage (surtout en semaine ; le week-end, la propreté est un peu plus aléatoire). Ils sont ouverts tous les jours de 7h à 19h. Vous pouvez laisser quelques roupies pour montrer que vous appréciez le service. Mieux vaut quand même avoir un rouleau de papier toilette avec vous.

Voyager en solo

Le pays ne pose aucune difficulté particulière. De nombreux hôtels proposent des chambres "simples" à des tarifs avantageux.

Femmes seules

L'île ne pose pas de problème particulier aux voyageuses. Prenez cependant les précautions habituelles : adaptez votre tenue aux lieux, à l'horaire et au contexte, évitez de faire du stop ou de la randonnée seule ou simplement accompagnée d'un guide masculin, et abstenez-vous de fréquenter les lieux déserts.

Transports

DEPUIS/VERS L'ÎLE MAURICE

Entrer à l'île Maurice

Les formalités d'accès sont simples et les services de l'immigration efficaces. Vous devrez présenter votre passeport (éventuellement votre billet d'avion retour) et remplir 2 questionnaires d'immigration, dont l'un est destiné aux services de santé. Reportez-vous p. 228 pour davantage de précisions.

Les conditions générales d'accès à Rodrigues sont traitées au chapitre correspondant, p. 178 et à la rubrique *Depuis les autres îles de l'océan Indien*, p. 236.

Voie aérienne

La quasi-totalité des visiteurs arrivent à Maurice en avion. À votre arrivée, vous devez être muni d'un billet aller-retour ou d'un titre de transport pour une autre destination. N'oubliez pas de confirmer votre réservation pour le vol de retour si votre compagnie aérienne vous a précisé que cette formalité était nécessaire. Les taxes d'aéroport sont incluses dans le prix du billet.

Aéroport

L'**aéroport Sir Seewoosagur Ramgoolam** (SSR ; ☎603 8000 ; mauritius-airport.atol.aero), anciennement appelé Plaisance, est situé à Plaine Magnien, à quelques kilomètres de Mahébourg et à 50 km de Port Louis. Son originalité tient à son architecture : son toit a en effet été conçu pour ressembler au ravenala, une plante tropicale commune sur l'île. Le nouveau terminal de l'aéroport de l'île Maurice compte désormais trois niveaux. Les services des douanes, les comptoirs des voyagistes et le hall de livraison-bagages se trouvent au rez-de-chaussée ; la zone de départ, le dutyfree, le bureau de remboursement de TVA (*VAT refund*) et les salles d'embarquement se trouvent au premier étage. Le dernier étage est consacré aux accompagnateurs qui peuvent voir les avions décoller depuis l'immense espace vitré.

Dans le hall d'arrivée, vous trouverez un bureau de l'office du tourisme (MTPA), de l'Association des hôteliers et restaurateurs de l'île Maurice (AHRIM), des comptoirs de change, des loueurs de voitures, des représentants des grandes chaînes hôtelières, des comptoirs d'Air Mauritius et de Corsair. Plusieurs distributeurs de billets sont implantés à l'extérieur de l'aérogare, après les bureaux de change. L'aérogare est dotée d'une connexion Wi-Fi gratuite.

VOYAGES ET CHANGEMENTS CLIMATIQUES

Tous les moyens de transport fonctionnant à l'énergie fossile génèrent du CO_2 – la principale cause du changement climatique induit par l'homme. L'industrie du voyage est aujourd'hui dépendante des avions. Si ceux-ci ne consomment pas nécessairement plus de carburant par kilomètre et par personne que la plupart des voitures, ils parcourent en revanche des distances bien plus grandes et relâchent quantité de particules et de gaz à effet de serre dans les couches supérieures de l'atmosphère. De nombreux sites Internet utilisent des "compteurs de carbone" permettant aux voyageurs de compenser le niveau des gaz à effet de serre dont ils sont responsables par une contribution financière à des projets respectueux de l'environnement. Lonely Planet "compense" les émissions de tout son personnel et de ses auteurs.

Le taxi est le moyen le plus simple pour rejoindre ou quitter l'aéroport. La course entre l'aéroport international et Mahébourg coûte environ 600 Rs. Comptez 1 000 Rs jusqu'à Port Louis, 1 700 Rs pour Grand Baie et 1 900 Rs pour Belle Mare. Nous recommandons le très aimable et sérieux **Elvis** (☎5766 3570).

Plus économique mais bien plus long, des **bus express** circulent entre Mahébourg et Port Louis de 6h30 à 18h30, et s'arrêtent devant un petit abri à l'extérieur de l'aéroport (de l'autre côté du parking en sortant du terminal). Si vous souhaitez aller de Grand Baie à l'aéroport, prenez d'abord un bus pour Port Louis, puis changez en direction de Mahébourg (prévoyez au moins 2 heures).

Renseignez-vous également auprès de votre hôtel car certains d'entre eux proposent des navettes ou peuvent envoyer un taxi pour vous accueillir.

Compagnies aériennes

Plusieurs compagnies sont représentées sur l'île.

Air Austral (carte p. 58 ; ☎260 1045 ; 6 rue John-Kennedy, Port Louis)

Air Madagascar (☎207 7070 ; 5 rue John-Kennedy, Port Louis)

Air Mauritius (carte p. 58 ; ☎207 7070 ; President Kennedy St, Port Louis)

Air Seychelles (carte p. 58 ; ☎202 6670, 202 6671 ; Rogers Aviation, 2 Gardens of Bagatelle Office Park, Moka)

Corsair (carte p. 58 ; ☎210 2020 ; Caudan Waterfront, Port Louis)

Depuis l'Europe

Air Mauritius propose des vols hebdomadaires depuis/vers de nombreuses capitales européennes. La haute saison correspond généralement aux vacances scolaires, avec un pic lors des fêtes de fin d'année.

AVERTISSEMENT

Les informations contenues dans ce chapitre sont particulièrement susceptibles de changements. Vérifiez directement auprès de la compagnie aérienne ou de l'agence de voyages les modalités d'utilisation de votre billet d'avion. N'hésitez pas à comparer les prestations. Les détails fournis ici doivent être considérés à titre indicatif et ne remplacent en rien une recherche personnelle attentive.

Pour cette période, il faut absolument réserver plusieurs mois à l'avance.

Le prix du billet d'avion pour Maurice reste élevé. Le gouvernement mauricien tente en effet de conserver une image de tourisme de luxe et dissuade les compagnies charters et *low cost* de desservir l'île. Pour réduire le coût du vol, choisissez un forfait séjour en hôtel, partez hors saison et réservez votre billet le plus tôt possible.

DEPUIS LA FRANCE

Au départ de Paris, **Air Mauritius** (☎0890 710 315 ; www.airmauritius.com) travaille en *code sharing* avec **Air France** (☎0 892 70 26 54 ou 3654, 0,35 €/min ; www.airfrance.fr) au départ de Paris CDG et propose des vols directs (11 heures 30) en A350, pas vraiment confortables. Comptez à partir de 1 000/2 000 € environ en basse/haute saison.

Corsair (☎3917, 0,35 €/min ; www.corsair.fr) assure des vols avec l'île Maurice au départ de Paris-Orly et propose des acheminements en TGV depuis 18 villes de province. Les tarifs débutent à 800 € environ.

Renseignez-vous également sur les liaisons assurées par **Air Austral** (☎0825 013 012, 0,15 €/min ; www.air-austral.com) depuis Roissy, via La Réunion, dont les tarifs sont parfois avantageux. La compagnie propose également des formules permettant de circuler entre la Réunion, l'île Maurice, les Seychelles, les Maldives, les Comores et Madagascar.

DEPUIS LA BELGIQUE

Air Mauritius assure jusqu'à deux vols quotidiens avec Bruxelles en transitant par Paris (acheminement en train depuis la gare de Bruxelles-Midi par le Thalys) pour bénéficier d'une plus large palette d'offres. Prix à partir de 1 000/2 100€ environ en basse/haute saison.

Quelques adresses utiles :

Airstop (☎09 268 85 20 ; www.airstop.be ; Vlaanderenstraat 70, 9000 Gand)

Connections (☎02 753 25 00 ; www.connections.be). Le spécialiste belge du voyage pour les jeunes et les étudiants, plusieurs bureaux à Bruxelles, Bruges, Gand...

DEPUIS LA SUISSE

Air Mauritius assure jusqu'à deux vols quotidiens avec Genève en transitant par Paris, à partir de 1 100/2 300 € environ en basse saison/haute saison.

Vous pouvez contacter :

STA Travel (☎058 450 49 49 ; www.statravel.ch)

Depuis le Canada

Vous devrez passer par l'Europe (Paris en général) puis poursuivre par l'une des formules présentées aux rubriques précédentes. Comptez près de 18 heures de vol.

Quelques adresses pour préparer votre voyage :

Air Canada (☎1 514 393-3333 ; www.aircanada.com)

Expedia (www.expedia.ca)

AGENCES EN LIGNE

Vous pouvez réserver votre vol via une agence en ligne ou vous renseigner auprès d'un comparateur de vols :

- www.bourse-des-vols.com
- www.ebookers.fr
- www.expedia.fr
- www.govoyages.com
- www.kayak.fr
- www.kelkoo.fr
- www.liligo.fr
- www.opodo.fr
- www.partirou.com
- www.skyscanner.fr

Travel Cuts (☎1 800 667 2887 ; www.travelcuts.com). L'agence de voyages nationale des étudiants canadiens.

Travelocity (☎1 800 457 8010 ; www.travelocity.ca)

Depuis les autres îles de l'océan Indien

Les coordonnées des compagnies aériennes à l'île Maurice (Port Louis) sont mentionnées p. 235.

RODRIGUES

La province autonome de Rodrigues est reliée plusieurs fois par jour à l'île Maurice par Air Mauritius. Réservez vos billets bien à l'avance et reconfirmez-les impérativement à votre arrivée à Rodrigues. Le tarif aller-retour coûte 200 € environ. Vous trouverez toutes les précisions au chapitre *Rodrigues*, p. 178.

LA RÉUNION

Air Austral et Air Mauritius assurent plusieurs vols quotidiens vers La Réunion (45 minutes ou plus selon l'appareil). À l'heure où nous écrivons ces lignes, le billet aller-retour débute à 170 € environ au départ de Maurice et à 190 € depuis La Réunion.

MADAGASCAR

Air Madagascar et Air Mauritius assurent des vols quotidiens directs entre Maurice et Antananarivo, à partir de 272 €.

SEYCHELLES

Air Seychelles assure 3 liaisons hebdomadaires avec l'archipel seychellois. Comptez 400 € environ (taxe de sortie des Seychelles incluse) aller-retour.

Voie maritime

L'île Maurice est reliée à Rodrigues par le cargo **Mauritius Trochetia** (www.mauritiusshipping.net ; adulte/enfant 2 300-4 200/1 500-2 500 Rs selon confort) 2 fois par mois environ. Ces liaisons sont très utilisées par les Rodriguais et il est indispensable de réserver tôt l'une de ses 108 cabines passagers. Le voyage dure 36 heures environ en direction de Rodrigues et 29 heures dans le sens contraire, en raison des alizés. Ce navire passagers-fret dessert également Madagascar et La Réunion.

Les billets sont vendus par la **Mauritius Shipping Corporation Ltd** (☎831 0640 ; msclrod@intnet.mu ; rue François-Leguat ; ⏲lun-ven 8h-16h, sam 8h-12h), basée à Port Mathurin. Vous pouvez également contacter ses **bureaux** (☎217 2285 ; Nova Building, 1 Military Rd, Port Louis) de l'île Maurice.

Dans un autre registre, quelques voiliers font escale à l'île Maurice de juin à novembre, en dehors de la saison des cyclones. Ils mouillent à Grand Baie ou à Port Louis. En moyenne, il faut une bonne journée pour se rendre à la Réunion et 2 pour en revenir ; 5 jours pour gagner Madagascar et 7 pour le retour ; 10 jours pour les Seychelles et 2 semaines entre ces dernières et Maurice. Pour atteindre Rodrigues, à 560 km au nord-ouest, comptez 7 jours de navigation. Vous pouvez espérer trouver une couchette à bord d'un voilier de croisière à condition de participer aux frais et de savoir naviguer, mais les occasions sont rares. Consultez le panneau d'information du Yacht Club de Grand Baie.

VOYAGES ORGANISÉS

Séjours

La majorité des tour-opérateurs programment la destination. Citons notamment :

Beachcomber Tours (☎01 44 94 66 77 ; www.beachcombertours.fr)

Exotismes (☎0 826 96 5000, 0,20 €/min ; www.exotismes.fr)

Kuoni (☎01 55 87 82 50 ; www.kuoni.fr)

Nouvelles Frontières (☎0825 000 825, 0,20 €/min ; www.tui.fr)

Solea (☎0 821 231 200, 0,20 €/min ; www.solea-voyages.fr)

Tropicalement Vôtre (www.tropicalement-votre.com)

Voyageurs du Monde (☎01 42 86 16 00 ; www.voyageursdumonde.fr)

Circuits

Allibert Trekking (☎04 76 45 50 50, 01 44 59 35 35 ; www.allibert-trekking.com)

Atalante (☎01 55 42 81 00 ; www.atalante.fr). Séjours balnéaires en complément de circuits à la Réunion.

Club Aventure Huwans (☎01 44 32 09 30 ; www.huwans-clubaventure.fr). Randonnée et voyage découverte combinant Maurice et Rodrigues.

Nomade Aventure (☎01 46 33 71 71 ; www.nomade-aventure.com). Circuits randonnée à Maurice, avec extension possible à Rodrigues.

Séjours plongée

Aquarev' (☎01 48 87 55 78 ; www.aquarev.fr)

AMV Subocea (☎04 28 70 89 00 ; www.subocea.com)

Oceanes (☎04 42 52 82 40 ; www.oceanes.com)

Ultramarina (☎0825 02 98 02 ; www.ultramarina.com)

Voyageurs du Monde (☎01 42 86 16 00 ; www.voyageursdumonde.fr)

Circuits organisés locaux

Les principaux tour-opérateurs de l'île recrutent la majorité de leurs clients par l'intermédiaire des agences de voyages à l'étranger ou des hôtels, avant l'arrivée des visiteurs. Sur place, nous avons apprécié les voyagistes suivants (liste non exhaustive) :

Mautourco (☎604 3000 ; www.mautourco.com)

Paradisio Vacances (☎5766 1628 ; www.paradisioexcursions.com)

Summertimes (☎427 1111 ; www.summer-times.com)

Yemaya Adventures (www.yemayaadventures.com)

Les prestataires de l'île Rodrigues sont mentionnés au chapitre correspondant, p. 178

COMMENT CIRCULER

Les dimensions restreintes de l'île et son bon réseau de routes et de transports en commun rendent les trajets faciles et rapides.

Bus

Il est relativement facile de se déplacer à Maurice en utilisant le réseau des bus, qui couvre toute l'île. Les tarifs des taxis étant en constante augmentation, surtout avec la hausse du prix de l'essence, nombre de Mauriciens optent pour ce moyen de déplacement. Les vieux Tata et Nissan, pétaradants et particulièrement polluants, qu'on croisait en grand nombre il y a encore quelques années, tendent à disparaître ; à la place, on trouve des modèles plus récents, souvent équipés du Wi-Fi et climatisés : les express. Les principales compagnies sont **National Transport Corporation** (bus bleus), **Rose Hill Transport** (bus rouges, blancs et bleus – cette dernière prévoit de mettre en circulation des bus avec accès aux personnes à mobilité réduite), **United Bus Service** (bus rouges et blancs), **Triolet Bus Service** (bus blancs et rouges) et **Mauritius Bus Transport**. Les bus express sont un peu plus chers que les bus ordinaires.

Les compagnies se sont partagé les itinéraires. Les trois grandes régions (Nord, Centre et Sud) sont desservies à partir des gares routières centrales de Port Louis et de Curepipe. Pour aller de Mahébourg à Grand Baie, par exemple, vous devrez prendre une correspondance à Port Louis. Entre Tamarin et Mahébourg, il faut changer à Baie du Cap et à Souillac. À Port Louis, la gare routière de Victoria Square abrite les lignes desservant le sud, et la gare routière d'Immigration Square les lignes desservant le nord. À ce jour, il n'existe aucune ligne qui relie un bout de l'île à l'autre.

On attend rarement longtemps les bus dans les principales localités. Aux heures de pointe, ils passent toutes les 15 minutes. En revanche, dans les zones plus reculées, l'attente peut dépasser une demi-heure.

Dans les agglomérations, le service débute vers 5h et s'arrête à 20h (parfois 21h) dans les centres urbains. Dans les régions rurales, les bus circulent de 6h (parfois 5h) à 18h30. Un seul service fonctionne jusqu'à environ 23h, dans les deux sens, entre Port Louis et Curepipe. Il dessert Rose Hill, Quatre Bornes et Vacoas.

Les trajets dépassent rarement 60 Rs (pour les plus longs trajets), à payer au receveur présent dans chaque véhicule ou au guichet de la gare routière – un système de paiement par carte préchargée était à l'étude lors de notre passage. Ayez toujours de la monnaie car il est parfois difficile de changer les gros billets. Conservez votre ticket : les contrôles sont fréquents.

Les bus sont souvent bondés, surtout sur les grands axes, et les chauffeurs ont tendance à se prendre pour des pilotes de course. Les nombreux arrêts ont l'avantage de freiner leurs ardeurs. Avec un bus "normal", comptez à peu près 1 heure pour relier Mahébourg à Curepipe, Curepipe à Port Louis ou Port Louis à Grand Baie.

Des voyageurs ont rencontré des problèmes pour monter dans les bus avec un bagage encombrant ; certains se sont même vu refuser l'accès. Si votre valise occupe un siège, on vous demandera peut-être de payer deux billets.

Vous trouverez toutes les lignes et horaires des bus au format PDF sur le site de la **National Transport Authority** (nta.govmu.org/English/Procedures/Pages/Hidden/Bus-Timetable.aspx). Le site www.mauritius-buses.com vous permet de trouver votre ligne en entrant votre point de départ et votre destination sur un moteur de recherche.

Taxi

Louer un taxi à la journée est une bonne solution pour visiter l'île, qui vous débarrasse des contraintes de la conduite mais qui a un coût : 2 500-3 000 Rs par jour environ. Certains chauffeurs se révèlent de véritables guides, soucieux de vous faire connaître leur île ; d'autres se bornent à leur rôle de conducteur ; quelques-uns s'évertuent à mener les touristes vers les adresses qui leur versent des commissions : n'hésitez pas à discuter avec plusieurs chauffeurs. La meilleure solution consiste à s'en faire recommander un par votre hôtel, nombre d'entre eux ayant l'habitude de travailler avec un chauffeur attitré.

Les taxis se reconnaissent à l'enseigne jaune qui coiffe le véhicule. Aucun n'a de compteur, aussi assurez-vous toujours du prix de la course avant de monter. À titre d'exemple, et afin de vous donner quelques repères pour négocier vos trajets, les tarifs depuis l'aéroport étaient de 1000 Rs pour Mahébourg, 2000 Rs pour Port Louis, 1 200 Rs pour Blue Bay, 2500-3000 Rs pour Grand Baie, 2000-2500 Rs pour Belle Mare et le Morne lors de nos recherches. Leurs tarifs sont généralement plus élevés la nuit.

Les "taxis marrons" sont des taxis illégaux qui vous hèlent sur le bord de la route ; les taxis collectifs, ou "taxis-trains", se substituent aux bus : ils embarquent les clients qui attendent aux arrêts et demandent une dizaine de roupies jusqu'au suivant. Très économiques, ils sont souvent aussi bondés que les bus. Si vous hélez l'un d'entre eux alors qu'il est vide, vous risquez de devoir payer pour toutes les places.

Vélo

Du moment que l'on reste sur les petites routes de l'intérieur, peu accidentées, ou des bords de plage, le vélo peut être un moyen intéressant de découvrir l'île Maurice. En revanche, nous vous déconseillons fortement de rouler sur la route côtière ou les nationales (la circulation y est trop intense et fantaisiste), et en aucun cas de nuit (les routes ne sont pas éclairées).

Vous pourrez louer des VTT pour 250 Rs environ la journée dans les localités touristiques ou dans certains hôtels. Vérifiez l'état du vélo avant de l'enfourcher, car certains sont très inconfortables. L'antivol est impératif.

Voiture et moto

Le réseau routier mauricien comporte près de 1 850 km de routes asphaltées. L'autoroute est divisée en deux tronçons : l'autoroute Nord-Sud (de Grand Baie à l'aéroport), et celle de Terre-Rouge-Verdun, qui contourne Port-Louis par l'Est et relie ainsi Terre Rouge à Ebène. Elle est gratuite et sans péage. Quant aux routes secondaires, il s'agit de celles que l'on trouve en agglomération, et qui secondent également l'autoroute en reliant les villes entre elles. Leur état est très inégal (nids-de-poule, etc.), mais de plus en plus sont asphaltées. Les bas-côtés sont assez souvent dangereux et la signalisation routière laisse fortement à désirer selon les endroits ; pensez à vous munir d'une bonne carte routière, et éventuellement d'un GPS. Attention également aux dos-d'âne, nombreux et peu visibles (pas de bande réfléchissante ; les panneaux signalétiques ne sont pas situés en amont mais au niveau du dos-d'âne).

Parmi les autres obstacles auxquels vous devrez faire face, citons les routes parfois étroites, le manque de trottoirs qui obligent les piétons à marcher en bord de route, l'usage aléatoire du clignotant, les chiens errants, les embouteillages (notamment aux abords de Port Louis en début de matinée et en fin d'après-midi ; traverser la capitale aux heures de pointe peut alors prendre 45 minutes au lieu de 15), les vélos pas toujours équipés de lumière la nuit, les nombreux chauffards (particulièrement présents à Maurice, qui connaît un nombre de décès sur la route en hausse constante), les véhicules arrêtés sur la route (pour téléphoner, entre autres), et... la conduite à gauche. Si vous n'y êtes pas habitué, nous vous conseillons de circuler en taxi ou de louer une petite voiture à boîte automatique. Ces dernières sont à peine plus chères et faciles à trouver. Attention : beaucoup de Mauriciens ne respectent pas les distances de sécurité, roulent au milieu de la route... et doubler à gauche ou sans visibilité, surtout sur les routes de campagne, est un sport national !

Ne vous offusquez pas de l'usage fréquent du klaxon : il est ici sans agressivité, et sert à prévenir de sa présence ou de son intention les autres automobilistes (ou les piétons).

Le stationnement est généralement gratuit en ville, sauf à Port Louis, Rose Hill, Quatre Bornes et Curepipe, où les tickets à placer derrière le pare-brise sont en vente dans les stations-service. Il existe également des parkings privés et surveillés.

Les régions qui se prêtent le mieux aux déplacements motorisés en deux-roues sont celles de Grand Baie, de Flic en Flac et de Mahébourg, où l'on peut louer un scooter.

Assurance

Renseignez-vous sur les assurances proposées avec les véhicules de location. La conduite à gauche, l'alcoolémie au volant et le mode de conduite mauricien en général sont autant de facteurs pouvant favoriser les accidents. Ne négligez pas cet aspect. Prendre l'assurance la moins chère peut s'avérer un mauvais calcul. Comme partout, il existe en général plusieurs formules : la responsabilité civile, qui couvre les dommages que vous pouvez causer à des tiers, est obligatoire. Les assurances couvrant les dommages causés au véhicule en cas d'accident sont parfois facultatives. Leur prix varie selon la couverture et la franchise.

Vérifiez toujours si le véhicule que vous louez est assuré. Des particuliers louent en effet leur propre véhicule. Les tarifs sont en général avantageux mais certains visiteurs ont eu la mauvaise surprise de s'apercevoir qu'ils n'étaient pas assurés, après avoir eu un accident...

Essence

Les principaux carburants – essence et diesel – sont distribués sur l'île. Le litre d'essence était d'environ 1,1 € pour le sans-plomb 95 lors de notre passage. Les stations essence sont assez nombreuses dans les agglomérations et sur l'autoroute (en service de 5h à 23h, parfois jusqu'à 1h). La plupart des stations acceptent le paiement par carte bancaire. Certains véhicules roulent au GPL, plus difficile à trouver.

Location

Louer une voiture est facile à Maurice. Vous devrez avoir plus de 21 ans et posséder un permis depuis plus d'un an.

Les tarifs de location varient d'une agence à l'autre. Les agences internationales (Avis, Budget, Hertz...) pratiquent des tarifs assez élevés ; il est toutefois moins coûteux de réserver depuis votre pays de résidence que de louer dans ces agences à Maurice.

Sur place, les loueurs locaux sont nettement moins chers que les grandes enseignes. Comptez environ 1 500-2 000 Rs par jour pour une voiture de catégorie A (tarif dégressif pour une longue période). On vous demandera la plupart du temps de verser une caution, en liquide ou par carte de crédit, qui sera remboursée lorsque vous rendrez le véhicule. On peut aussi louer des minibus avec chauffeur (environ 3 500 Rs/jour), qui peuvent transporter entre 4 et 15 personnes.

La location d'un véhicule privé constitue une solution non officielle, mais beaucoup plus économique (vous pouvez négocier un tarif à 1 000 Rs/jour). D'un point de vue légal, vous empruntez simplement la voiture d'un ami et vous payez l'essence, plus quelques "cadeaux pour ses enfants". En théorie, vous êtes assuré ; en pratique, cette option présente un certain risque pour les deux parties. En cas d'accident avec ce type de véhicule, il n'est pas certain que votre assurance personnelle vous couvre. Mieux vaut vous renseigner au préalable auprès de votre compagnie d'assurances.

La solution la plus sûre, en résumé, consiste à avoir recours aux services d'une agence de location officielle locale, qui vous fera un contrat de location légal. Mieux vaut opter pour les véhicules à boîte automatique, y compris pour les petits modèles, si vous n'êtes pas habitué à la conduite à gauche.

Vous trouverez des scooters et motos dans les principales stations balnéaires.

Permis de conduire

Un permis de conduire international est théoriquement obligatoire pour les étrangers conduisant sur l'île. En cas de contrôle policier ou d'accident, mieux vaut pouvoir le présenter. Dans les faits, la majorité des loueurs acceptent les permis de conduire européens.

Sécurité

N'oubliez pas que l'on roule à gauche mais que la priorité reste à droite. Faites particulièrement attention lorsque vous vous engagez dans un carrefour, ainsi que lorsque vous reprenez votre voiture le matin.

Le port de la ceinture est obligatoire à l'avant et à l'arrière, ainsi que le gilet fluorescent sur les deux-roues. Votre voiture doit être équipée du triangle de sécurité, du gilet fluorescent et d'un extincteur. La cigarette à bord est interdite si le conducteur est accompagné d'un passager. Pour ce qui est de l'alcool au volant, le taux d'alcool est limité à 0,27g/L de sang (l'équivalent d'un petit verre) ; les contrôles de nuit sur l'autoroute sont fréquents. La vitesse est limitée à 40 km/h dans les agglomérations, 60 km/h aux abords des villes, 80 km/h sur la route et 90 km/h sur l'autoroute (100 à 110 km/h selon les zones). Ces limitations sont relativement respectées, mais l'île affiche un taux d'accidents assez élevé ; le loueur peut tout à fait vous facturer en cas d'amende pour infraction au Code de la route.Les automobilistes oublient régulièrement d'allumer leurs phares, et les policiers sont souvent plus soucieux de contrôler le conducteur que le véhicule. Les radars sont de plus en plus nombreux.

Mieux vaut éviter de conduire la nuit, en particulier si l'on ne connaît pas bien sa route. Restez toujours très prudent, car les Mauriciens ont parfois des comportements surprenants sur la route.

Les rues de Port Louis sont très encombrées. Malgré le grand nombre de passages piétons, faites très attention en traversant : les conducteurs semblent se soucier aussi peu de la courtoisie que des problèmes d'assurance. Dans le doute, partez du principe que les véhicules ont la priorité sur les piétons.

Santé

L'île Maurice ne pose pas de problème particulier pour le voyageur. Les informations qui suivent visent donc, pour la plupart, à parer à des éventualités peu probables. Le soleil, la marche, la plongée, le changement de climat peuvent cependant entraîner leur lot de désagréments, que les médecins et les hôpitaux de l'île vous aideront facilement à résoudre. Les randonneurs, quant à eux, doivent tenir compte des risques de foulures, fractures, coups de chaleur ou de froid.

AVANT LE DÉPART

Assurances et services médicaux

Il n'existe pas de convention de Sécurité sociale entre la France et l'île Maurice. Il est donc conseillé de souscrire une assurance couvrant les frais médicaux. Vous pouvez aussi le faire afin de vous couvrir en cas d'annulation de votre voyage, de vol, de perte de vos affaires ou de rapatriement. Dans ce cas, lisez bien les clauses en petits caractères : c'est là que se cachent les restrictions.

Vérifiez notamment que les "sports à risques", comme la plongée, la moto ou même la randonnée ne sont pas exclus de votre contrat, ou encore que le rapatriement médical d'urgence, en ambulance ou en avion, est couvert. De même, le fait d'acquérir un véhicule dans un autre pays ne signifie pas nécessairement que vous serez protégé par votre propre assurance.

Vous pouvez contracter une assurance qui réglera directement les hôpitaux et les médecins, vous évitant ainsi d'avancer des sommes qui ne vous seront remboursées qu'à votre retour. Dans ce cas, conservez avec vous tous les documents nécessaires.

Avant de souscrire à une police, vérifiez que vous ne bénéficiez pas déjà d'une assistance liée à votre carte de crédit, à votre mutuelle ou à votre assurance automobile.

N'oubliez pas de prendre avec vous les documents relatifs à l'assurance ainsi que les numéros à appeler en cas d'urgence.

Vaccins

Aucun vaccin antipaludique n'est obligatoire pour les ressortissants européens ou nord-américains, ni d'ailleurs pour la population locale. Le pays connaît des cas très sporadiques de transmission de paludisme dus principalement à des populations migrantes. Un certificat de vaccination contre la fièvre jaune doit en revanche être présenté par tout voyageur en provenance de pays concernés par le paludisme.

Faites inscrire vos vaccinations dans un carnet international de vaccination que vous pourrez vous procurer auprès de votre médecin ou d'un centre.

Planifiez vos vaccinations à l'avance (au moins six semaines avant le départ), car certaines demandent des rappels ou sont incompatibles. Même si vous avez été vacciné contre

QUELQUES CONSEILS

Assurez-vous que vous êtes en bonne santé avant de partir. Si vous partez pour un long voyage, faites contrôler l'état de vos dents.

Si vous suivez un traitement de façon régulière, n'oubliez pas votre ordonnance (avec le nom du principe actif plutôt que la marque du médicament, afin de pouvoir trouver un équivalent local) et gardez les médicaments dans leur contenant d'origine, clairement étiquetés. Attention aux dates limites d'utilisation et aux conditions de stockage.

plusieurs maladies dans votre enfance, votre médecin vous recommandera peut-être des rappels contre le tétanos ou la poliomyélite, maladies qui existent toujours dans de nombreux pays en développement. Les vaccins ont des durées d'efficacité très variables ; certains sont contre-indiqués pour les femmes enceintes.

Vous trouverez la liste des centres de vaccination en France sur le site du **ministère des Affaires étrangères** (www.diplomatie.gouv.fr, rubrique "conseils aux voyageurs"), qui effectue par ailleurs une veille sanitaire et met régulièrement en ligne des recommandations concernant les vaccinations et les voyages.

Lors de notre passage, le vaccin contre le Covid-19 était obligatoire.

Santé sur Internet

Il existe de très bons sites Internet consacrés à la santé en voyage. Avant de partir, vous pouvez consulter les conseils en ligne du **ministère des Affaires étrangères** (www.diplomatie.gouv.fr), de l'**Organisation mondiale de la santé** (OMS ; www.who.int/fr), ou le site très complet du **ministère de la Santé** (www.sante.gouv.fr). Sur les maladies rares, vous pouvez vous informer sur le site www.orpha.net, constitué d'une encyclopédie en ligne rédigée par des experts européens.

Trousse médicale de voyage

Vous trouverez sans problème sur l'île des médecins et de nombreuses pharmacies. Rien ne vous empêche, néanmoins, d'emporter avec vous une petite trousse à pharmacie contenant quelques produits indispensables. Il n'est pas inutile de demander à votre médecin traitant de vous prescrire pour le voyage des **antibiotiques** à spectre large (à utiliser uniquement aux doses et périodes prescrites), un **antidiarrhéique** en cas de forte diarrhée, surtout si vous voyagez avec des enfants, et éventuellement un **antihistaminique** en cas de rhumes, allergies, piqûres d'insectes ou mal des transports. Pensez aussi à emporter de l'aspirine ou du **paracétamol** (douleurs, fièvre), un **antiseptique** ou un **désinfectant** pour les coupures, les égratignures superficielles et les brûlures, ainsi que des pansements gras pour les brûlures, une **bande Velpeau** et des **pansements** pour les petites blessures, notamment en randonnée, une paire de **lunettes de secours** (si vous portez des lunettes ou des lentilles de contact), une paire de **ciseaux** à bouts ronds (pas en cabine lors du vol), une **pince à épiler** et un **thermomètre** à alcool, de la **crème solaire** et de la **Biafine**, du **produit anti-moustiques** et une pommade pour soigner les piqûres éventuellement, des **préservatifs** (norme CE). Attention, les liquides et les objets coupants sont interdits en cabine dans les avions. Pensez à faire une copie de votre ordonnance.

PENDANT LE VOYAGE

Thromboses veineuses profondes

Les trajets en avion, principalement du fait d'une immobilité prolongée, peuvent favoriser la formation de caillots sanguins dans les jambes (phlébite ou thrombose veineuse profonde ou TVP). Le risque est d'autant plus élevé si le vol est long, comme c'est le cas vers l'île Maurice. Généralement, l'un des premiers symptômes est un gonflement ou une douleur du pied, de la cheville ou du mollet. En prévention, buvez en abondance des boissons non alcoolisées, faites jouer les muscles de vos jambes lorsque vous êtes assis, portez des chaussettes de contention et levez-vous de temps à autre pour marcher dans la cabine.

Décalage horaire

Le décalage horaire est fréquent dans le cas de trajet traversant plusieurs fuseaux horaires – les deux à trois heures de différence entre Maurice et la France ne devraient toutefois pas trop affecter les voyageurs de métropole. Il se manifeste par des insomnies, de la fatigue, des malaises ou des nausées. En prévention, buvez abondamment (des boissons non alcoolisées et non gazeuses) et mangez léger. En arrivant, exposez-vous à la lumière naturelle et adoptez les horaires locaux aussi vite que possible (pour les repas, le coucher et le lever).

Mal des transports

Pour réduire les risques d'avoir le mal des transports, mangez légèrement avant et pendant le voyage. Si vous êtes sujet à ces malaises, essayez de trouver un siège dans une partie du véhicule où les oscillations sont moindres : près de l'aile dans un avion, au centre sur un bateau et dans un bus. Les antihistaminiques préviennent efficacement le mal des transports, qui se caractérise principalement par une envie de vomir, mais ils peuvent provoquer une somnolence. Tout médicament doit être pris avant le départ ; une fois que vous vous sentez mal, il est trop tard.

À L'ÎLE MAURICE

Infrastructures médicales

Les soins médicaux sont en principe gratuits pour les visiteurs étrangers comme pour les Mauriciens dans les hôpitaux publics. Il faut cependant attendre, parfois de longues heures, une consultation ; la nuit et le week-end, le médecin de garde n'est pas sur place, et il vaut mieux appeler la clinique avant de s'y rendre pour que le médecin d'astreinte ait le temps d'arriver. Les pharmacies sont très nombreuses dans l'île. À moins d'une heure de vol, la Réunion bénéficie de l'encadrement médical français. À Rodrigues, les infrastructures sont limitées.

Principaux hôpitaux et services d'urgence de l'île :

Samu (☎114)

Ambulance (☎999)

Sir Seewoosagur Ramgoolam National Hospital (SSRNH ; carte p. 76 ; ☎209 3400, 209 3500 ; Pamplemousses)

Victoria Hospital (☎425 3031, 402 8000, caisson 427 5135, 5254 6638 ; Candos, Quatre Bornes). Possède un caisson de décompression ; c'est également l'établissement où se rendre en cas de suspicion de paludisme.

Jawaharlal Nehru Hospital (☎603 7000 ; Rose Belle)

Les cliniques privées payantes constituent en général une meilleure solution. Parmi celles qui nous ont été recommandées, citons :

Welkin Hospital (☎605 1000 ; Royal Rd, Moka). Plus grand service de pédiatrie de Maurice, et pharmacie ouverte au public 24h/24.

Fortis Clinique Darné (☎601 2300 ; www.fortiscliniquedarne.com ; Georges Guibert St, Floréal). Conventionnée avec la Caisse des Français de l'étranger.

Clinique Mauricienne (☎454 3061 ; Le Réduit)

City Clinic (☎206 1600 ; Port Louis)

Précautions élémentaires

Faire attention à ce que l'on mange et boit est la première des précautions à prendre. Des troubles gastriques et intestinaux sont fréquents en voyage, même si la plupart du temps ils restent sans gravité. Ne soyez cependant pas paranoïaque et ne vous privez pas de goûter la cuisine locale. Pensez également à vous laver les mains fréquemment.

Eau

Renseignez-vous auprès de votre hôtel pour savoir si l'eau distribuée localement est potable ou non. Les estomacs européens étant souvent plus sensibles aux dérangements, il est toujours préférable de boire de l'eau en bouteille, surtout lors des pénuries d'eau en été. À Rodrigues, où l'approvisionnement en eau pose problème, préférez systématiquement l'eau en bouteille.

Alimentation

La nourriture proposée à Rodrigues et Maurice ne pose aucun problème. Si vous vous engagez dans de longues randonnées, munissez-vous toujours d'une gourde d'eau et éventuellement de boissons énergisantes. Une transpiration excessive fait perdre des sels minéraux et peut provoquer des crampes musculaires.

Affections liées à l'environnement

Coup de soleil

Sous les tropiques, comme à Maurice et à Rodrigues, on peut attraper des coups de soleil même par temps couvert. Utilisez un écran solaire et pensez à couvrir les endroits qui sont habituellement protégés, les pieds par exemple. Si les chapeaux fournissent une bonne protection, n'hésitez pas à appliquer également un écran total sur le nez et les lèvres. Les lunettes de soleil s'avèrent souvent indispensables.

Insolation

Une exposition prolongée au soleil peut provoquer une insolation.

Symptômes : nausées, peau chaude, maux de tête. Dans ce cas, il faut rester dans le noir, appliquer une compresse d'eau froide sur les yeux et prendre de l'aspirine.

Coup de chaleur

Rare, cet état grave, parfois mortel, survient quand le mécanisme de régulation thermique du corps ne fonctionne plus : la température s'élève alors de façon dangereuse. De longues périodes d'exposition à des températures élevées peuvent vous rendre vulnérable au coup de chaleur. Évitez l'alcool et les activités fatigantes lorsque vous arrivez dans un pays à climat chaud.

Symptômes : malaise général, transpiration faible ou inexistante et forte fièvre (39 à 41 °C). Là où la transpiration a cessé, la peau devient rouge. La personne qui souffre d'un coup de chaleur est atteinte d'une céphalée lancinante et éprouve des difficultés à coordonner ses mouvements ; elle peut aussi donner des signes de confusion mentale ou d'agressivité. Enfin, elle délire et est en proie à des convulsions. Il faut absolument hospitaliser le malade. En attendant les secours, installez-le à l'ombre, ôtez-lui ses vêtements, couvrez-le d'un drap ou d'une serviette mouillés et éventez-le continuellement.

Otite externe

Cette pathologie affecte fréquemment baigneurs et plongeurs dans les mers tropicales. La température de l'eau, l'action irritante des micro-organismes coralliens et l'humidité résiduelle du conduit auditif externe favorisent la prolifération de germes. Quelques heures après la plongée ou la baignade, le pavillon de l'oreille est très douloureux. Consultez un médecin. À titre préventif, rincez-vous l'oreille à l'eau douce après chaque immersion. Quelques gouttes d'alcool boriqué permettent de désinfecter le conduit.

Accidents de décompression (ADD)

En cas d'accident, un caisson de décompression se trouve au **Victoria Hospital** (☎425 3031, caisson 427 5135 ; Candos, Quatre Bornes) de Quatre Bornes. Pour écarter tout accident, évitez d'aller en altitude après une plongée et attendez 24 heures avant de prendre l'avion.

Maladies infectieuses et parasitaires

Diarrhée

Le changement de nourriture, d'eau ou de climat suffit à la provoquer ; si elle est causée par des aliments ou de l'eau contaminés, le problème est plus grave. En dépit de toutes vos précautions, vous aurez peut-être la "turista", mais quelques visites aux toilettes sans aucun autre symptôme n'ont rien d'alarmant. La déshydratation est le danger principal lié à toute diarrhée, particulièrement chez les enfants. Ainsi le premier traitement consiste à boire beaucoup : idéalement, il faut mélanger 8 cuillerées à café de sucre et 1 de sel dans 1 litre d'eau. Sinon du thé noir léger, avec peu de sucre, des boissons gazeuses qu'on laisse se dégazéifier et qu'on dilue à 50% avec de l'eau purifiée, sont à recommander. En cas de forte diarrhée, il faut prendre une solution réhydratante pour remplacer les sels minéraux. Quand vous irez mieux, continuez à manger légèrement. Les antibiotiques peuvent être utiles dans le traitement de diarrhées très fortes, en particulier si elles sont accompagnées de nausées, de vomissements, de crampes d'estomac ou d'une fièvre légère. Trois jours de traitement sont généralement suffisants, et on constate normalement une amélioration dans les 24 heures. Toutefois, lorsque la diarrhée persiste au-delà de 48 heures ou s'il y a présence de sang dans les selles, il est préférable de consulter un médecin.

Hépatites

L'hépatite est un terme général qui désigne une inflammation du foie. Elle est le plus souvent due à un virus. Dans les formes les plus discrètes, le patient n'a aucun symptôme. Les formes les plus habituelles se manifestent par une fièvre, une fatigue qui peut être intense, des douleurs abdominales, des nausées, des vomissements, associés à la présence d'urines très foncées et de selles décolorées presque blanches. La peau et le blanc des yeux prennent une teinte jaune (ictère). L'hépatite peut parfois se résumer à un simple épisode de fatigue sur quelques jours ou semaines.

Hépatite A C'est la plus répandue et la contamination est alimentaire. Il n'y a pas de traitement médical ; il faut simplement se reposer, boire beaucoup, manger légèrement en évitant les graisses et s'abstenir totalement de toute boisson alcoolisée pendant au moins six mois. L'hépatite A se transmet par l'eau, les coquillages et, d'une manière générale, tous les produits manipulés à mains nues. En faisant attention à la nourriture et à la boisson, vous préviendrez le virus. Malgré tout, s'il existe un fort risque d'exposition, il vaut mieux se faire vacciner.

Hépatite B Elle est très répandue, puisqu'il existe environ 350 millions de porteurs chroniques dans le monde. Elle se transmet par voie sexuelle ou sanguine (piqûre, transfusion). Évitez de vous faire percer les oreilles, tatouer, raser ou de vous faire soigner par piqûres si vous avez des doutes quant à l'hygiène des lieux. Les symptômes de l'hépatite B sont les mêmes que ceux de l'hépatite A mais, dans un faible pourcentage de cas, elle peut évoluer vers des formes chroniques dont, dans des cas extrêmes, le cancer du foie. La vaccination est très efficace.

Hépatite C Ce virus se transmet par voie sanguine (transfusion ou utilisation de seringues usagées) et semble donner assez souvent des hépatites chroniques. 71 millions de gens dans le monde en sont porteurs. La seule prévention est d'éviter tout contact sanguin, car il n'existe pour le moment aucun vaccin contre cette hépatite.

Leptospirose

Quelques cas mortels de leptospirose sont rapportés chaque année à Maurice. Cette maladie infectieuse, due à une bactérie (le leptospire) qui se développe dans les mares et les ruisseaux, se transmet par des animaux comme le rat et la mangouste. Le changement climatique peut augmenter son incidence (un million de cas par an dans le monde).

On peut attraper cette maladie en se baignant dans des nappes d'eau douce, contaminées par de l'urine animale. La bactérie pénètre dans le corps humain par le nez, les yeux, la bouche ou les petites coupures cutanées.

Symptômes : similaires à ceux de la grippe, ils peuvent survenir 2 à 20 jours suivant la date d'exposition : fièvre, frissons, sudation, maux de tête, douleurs musculaires, vomissements et diarrhées en sont les plus courants. Du sang dans les urines ou une jaunisse peuvent apparaître dans les cas les plus sévères. Les symptômes durent habituellement quelques jours voire quelques semaines. La maladie est rarement mortelle.

Évitez de nager et de vous baigner dans tout plan d'eau douce stagnante, notamment si vous avez des plaies ouvertes ou des coupures.

Typhoïde

La fièvre typhoïde est une infection du tube digestif. La vaccination n'est pas entièrement efficace et l'infection est particulièrement dangereuse.

Premiers symptômes : les mêmes que ceux d'un mauvais rhume ou d'une grippe, mal de tête et de gorge, fièvre qui augmente régulièrement pour atteindre 40°C ou plus. Le pouls est souvent lent par rapport à la température élevée, et ralentit à mesure que la fièvre augmente. Ces symptômes peuvent être accompagnés de vomissements, de diarrhée ou de constipation.

La deuxième semaine, des petites taches roses peuvent apparaître sur le corps.

Autres symptômes : tremblements, délire, faiblesse, perte de poids et déshydratation. S'il n'y a pas d'autres complications, la fièvre et les autres symptômes disparaissent peu à peu la troisième semaine. Cependant, un suivi médical est indispensable, car les complications sont fréquentes, en particulier la pneumonie (infection aiguë des poumons) et la péritonite (éclatement de l'appendice). De plus, la typhoïde est très contagieuse.

Mieux vaut garder le malade dans une pièce fraîche et veiller à ce qu'il ne se déshydrate pas.

VIH/sida

En ce qui concerne le virus du sida, les mêmes précautions que partout ailleurs sont à prendre. L'infection à VIH (virus de l'immunodéficience humaine), agent causal du sida (syndrome d'immuno-déficience acquise), est présente dans pratiquement tous les pays et épidémique dans nombre d'entre eux. À Maurice, le nombre d'infections dues au VIH est en constante augmentation et 90% des Mauriciens n'ont jamais fait de dépistage.

La transmission de cette infection se fait : par rapport sexuel (hétérosexuel ou homosexuel – anal, vaginal ou oral), d'où l'impérieuse nécessité d'utiliser des préservatifs à titre préventif ; elle se fait aussi par le sang, les produits sanguins et les aiguilles contaminées. Il est impossible de détecter la présence du VIH chez un individu apparemment en parfaite santé sans procéder à un examen sanguin.

Il faut éviter tout échange d'aiguilles. S'ils ne sont pas stérilisés, tous les instruments de chirurgie, les aiguilles d'acupuncture et de tatouage, les instruments utilisés pour percer les oreilles ou le nez peuvent transmettre l'infection. Il est fortement conseillé d'acheter seringues et aiguilles avant de partir.

Toute demande de certificat attestant la séronégativité pour le VIH est contraire au Règlement sanitaire international (article 81).

Affections moins fréquentes

Fièvre jaune

Le vaccin contre la fièvre jaune ne peut être effectué que dans des centres spécialisés, autorisés à valider les certificats internationaux de vaccination (livrets jaunes).

Un certificat de vaccination anti-amarile est exigé des voyageurs âgés de plus de an en provenance de pays où il y a un risque de transmission de la fièvre jaune, et des voyageurs restés plus de 12 heures en transit dans un aéroport d'un pays où il y a un risque de transmission de la fièvre jaune.

La vaccination doit être pratiquée au moins dix jours avant toute exposition potentielle au virus de la fièvre jaune. Elle assure une protection durant une dizaine d'années.

Les réactions provoquées par le vaccin restent généralement légères : maux de tête, petite fièvre, douleurs musculaires ou gêne à l'endroit de l'injection. Des réactions graves demeurent extrêmement rares. Les autorités demandent une attestation de leur vaccination à tous les voyageurs provenant d'un pays d'Afrique ou d'Amérique où cette maladie est endémique.

Les mesures de protection contre les piqûres de moustiques jouent un rôle essentiel dans la prévention de la fièvre jaune.

Paludisme

Le risque de paludisme – ou malaria – est considéré comme inexistant à Maurice. Les cas enregistrés ont généralement été contractés ailleurs. Pour être plus tranquille d'esprit et surtout pour votre confort personnel, prenez les précautions d'usage contre les piqûres de moustiques :

Le soir, dès le coucher du soleil, couvrez vos bras et surtout vos chevilles, et appliquez de la crème anti-moustiques. Évitez le parfum ou l'après-rasage.

Portez des vêtements clairs. Utilisez un insecticide (diffuseur électrique, bombe insecticide, tortillon fumigène) ou un répulsif sur les parties découvertes du corps. La durée d'action de ces répulsifs est de 3 à 6 heures. Utilisez une moustiquaire imprégnée d'insecticide. De plus, ces moustiquaires sont radicales contre tout insecte à sang froid (puces, punaises, etc.).

Dengue et chikungunya

Le virus du chikungunya est transmis par un moustique tigré blanc et noir, l'*Aedes albopictus*. La maladie se traduit avant tout par des douleurs articulaires, douloureuses et gênantes dans certains cas, graves dans d'autres, notamment chez les enfants et les personnes âgées. Des protections individuelles simples (répulsifs, insecticides, etc.) permettent d'écarter le risque efficacement.

L'épidémie de cette maladie qui a touché la Réunion et l'île Maurice en 2006 a fait couler beaucoup d'encre. Le risque semble maintenant écarté.

La dengue, aussi appelée grippe tropicale, très présente, est elle aussi propagée par le même moustique, et peut être hémorragique : ne prenez pas d'aspirine 8 jours avant votre départ, et durant toute la durée du séjour.

Selon les autorités sanitaires du pays, les deux maladies sont sous contrôle grâce à l'épandage d'insecticides dans les zones à risques, visant à la destruction des gîtes larvaires.

Rage

Très répandue, cette maladie est transmise par un animal contaminé : chien, singe et chat principalement. Morsures, griffures ou même simples coups de langue d'un mammifère doivent être nettoyés immédiatement et soigneusement. Frottez avec du savon et de l'eau courante, puis nettoyez avec de l'alcool. S'il y a le moindre risque que l'animal soit contaminé, allez immédiatement voir un médecin. Même si l'animal n'est pas enragé, toutes les morsures doivent être surveillées de près pour éviter les risques d'infection et de tétanos. Un vaccin antirabique est désormais disponible. Il faut y songer si vous pensez explorer des grottes (les morsures de chauves-souris peuvent être dangereuses) ou travailler avec des animaux. Cependant, la vaccination préventive ne dispense pas de la nécessité d'un traitement antirabique immédiatement après un contact avec un animal enragé ou dont le comportement peut paraître suspect.

Tétanos

Cette maladie parfois mortelle se rencontre partout, et surtout dans les pays tropicaux en voie de développement. Difficile à soigner, elle se prévient par vaccination. Le bacille du tétanos se développe dans les plaies. Il est donc indispensable de bien nettoyer coupures et morsures.

Premiers symptômes : difficulté à avaler ou raideur de la mâchoire ou du cou. Puis suivent des convulsions douloureuses de la mâchoire et du corps tout entier.

Coupures, piqûres et morsures

Coupures et égratignures

Les blessures s'infectent très facilement dans les climats chauds et cicatrisent difficilement. Coupures et égratignures doivent être traitées avec un antiseptique et du désinfectant cutané. Évitez si possible bandages et pansements, qui empêchent la plaie de sécher.

Les coupures de corail sont longues à cicatriser, car le corail injecte un venin léger dans la plaie. Portez des chaussures pour marcher sur des récifs, et nettoyez chaque blessure parfaitement.

Poisson-pierre

Ce poisson vit immobile et camouflé dans son environnement – fonds sableux et débris coralliens surtout. Les épines de sa nageoire dorsale sont très venimeuses et douloureuses : le nageur ou le plongeur risque la syncope. Une hospitalisation d'urgence s'impose ; si vous avez un pêcheur local à proximité, demandez-lui de l'aide, il aura les bons réflexes. Placez un garrot légèrement serré entre la piqûre et la base du membre atteint. À titre de prévention, portez une combinaison et regardez où vous posez les pieds. Bon à savoir : la plupart des grands hôtels possèdent l'antidote au venin du poisson-pierre.

Corail de feu

Ce type de corail (*Millepora*), de couleur brune ou jaune, forme des rameaux ou des colonies encroûtantes. Ses polypes, urticants, provoquent des brûlures et des démangeaisons. Désinfectez et appliquez du jus de citron. Portez une combinaison et abstenez-vous de toucher aux massifs coralliens.

Oursins

Si l'on marche sur un oursin, les épines se brisent et se logent sous la peau, provoquant une inflammation douloureuse, voire une infection. Consultez un médecin. Quand vous nagez, regardez où vous mettez les pieds et les mains. Sur le récif, portez des sandalettes.

Cône

Le cône est un coquillage de forme conique. L'animal possède un organe ressemblant à un harpon qui sert à paralyser ses proies. Le venin injecté est extrêmement puissant et peut être mortel. L'évacuation sanitaire est impérative et urgente. Il vaut mieux renoncer à ramasser les coquillages.

Gratelle

On trouve la gratelle échouée sur la plage ou dans les rochers, particulièrement sur la côte est où elle est apportée par les vents et les courants. Les longs filaments bleus de cet organisme coloniaire ressemblant à une méduse provoquent des décharges électriques, des brûlures, et peuvent entraîner fièvre et vomissements. Un pharmacien saura vous aider.

Guêpe

Connue sous le nom de mouche jaune à Maurice et à Rodrigues, elles sont surtout actives pendant la saison estivale, quand elles bâtissent leur nid. Leur piqûre cause une douleur aiguë qui dure généralement environ une heure. Le danger est de se faire piquer par plusieurs guêpes, voire de se faire attaquer par une colonie entière si vous effleurez leur nid.

Requins et murènes

La recrudescence des attaques de surfeurs par des requins à la Réunion depuis l'été 2011 peut appeler à la prudence ; cependant, aucune attaque n'a été signalée à Maurice ni à Rodrigues. Il n'est toutefois pas exceptionnel que les pêcheurs remontent des requins-bouledogues ou tigres, surtout autour des fermes aquacoles. Pour les surfeurs, quelques conseils de bon sens s'imposent :

- Ne surfez pas à la tombée du jour.
- Tenez-vous informé des conditions auprès des surfeurs locaux.
- Évitez les périodes où l'eau est trouble, notamment après des pluies importantes.

Les murènes ne sont menaçantes que si elles se sentent provoquées. Évitez donc de les importuner.

Voyager avec des enfants

Si vous voyagez avec des enfants en bas âge, faites attention à tout ce qu'ils absorbent : la diarrhée présente un grand danger pour eux. Retrouvez toutes les informations sur les vaccins infantiles sur vaccination-info-service.fr.

Santé au féminin

Grossesse

La plupart des fausses couches ont lieu pendant les trois premiers mois de la grossesse. C'est donc la période la plus risquée pour voyager. Pendant les trois derniers mois, il vaut mieux rester à distance raisonnable de bonnes infrastructures médicales, en cas de problème. Les femmes enceintes doivent éviter de prendre inutilement des médicaments. Consultez un médecin avant de prendre quoi que ce soit. Attention, certaines compagnies aériennes refusent d'embarquer les femmes enceintes de plus de 7 mois ; elles peuvent vous demander un certificat médical indiquant le terme de votre grossesse.

Problèmes gynécologiques

Une nourriture pauvre, une résistance amoindrie par l'utilisation d'antibiotiques contre des problèmes intestinaux peuvent favoriser les infections vaginales lorsqu'on voyage dans des pays à climat chaud. Respectez une hygiène intime scrupuleuse, et portez jupes ou pantalons amples et sous-vêtements en coton.

Les champignons, caractérisés par une éruption cutanée, des démangeaisons et des pertes, peuvent se soigner facilement. En revanche, les trichomonas sont plus graves ; pertes blanches et sensation de brûlure lors de la miction en sont les symptômes. Le partenaire masculin doit également être soigné.

Il n'est pas rare que le cycle menstruel soit perturbé lors d'un voyage.

Langue

Lorsque les Mauriciens tiennent une réunion publique, on prétend qu'ils parlent en créole, notent les procès-verbaux en anglais et débattent des résultats avec les représentants de l'administration en français. L'île présente un cocktail linguistique hors du commun : l'enseignement a lieu en anglais, le français est souvent utilisé à la maison et le créole dans la rue. À la télévision, les politiciens mêlent souvent les trois langues dans une même phrase. Maurice fournit ainsi un rare exemple de pays où le trilinguisme est une réalité au quotidien, au point que l'on pourrait presque dire que l'île parle une langue propre, à la confluence des trois idiomes.

Les deux langues officielles sont l'anglais – surtout utilisé dans la politique et les affaires – et le français, langue d'usage des milieux culturels et de la presse. Les Mauriciens s'adressent le plus souvent aux visiteurs étrangers en français, mais métissent cette langue d'anglicismes. Le créole, langue de la vie quotidienne, présente des similitudes avec le créole parlé dans les autres îles de l'océan Indien mais s'en distingue par l'accent. La plupart des Indo-Mauriciens parlent le bhojpuri, dérivé d'un dialecte hindi, le bihari.

ÉVOLUTION LINGUISTIQUE

Mikael Parkvall, voyageur suédois épris de linguistique, nous a fourni les informations suivantes quant à l'évolution linguistique de l'île :

Les langues asiatiques sont en régression. L'anglais est assez stable, mais le créole se répand dans la vie courante. Les principales langues parlées à l'île Maurice sont (par ordre décroissant) le créole, le bhojpuri, le français, le tamoul, l'ourdou, le telougou, le marathi, l'hakka, l'anglais, le gujarati, le mandarin et le cantonais. Parmi les langues parlées par moins de 100 locuteurs, citons le polonais, le punjabi, le sindhi, le bacha, l'italien, l'allemand et le russe.

L'usage de l'hindi à Maurice est un mythe. Ceux qui, selon les recensements, parlent soit l'hindi, soit le bhojpuri, parlent en fait tous le bhojpuri. Il s'agit d'une sorte de créole à base d'hindi, le rapport entre ces deux langues étant identique à celui qui existe entre le français et le créole.

Le bhojpuri manque de prestige et on emploie l'hindi pour tous les usages officiels, par exemple à la Mauritius Broadcasting Corporation. On parle également le bhojpuri en Inde, mais la version indienne est inintelligible pour les Mauriciens, essentiellement à cause de l'influence du français et du créole sur le bhojpuri parlé à l'île Maurice. Tous les chiffres, par exemple, sont empruntés au français.

LE CRÉOLE MAURICIEN

Le créole mauricien dérive du français, mais a évolué au fil des années pour devenir une langue à part entière. Proche du français, il puise des mots dans d'autres langues et comporte des différences importantes dans la prononciation et la syntaxe.

On parle français dans tous les lieux publics. Des rudiments de créole vous permettront d'échanger quelques mots avec des pêcheurs ou des villageois âgés, de lire un article en créole dans un quotidien ou de comprendre les paroles du séga.

Les pronoms personnels et les adjectifs possessifs se traduisent de la même façon :

je, mon, ma	*mo*
tu, ton, ta	*to*
il, elle, son, sa	*li*
nous, nos	*nu*
vous, votre	*ou*
ils, elles, leurs, vous (pluriel), vos	*zot*

Les chiffres se prononcent à peu près comme en français, à part :

un	*enn*
deux	*dé*
quatre	*kat*

QUELQUES MOTS ET EXPRESSIONS DE CRÉOLE MAURICIEN

Bonjour/Bonsoir	Bonzour/Bonswar
Bienvenue	Bon vini
Au revoir/salut	Orévwar/Salam
S'il vous plaît	Silvouple
De rien/je vous en prie	Padkwa/pena problem
Pardon/désolé	Eskize/sori
À tout à l'heure	Taler
Comment allez-vous ?	Ki manière ?
Bien, merci	Mo bien, mersi
Tout baigne/ça va/tout est ok	Korek/tou korek
Ayo !	expression d'énervement ou de surprise
Je ne comprends pas	Mo pa pé kopran
D'accord	Ok
Pas d'accord	Mo pa dakor
Comment vous appelez-vous ?	Kouma ou apele ?
Je suis français	Mo enn Francé
Oui/non	Wi/non
Je ne sais pas	Mo pas kone
Que signifie...?	Ki vedir...?
Je suis ici en vacances	Mo la pou konzé
Je voudrais aller	Mo pé anvi al
On peut y aller à pied ?	Nou kapav allé marsé ?
Tout droit	Drwat
Gauche/droite	A gos/a drawt
Où ?	Kote ?
J'ai faim/j'ai soif	Mo lafen/Mo soif
C'est bon	Li bon
Il fait chaud	Fer so
Je ne me sens pas très bien	Mo pa bien
Où sont les toilettes ?	Ki koté cabiné ?
J'ai besoin de voir un médecin	Mo bizin trouvé doctère
Argent	Kas
Combien ça coûte ?	Komie li koute ?
C'est cher	Li ser
Je regarde simplement	Mo pé zisse guetté
Pouvez-vous m'aider ?	Kapav gagn enn koudme ?
Quelle heure est-il ?	Ki ler la ?
Aujourd'hui	Zordi
Un jour	Enn zour
Hier	Yer
De temps en temps	Enn kou enn kou
Peut-être	Kapav
Je t'aime	Mo kontan twa

GLOSSAIRE

Outre le créole, les Mauriciens emploient un certain nombre de mots et expressions, en créole ou français, se rapportant à des spécialités culinaires ou autres spécificités typiquement mauriciennes.

achards – légumes émincés et épicés

baba-figue – fleur du bananier

babouk – araignée

bonbon piment – beignet de piment

boucan – petite cuisine ou abri de pêcheur

boucané – viande de porc salée et fumée

brèdes – feuilles de plantes potagères consommées en fricassée ou en soupe

bringelles – aubergines

calou – pilon

caloupilé – arbuste originaire d'Inde dont les feuilles servent à préparer le massalé

camaron – grosse crevette d'eau douce

cari – ragoût de viande

case ou **caz** – maison

choca – agave

chouchou – légume poussant en lianes, connu en Europe sous le nom de christophine

civet – préparation culinaire non mijotée, comportant du gingembre et du curcuma

cryptomeria – aussi appelé pin du Japon ou cèdre du Japon. Résineux ornemental

filao – arbre tropical, aussi appelé casuarina, que l'on cultive pour son bois utilisé en menuiserie

grains – haricots ou lentilles

guetali – kiosque dans les jardins des maisons coloniales permettant de voir sans être vu

kabar – fête

lambrequin – frise ciselée qui borde les dessous des toitures

marron – ce terme, dérivé de l'espagnol *cimarron*, désignait les esclaves fugitifs, premiers habitants des hauteurs du Morne Brabant. Désigne par extension ce qui se rapporte à la montagne (un "cochon marron" est un cochon sauvage à l'île Maurice)

massalé – mélange indien d'épices

ourite – *voir* z'ourite

palmiste – désigne la partie comestible de certains palmiers. Notamment le cœur, plus souvent appelé "cœur de palmier" en France métropolitaine

pinpin – fruit du vacoa

rempart – falaise d'effondrement

rougail – condiment épicé

rougail boucané – cari de viande de porc fumée

rougail saucisses – cari de saucisses

samoussa – petit pâté farci et frit

séga – chant et danse, probablement originaires de Madagascar

tamarin – fruit à longue gousse du tamarinier

tangue – petit mammifère ressemblant au hérisson, parfois appelé "ti cochon bois"

ti'jacque – fruit du jacquier

vacoa – pandanus

varangue – véranda

zambériques – variété de soja qui fait partie de la longue liste des "grains pays", très utilisé en légumes sous forme de germes

zantacs – sorte de fèves originaires d'Afrique de l'Ouest

z'ourite – poulpe. "Filer en z'ourite" signifie "disparaître à toute vitesse"

En coulisses

VOS RÉACTIONS ?

Vos commentaires nous sont très précieux et nous permettent d'améliorer constamment nos guides. Notre équipe lit toutes vos lettres avec la plus grande attention. Nous ne pouvons pas répondre individuellement à tous ceux qui nous écrivent, mais vos commentaires sont transmis aux auteurs concernés. Tous les lecteurs qui prennent la peine de nous communiquer des informations sont remerciés dans l'édition suivante, et ceux qui nous fournissent les renseignements les plus utiles se voient offrir un guide.

Pour nous faire part de vos réactions, prendre connaissance de notre catalogue et vous abonner à notre newsletter, consultez notre site Internet : **www.lonelyplanet.fr**

Nous reprenons parfois des extraits de notre courrier pour les publier dans nos produits, guides ou sites web. Si vous ne souhaitez pas que vos commentaires soient repris ou que votre nom apparaisse, merci de nous le préciser. Notre politique en matière de confidentialité est disponible sur notre site Internet.

À NOS LECTEURS

Nous remercions tous les lecteurs qui ont utilisé la précédente édition de ce guide et ont pris la peine de nous écrire pour nous communiquer informations, commentaires et anecdotes : Michel Cavarec, Marie-Laure Chanca, Emmanuel Dormieux, Jacques Duquet, Frédéric Hochart, Cyrielle et Romain

UN MOT DE L'AUTRICE

Julie Hainaut

Ce voyage n'aurait sans doute pas été le même sans Hélène et Greg (je reviens vite !), Cheriza (je reprendrai bien un *cheese naan*), Ved (hâte de tester ta table d'hôtes !) et Virginie (un autre cocktail ?) : merci pour tout ! Un grand merci aussi à Laura, Jezabel, Perrine, Mélanie, Ismena, Vanessa, Julia, Axelle, Shezad, Reggie et Rodney. Et évidemment à toute l'équipe du Lonely Planet pour leur confiance renouvelée, et particulièrement à Didier Férat, Dominique Bovet, Dominique Spaety et Charlotte Fontanella.

CRÉDIT PHOTOGRAPHIQUE

À PROPOS DE CET OUVRAGE

Cet ouvrage est la 4ᵉ édition du guide *Maurice et Rodrigues*, rédigée par Julie Hainaut. Les deux dernières éditions ont été rédigées par Marie Dufay. La première édition était l'œuvre d'Emmanuel Dautant.

Direction éditoriale
Didier Férat

Responsable éditorial
Dominique Bovet

Responsable prépresse
Jean-Noël Doan

Coordination éditoriale
Charlotte Fontanella

Maquette
Sébastienne Ocampo

Couverture
Laure Wilmot et Laurent Briare

Cartographie
Martine Marmouget (AFDEC)

Remerciements à
Jacqueline Menanteau pour sa relecture ainsi qu'à Basile Mariton pour son travail de référencement. Enfin, un grand merci à toute l'équipe du bureau parisien.

Index

Références des **photos**
Références des **cartes**

Q

R

S

T

U

V

W

Légende des cartes

À voir

- Plage
- Réserve ornithologique
- Temple bouddhiste
- Château/palais
- Église/cathédrale
- Temple confucéen
- Temple hindou
- Mosquée
- Temple jaïn
- Synagogue
- Monument
- Musée/galerie/édifice historique
- Ruines
- Sentō (bain public)
- Temple shintoïste
- Temple sikh
- Temple taoïste
- Cave/vignoble
- Zoo
- Autre site

Activités, cours et circuits organisés

- Bodysurfing
- Plongée/snorkeling
- Canoë/kayak
- Cours/circuits organisés
- Ski
- Snorkeling
- Surf
- Piscine/baignade
- Randonnée
- Planche à voile
- Autres activités

Où se loger

- Hébergement
- Camping

Où se restaurer

- Restauration

Où prendre un verre

- Bar
- Café

Où sortir

- Salle de spectacle

Shopping

- Magasin

Renseignements

- Banque
- Ambassade/consulat
- Hôpital/centre médical
- Accès Internet
- Police
- Bureau de poste
- Centre téléphonique
- Toilettes
- Office du tourisme
- Autre adresse pratique

Géographie

- Plage
- Refuge/gîte
- Phare
- Point de vue
- Montagne/volcan
- Oasis
- Parc
- Col
- Aire de pique-nique
- Cascade

Agglomérations

- Capitale (pays)
- Capitale (région/État/province)
- Grande ville
- Petite ville/village

Transports

- Aéroport
- Poste frontière
- Bus
- Téléphérique/funiculaire
- Piste cyclable
- Ferry
- Métro/Tube Station (anglais)
- Monorail
- Parking
- Station-service
- Station de métro/Subway
- Taxi
- T-Bane/Station T-Bane (norvégien)
- Gare/chemin de fer
- Tramway
- U-Bahn (allemand)
- Autre moyen de transport

Les symboles recensés ci-dessus ne sont pas tous utilisés dans ce guide

Routes

- Autoroute à péage
- Voie rapide
- Nationale
- Route secondaire
- Petite route
- Chemin
- Route non goudronnée
- Route en construction
- Place/rue piétonne
- Escalier
- Tunnel
- Passerelle
- Promenade à pied
- Promenade à pied (variante)
- Sentier

Limites et frontières

- Pays
- État/province
- Frontière contestée
- Région/banlieue
- Parc maritime
- Falaise
- Rempart

Hydrographie

- Fleuve/rivière
- Rivière intermittente
- Canal
- Étendue d'eau
- Lac asséché/salé/intermittent
- Récif

Topographie

- Aéroport/aérodrome
- Plage/désert
- Cimetière (chrétien)
- Cimetière (autre)
- Glacier
- Marais
- Parc/forêt
- Site (édifice)
- Terrain de sport
- Mangrove

LES GUIDES LONELY PLANET

Une vieille voiture déglinguée, quelques dollars en poche et le goût de l'aventure, c'est tout ce dont Tony et Maureen Wheeler eurent besoin pour réaliser, en 1972, le voyage d'une vie : rallier l'Australie par voie terrestre via l'Europe et l'Asie. De retour après un périple harassant de plusieurs mois, et forts de cette expérience formatrice, ils rédigèrent sur un coin de table leur premier guide, *Across Asia on the Cheap*, qui se vendit à 1 500 exemplaires en l'espace d'une semaine. Ainsi naquit Lonely Planet, dont les guides sont aujourd'hui traduits en 13 langues.

NOTRE AUTRICE

Julie Hainaut

Juriste de formation, Julie est journaliste depuis une quinzaine d'années et collabore avec plusieurs medias en presse écrite. Amoureuse des mots – *elle enseigne d'ailleurs l'écriture à la fac* –, des voyages – *elle a grandi dans plusieurs pays d'Afrique, ça doit jouer* – et de nature, il n'est pas rare de la croiser un carnet et un stylo dans une main, un appareil photo dans l'autre. Elle a collaboré à plusieurs guides du Lonely Planet : Madagascar, Alpes, Charente-Maritime et Vendée, Lyon, 100 week-ends nature en France, Voyages zéro carbone, Côte d'Azur, 100 week-ends pour redécouvrir la France... Vous pouvez suivre ses aventures sur son compte Instagram @julie_hainaut

Maurice et Rodrigues
4e édition

92 avenue de France - 75013 Paris

Photographes © comme indiqué 2022
Dépôt légal Septembre 2022
ISBN 978-2-81619-301-5

Imprimé par Pollina, Luçon, France
Réimpression 02, février 2023 - n°46054

En Voyage Éditions | un département édi8